"第八届中国社会科学前沿论坛"论文集

社会转型与国家治理

主编／高翔 副主编／王利民 余新华
执行主编／魏长宝 安蕾

Shehui Zhuanxing Yu
Guojia Zhili

中国社会科学出版社

图书在版编目（CIP）数据

社会转型与国家治理："第八届中国社会科学前沿论坛"论文集/高翔主编．—北京：中国社会科学出版社，2015.9
ISBN 978-7-5161-6875-2

Ⅰ.①社⋯ Ⅱ.①高⋯ Ⅲ.①社会转型—中国—文集②国家—行政管理—中国—文集 Ⅳ.①D616-53②D630.1-53

中国版本图书馆 CIP 数据核字（2015）第 204530 号

出 版 人	赵剑英
责任编辑	王　茵
特约编辑	马　明　王　称
责任校对	李　科
责任印制	李寡寡

出　　版	中国社会科学出版社
社　　址	北京鼓楼西大街甲 158 号
邮　　编	100720
网　　址	http://www.csspw.cn
发 行 部	010-84083685
门 市 部	010-84029450
经　　销	新华书店及其他书店
印刷装订	三河市君旺印务有限公司
版　　次	2015 年 9 月第 1 版
印　　次	2015 年 9 月第 1 次印刷
开　　本	710×1000　1/16
印　　张	28
字　　数	475 千字
定　　价	98.00 元

凡购买中国社会科学出版社图书，如有质量问题请与本社营销中心联系调换
电话：010-84083683
版权所有　侵权必究

中国社会科学院院长、党组书记王伟光在开幕式上做主题讲话

时任中山大学校长许宁生致开幕辞

中国社会科学院秘书长、党组成员，中国社会科学杂志社总编辑高翔主持开幕式

第八届中国社会科学前沿论坛开幕式

第八届中国社会科学前沿论坛会场（一）

第八届中国社会科学前沿论坛会场（二）

第八届中国社会科学前沿论坛闭幕式

高翔和中山大学副校长魏明海在闭幕式上交接会旗

第八届中国社会科学前沿论坛全体代表合影

目 录

沿着中国道路推进国家治理现代化
　　——在第八届中国社会科学前沿论坛开幕式上的讲话 …… 王伟光(1)
第八届中国社会科学前沿论坛开幕式致辞 ……………… 许宁生(9)

社会转型中的现代大国治理体系建设：
　　问题、理论与趋势 ……………………………………… 任　平(11)
全球视野下的国家治理体系：
　　理论、进程及中国未来走向 ………………… 王卓君　孟祥瑞(25)
以社会主义核心价值观引领国家治理能力的
　　提升 …………………………………………… 黄蓉生　魏小羊(42)
价值观变迁对国家治理现代化的诉求 ………… 廖小平　孙　欢(53)
社会转型中政府治理能力现代化路径探析 …… 刘德权　霍建国(67)
公权力治理与监督机制有效性研究 ……………………… 顾涧清(80)
当代中国经济治理特征及经济治理能力现代化的
　　一个框架思路 …………………………………………… 马　克(96)
市场经济新定位：中国社会转型与国家治理的
　　理论创新与实践基础 …………………………………… 郑贵斌(112)
中国企业海外并购的模式及战略选择
　　——基于全球经济治理结构转变的视角 …… 李善民　余鹏翼(123)
国家治理体系下的财政分权治理结构 …………………… 陈冬红(135)
社会转型与环境治理的关系研究 ……… 王文波　王芳芳　林　波(150)
生态文明建设三题 ……………………………… 刘湘溶　罗常军(164)

国家治理呼唤社会主义新型智库 …………………… 石　英（179）

国家治理与地方性知识 …………………… 忻　平　邱仁富（188）
负面清单思路下的地方政府金融监管：
　　治理模式的变革 …………………………………… 王立国（203）
我国民族地区地方治理现代化的
　　出发点、依据和路径 …………………… 李　伟　常海波（217）
中国西部边疆研究若干重大问题思考 ……………… 罗中枢（229）
国家治理现代化与基层治理形式多样化
　　——基于广东农村基层治理创新的思考 ………… 王　晓（243）
创新社会治理体制的探索
　　——广州市推进社会工作服务机构发展的实践 ………… 郭　凡（257）

加强大学科学决策　提升大学治理水平 ………… 杨　忠　陈　哲（270）
中国大学治理现代化的路径选择及其实现
　　——基于中国特色现代大学制度建设的思考 … 杜向民　黎开谊（279）
现代大学治理：转型期国家与社会的互动与重塑 …… 胡钦太（290）
社会转型期大学内部治理结构优化 ……………………… 郭　杰（300）
社会转型期高校学术生态文明之构建 …………………… 王铭玉（311）
人力资源强国目标下教育发展战略重点的
　　三次转型 ………………………………… 楼世洲　薛孟开（325）
大数据时代社会科学研究面临的
　　机遇与挑战 ………………… 李后强　李贤彬　李单晶（336）
科研经费使用效率函数及其价值
　　——从"共输"到"共赢" ………………… 陈灿平　曾　明（357）

关于精神产品生产的有关问题 ……………………… 杨路平（382）
传统价值理论的主要特点及建设经验 ……………… 方光华（391）
清代东钱研究 ………………………………………… 戴建兵（402）
论"二战"后德国美学与国家文化政策的
　　相向关系 ………………………………… 张政文　吴铁柱（423）

以强大的学术自信推进国家治理现代化
　　——第八届中国社会科学前沿论坛在清远召开 ………… 高　莹(439)

编后记 ……………………………………………………………… (444)

沿着中国道路推进国家治理现代化

——在第八届中国社会科学前沿论坛开幕式上的讲话

王伟光

（2014 年 9 月 27 日）

同志们：

今天，由中国社会科学杂志社和中山大学联合举办的第八届中国社会科学前沿论坛隆重开幕，我首先代表中国社会科学院向本次论坛的召开表示热烈的祝贺，向参加本次会议的各位专家、学者表示诚挚的欢迎，向会议承办方表示衷心的感谢。

党的十八届三中全会将完善和发展中国特色社会主义制度，推进国家治理体系和治理能力现代化，确立为全面深化改革总目标。这是以习近平为总书记的新一届中央领导集体把握时代特征，秉承历史使命，梳理古今中外治政得失，统揽党和国家发展全局做出的重大决策，是对我们党治国理政思想的重大创新，是对中国特色社会主义理论宝库的重要贡献，是对马克思主义国家学说的丰富和发展。本届论坛以"社会转型和国家治理"为主题，既是贯彻党的十八届三中全会精神的重要体现，也是对重大理论与实践问题一次较为集中的学术回应。这里，我谈几点看法，供大家参考。

一　对马克思主义国家学说的丰富和发展

习近平总书记强调，完善和发展中国特色社会主义制度，推进国家治理体系和治理能力现代化，是坚持和发展中国特色社会主义的必然要求，也是实现社会主义现代化的应有之义。对这一重大命题，必须站在马克思主义一百六十余年波澜壮阔发展史的高度，站在人类社会数千年跌宕起伏的跃迁史的高度，深刻认识，科学把握。

国家问题是人类发展史上最重要的命题之一，也是马克思主义政治学的主要内容。列宁指出，国家问题"是全部政治的基本问题，根本问题"[1]。但是，对于究竟何为国家、国家的本质是什么、如何治理国家等一系列根本性重大问题，几千年来众说纷纭。马克思主义的诞生，开辟了人类思想史的新纪元，也为科学认识和解决国家问题指明了方向。纵览马克思主义发展史，可以将马克思主义国家学说的发展大体上划分为三个阶段。

第一个历史阶段是马克思恩格斯在人类思想史上第一次科学地阐明了国家的起源、本质、性质、类型、职能和消亡等重要问题，奠定了马克思主义国家学说大厦的基本原理。

马克思恩格斯认为，对国家的认识归根到底要到社会经济生活中去探寻。国家是一个历史范畴，"国家是阶级矛盾不可调和的产物和表现"[2]，是"社会在一定发展阶段上的产物"[3]，国家必然伴随着阶级、阶级矛盾的彻底消灭而逐步自行消亡；阶级统治是国家的本质，国家是统治阶级为维持自身统治和特定秩序的阶级压迫的工具，同时具有协调、缓解社会内部不同利益集团之间的矛盾与冲突的职能；无产阶级国家不再是原来意义上的国家，不再是阶级压迫的工具，而是工人阶级领导的以工农联盟为基础的，实行新型民主和新型专政相结合的新型国家；在人类社会发展的进程中，国家兼具政治统治和公共事务管理两种职能，随着社会主义新型国

---

[1] 《列宁选集》第4卷，人民出版社2012年版，第25页。
[2] 《列宁全集》第31卷，人民出版社1985年版，第6页。
[3] 《马克思恩格斯文集》第4卷，人民出版社2009年版，第189页。

家的建立，体现阶级工具的职能将逐渐缩小、减少，而维护公共事业的管理职能将逐步扩大、强化，阶级工具职能将与国家一起消亡。

第二个历史阶段是随着人类历史上第一批社会主义国家的诞生，马克思主义政党运用国家机器巩固新生的无产阶级政权，并开始初步探索无产阶级国家治理的体系和模式。

列宁不仅把马克思恩格斯关于无产阶级新型国家的理论变成现实，领导俄国无产阶级建立起世界上第一个无产阶级专政的新型国家，而且在革命胜利后，不断用新的实践经验丰富和发展马克思主义国家学说。列宁的很多思想，例如无产阶级国家的职能，除了镇压剥削者的反抗外，主要是经济建设和文化建设；对无产阶级国家的管理和监督，是一个既重要又复杂的问题；必须不断改革国家机关，这关系到革命的成败、国家的存亡等，到今天仍然具有重要的借鉴意义。毛泽东等老一辈无产阶级革命家，领导中国人民经过艰苦卓绝的斗争，建立了新中国。以毛泽东同志为代表的党的第一代中央领导集体，一方面以大无畏的战略勇气，打破了资本主义国家的封锁和进攻，巩固了新生的社会主义国家；另一方面，提出了以工人阶级为领导、以工农联盟为基础的人民民主专政理论等一系列重要思想，丰富和发展了马克思主义国家学说。尤其值得注意的是，毛泽东在1956—1957年发表的《论十大关系》和《关于正确处理人民内部矛盾的问题》等重要著作，开始了对中国特色社会主义道路及其规律的初步探寻，蕴含着探索新型国家治理体系和模式的思想先声。

第三个历史阶段是改革开放新时期，开启国家治理现代化的时代命题，以蕴含着创新内容的理念，进一步丰富和发展了马克思主义国家学说。

在改革开放的历史进程中，邓小平同志多次强调，高度重视领导制度、组织制度等事关党和国家全局的重大问题。他在1992年的南方谈话中指出，再有30年的时间，中国将在各方面形成一整套更加成熟、更加定型的制度，在这个制度下的方针、政策也将更加定型化。进入21世纪以来，我国的国家治理内涵不断丰富和扩展。党的十八大将构建系统完备、科学规范、运行有效的制度体系作为全面建成小康社会的重要内容。尤其是党的十八届三中全会将"完善和发展中国特色社会主义制度，推进国家治理体系和治理能力现代化"明确为全面深化改革的总目标。习近平总书记强调，"改革开放以来，我们党开始以全新的角度思考国家治理体系问题，强调领导制度、组织制度问题更带有根本性、全局性、稳定性和长期性。今天，摆在我们面前的一项重大历史任务，就是推动中国特色社会主义制度更加成熟更加定型，为党和国家事业发展、为人民幸福安康、为社会和谐稳定、为国家长治久安提供一整套更完备、更稳定、更管用的制度体系"①。这不仅是我们党领导人民历经革命、建设、改革进程得出的必然结论，也是对20世纪后期世界各国在国家治理问题上的经验总结，更是立足新的时代特征和历史任务对马克思主义国家学说的创新性发展。

二 完整把握推进国家治理现代化的科学内涵

推进国家治理体系和治理能力现代化，是一项极为宏大的工程，是全面的、系统的改革和改进，必须完整把握推进国家治理体系与治理能力现代化的丰富内涵。我认为，尤其要高度重视方向道路制度抉择、体制机制模式选择、核心价值观体系抉择这三个方面。

第一，在方向道路制度抉择方面，必须毫不动摇地坚持中国特色社会主义的根本走向。

习近平总书记指出，"推进国家治理体系和治理能力现代化，必须完整理解和把握全面深化改革的总目标，这是两句话组成的一个整体，即完善和发展中国特色社会主义制度、推进国家治理体系和治理能力现代化。我们的方向就是中国特色社会主义道路"②。这一重要论述表明，国家治理体系和治理能力现代化必须在中国特色社会主义制度的框架内进行，必须高举中国特色社会主义旗帜，坚持走中国特色社会主义道路，而不是其他什么道路，既不能走封闭僵化的老路，也不能走改旗易帜的邪路。必须坚持中国特色社会主义制度，既不实行资本主义的那套制度，又不能继续僵化的、高度集中的传统制度。必须坚持以马克思主义、毛泽东思想和中国特色社会主义理论体系为指南，既不接受西方资产阶级政治理论和价值

---

① 参见《习近平总书记在省部级主要领导干部学习贯彻十八届三中全会精神全面深化改革专题研讨班开班式上发表重要讲话》，《人民日报》2014年2月18日第1版。

② 同上。

观的指导，也不接受中国传统落后的封建主义思想道德体系的导引。全面深化改革、推进国家现代化，是为了更好地完善和发展中国特色社会主义制度，而不是削弱、改变或放弃这个制度。因此，推进中国特色的国家治理现代化，必须坚持马克思主义、科学社会主义的正确方向，立足中国国情，坚持党的领导，坚持和发展中国特色社会主义，努力达到经济发展、社会稳定、文化繁荣、民族团结、人民生活水平不断提高的良好局面。这是治国理政，实现国家治理现代化的根本，不容有任何含糊和动摇。

第二，在体制机制模式选择方面，必须始终不渝地坚持中国特色社会主义的体制机制。

毛泽东同志在《新民主主义论》一文中对国家的国体和政体做了科学的论述和区别。他指出，"国体""它只是指的一个问题，就是社会各阶级在国家中的地位。资产阶级总是隐瞒这种阶级地位"①。也就是说，国体决定国家的阶级性质，是封建主义国家，还是社会主义国家，这里的根本问题是采取何种专政制度，是无产阶级专政的制度，还是资产阶级专政的制度。国体涉及的是国家的根本政治制度和经济制度，因此它规定了哪个阶级是占统治地位的阶级。"政体""那是指的政权构成的形式问题，指的一定的社会阶级采取何种形式去组织那反对敌人保护自己的政权机关。没有适当形式的政权机关，就不能代表国家"②。中国现在采取全国人民代表大会制度，就是无产阶级专政新型国家的政体。中国特色社会主义制度是人民民主专政的新型国家，对人民实行最广泛的民主，对少数敌人实行最严厉的专政，这是国体；按照民主集中制，采取人民代表大会制度，由人民代表选举产生政府，这是政体。国家治理体系也是一个政体问题，即以什么样的形式、手段、办法、能力治理国家。只有好的国体，没有好的政体，好的国体发挥不出优越性。中国的国家治理体系怎么改、怎么完善，我们自己要有主张，要有定力。世界上没有放之四海而皆准的发展道路，也没有一成不变的发展模式。

西方发达国家所谓的"治理"体制机制，以西方民主政治为模式选择，以实施多党制、三权鼎立、两院制，以及经济私有化、政治自由化、军队国家化等为具体体制、机制和手段，反映了资产阶级的统治要求和政

---

① 《毛泽东选集》第2卷，人民出版社1991年第2版，第676页。

② 同上。

治使命。这套政体在坚持人民民主专政的社会主义国家是行不通的。历史和现实一再昭示我们，世界上没有哪个国家或民族是可以完全依赖外部力量、跟在他人后面亦步亦趋实现发展、强大和振兴的。不顾国情照抄照搬别人的体制模式，不仅不会成功，还会造成经济停滞、社会动荡、主权丧失等严重后果。我们需要借鉴人类文明创造的一切有益成果，但不是接受西方发达资本主义国家的政治理念、治理模式和话语体系，照抄照搬西方的政体模式。中国的事情必须由中国人民自己作主张，按照中国的国情来实施。

第三，在价值观建设方面，必须坚持大力培育和弘扬社会主义核心价值观。

习近平总书记指出，"民族文化是一个民族区别于其他民族的独特标识。要加强对中华优秀传统文化的挖掘和阐发，努力实现中华传统美德的创造性转化、创新性发展，把跨越时空、超越国度、富有永恒魅力、具有当代价值的文化精神弘扬起来，把继承优秀传统文化又弘扬时代精神、立足本国又面向世界的当代中国文化创新成果传播出去"[1]。我国今天的国家治理体系，是在历史传承、文化传统、经济社会发展的基础上长期发展、渐进改进、内生性演化的结果。推进国家治理现代化，离不开汲取优秀民族传统文化中的宝贵价值。一方面，要运用马克思主义基本观点和方法对传统文化进行区分和甄别，取其精华，去其糟粕，实现马克思主义基本原理与中国优秀传统文化价值的有机结合；另一方面，做好对优秀传统文化的当代升华和时代转化，将其与当前我国全面深化改革的新思路、新动向和新举措相统一，使中华民族最基本的文化价值基因与当代社会相适应、与国家治理相统一、与民族梦想同辉煌。加快构建充分反映中国特色、民族特性、时代特征的社会主义核心价值体系。

三 哲学社会科学研究的重大主攻课题

推进国家治理体系和治理能力现代化，一定意义上是一场国家治理领

---

[1] 参见《习近平总书记在省部级主要领导干部学习贯彻十八届三中全会精神全面深化改革专题研讨班开班式上发表重要讲话》，《人民日报》2014年2月18日第1版。

域的革命。哲学社会科学界要深刻领会和落实十八届三中全会决定和习近平总书记系列重要讲话精神，为全面深化改革、推进国家治理现代化作出更大贡献。

第一，充分发挥学科集群优势，以中国特色的国家治理现代化为主题，形成一批有创新性和指导意义的重要学术成果。

国家治理涉及经济、政治、文化、社会、生态文明和党的建设等各个领域，哲学社会科学研究要发挥学科综合集成优势，围绕什么是中国特色的国家治理模式、如何推进国家治理体系与治理能力现代化以及依法治国方略等一系列重大理论和现实问题，组织精干力量开展前沿性和基础性课题研究，努力推出高质量的研究成果，及时提供有价值的决策建议，为实现中华民族伟大复兴的中国梦，提供优秀的学术成果和强大的智力支持。

第二，以扎扎实实的研究提升学术解释力，进一步巩固道路自信、理论自信、制度自信。

全面深化改革，推进国家治理体系和治理能力现代化，是为了更好地完善和发展中国特色社会主义理论体系、基本制度和发展道路，而不是削弱、改变或放弃这个道路、理论和制度。哲学社会科学工作者必须牢固树立政治意识、责任意识、大局意识，积极发挥自身学科优势，不断提升研究的创新力、解释力、影响力，形成关于现代国家治理的学术话语体系，牢牢掌握具有思想正能量的话语权，引导人们客观看待我国当前存在的各种问题和现象，巩固提升中国特色社会主义的道路自信、理论自信、制度自信，不断增强全面深化改革的勇气和决心。

第三，深化社会主义核心价值观研究，为推进国家治理现代化提供价值依托和文化根底。

一个国家的治理体系和治理能力，与其历史传承、文化传统、价值观念密切相关。任何政治制度、经济制度、社会制度和对外政策，都无不蕴含着特定国家和民族的核心价值。可以说，社会主义核心价值观不仅影响着中国特色社会主义的发展方向，而且是顺利推进国家治理体系和治理能力现代化的重要根基。哲学社会科学工作者要加紧社会主义核心价值观研究，坚守在中国大地上形成和发展起来的价值体系，努力抢占价值体系的制高点，把跨越时空、超越国度、富有永恒魅力、具有当代价值的文化精神弘扬起来，把继承优秀传统文化又弘扬时代精神、立足中国又面向世界的当代中国文化创新成果传播出去,向世界展示中华文化的独特魅力。

预祝第八届中国社会科学前沿论坛取得圆满成功!

谢谢大家!

(作者系中国社会科学院院长、党组书记,学部主席团主席、教授)

第八届中国社会科学前沿论坛开幕式致辞

许宁生

（2014 年 9 月 27 日）

尊敬的伟光院长、葛长伟书记、蒋斌副部长，各位来宾：

在国庆 65 周年前夕，中国社会科学杂志社与中山大学在清远联合举办"第八届中国社会科学前沿论坛"，全国各科研单位的知名学者济济一堂，围绕十八届三中全会提出的"推进国家治理体系与治理能力现代化"开展深入的跨学科研讨与交流，为推进社会转型期的国家治理能力现代化目标提供理论方案与政策建议。在此，我谨代表中山大学向出席本次论坛的各位领导和嘉宾表示热烈的欢迎！我校得到承办本次论坛的机会，要衷心感谢中国社会科学杂志社及各位兄弟单位对我校的信任。

"中国社会科学前沿论坛"作为中国社会科学杂志社发起创办的高层次、高水平、多学科的学术交流平台，论坛的其中一项宗旨"突显中国实践和中国智慧"，就是要求出战略、出思想、出理论、出政策，这不仅仅是本届论坛主题"社会转型与国家治理"的题中之意，也是对当今中国哲学社会科学发展使命的一种提炼与概括。我们知道，经过三十多年的经济高速增长，中国经济社会结构发生了巨大而深刻的变化，呈现出"中等收入陷阱"的一些特征，再加上国际环境复杂多变，给经济社会发展带来诸多不稳定因素，新的社会矛盾和问题不断涌现，形势错综复杂，对国家建设和社会转型提出了严峻的挑战。在此背景下，十八届三中全会提出了"国家治理现代化"的全面深化改革总目标。国家治理问题也是近段时间来学术界的重大理论热点问题，相信本次论坛的研讨将为"国家治理"碰撞出更多新思想、新观点、新建议。

中山大学由孙中山先生创办，有着一百多年办学传统，是学术与文化中国的南方重镇和人才培养高地。学校即将迎来90华诞。在此，也衷心感谢各位领导和兄弟单位对中山大学发展长期以来的支持与关心！传承百年中大的深厚底蕴，经多年发展，中山大学现具有人文社科和理医工多学科的厚实基础，不断追求学术创新，以国际视野开放办学，初步形成了"综合性、创新性、开放性"的特色。近年来，学校坚持"国际水平、国家需求"导向，在哲学社会科学领域努力增强基础研究能力、应用对策研究能力、国际交流能力，追求在基础理论上有重要建树、解决重大实践问题上有重要突破、中国学术传承创新及传播上有重要贡献，哲学社会科学学科影响力不断增强，科研能力不断提升。中山大学社会科学积极关注和回应国家与地方的经济社会发展急需，通过基础性的数据建设、创新科研体制、加强国际合作，不断提升社会科学前沿理论创新能力与决策研究能力。例如，自2010年起，中山大学启动了"中国劳动力动态调查"数据库建设计划，已开展了两次大规模的全国性劳动力动态调查，调查数据将向全国免费开放；2014年初，学校组建国家治理研究院、社会发展研究院、国家软实力研究院，围绕国家治理、社会发展、软实力的战略性问题、前瞻性问题、紧迫性问题开展理论与对策研究，努力将三个研究院建成具有政策影响、学术影响、社会影响和国际影响的智库型机构；根据国家与地方经济社会发展需要，2012年学校组建与培育了4个协同创新中心，其中港澳与内地合作发展协同创新中心列入了广东省首批国家2011计划建设培育平台。学校还积极关注广东改革与治理的实践，成立了诸如"珠三角改革发展研究院"等多种形式的共建机构，积极参与到广东省及各地方的行政体制改革与社会管理改革事业之中；学校还建立完善决策研究的体制机制与评价标准，发布了一批有较大社会影响力的皮书和发展报告，港澳、公共管理、社会建设和立法等研究领域六十多件成果被中央领导、国家和省部级单位采纳批示。

这次论坛，也是很好的学习交流平台。希望各位领导与学者能提供哲学社会科学建设的各方面宝贵经验，促进我校相关学科的发展。

最后，预祝会议圆满成功！祝各位在广东期间生活愉快！谢谢各位！

（作者时任中山大学校长、院士，现为复旦大学校长）

社会转型中的现代大国治理体系建设：问题、理论与趋势

任 平

摘 要： 郑重提出国家治理体系现代化的重大课题，是中国改革创新、社会转型进入全面目标规制新阶段的主要标志。中国现代化建设在资源配置方式、开放状况、发展阶段、发展方式、城乡结构、社会类型、民主政治、文化治理方式、环境治理、党的建设方面发生十大转变并进入全面目标规制阶段，呼唤从单一、局部、碎片化、盲目的治理走向系统全面、整体协调、良性有序的现代国家治理体系。构建这一体系必然需要有高度的理论自觉、实践自觉和体系自觉，体现高度的国家意志、国家能力和国家实力，通过持续的国家建设和国家工程来逐步实现。

关键词： 社会转型 国家治理体系现代化

党的十八届三中全会在"全面深化改革总目标"中划时代地提出"推进国家治理体系和治理能力现代化"的重大任务，充分体现了新一届中央领导集体全面掌控现代化体系创新的高度自觉和实现大国治理与整体规治的宏伟政治抱负，标志着改革开放方式从原初"摸着石头过河"向凸显国家顶层设计、科学发展主导地位的重大转换，标志着中国特色社会主义建设的国家治理水平进入到一个新阶段。

任何重大而深刻的思想都是时代的思想，蕴含着时代的问答逻辑。国家治理现代化思想战略的重大意义和基本内涵，是因为它源于时代，是对

当代中国改革发展最新时代问题的科学解答。国家治理现代化面对的问题谱系是多方面的，但其最为重要的是：中国正处在现代化社会转型的重要时期，正在经历资源配置方式、开放状况、发展阶段、发展方式、城乡关系、社会类型、民主政治建设、文化治理方式、环境治理、党的建设等前所未有、异常深刻的十大转变，进入一个新的阶段，呼唤着中国治理必须从单一、局部、"走一步看一步"、碎片化、盲目的模式转变为系统全面、整体协调、良性有序的国家治理现代化体系。因此，本文着力探索以下几个问题：第一，社会转型的基本趋势特点对国家治理体系建设提出的呼唤和挑战；第二，国家治理体系建设的基本结构与主要问题；第三，国家治理体系建设的思想资源和理论创新；第四，国家治理体系建设理论的历史地位和创新意义。

一 准确把握中国社会转型的基本趋势与国家治理需求

马克思说过："一切划时代的体系的真正的内容都是由于产生这些体系的那个时期的需要而形成起来的。"[①] 虽然变革与建构、破与立、路径探索与顶层设计始终贯穿建设中国特色社会主义的全过程，然而，在不同阶段，矛盾双方地位的倚重是不同的，因而历史的需要也就不同。改革初期，遭遇旧体制困局严重束缚，又缺少经验，所以要"杀出一条血路来"，矛盾的主要方面是如何破除和变革旧体制，改革方式以"走一步看一步大胆探索"为主。今天，能够提出建构一个全面创新国家治理体系的重大任务，必定是为了适应改革发展新阶段的需要，即社会变革和转型从改革初期以破为主、"走一步看一步"式的零碎片面的"试错法"探索转入以立为纲、全面自觉设计未来中国发展蓝图和中国道路新阶段的需要。在这一阶段，一方面，在客观上破除改革创新中体制机制、解决发展方式等主要矛盾、突出问题的基本条件已经具备，未来发展蓝图已经绘就，中国道路的方向已非常明晰；另一方面，主观上执政党不仅富有以往改革创新的丰富经验，而且大大提升全面深化改革、破除一切体制机制障碍的理论自觉、思想自觉和实践操控能力，摆脱了原初"走一步看一步"

[①] 《马克思恩格斯全集》第3卷，人民出版社1960年版，第544页。

的盲目状态，"全面建成小康社会、全面深化改革、全面依法治国、全面从严治党"充分展示了新一届中央领导集体更加自觉地清晰地谋划未来、构建发展目标体系和实现路径的宏伟抱负与总体纲领。在这一关键转折点上，来自于中国的社会转型所呈现出的十大转变，多层、多样、多面而深刻地改变着中国社会的结构，并陆续进入了新阶段。具体来说，提出建立国家现代化治理体系，主要需求来自于以下几个方面。

第一，资源配置方式发生了重大转换。中国特色社会主义市场经济体系的建构正在全面深化改革中走向完善，迫切需要建立与之相适应的国家经济治理体系。从1978年中国拉开经济体制改革的大幕，从十一届三中全会到十八届三中全会，从农村改革到城市改革，从计划到市场，从市场对资源起基础性配置作用到起决定性作用，三十多年的中国经济体制改革已经要求对资源配置起双重作用，一方面需要划清市场与国家作用的各自边界，做到"政企""政市"分开，充分保障市场在资源配置中起决定性作用；另一方面国家需要从直接调控转变为边界弹性控制，对于国家治理职能转变、治理能力都提出了更高要求。国家必须通过全国的初次分配、再分配和N次分配来协调效率与公平关系，把第一次分配（效率）、第二次分配（公平）、第三次分配（道德）的关系纳入一个井然有序的经济利益调节体系中加以掌控。中国特色社会主义基本经济制度、市场经济体制和发展目标蓝图已然清晰，企业、市场、政府、社会各自地位边界和权责已然明确，因此，今天的中国改革已经为全面的国家经济治理体系的建立提供了现实基础，国家经济治理大厦完全可以建树其上。然而由于历史上"摸着石头过河""走一步看一步"等传统早期改革的经验化、碎片化思维习惯的束缚，国家层面自觉设计的全面经济规治体系建设远远落后于经济体制改革与发展需要，严重阻碍了社会主义市场经济体制的完善，因而时代迫切呼唤通过全面深化改革来推动这一规治体系尽快得以建立和完善。

第二，现代化发展阶段的重大转变。人民群众的期盼从过去的单一因素向综合因素转变，发展的综合性、有机性、整体性关联大大增强，迫切需要对发展的目标和过程做总体性科学把握。各个阶段借以相互区别的，是支配阶段的主要矛盾的特殊性。20世纪，"脱贫""温饱"和总体小康攻坚初期的主要矛盾是经济问题，主要着力于人民群众期盼的如何将"蛋糕做大"，社会发展的其他因素降到次要地位，或干脆被外在化、边缘化。今天，中国经济有了长足发展，进入全面建成小康社会的关键期，处在库茨涅兹"倒U曲线"的顶端，人民群众关注的重点已然从物质财富的快速增长或"做大蛋糕"到公平分配，人民对生存的公平性、环境、公共产品的获得的均衡性和生活质量安全性等的关注超过了对经济增长的关注。国家治理回应人民群众的利益关切，促使发展目标和标准的根本转变，更加强调经济发展与公平、安全、清廉、持续、生态等因素关联的整体性、协调性、有机性，把发展纳入科学发展的治理轨道。

第三，发展方式的重大转变。重写现代性，需要中国重新建构与"中国新现代性"相适应的国家治理体系。自鸦片战争至今，中国百余年的现代化历史经历了若干形态、若干方式、若干路径，最终走向中国特色社会主义现代化道路。然而，中国现代化道路始终是在全球现代化背景下出场的，一个奇特现象是：前现代、启蒙现代性、经典现代性、后现代和新现代性等西方依次出场的历史阶段在中国多元化地"共时出场"甚至"倒错出场"。尽管中国第一次现代性（经典现代性）没有彻底完成，也需要同时介入第二次现代性（新现代性），但是中国现代性绝不是西方任何一种形态、任何一种阶段的现代性的跨界平移，而是多元现代性综合创新+中国特色：以新型工业化、新型城镇化、新型民主政治等为标志的"中国新现代性"，成为国家治理"现代化"的科学注解。没有"中国新现代性"，就没有相对应的现代化的国家治理。如何治理中国工业化进程？中国绝不能亦步亦趋地按照西方先工业化（经典现代性）、后信息化（新现代性）的路径，而是用"互联网+""工业4.0"等信息化平台带动、提升、改造工业化。如何治理中国的城镇化问题？既不能走西方消灭乡村、破坏生态的唯大城市化的老路（经典现代性），也不能走完全照搬后现代的反（逆）城市化之路，而是要走以人为本、生态化、集约化、网络化、城乡一体的新型城镇化道路。中国如何实现以法治国、建设民主政治？既不走西方经典现代性"三权分立"老路，也不是完全照搬后现代直接民主模式，而是根据自己国情，建立共产党领导、依法治国、人民当家做主三位一体的民主政治制度。因此，要与中国新现代性相适应，呼唤国家治理体系的现代化重构。

第四，从封闭走向开放，从"世界走向中国"到"中国走向世界"，开放环境也发生了从旧全球化到新全球化时代的重大变化，迫切需要中国重构与世界的关系。前三十多年改革开放，中国着力冲破封闭状态，大力引进世界先进技术、生产力和资本管理经验,让世界走进中国,抓住战略机遇期,努力使中国以廉价劳力、市场和出口替代物品参与全球 WTO 体系等国际经济大循环,韬光养晦,以期强盛。今天,日益强盛的中国开放的主题成为"中国走向世界",积极以负责任的大国姿态深度介入世界经济、政治和文化秩序的重建,以"一带一路"和建立"亚投行"来谋划布展周边区域发展大格局。在后反恐时代,以美国为首的西方社会"重返亚洲",中国成为世界第二大经济体,也成为美国重点针对、需要强化遏制的对象。虽然"战略机遇期"没有变,但是国际环境更复杂、更不太平,国际军事、政治、文化、外交、民族等方面事务的斗争更剧烈,对大国实现和平发展的掣肘更多,金融危机、美国等西方国家制裁对国内发展的影响力越来越大,中国作为世界负责任的大国需要担负的国际责任和参与的国际事务更多,需要有更强的把握整体开放和治理国际事务的能力。

第五,空间关系与人居环境的重大转变。走出一条新型城镇化和城乡一体化道路,迫切需要执政党全面提升总体治理水平。世界城市化过程都充满矛盾和冲突。中国革命路径是从农村包围城市,最终夺取城市。虽然新中国成立以来几十年城市和空间治理有一定的经验,但是对于执政党来说,大规模改变城乡空间关系、为一个十三亿人口的国家重新谋划和塑造新的满意的人居环境仍缺少经验,也面临严峻考验。城镇化率从原初城镇化低水平条件下(新中国成立初不到10%,改革开放初期25%)迅速扩展到接近50%,30多年来近5亿农村人口转变为城镇居民,并正在走向新型城镇化进程和城乡一体化进程,城乡关系与空间关系正在发生深刻转型。中国城镇化与城乡关系的空间改变特点是人口数量庞大世所未见,速度之快世所未见,城乡关系调整的难度世所未见。城乡居民对空间正义与空间权力的需求急剧上升。住房和生活环境的整体改善,需要国家整体协调城乡关系,消除户籍等带来的城乡差别,城市权力成为首要权力。国家承受的有关解决失地农民、进城农民工、拆迁安置等方面问题的压力越来越大。我们需要走新型城镇化道路,城乡治理需要科学规划、综合解决。

第六,从同质性社会向差异性社会的转变,必须要重新思考社会和谐治理的方式。资本和市场造就了若干多元、多样、多变的社会存在,社会分层加剧,阶级、阶层、利益群体、多元的行为体使社会出现了各种差异。多元、多样、多变的社会存在,冲破了在计划经济时代的利益的同质性社会，进入差异性社会。所谓差异性社会，即与多种产权并存的基本经济制度对应，人民群众在根本利益、长远利益、整体利益和全局利益上趋于一致，但是在眼前利益、局部利益、阶级阶层和群体利益、市场交换利益上出现各种差异和分裂。差异性社会既不同于同质性社会，也不同于阶级对抗性社会。在差异性社会，各种差异性的利益诉求必然要通过经济表达、政治表达、社会表达、文化表达、生态权益表达等途径反映出来，要求"差异的正义"。经济、政治、社会、文化、生态的多元表达，要求差异的正义，即要求中国共产党作为人民根本利益、长远利益、全局利益、整体利益的最高政治代表而存在，也同时要求在党的领导下依法实现差异性利益主体之间的对话民主和协商民主，消弭对抗，减少冲突，达成和谐。在坚持党的领导前提下，如何做好制度安排，协商解决与公平地平衡各个差异性利益群体的关系，成为治国理政的一大任务。

第七，从同质性社会、同质性政治向差异性社会的民主政治模式转变，需要总体设计和规划在中国共产党领导下依法治国的新型民主政治体系。中国特色社会主义民主政治的模式将基于差异性社会，呈现不同于西方的民主模式，也不同于同质性社会，更不同于对抗性社会的民主利益表达机制。在同质性社会中，人民的利益只有一致性而没有差异性，因而政治表达一致性可以以党的一元化领导方式来代表。阶级对抗性社会当然没有共产党的领导，阶级对抗社会采取的国家法治形式实际上是阶级统治的权益再平衡，呈现"虚幻的共同体"。而在差异性社会，才需要也有可能既坚持共产党领导来代表人民的根本利益、长远利益、全局利益和整体利益，也需要在多元差异的阶级、阶层和群体之间通过协商民主、对话，通过依法治国来平衡多元化的利益，建设法治国家。实现网络与社会直接民主与代议制间接民主，实现党的领导、依法治国与人民主体地位的统一，都对国家政治治理提出了新的民主要求。

第八，差异性社会的文化表达。出现了中国特色社会主义的文化矛盾，需要国家在思想文化领域形成新的治理方式。差异性社会中人民的根本利益、长远利益和整体利益的一致性，必然要求有中国特色马克思主义、建立在基本经济制度之上的核心价值体系作为党、政府和社会的指导思想，构成社会的共同思想基础。而由于差异性社会的利益多元化，又形成各种相互差异甚至矛盾的思想价值文化。思想价值文化领域一元与多元之间的矛盾就是中国特色社会主义文化矛盾，这一存在将是长期的、普遍的和必然的。有效治理文化矛盾、确保思想文化价值安全和创新繁荣是民族"软实力"强盛的表现，而任由思想分裂、价值冲突和精神萎靡则是亡国之路。目前，围绕中国发展前途，思想文化界"茫茫九派流中国"：民粹主义、新自由主义、新保守主义、新权威主义、新左派等，都将表达自己的利益诉求。网络、移动通信等新媒体以"全民麦克风"呈现"众声喧哗"，"大V""大妖"层出不穷，意识形态领域的矛盾极其尖锐。我们既不能按照过去"以阶级斗争为纲"年代动辄以专政方式对待思想价值差异，也不能完全忽略和无视差异，新的时代需要国家治理要有强有力的核心价值观的引导能力和对差异性思想价值文化的驾控能力。

第九，从工业文明向生态文明时代的转变。人民群众对于生态文明的期盼和生态权益的维护的要求越来越强烈，迫切要求国家科学审慎对待生态与文明的矛盾关系，大力推进生态文明建设，切实维护好人民的生态权益、生态安全，走绿色发展道路，为此必须要大力提升国家生态建设和生态治理的能力。

第十，执政党面对的环境发生重大改变。从封闭到开放、从革命到执政、从计划到市场，面临"四大危险"和"四大挑战"，迫切需要纯洁党性、反腐倡廉、提升境界，强化能力建设、推进政党现代性。党要管党、从严治党，确保党的先进性、纯洁性和强大领导力，对于党的建设和领导干部建设提出了很高的要求。中国共产党是中国特色社会主义事业的领导核心，党的肌体出现任何微小失误，必然在全局造就严重问题。因此，全面分析党内存在的问题，全面规划党的现代化建设的总体目标和道路，是国家治理体系现代化的核心。

总之，中国的现代化社会变革和转型走到今天，已经进入全面自觉设计、规划、实践和掌控国家改革与发展目标进程的新阶段，迫切提出了国家治理体系现代化的新要求，建设国家现代化治理体系，成为时代的重大课题。

二 建设现代化国家治理体系的基本结构与主要问题

虽然时代提出了国家治理体系现代化的重大课题，但是任何建设内容非经语义学的反思批判，就难有精确的指义，因而就会因意义的差之毫厘，而导致实践上的失之千里。

把握国家治理体系现代化的精确内涵，首先需要对以下概念进行深度的分析。

1. 建设现代化国家治理体系，需要把握一个主要的核心概念：国家治理。治理（governance）在西方原初是关于政府失灵、市场失灵之后的社会直接民主的概念，或指政府与非政府组织的协商共治。按照罗西瑙等主编的《没有政府的治理》①一书的见解，尽管有法团主义参与，但是治理理论通常与多元主义政治、新公共管理、后现代政治学（包括生态主义政治学）的无政府主义政治学主张相关。强调基层、社区自治，电子民主、网络民主，成为主要观点。"治"或"治理"也是中国五千年文明中政治哲学的核心概念之一。"修齐治平""天下大治""长治久安"一直是儒家先贤追求的人生或社会的最高政治理想。但是，与西方治理思想的后现代取向不同，中国古代治理思想的核心仍然是国家管控。中国作为后发展的人口经济大国，走向现代性的过程，必然是前现代、经典现代、后现代和新现代共时出场，"中国新现代性"要求国家推动、主导、掌控"新现代化"的全过程，因而治理是在国家主导下，发挥国家、市场、社会三元作用的共同治理。市场发展、社会培育与国家能力建设需要同步推进。把"国家"与"治理"联结在一起，不仅是指国家是治理的客体（对象），也不仅是指国家是治理的主体，而是表明了一种既与单纯强调非政府组织的后现代治理理念不同，也与单纯强调国家成为管控社会的唯一主体的传统治理理念不同的崭新治理理念。这是"中国新现代性"的治理理念。其中，国家的物质力量与精神力量、治理能力的"硬实力"与"软实力"需要同步提升，宏观政治、中观政治、微观治理（微观政治）需要同步发展，层级治理（集权与分权）与区域治理（自治与统筹）能力需要同步提高，阶层治理（身份政治）与民族（族性政治）治理能力需要协调兼顾。

2. 国家治理体系：经济治理、政治治理、社会治理、文化治理、生态治理、党的治理六位一体的体系。国家治理体系就不再是一个碎片化、片层化的治理方略，而是一个由各个层级治理、方面治理、若干治理主体协商共治的系统。从治理内涵上看，包括经济治理，就是要在坚持基本经

---

① 罗西瑙等主编：《没有政府的治理》，张胜军、刘小林译，江西人民出版社2001年版。

济制度约束条件下，充分发挥社会主义市场经济对于资本配置所起的决定性作用，同时强化政府和第三部门对于"市场失灵"后果的修正和对冲作用。企业、市场、政府、非政府组织或第三部门，都成为治理经济秩序的主体。主体间发生着深刻的有机的密切合作和相互制约的关系。包括政治治理，就是要将党的领导、依法治国、人民当家做主三者在宪法和法律框架下有机结合，将国家代议制民主和社会直接民主有机衔接，将选举民主和协商民主有机融通，建立中国特色的社会主义民主政治。包括社会治理，就是要以"差异的正义"与和谐政策善治差异性社会，建立公平完善的社会保障。包括文化治理，就是要在巩固马克思主义在意识形态领域指导地位的过程中，合法尊重多元，依理包容差异，弘扬核心价值体系，促进和巩固人民的共同思想基础，大力建设创新的、民族的、繁荣的、群众喜闻乐见的文化。包括生态治理，就是要确立生态目标，大力推进生态建设，转型发展方式，促进生态文明。包括党的治理，就是要从严治党，保持党的先进性和纯洁性，推进政党现代性建设，经受住时代考验，使党始终成为中国特色社会主义的坚强领导核心。

3. 现代化国家治理体系：要深刻理解不同于西方的前现代、启蒙现代、经典现代、后现代和新现代模式的"中国新现代性"所具有的独特内涵、基本特点和创新意义，从而为现代化国家治理体系建设注入最关键、最深刻、最本质的规定。无论是经济治理、政治治理、社会治理、文化治理、生态治理或党的治理都是"中国新现代性"的，而不是西方某一阶段治理模式的照抄照搬。如中国的经济治理，既不是亚当·斯密《国富论》中主张的自由市场模式，也不是凯恩斯模式，也不是所谓新自由主义模式，而是社会主义市场经济模式，基本经济制度是独特的，市场与国家、社会的关系是独特的，努力建立完善的市场决定作用和政府调控作用、社会组织道德支援作用机制。政治治理也是"中国新现代性"的：以党的领导为根本，以社会主义市场经济和差异性社会为基础，坚持党的领导、依法治国和人民当家做主三位一体，建设学习型、廉洁型、效能型、责任型政府，以选举民主和协商民主统一推进中国特色社会主义民主政治。新型工业化、新型城镇化、新型社会化等，都是中国新现代性的标志。这一独特现代化坐标的建立至关重要，以此为视阈的观察才可能抓住中国治理体系现代化的关键。

4. 推进现代化国家治理体系建设的主要问题：（1）进一步科学界定

"国家治理"的内涵和外延。治理概念原初针对国家和政府的失灵而出场。如何将"国家"与"治理"本身两者有效统一,不是一个国家管控的传统概念,也不是西方单纯治理的概念,而是一个新概念。国家管控(管理)概念内涵的鲜明特点是:国家是唯一管理主体;自上而下地覆盖、管理全社会。治理的概念正相反,起源于后现代的多元差异性主体,至少非政府组织(NGO)与政府组织地位差异地平等,市场、国家、社会多元主体协商共治,没有谁凌驾于其他组织之上。这是多元主义政治学的无政府主义概念。当然这在实践中有困难。法团主义则从黑格尔的《法哲学原理》关于市民社会与国家的关系观念中找到新的思路,认为尽管市民社会可以存在多元的组织之间、需要协商共治,但是一旦有冲突,还是需要国家作为凌驾于其上的权威组织来统筹协调。这成为新保守主义政治学的基本思路。中国的国家治理也应当积极汲取新保守主义的合理化建议,以国家为主导,积极协调各方,建立完整的协商共治的体系。(2)进一步规约国家治理的性质和范围。国家治理是全覆盖的,但是并不等于所有治理都需要国家作为治理的唯一主体出场,更不等于把所有治理责任统统归于国家或政府。恰好相反,治理的大部分功能应当以社会自治、市场自治、区域自治、基层自治、微观自治、文化自治、道德自律的方式实现。正是在这一点上,我们不能重新走"全能国家""全能政府"的老路,将一切治理事务全盘由国家、政府包揽,进而成为"重税国家""官僚国家"甚至"集权国家";也不能走无政府主义的路,让一切自治,政府无为。国家在所有的治理事务中的主导、规制和掌控是依法治国的保障。(3)六位一体的现代化国家治理体系建设的"分"与"合"。经济治理、政治治理、社会治理、文化治理、生态治理和党的治理分别有各自的治理内容和方式,绝不能相互替代,呈现"领域的帝国主义";也绝不是分散、分割、分裂和碎片化的。相反,国家治理体系一定是有机完整的体系,所有治理都基于社会主义市场经济起决定作用与差异性社会这一基础,都是对差异性社会的各个阶级、阶层、群体利益的经济表达、政治表达、社会表达、文化表达和生态表达的积极回应。因此,各种治理相互之间都具有关联性和协调性。

三 国家治理体系现代化的全球视野与中国特色

中国的现代化国家治理体系的科学建构不仅需要实践探索,更要凸显理论自觉;理论自觉不能凭空地进行理论想象,更需要在实践检验中批判地消化汲取一切传统和当代的优秀的思想资源。在汲取相关思想资源时,我们不仅需要汲取西方的,而且要汲取东方的;不仅要研究非马克思主义,更要自觉地遵循马克思主义。因此,在治理体系的思想地图上,我们的理论坐标应当是全方位的,我们的思想触角应当保持着高度的开放性。我们需要对话,因为只有对话才能有源头活水;我们需要全方位对话,因为只有全方位对话,才能保持我们的思想之光如无影灯般,因思想资源来自各异的角度而无影遮蔽。对话对象来自古今中外,我们需要全球视野;我们在话语中需要坚守立场,因而我们的思想有中国特色。

中国新现代的国家治理体系当然不仅是政府和市场失灵的产物,更是复杂现代化变量的回应性产物。前现代的传统中国治理方式、西方的各阶段治理方式、马克思主义的治理思想都可以对应地找到发挥作用的机理。

西方围绕治理问题有一系列的理论。我们需要厘清一条西方的思想资源的思路:从早期的启蒙现代性关于国家分权治理的思想、亚当·斯密的"守夜人"的思想,到马克斯·韦伯"精密机器论"的社会管理的经典现代性理论、T.帕森斯的结构功能理论,到凯恩斯主义的国家调节论,到后现代的西方的社会治理理论,再到多元主义政治学与法团主义政治学、新自由主义和新保守主义政治学之争,应当有林林总总的思潮和理论需要我们全面梳理。我们的国家治理体系理论需要积极借鉴西方的理论史的合理思想,也需要与西方思想家全面对话。但是,国家治理体系理论绝不是西方学术思想的简单跨界平移。

马克思主义治理思想有很丰富的内容,需要做全面梳理。作为第一代现代化批判理论家,马克思关于国家与市民社会、市场的关系的理论也是现代国家治理体系理论的原初思想资源。马克思的《黑格尔法哲学批判》《德意志意识形态》《资本论》《哥达纲领批判》等许多著作涉及全面社会治理的思想,为我们的研究提出了一系列新的原则。我们需要在中国特色社会主义建设过程中深度打开马克思的治理思想宝库,不能数典忘祖,不能源头失语，不能在中国国家治理体系现代化的理论来源追踪上将马克思主义经典作家的理论贡献虚无化，用马克斯·韦伯、帕森斯、凯恩斯、阿尔蒙德、罗伯特·达尔、迪尔凯姆、罗西瑙等来覆盖马克思。我们也不能完全拘泥于传统历史唯物主义经典话语框架，或简单照搬传统的马克思主义国家学说，而是在国家治理体系现代化问题上，马克思的治理思想需要有一个领域"再发现"、思想"再认识"和话语"再阐释"的过程。

建设中国现代化国家治理体系，绝不能忽略中国传统的治理理论。"治世"是几千年中国历代统治者的主要思绪，治理是几乎所有历代思想家的主要话题。儒家、法家、道家、墨家、纵横家等思想的主要差别不在于是否要治世，而在于如何治世。汗牛充栋的古籍文献积累蕴藏着极其丰厚的有关治世的思想资源，内容从一己之治、一家之治、地方之治、国家之治到天下之治，无不囊括。无论是《史记》《汉书》《四库全书》等史书，还是《论语》《资治通鉴》《孙子兵法》等资政的书，甚至地方府县志，都包含了深厚的治国理政的历史经验和思想资源。可以说，在中国占主导地位的思想传统，几千年来都是围绕治理而展开的。儒家的"修齐治平"甚至可以被解释为由微观政治学（修身，灵魂对于身体的控制术）而扩展为宏观政治学（治国平天下）的有关如何达到"天下大治"的治理理论。道家则是一种由本体论（道）之治论出发引申为修身、治国、平天下的治论体系。同样，对于中国的历代治论，我们也需要以一种新的视阈来"再发现"。全面梳理总结五千年中国治论遗产，不仅有助于丰富世界治论，为中华民族文明崛起平添一个角度的话语权，而且更为中国当代现代化国家治理体系的建构找到自己的根。由传统根基处出发，虽然达到今天需要有现代化的变革和转换，但是，这一传统一定是自主创新理论最为宝贵的资源。

因此，中国当代的现代化国家治理体系理论，需要在思想资源上采取"一体两翼"的格局。即在时代实践的基础上，要充分发掘当年马克思的思想资源并加以时代化、中国化发展；又要广泛汲取中外思想资源，展开最广泛的对话，从而建立创新的、时代的、中国特色的国家治理体系理论。

四 现代化国家治理体系理论的历史地位与创新意义

中国特色社会主义理论体系与实践探索都是与时俱进、不断创新的。一个重大理论观点的提出及其实践开拓,总是在这一体系中成为重要支点和理论之网的主要纽结,因而必然具有自己的历史地位。现代化国家治理体系的提出就是如此。这一理论观点的提出,其历史地位和理论创新的意义,我们可以从以下几个方面来理解。

第一,现代化国家治理体系理论的提出是中国特色社会主义理论创新的最新成果,是原初马克思主义中国化、时代化的当代出场形态。如马克思所说,理论在一个国家实现的程度,总是决定于理论满足于这个国家的需要的程度。中国特色社会主义理论与时俱进的逻辑,取决于实践中问题凸显的逻辑。只有在今天,改革创新新阶段凸显的问题需要转换发展方式和改革方式,从改革初期"走一步看一步"转入自觉谋划、顶层设计和全面规治新阶段,现代化国家治理体系的课题与思想才能够应运而生,成为中国特色社会主义新的创新理论。而这一新理论概念的提出,又是阶段性战略转换的时代标识,为今后改革发展的顺利展开提供了行动指南。在马克思主义理论史上,这是第一次全面系统提出和阐释现代化国家治理体系的尝试,因而是马克思主义史,特别是马克思主义中国化史上的理论创新,必将有重要地位。

第二,现代化国家治理体系理论是对西方治理理论、中国治世理论的现代性批判改造,因而在某种意义上就是对世界治理理论成果的积极继承、创新发展和全面提升,具有世界意义和普遍价值。由"中国新现代性"决定,中国的现代化国家治理体系的建构必定要具有中国特色,而且要与中国传统一脉相承、与世界治理理论具有融通和对话的能力,在世界治理理论图谱中要占有创新的地位。

第三,现代化国家治理体系理论是全面提升中国文化软实力、理论强国、社科兴国与打造自己民族的理论和话语体系的重要标志,是讲好中国故事、实现中华民族伟大复兴中国梦的又一重要环节。前三十多年改革开放,世界走向中国,中国打开国门看世界,先进的世界思想价值文化不断被引入中国,为中国特色社会主义理论创新提供了积极的世界思想资源。

后三十年，将是中国走向世界的重要转折时期，中国将不再是被西方世界所认为的"只生产物品不生产思想"的国家，而是继续在物质文明扩展全球的同时，着力打造理论创新大国形象的国家。有资格影响和重塑未来世界秩序的国家不仅依靠硬实力，也依靠甚至更依靠思想创新的软实力。全球话语权背后有物质力量的支持，更有思想力量的支撑。现代化国家治理体系建设是一个世界难题。各个民族都有自己的独特问题需要解决，也都孜孜以求地探索创新理论，各国尽管国情不同，但是相互之间也有思想资源的相互借鉴和融通。现代化国家治理体系理论是中国与世界在现代性平台上加强沟通对话、实现和平发展的重要桥梁和纽带。作为世界人口最多的大国、快速发展中的第一大国，在未来世界的治理领域的版图中应当有自己的理论创新位置，来自中国理论的元素必将有着重要的世界意义。

(作者任平，江苏师范大学原校长、教授。江苏省徐州市铜山新区上海路 101 号江苏师范大学　221116)

全球视野下的国家治理体系：
理论、进程及中国未来走向

王卓君　孟祥瑞

摘　要：中国国家治理体系现代化既是治理理论的逻辑延展又是治理实践的空间拓展。因此，对中国国家治理体系的研究，不仅要有本土眼光，更需具备全球视野。文章通过探讨全球视野下国家治理体系的内涵与属性，明确了国家治理体系的结构脉络与角色定位。以全球视野下国家治理体系的嬗变历程为切入点，梳理了科层治理体系、竞争性治理体系、网络治理体系和整体性治理体系的谱系变迁。在厘清构建中国国家治理体系阻力问题的基础上，初步探讨了全球视野下中国国家治理体系的价值导向、顶层设计、民主内涵、法治逻辑与执政党建设等进路。

关键词：全球视野　国家治理体系　中国进路

构建现代国家治理体系是中国行政体制改革的总体战略目标，也是政府角色定位及其治理方式现代转型的核心问题。当前我国的治理图式，其价值伦理、运行方式与体系建构囿于政治体制和政治生态，尚未能从全球视野的高度形成国家治理的适应性谱系。全球化进程中的资本流动、技术转移与文化交融不断改变着经济基础和意识形态，作为上层建筑的国家治理体系必然随之嬗变并趋向完善。正如马克思在《德意志意识形态》中所说，"各民族的原始封闭状态由于日益完善的生产方式、交往以及交往而自然形成的不同民族之间的分工消灭得越是彻底，历史也就越是成为世界历史"①。因此,亟须从全球视野厘清国家治理体系的内涵和属性,梳理国家治理体系的嬗变与谱系,进而窥探中国国家治理体系现代化的问题与进路。

一 全球视野下的国家治理体系:内涵与属性

(一)国家治理体系的内涵

国家治理体系(governance system)是伴随国家治理现代化进程渐成的,蕴含治理理念、结构与过程三重涵项的系统架构或网络。从不同维度看,对国家治理体系的解读不尽相同。从治理范围上看,主要包括政府治理体系、社会治理体系和市场治理体系等方面;从治理内容上看,应该包括常态治理体系、非常态治理体系——譬如常态的环境治理体系、非常态的危机治理体系等。按照系统论的观点,国家治理体系是由价值、制度和行动三个层面构成的一种橄榄型的结构,三个层面形成了一个循环往复相互回应的闭合系统。在此系统中,由政府、市场与社会三者耦合而成的中层子系统既传递和彰显着顶层核心子系统的战略决策和价值向度,又推动和维系着底层保障子系统的制度选择与行动表达。现代国家治理体系的构建是现代化进程中的必然趋势,这种趋势意味着国家治理思路的调整以及对传统治理体系的扬弃。因此,对"国家"与"治理"的理解与把握是阐释国家治理体系理念演变、角色位移和功能消长的重要思路。

"国家"的本质是打开全部国家问题的一把钥匙。马克思主义认为,国家是多方博弈规则的提供者,社会冲突与矛盾的缓冲者与既定政治秩序的维护者。国家作为阶级统治的工具,为赢取合法性与权威,始终以"居于社会之上"的身份出现,"代表"社会的普遍力量来维系政治秩序并约束个体行为。在现代国家中,这种普遍力量即表现为国家治理体系的功能体系、制度体系及方法体系。杰索普则强调国家治理体系的"兜底效用",他写道:"国家是在治理的其他子系统均失败的情况下,作为最

---

① 《马克思恩格斯选集》第1卷,人民出版社2012年版,第168页。

高权力机关负责采取'最后一着'的补救措施。"① 由此可见，国家不仅是治理规则的主要制定者、制度安排的执行者，也是治理子系统失效的最终责任承担者与最后的求助对象，是"同辈中的长者"。弗朗西斯·福山从有效性的视角探讨国家治理体系的重要作用，他不无担忧地写道："国家不能采取治理行动来消除制度不均衡和国家维持一种无效率的制度安排，这两者都属于政策失败。"② 毋庸置疑，国家的角色在国家治理过程中至关重要，且自国家产生以来，国家治理体系就随之产生。国家在某种意义上担任着"元治理者"的角色，它必须平衡政府、市场与社会等多个层次的治理，担当价值传播、制度设计、执行监督的任务，进而促进各类治理主体的自组织。尽管在不同社会历史时期或处于同一时代不同性质的国家形态中，国家治理的方式呈现出较为明显的变化，但由于国家本质的内在规定性始终决定着国家治理体系的本质——既是规则的制定者又是实施者，即国家治理体系兼具"治理目标"与"治理手段"的双重含义。

"治理"的概念是理解国家治理体系内涵的关键。关于治理的概念，有诸多不同的理解，从全球视野来看，大抵是从"过程论"和"系统论"两个方面来界定的。③ "过程论"的视角研究颇丰。如《欧盟治理白皮书》将治理定义为"影响到欧洲的权力行使，特别是从开放、参与、责任、效率与和谐的观点出发的程序和行为"④。罗伯特·罗茨强调，"治理作为一种改变了的有序统治状态，是一种新的管理过程"。"系统论"的视角也被广泛关注。如库伊曼认为，"治理的任务主要在于系统的构建（解构）与协调"⑤。詹姆斯·N. 罗西瑙主要从治理与政府统治的区别做

---

① 鲍勃·杰索普：《治理的兴起及其失败的风险：以经济发展为例的论述》，《国际社会科学杂志》（中文版）1999年第1期。

② 弗朗西斯·福山：《国家构建：21世纪的国家治理与世界秩序》，黄胜强等译，中国社会科学出版社2007年版，第13页。

③ 治理理论"过程论"与"系统论"的二分方法来源丁彼特"作为系统的治理"和"作为过程的治理"的论述。参见 PIERRE, J. *Debating Governance*: *Authority*, *Steering and Democracy*, Oxford: Oxford University Press. 2000. p. 79。

④ 欧盟 Com428 号文件，布鲁塞尔，2001年7月25日，《欧盟治理白皮书》（Livre blanc sur la gouvernance européenne, 2000年）。

⑤ 让·皮埃尔·戈丹：《何谓治理》，钟震宇译，社会科学文献出版社2010年版，第97页。

出界定，他指出，"治理是指共同目标支持的系统性活动"[①]。笔者以为，无论是从"系统论"还是"过程论"视角去建构或是解构治理的概念，都不可否认治理是一种内涵丰富的社会现象，既包括国家行为、政府机制、市场规则，也包含非正式规则、非政府的机制。治理理论中关于国家、社会、民众三者之间关系的阐述，蕴含着国家治理体系"治理目标"与"治理手段"的逻辑密码。因此，国家治理体系作为不同国家治理领域的系统化和同一治理领域的系统化的集合体，实质上是治理理论在国家治理结构上的映射，即规范社会权力运行和维护公共秩序的一系列制度和程序。

综上所述，全球视野中的国家治理体系是治理理论从更高的要求和更有效的角度对国家治理结构的重新建构，是全球化进程中多重力量与利益博弈在国家治理上形成的结果，兼具"治理目标"与"治理手段"的双重含义，其实质上折射出在现代化和全球化背景下从"统治"走向"治理"的理念革新，也是对原先国家传统统治方式各种不可治理性的回应。

（二）国家治理体系的属性

根据阿什比的"必要的多样性定律"，国家治理体系的治理结构需要与治理对象系统的复杂性相契合，这种契合性可视为国家治理体系通约的一般属性。具体来说，这种一般属性蕴含异质属性、阶级属性、民主属性和发展属性四重要素。国家治理体系的现代化进程在任何国家都不是一帆风顺更远非一蹴而就，而是经历了复杂而漫长的演进过程。凡是宣称摆脱了封建专制、神权至上的现代国家，其治理体系几乎都要遵循这一一般属性。

1. 国家治理体系的异质属性

异质性（heterogeneity）是指种类之间的不均匀性和不可通约性，尤其指个体不同种类属性之间的不可通约性。从全球视野来看，世界上任何国家的治理体系都不会是完全相同的，这可以理解为国家治理体系的异质属性。国家治理体系构建之初的历史语境与逻辑起点，通常会缔造治理体系变迁的路径依赖。正如巴林顿·摩尔指出"一国历史本身制约着该国

[①] 詹姆斯·N. 罗西瑙：《没有政府的治理》，江西人民出版社2001年版，第5页。

的现代化的路径和时间选择,因为各种政治模式的历史前提是大相径庭的"[1]。皮埃尔·卡蓝默也在《破碎的民主:试论治理的革命》引言中写道:"治理拥有自己的历史、文化和根深蒂固的传统……即便国家治理体系经历多次革命性改造,都难以改变其政治基因。"[2] 因此,不同国家的政治发展进程、国家治理体系的演进路径都具有鲜明的异质色彩。古中国、古印度、古巴比伦、古埃及、欧洲、穆斯林世界、盎格鲁-萨克逊,每一种伟大的文明都产生了风格迥异的治理体系与特殊的治理传统。具体到近代,美国建国之初通过利益博弈与阶级妥协所形成的联邦共和制,铺就了美国国家治理体系的变迁路径。英国的国家治理体系则服务于"市民社会"和作为政治中心的议会,这也是由英国议会制约王权的制度语境决定的。德国则传承了普鲁士"内政优位"的国家治理体系,以军事为中心的治理为日后法西斯主义的兴盛铺平了道路。日本的国家治理体系根植于幕府与天皇制并深受岛国心态影响,即便是后来不断兴起的分权主义运动与改革,也难以改变其军国主义盛行的国家现状。异质性昭示了国家治理体系与现代化的多元契合性,有助于消除对治理结构与方法的单一维度追求,也有助于深化对政府治理结构、市场治理规则和社会治理方式的深层透视。

2. 国家治理体系的阶级属性

一般说来,国家阶级话语权的归属、阶级地位以及阶级构成决定着国家治理体系的价值伦理、治理主体与治理结构。处于主导地位的阶级所遵奉的价值伦理、所采取的制度安排及所依赖的社会力量,直接决定了国家治理体系的基本轮廓。也就是说,"国家治理体系具有阶级属性"[3]。无论是社会主义国家治理体系、资本主义国家治理体系、法西斯国家治理体系,还是其他历史上曾经出现过的国家治理形态,都是统治或者领导阶级赖以建立与保障自身权威的阶级性统治方式。《共产党宣言》将国家治理体系的阶级性剖析得鞭辟入里:资产阶级为了摆脱周期性经济危机的困境,建立起以资产阶级为主导的国家治理体系,不断加紧对无产阶级的剥

---

[1] 巴林顿·摩尔:《民主与专制的社会起源》,华夏出版社1988年版,第78页。
[2] 皮埃尔·卡蓝默:《破碎的民主:试论治理的革命》,生活·读书·新知三联书店2005年版,第9页。
[3] 刘建军:《和而不同:现代国家治理体系的三重属性》,《复旦学报》(社会科学版)2014年第3期。

削和压迫。从全球视野看来,美国直言不讳地标榜其国家治理体系依托于基数庞大的中产阶级;法国国家治理体系的"阶级差异非但没有消失,反而有加重的趋势"[1];英国和日本的国家治理体系则与以中产阶级为主体的"市民社会"紧密相连;中国的社会主义国家治理体系则是建立在以工农联盟为主体的无产阶级专政基础上。因此,国家治理体系的阶级性绝不等同于仅仅具有统计学意义的"阶层",而是直接决定着国家治理的方式与向度。

3. 国家治理体系的民主属性

民主是现代国家治理体系的本质属性,是区分传统与现代国家治理体系的根本所在。民主属性赋予了现代国家治理体系在内容、形式上的正当性与合法性,并且体现了公民社会在国家运行中的嵌入程度。从全球视野来看,国家治理体系的民主属性集中表现为萨托利指出的"纵向民主"和奈斯比特所说的"横向民主"。[2] 美、法、英等现代国家的国家治理体系是一种根植于基层治理领域的横向民主治理结构,具体表现为以公民参与为核心的社会关系重组及治理网络的建构。借助于灵巧的制度安排、充分的协商与对话,基于民主属性的国家治理体系展现了卓越的治理能力并逐渐形成了治理领域的西方话语霸权。中国的国家治理体系则是"自上而下"与"自下而上"相结合的纵向民主结构。在这种结构中,各层级治理主体通过倾听自上而下的声音保持顶层的治理决策的权威与行动的一致性,并通过自下而上的协商民主架起了公民社会与公共权力之间的桥梁,彰显了合作、和谐的民主治理文化底蕴。总体来说,建构基于民主属性的现代国家治理体系既是传统国家向现代国家转轨的基本任务,又是吸纳公民及第三部门组织参与治理过程、最大限度增进公共利益的重要举措。

4. 国家治理体系的发展属性

发展属性是国家治理体系的轴心要义。发展属性有两层含义:一是国家治理体系的自我矫正与完善,二是国家治理体系服务与保障经济社会的

---

[1] Bourdieu, Pierre, *Distinction: A Social Critique of the Judgment of Taste*, Cambridge, Mass: Harvard University Press, 1984, p. 151.

[2] 关于萨托利与奈斯比特对于"纵向民主"与"横向民主"的概念解析分别参见乔·萨托利《民主新论》,东方出版社 1998 年版;约翰·奈斯比特《中国大趋势:新社会的八大支柱》,魏平译,中华工商联合出版社 2009 年版。

发展。一方面，几乎所有国家都面临治理失败的压力，只要国家没有消亡，国家治理体系就将一直存在并持续行进在完善和优化的道路上。尤其对于转轨中的发展型国家来说，发展属性的轴心地位必然导致"强政府、弱社会"式国家治理体系的形成。在国家治理体系构建的初期，治理体系的完善与国家能力的提升相互关联、互为因果，发展属性与民主属性二者往往不可兼得，如低能力民主的菲律宾、低能力不民主的刚果、高能力不民主的牙买加等。另一方面，国家治理体系作为上层建筑的一部分，归根到底服务于经济社会发展。党的十八届三中全会指出，深化改革的总体目标是进一步发展市场经济、完善市场治理秩序，推进国家治理体系和治理能力的现代化，这就充分印证了国家治理体系与治理能力对于经济发展的重要作用。放眼西方现代国家，无论是凯恩斯主义、新自由主义还是熊彼特主义，都与资本主义经济危机与复苏息息相关，更多地体现了国家治理体系服务于经济发展的效率导向和迎合资本的秉性。从全球视野来看，国家治理体系的现代化与经济、社会的发展是交互推动的。随着发展型国家经济的发展、资源配置的完善、治理结构的调整，发展型国家治理体系必然要不断自我矫正与完善并服务于经济社会发展，逐渐完成从效率向公平、从集权向分权、从特权向公正的转变。

二 全球视野下的国家治理体系：嬗变与谱系

理论与实践是哲学意义上的辩证统一体，伴随着治理理论的演化与革新，国家治理体系也将不断嬗变。政府治理、市场治理和社会治理的互动与耦合，多元治理主体内部的权责矩阵关系，构成了现代国家治理体系嬗变的两大主轴。前者聚焦于政府、市场与社会的治理边界与职能划分，形成制度供给、政策执行与外部约束的纵向合作治理框架，从而共同应对国家治理过程中的政府失灵、市场失灵及社会失灵问题；后者的核心问题是在厘定各治理主体权责的基础上，建立治理主体内部的横向合作关系，以提升国家治理体系的治理能力和整体绩效。从全球视野来看，现代国家治理体系历经科层治理体系、竞争性治理体系、网络治理体系和整体性治理体系四种形态，这些治理体系共同绘就了国家治理体系现代化的谱系变迁。

科层治理体系是一种追求治理效率与权威,治理方式技术化、理性化和非人格化,蕴含浓厚"工具—目的主义色彩"的"官僚化"治理框架。第三次科技革命带来的技术进步与社会化大生产的高涨,强烈刺激了工业化、城市化、市场化等现代性要素的成长,引发了人类社会政治秩序与经济秩序的整体性变迁,科层治理体系随之应运而生。科层治理是韦伯的官僚制理论与现代治理理论相结合的产物,其合法性并非建立在血统论、种姓制度、世袭制或情感依赖之上,而是否定君主权威抑或"祛除巫魅"成为既定的治理规则,信奉等级分明的科层制度、细密的社会分工以及个人活动的理性化与工具化。在科层治理体系中,政府是凌驾于市场与社会的存在,通过等级、权威、制度等治理工具决定着市场与社会的力量能否参与、怎样参与公共治理之中,并且有权对各治理主体进行必要的资格审查和行为规范。科层治理体系以规范约束和外部激励为主要治理策略,其治理权力配置呈现出"金字塔式"的治理格局。在横向上,治理权力依职能分工,治理主体内部各司其职,通过内部协调机制实现多元合作;在纵向上,治理权力据治理层级授权,上级治理主体因效率之需,通过政治权威和政治命令对下级治理主体实行单一向度的管理。1979 年英国工党与保守党达成的"战后协议"强调"政府有权对其他治理主体的行为进行监督、仲裁和处罚,这表明此时的英国国家治理遵循典型的科层治理方式"[①]。1978 年文官制改革前的美国国家治理体系,也是较为典型的科层治理体系,充分体现了德国式的社会科学与美国式的工业主义的结合。科层治理体系之所以被全球各国所接纳并为之广泛采用,皆因其契合工业化社会大生产的效率追求。科层治理体系据效率导向合理分解权力,奠定治理主体横向与纵向有效合作之基,在一定程度上减少了治理的不稳定性并规制了治理空隙之间的制度安排。然而,尽管科层治理体系已被时间与实践证明是与现代国家治理相匹配的一种治理模式,其仍存在忽视治理客体能动性、难以应对多样化治理需求等诸多不可忽视的缺陷。

20 世纪 80 年代以来,随着社会利益结构的变化与企业化治理理念的流行,美国、英国、加拿大、新西兰等现代国家针对科层治理体系的缺陷与不足,由聚焦效率转向重视服务质量与治理客体的满意度,主张采用私营部门成功的治理方法和治理机制,竞相推行企业化竞争性治理改革。竞

[①] 宋雄伟:《重新建构的"西斯敏斯特模型"》,《社会科学家》2009 年第 9 期。

争性治理体系是指在对科层治理体系批判性反思的基础上,将市场的竞争机制和私营部门的治理方式引入国家治理体系,通过强化治理主体的内部竞争与合作来实现有效治理的治理结构和模式。英国是最早运用竞争性治理理论推动治理改革的国家。1980年,英国撒切尔政府主导了以消减政府规模、强化市场力量和创新财政管理享誉全球的市场化变革,并得到其继任者梅杰政府与布莱尔政府的承继与深化。《雷纳评审计划》(1979)、《公民宪章指南》(1988)、《竞争求质量白皮书》(1991)等勾勒出较为完整的市场化治理轮廓,搭建了竞争性治理体系的整体性框架。1988年,新西兰以政府颁布的《政府部门法案》为改革纲领,借鉴企业化管理的制度和方法,提升了国家治理能力与治理绩效。1989年加拿大政府通过了名为《加拿大公共服务2000》的治理改革纲领,打破了科层治理体系单向度的等级指挥关系,建立了多元治理主体的竞争机制。美国克林顿政府于1993年成立"国家绩效评估委员会"用以指导市场化改革与政府治理革新,为完善竞争性治理框架提供了实践借鉴。从而,西方现代国家纷纷通过一系列的治理变革,共同构建起重市场化而非官僚制、重竞争而非权威、重分权而非集权的竞争性国家治理体系,并将其奉为国家治理的有效模式。

伴随政府、市场和社会变化过程的相互依赖性、嵌入性和偶然性的凸现,加之"层级化溢出效应"的蔓延与市场失灵的局限,竞争性治理体系也逐渐暴露出不适应性,其治理理念、治理模式和治理手段均受到了普遍的质疑与挑战。在日益复杂与动态化的生态治理环境中,单一的科层协调已经十分困难,竞争性治理的效用也变得非常有限,政府、市场和社会任一治理主体都不能够单方面决定治理方式与治理过程。"帕特里克·登列维(Patrick Dunleavy)等人甚至通过对美国、英国、澳大利亚、新西兰等发达国家的实证考察认为,企业化治理模式已经终结。"[1] 此时,治理唯有在网络中才可形成协作机制,实现国家治理资源配置的优化,因为"网络为相互依赖行动者互动与水平维度的利益协调提供了框架"[2]。网络

---

[1] Patrick Dunleavy, Helen Margetts, Simon Bastow, and Jane Tinkler, *Digital Era Governance: IT Corporations, the State, and E-Government*, Oxford University Press, 2006, p. 229.

[2] 斯蒂芬·戈德史密斯、威廉·D. 埃格斯:《网络化治理:公共部门新形态》,北京大学出版社2008年版,第7页。

治理理论认为，网络治理体系是网络治理研究与改革实践相结合的产物，是一系列公共和私人行动者集体行动的结果，是处于科层治理与竞争性治理之间的一种中间体。在理念层面上，网络治理摆脱了效率与权威至上的价值伦理，强调合作与共赢；在行动层面上，网络治理体系是多个治理主体组成的合作网络，倡导多元与共享。网络治理体系既不同于竞争性治理刻意地追求竞争与分权，也不同于科层治理单向度地强调效率与权威，而是兼具二者的双重特性，强调治理主体多中心化、治理方式协作化、治理责任分担化、治理资源共享化；打破了新公共管理和传统公共行政之间截然二分的思维定势，是"看得见的手"（科层治理体系）与"看不见的手"（竞争性治理体系）的"握手"（网络治理体系）。从实践层面看，澳大利亚政府发布的《亚洲世纪中的澳大利亚》白皮书中就包含着浓厚的网络治理意蕴，其强调政府、市场与社会等多元治理主体的集体行动，呼吁重视治理主体行动的多层次性和异质性。英国则强调治理主体的合作与交流，力图打造世界级的治理体系与公共服务，这在内涵上已经走向了国家治理的网络治理模式。

20世纪90年代中后期以来，科学技术的跨越性发展与经济转型升级对国家治理体系的制度化、常态化和有效的跨界合作提出了更高的要求，治理的有效性成为悬在现代国家头上的达摩克利斯之剑。西方国家开始了一场旨在应对治理结构碎片化、治理主体分散化、治理机制单一化，寻找"治理协调与整合机制"的改革运动。从经验层面看，网络治理体系更趋向于职能分化与专业分工，并有不断加深功能裂解型治理的趋势。这种功能分化滋生的分散化思维的滥觞及实践层面治理的碎片化，成为了网络治理体系的阿喀琉斯之踵，不能适应信息社会和后工业社会整体性治理的要求，因而一时兴盛的网络治理体系日渐式微，整体性治理范式日益凸显。整体性治理体系是"一种以整合、协作和责任为治理策略，充分体现包容性和整合性的治理模式"[①]。整体性治理从政府、市场和社会的多重维度构建整体性责任机制，为公众提供无缝隙而非分离的整体性服务，强调治理主体内部与层级之间的协同，进而建立起一整套国家治理框架。根据整体性治理研究的旗手、英国著名学者希克斯的理论，整体性治理体系作为一种新的治理模式与思维方式，既是对传统科层治理、竞争性治理的衰

---

① 竺乾威：《从新公共管理到整体性治理》，《中国行政管理》2008年第10期。

落以及网络治理所造成的碎片化的战略性回应，又是国家战略与意识形态的映射，体现了治理价值伦理和方式方法的根本转变。从实践层面看，英国率先按照整体性治理理论尝试整体性治理体系的构建。1997年，布莱尔政府颁布的《现代化政府政策白皮书》指出必须强化治理主体间的合作，并决定用"整体性治理"体系替代"竞争性政府"模式。继英国之后，美国、荷兰、德国等现代国家也根据各国的国情，运用整体性思维制定国家治理策略。于此，整体性治理逐渐演变成现代国家治理的目标模式。

国家治理体系的谱系变迁既是工具理性意义上制度取向与举措安排的革新，又是意识形态意义上治理理念与公共价值的重塑，提升与丰富了国家治理的理论内涵与实践意旨。政府、市场、社会始终是形塑国家治理体系的核心要素，三者之间的相互博弈与内部权责关系的制衡，共同维系了国家治理体系嬗变的内在张力，不仅阻止了资本力量把持政权的"市场国家"的出现，也有效地避免了"全能国家"的诞生。同时，也正是在政府、市场、社会三者的互动过程中，在社会性联结而非国家契约的基础上，拓展了各治理主体的行动空间，市场、社会所蕴含的治理功能得到了有效的释放。因此，良好的国家治理体系既应是治理的系统论与过程论的理论结合，又应是一种强调多元协商、共识以及公共价值创造的实践形态。这种实践形态为治理主体的集体行动提供了可操作性的实践架构，并不断走向完善与成熟。从全球视野来看，在反思批判科层治理体系的非人格化、竞争性治理体系的过度市场化与网络治理体系的碎片化基础上，现代国家治理将迈向注重协商与整合、价值理性回归的整体性治理，这一新型治理模式已成为现代国家治理体系嬗变的总体趋向。

三　全球视野下的中国国家治理体系：问题与进路

从全球视野来看，我国在改革开放进程中逐渐形成了一个以科层治理为主，兼具竞争性治理、网络治理与整体性治理多重特性的国家治理体系。从实践层面看，我国的国家治理体系展现出了较强的治理能力与治理效能，并与我国社会主义初级阶段的基本国情相适应。然而，治理生态环境自身的动荡性、科学技术的发展带来的不确定性以及世界环境的复杂性、动态性和多样性，无时无刻不考验着我国国家治理体系的有效性与适应性。一方面，在一个非均质性社会、发展中社会与断裂社会从事治理活动，其制度转型与治理体系建设存在巨大的内生性风险与现实阻力。另一方面，从全球视野来看，"西方主要国家走的是一条'社会造国家，国家造政党'的资本主义道路，中国走的是一条'政党造国家，国家造社会'的社会主义道路"[①]。因此，治理的异质性与道路的差异决定了中国国家治理体系的现代化绝不是西方化，而是要具备中国自己的蓝本与特色。

（一）问题：构建中国国家治理体系的挑战

1. 全能主义国家治理体系的路径依赖

新中国成立后，社会主义中国以苏联为范，形成了具有政府、市场、社会"领域合一"以及政府"中心限定"特色的全能主义国家治理体系。从全球视野来看，全能主义国家治理体系实质上是一种科层治理方式与结构。此种治理模式纵然可以在短期内可产生超凡的治理效力，但由于过分强调政府权威、等级制度与治理效率，导致了市场活力的窒息、政府严密管控社会等后果，造成了政府严格排斥市场且全面控制社会的局面。十一届三中全会以后，中国在保持本国治理特色的基础上，借鉴西方发达国家治理结构与制度举措，走向了治理现代化转型的道路。然而，由于国家治理体系存在异质属性与路径依赖效应作祟，新"移植"的西方治理模式的有关内容并不能也不可能完全匹配原有的治理生态与制度安排，治理结构整体处于一种矛盾摩擦不断的"磨合"状态。为了维持政治、社会秩序与保证治理的有效性，政府自觉不自觉地扩大行政权力的行使范围，不满足于中立者与利益协调者的角色，越居市场与社会等治理主体之上，从而产生了政府治理"越位""错位""缺位"的现象。尽管进行了多次改革，但始终没有完全理顺政府、市场与社会的关系，公民、社会、市场的治理主体地位受到政府权力的压制。同时，作为既得利益者的政府及其组成人员，为维护既有治理体系与利益格局，又在一定程度上阻挠了国家治理体系的现代化进程。

2. 国家治理体系中市场治理的缺位

改革开放以来，我国在反思全能主义国家治理的基础上，引入市场治

---

① 储建国：《国家治理现代化的新意》，《人民论坛》2013 年第 34 期。

理机制、重视市场的治理主体地位,指向竞争与分权的竞争性治理体系的构建,进入以经济建设为中心的发展型国家治理时期。由于市场治理理念难以短时间内融入社会的惯习、伦理价值等非正式制度,因此转轨中的市场治理是在制度设计、调整和执行过程极其不稳定与不确定的条件下展开的。目前我国侧重于行政监管的市场治理模式,制约着市场治理结构及其制度安排,限制了司法、社会和公民监督力量的作用发挥,使市场主体处于被动、从属的地位,难以充分发挥活力。尽管自党的十四大始,国家就多次着重提出市场在国家治理中的主体作用,十八届三中全会更是特别强调市场在资源配置中起决定性作用。但无论是在理论认识层面还是在实践操作层面,我国的市场治理都存在许多亟待解决的问题。从理论上讲,市场在资源配置中起决定性作用,但何为决定性作用,这种作用又如何体现,其实是比较含糊的;从实践层面来说,政府出于政绩考评与治理效率的需要,往往忽视市场治理规则及其执行手段,直接参与、影响甚至控制经济活动。因此,如何完善社会主义市场经济体制,完善市场治理结构及其制度安排,是进一步深化改革,构建现代国家治理体系必须破解的难题。

3. 社会多元治理基础薄弱

依据整体性治理范式,良好的国家治理体系应是政府、市场与社会三者各归其位,政府治理、市场治理与社会治理相互耦合且界限明确。"必须给社会以足够的自治空间,让社会按照自身的逻辑和法则自我管理、自我服务、自我涵养。"[①] 但是,在高度集权的计划经济时期,国家权力渗透与蔓延到社会的所有细微角落,社会治理结构与治理方式遭到了严重的摧毁。随着宏观法律制度环境的改善,西方国家竞争性治理范式与网络治理范式的示范效应凸显,国家权力逐渐从有些领域退出,社会组织建设与社会治理模式开始复兴,公民社会迅猛发展。然而从宏观角度看,我国公民社会赖以生存的治理生态环境仍处于不断变化与转轨之中,羽翼未丰的公民社会仍然具有过渡性、嬗变性和不成熟性等特性。因此,中国公民社会普遍存在着对政府或政府延伸机构的惯性依赖,这无疑加大了全能政府治理以及各类组织的成本和负担,也让全能主义始终尾大不掉。从微观角度来看,个人既是社会的基本细胞,也是国家的公民。M. 马绍尔指出:

---

① 丁志刚:《全面深化改革与现代国家治理体系》,《江汉论坛》2014 年第 1 期。

"公民已经成为全球政治关注的中心……他们是建构全球民主治理和促进人权发展的主角。"[1] 但是改革开放以来，国人普遍存在现代自觉性差、唯经济利益是图的现象，既想方设法逃避社会责任，又不愿承担政治责任。社会多元治理基础薄弱已经成为转型期构建现代化国家治理体系的突出难题。

（二）进路：构建中国国家治理体系的若干要义

1. 构建中国国家治理体系的价值导向

价值导向是国家治理之基，决定着国家治理的走向。国家治理能力包括治理执行力和价值凝聚力。只有价值观，这样的国家治理体系太主观随意，也流于空洞乏力；只有制度，这样的国家治理体系是无本之木，精神空虚。中国特色国家治理体系的价值导向即创新国家治理理念、完善社会主义核心价值体系以塑造改革共识。托克维尔指出"政治社会的建立并非基于法律，而是基于情感、信念、思想以及组成社会的那些人的心灵和思想的习性"[2]。在任何一个社会中，价值和文化的力量对国家发展均具有难以替代的深刻影响。换言之，价值体系的构建和治理文化意象的形塑是治理体系现代化的首要前提。要在充分认识国家自身所积累的文化品性与文化资本的基础上，寻求现代价值体系、中国传统价值体系、社会主义价值体系三者之间的契合点，把"公平正义""公共利益""自由与活力"与"经济效率""增长和发展""秩序与稳定"同样作为国家治理体系的重要组成部分，构建符合中国现代化要求的核心价值体系。这是中国国家治理体系现代化的理念之根与价值之源。

2. 构建中国国家治理体系的顶层设计

国家治理体系是一个复杂的制度系统，包括决策制度、执行制度、监督制度等各个方面，涉及政治、经济、社会、文化等不同领域，必须按照整体性治理思路，从整体上把握各个治理领域的制度安排，从宏观层面考虑与规划治理体制与机制改革。体制方面，中国特色的国家治理体系构建需立足于"政府—市场—社会"三分结构，理顺各治理主体之间与内部

---

[1] M. Marshall, *Civil Society at the Millennium*, West Hartford: Kumarian Press, 1999, p. 19.
[2] 托克维尔：《旧制度与法国大革命》，冯棠、于振海译，商务印书馆2012年版，第45页。

的权责关系，建立既相互制约又相互协调的整体性治理框架。在整体性治理体系中，政府、市场与社会的主要责任是通过分享各自的治理资源，建立自上而下层级结构的纵向权力线和多元治理主体合作建立的横向行动线。机制方面，要建立治理主体之间的信任机制，形成整体性治理规范；健全责任机制，明确治理主体之间的权责关系；强化监督机制，规范治理主体的行为。亦即将政府与市场之间、政府与社会之间、市场与社会之间的治理能力利用技术连接到一起，实现信息透明、流动迅速、共享充分，最终实现国家治理的"整体化"。

3. 构建中国国家治理体系的民主内涵

从全球视野来看，依据民主理念构建中国特色国家治理体系，是国家治理结构现代化的战略抉择和必由之路。改革开放36年以来，我国的民主制度建设取得了里程碑式的进展，言论自由、人人平等、司法公正等现代核心价值理念已经深入人心。"有一种很流行观点，认为西方的民主是选举民主，中国的民主是协商民主。"① 事实上，选举民主与协商民主在宗旨、原则、程序上有很多共通之处，这决定了它们可以互相渗透、互相交融、互为补充，二者相得益彰，统一于中国特色的国家治理体系。在此体系中，国家治理的有效性是通过公民与社会的民主参与、政府的有效回应这一双边进程而获得的。一方面，培育和完善第三部门组织，充分发挥社会中介组织作用，鼓励社会的自治组织机构的建设，建立政府与社会的相互支撑、相互协作的互动关系。另一方面，政府要在国家治理过程中，进一步完善民主决策制度，如公共决策听证制度与预算公开制度；拓宽民主参与渠道，推进政府民主行政与信息公开；强化民主监督机制，推动治理过程与方式的公开与透明。

4. 构建中国国家治理体系的法治逻辑

从传统皇权至上的"人治"最终走向法律至上的"法治"，是构建现代国家治理体系的基本逻辑。顾名思义，法治即法的统治，是对治理主体制约与监督的手段，是治权与维权的和谐统一，也是实现"善治"的依托与归宿。将法治作为提高治理能力、实现国家治理体系现代化的途径，在于法治有着其他治理方式无法比拟的优越性。目前，我国的发展处于迈

---

① 万其刚、李春华：《协商民主的基本问题》，2012年12月 http：//cms.npc.gov.cn：87/servlet/PagePreviewServlet？siteid = 1&nodeid = 222&articleid = 1748032&type = 1。

向治理现代化的重要战略机遇期，同时也是社会矛盾的凸显期和多发期。党的十八大提出要依法保证人民平等参与、平等发展的权利。如何理顺治理主体间、公民与社会组织之间权利与权力的关系，成为摆在法治建设面前的难题。从实践上看，唯有以法治思维化解矛盾，推进法治政府、法治市场、法治社会一体化建设，构建安定和谐的社会环境。法治政府方面，就是要深化行政执法体制改革，明确行政执法主体，合理分解执法职权；法治市场方面，就是要形成合法的私人财产权，尊重行业组织自治，建设法制化的经营环境；法治社会方面，就是要依法保障民间组织的发育，严格按照法律法规解决社会纠纷，切实做到法律面前人人平等。

5. 构建中国国家治理体系的执政党建设路径

"与西方主要资本主义国家社会中心主义的现代化路径不同，我国在某种意义上说是一种政党中心主义的现代化方式。"[1] 中国共产党在政治生活中的主导地位，决定了我国的国家治理体系不同于西方，党的建设在国家治理体系构建的整体格局中有着举足轻重的作用。实现大国的有效治理，需要一个有能力回应治理挑战、化解治理危机的主导力量与领导核心，中国共产党作为这种主导力量是近代中国历史选择的必然结果，也是中国现代化进程无法被代替的要素。然而，随着治理危机的凸显、公民社会的崛起、人们权利意识的增强，对执政者的期望也越发提高，人们不再根据历史功过而是根据其治理能力和绩效来决定其认同性。党的十八届三中全会指出："全面深化改革必须加强和改善党的领导，充分发挥党总揽全局、协调各方的领导核心作用。"因此，构建中国国家治理体系，必须从国家现代化与治理体系嬗变的全球视野来定位中国共产党的历史方位和基本使命。一是要进一步提高党的执政能力，充分发挥党对国家治理体系的科学的统领作用。坚持党对政府、市场和社会等治理主体的领导和协调，对司法、审判、监察工作的监督，确保党的领导对国家治理体系各个方面的覆盖。二是要坚持民主执政、科学执政，进一步优化党与政府、党与群众、党与参政党之间的关系，自觉地在宪法和法律规定的界限内活动。三是要真正实现党本身的善治，即通过党的建设的科学化，化解党面临的多重执政挑战，消除党自身有可能失去执政合法性地位的危险。

---

[1] 徐晓全：《五大方面着力推进国家治理体系建设》，《社会科学报》2014 年 7 月 9 日第 8 版。

结　语

全球视野下的国家治理体系理论范式与谱系变迁表明，国家治理体系的嬗变与现代化过程并不是简单的消灭与被消灭、替代与被替代的关系，而是后者在前者基础上的继承与扬弃。现代国家治理体系不再是简单依赖于单一主体的单向度治理模式，而是多种治理模式的混合协同。因此，中国国家治理体系的现代化，绝不能闭门造车，而是要放眼全球，充分吸取各种理论范式与治理实践的精华，剔除其糟粕，并与不断发展的中国现代化进程相吻合。只有勇于面对各种挑战，不断寻求最有效的治理机制，探索政社共治、官民协同、市场在资源配置中的主体作用得以良性发挥的整体性治理模式，遵守构建中国特色国家治理体系的多重规则，才能预防风险、纾解危机并走上良性的轨道。

（本文原载《南京社会科学》2014年第11期。作者王卓君，苏州大学党委书记、教授；孟祥瑞，苏州大学公共管理学院博士研究生。江苏苏州干将东路333号　215000）

以社会主义核心价值观引领国家治理能力的提升

黄蓉生　魏小羊

摘　要：党的十八届三中全会明确提出要推进国家治理体系和治理能力现代化。以社会主义核心价值观引领国家治理能力的提升，有其内在的时代必然性。国家治理能力的提升主要集中在经济治理、政治治理、文化治理、社会治理和生态治理五个方面，社会主义核心价值观的引领作用主要体现在上述五项治理能力提升的实践过程中。提升国家治理能力，要在社会主义核心价值观的引领下，选择加强理论解读和宣传教育，推进民生改善与经济发展，造就规模宏大、素质优良的执政队伍等实践路径。

关键词：社会主义核心价值观　国家治理能力

党的十八大提出要"倡导富强、民主、文明、和谐，倡导自由、平等、公正、法治，倡导爱国、敬业、诚信、友善，积极培育和践行社会主义核心价值观"[1]。党的十八届三中全会作出的《关于全面深化改革若干重大问题的决定》指出，"全面深化改革的总目标是完善和发展中国特色社会主义制度，推进国家治理体系和治理能力现代化"[2]。习近平总书记在不同的场合多次阐述了培育和践行社会主义核心价值观对于提升国家治

---

[1]《十八大报告辅导读本》，人民出版社2012年版，第32页。
[2]《中共中央关于全面深化改革若干重大问题的决定》，《人民日报》2013年11月13日第1版。

理能力的重要性。"培育和弘扬核心价值观,有效整合社会意识,是社会系统得以正常运转、社会秩序得以有效维护的重要途径,也是国家治理体系和治理能力的重要方面。"①"推进国家治理体系和治理能力现代化,要大力培育和弘扬社会主义核心价值体系和核心价值观,加快构建充分反映中国特色、民族特性、时代特征的价值体系。"② 这一系列重要论述,阐明了培育和践行社会主义核心价值观与国家治理体系和治理能力现代化的重要内在逻辑关联。正确认识以社会主义核心价值观引领国家治理能力提升的时代必然,准确把握以社会主义核心价值观引领国家治理能力提升的科学蕴含,积极探索以社会主义核心价值观引领国家治理能力提升的路径选择,对于全面深化改革,完善和发展中国特色社会主义制度,实现中华民族伟大复兴的"中国梦",具有极其重要的理论意义和实践价值。

一 以社会主义核心价值观引领国家治理能力提升的时代必然

以社会主义核心价值观引领国家治理能力的提升,有其特定的时代必然性,能够确保国家治理能力提升的正确方向,凝聚国家治理能力提升的社会价值共识,建设国家治理能力提升的高素质骨干队伍。

(一) 确保国家治理能力提升的正确方向

方向决定道路,道路决定命运。历史和实践证明,只有社会主义才能救中国,只有中国特色社会主义才能发展中国,改革开放的各项事业,必须始终坚持中国特色社会主义的方向,坚定不移走中国特色社会主义道路。2014年2月,《习近平总书记在省部级主要领导干部学习贯彻十八届三中全会精神全面深化改革专题研讨班开班式上发表重要讲话》中强调:"我们推进国家治理体系和治理能力现代化,要往什么方向走呢?这是

---

① 习近平:《把培育和弘扬社会主义核心价值观作为凝魂聚气强基固本的基础工程》,《人民日报》2014年2月26日第1版。
② 习近平:《完善和发展中国特色社会主义制度 推进国家治理体系和治理能力现代化》,《人民日报》2014年2月18日第1版。

个带有根本性的问题,必须回答好……前一句,规定了根本方向,我们的方向就是中国特色社会主义道路,而不是其他什么道路。"① 提升国家治理能力,关键是要沿着中国特色社会主义的正确方向不断推进,既不走封闭僵化的老路,也不走改旗易帜的邪路。"富强、民主、文明、和谐"八个字,是国家层面的核心价值观,反映着中国特色社会主义道路的本质要求。一方面,中国特色社会主义道路,最终目的就是将建设富强、民主、文明、和谐的社会主义现代化国家这一伟大梦想变为现实,国家治理能力的提升要始终坚持中国特色社会主义道路的正确方向;另一方面,"富强、民主、文明、和谐"集中体现了中国特色社会主义制度的内在精神和生命之魂。因此,只有以社会主义核心价值观作为引领,才能确保国家治理能力提升的社会主义方向,始终沿着中国特色社会主义道路前进,坚守中国特色社会主义的制度属性。

(二) 凝聚国家治理能力提升的社会价值共识

价值观是人们基于自身的日常生活实践,通过对各种各样的价值活动进行评价,在内心深处形成的稳定性的思想理念。价值观一旦形成,就会伴随着人们生活实践的方方面面,并持久地决定其价值取向和行为选择。一个没有社会价值共识的社会,根本无法存在,一个没有社会价值共识的民族和国家,根本无法前行。改革开放三十多年来,随着社会各领域改革的不断深入,旧的利益格局被打破,传统的道德价值观遭遇漠视,再加上各种外来价值观念的冲击,当下社会价值观念呈现出多元、多样、多变的特点,不同的社会群体之间难免出现价值认同和行为选择的巨大差异,进而引发一系列的社会冲突和矛盾,严重危及国家治理能力的提升和国家善治目标的实现。因而,提升国家治理能力,需要解决的至关重要的问题就是统合社会中复杂的价值观念,凝聚全社会的价值共识,巩固全国各族人民团结奋斗的共同思想基础。无数事实表明,一个国家的治理体系和治理能力是与这个国家的历史传承、文化传统密切联系的,任何政治制度、经济制度、社会制度等,都无不包含着特定国家和民族的核心价值观。作为社会层面的"自由、平等、公正、法治"核心价值观,鲜活地表述出全社会共同的价值追求、共同的美好生活图景,成为巩固推进国家治理体系

---

① 《习近平关于全面深化改革论述摘编》,中央文献出版社2014年版,第20页。

和治理能力现代化的价值体系基础。只有以此作为引领，才能凝聚起提升国家治理能力所必须的社会价值共识。

（三）建设国家治理能力提升的高素质骨干队伍

干部队伍是党的执政骨干，是推进党的事业的中坚力量。提升国家治理能力，完善和发展中国特色社会主义，根本在于建设一支符合时代需要的高素质执政骨干队伍，要"建设一支政治坚定、能力过硬、作风优良、奋发有为的执政骨干队伍"[①]。作为个人层面的"爱国、敬业、诚信、友善"核心价值观，很好地注释了高素质骨干队伍的基础性要求。一方面，它为选人用人提供正确的标准，只有把"核心价值观"融入到执政骨干队伍的选拔、任用、培训和考核等过程之中，并以其为标杆指导骨干队伍建设，高素质骨干队伍的建成才有可能。另一方面，它指明了加强执政骨干队伍思想教育和工作培训的重点内容，即是说，社会主义核心价值观可以引导执政骨干队伍坚定共产主义理想信念，提高服务人民的本领，增强治国理政的使命感。因此，建设国家治理能力提升的高素质骨干队伍，必须以社会主义核心价值观作为引领。

二 以社会主义核心价值观引领国家治理能力提升的科学蕴含

习近平总书记指出："国家治理体系和治理能力是一个国家制度和制度执行能力的集中体现。国家治理体系是在党领导下管理国家的制度体系，包括经济、政治、文化、社会、生态文明和党的建设等各领域体制机制、法律法规安排，也就是一整套紧密相连、相互协调的国家制度；国家治理能力则是运用国家制度管理社会各方面事务的能力，包括改革发展稳定、内政外交国防、治党治国治军等各个方面。"[②] 这一重要论述，明确界定了国家治理体系和治理能力的科学内涵。国家治理能力的提升主要集中在经济治理、政治治理、文化治理、社会治理和生态治理等方面，社会

---

① 《十八大报告辅导读本》，人民出版社2012年版，第52页。
② 习近平：《切实把思想统一到党的十八届三中全会精神上来》，《求是》2014年第1期。

主义核心价值观的引领作用渗透在这五项治理能力提升的实践中。

(一) 引领经济治理能力的提升

经济治理能力是指国家运用现有的社会主义市场经济制度体系，推动社会主义市场经济发展繁荣的本领，具体涵盖生产、分配和消费等各经济环节，宏观经济、中观经济和微观经济等各经济层次，农业、工业和服务业等各经济部门。"以经济建设为中心是兴国之要，发展仍是解决我国所有问题的关键。"[①] 提升经济治理能力，大力发展社会主义市场经济，是推进社会主义现代化建设，实现中华民族伟大复兴"中国梦"的根本要求。提升经济治理能力，需要在完善经济领域法律、健全经济制度体系、建设经济治理队伍、凝聚经济价值共识等方面着力。以社会主义核心价值观引领经济治理能力的提升，首先，要在全社会大力宣传和弘扬自由、平等、公正、法治等核心价值理念，为经济体制改革和经济发展繁荣提供一个公平公正的制度环境和市场环境，指导重大经济改革措施的细化和落实。其次，要以社会主义核心价值观指导经济发展规划的编制和实施，把社会主义核心价值观的要求体现在发展规划之中，正确认识和处理好改革发展稳定、投资消费出口、速度结构效益之间的关系，以增加人民收入、增强国家实力。要把社会主义核心价值观的要求融入经济发展的考核评价体系中，充分发挥考核评价的约束和指引作用，从而不断督促经济生活领域的主体增强培育和践行社会主义核心价值观的使命感和责任感。最后，要以社会主义核心价值观推进全社会信用体系建设，为经济发展营造诚实守信的道德环境。通过表彰诚信人物和企业，曝光失信事件和案件，在全社会大力加强信用宣传。同时，推进社会个人和单位的信用体系建设，确保信用信息在社会网络中共享。

(二) 引领政治治理能力的提升

政治治理能力是指中国共产党领导人民依靠法律治理国家事务、坚持党的领导、人民当家做主、依法治国有机统一的本领，其中党的领导是人民当家做主和依法治国的根本保证，人民当家做主是社会主义政治文明的本质要求，依法治国是党领导人民治理国家的基本方式，三者有机统一于

---

① 《十八大报告辅导读本》，人民出版社 2012 年版，第 32 页。

政治治理能力提升的实践之中。推进政治体制改革,健全社会主义法制,发展社会主义民主,是提升政治治理能力的价值目标。以社会主义核心价值观引领政治治理能力的提升,需要把社会主义核心价值观融入政治治理能力提升的各实践环节中。首先,要结合不同地域的文化和历史,引导广大干部和群众增强对社会主义核心价值观的认知认同,坚定共产主义理想信念,坚定共产党人的精神追求,坚决抵制西方"宪政民主""普世价值"以及"公民社会"等言论的冲击,绝不照搬西方政治制度模式。其次,要以社会主义核心价值观推进政治体制改革,使之始终坚持社会主义方向,发展更加广泛、更加充分、更加健全的人民民主,拓宽人民参与国家治理、反映利益诉求的渠道,化解社会冲突和矛盾,构建文明和谐社会。最后,要以社会主义核心价值观指导社会主义法律法规以及制度体系的建立健全,做到与社会主义核心价值观的要求相符合,通过具体的司法和管理实践彰显社会主义核心价值观,增强人们对于现行法律法规和制度体系的认同和支持程度,引导人们通过合法、理性、文明的方式表达利益诉求,参与政治文明的建设,维护社会公平正义。

(三)引领文化治理能力的提升

文化治理能力是指以马克思主义的世界观和方法论为指导,促进社会主义文化事业繁荣和发展的本领,具体体现为三个层面:国家层面,文化治理能力的提升以提高国家文化软实力,扩大中华文化在全球的影响力为目标;社会层面,文化治理能力的提升以营造社会优良氛围,凝聚社会价值共识为目标;个人层面,文化治理能力的提升以教育广大人民群众、培育执政骨干队伍为目标。在当代中国,提升文化治理能力,推进先进文化建设和促进文化的大发展大繁荣,必须以社会主义核心价值观为引领。首先,要把"富强、民主、文明、和谐"打造成为我国国家文化软实力的核心要素,对外宣传中华优秀传统文化和社会主义特色文化,推进国家文化产业的改造升级和文化产品的创新转化,大力培育民族精神,弘扬民族传统,凝聚全民族的精神力量。其次,要把"自由、平等、公正、法治"塑造成为社会成员普遍理解认同、自觉遵守奉行的共同价值理念。创新群众文化产品,依靠文化的力量、艺术的魅力感动群众,运用喜闻乐见、雅俗共赏方式吸引群众,促进社会良好风尚的形成。最后,要把"爱国、敬业、诚信、友善"作为社会大众的道德要求,融入社会大众工作生活的方方面面，使之内化为内在信念，外化为自觉行动。

（四）引领社会治理能力的提升

社会治理能力是指从维护人民根本利益的高度，加快健全基本公共服务体系，增强社会发展活力，确保人民安居乐业、社会安定有序的本领。当下社会治理的重点领域是推进社会体制改革、办好人民满意教育、推动实现高质量就业、增加城乡居民收入以及推进社会保障体系建设。提升社会治理能力，需要通过改进社会治理方式、激发社会组织活力、创新预防和化解社会矛盾体制以及健全公共安全体系等途径来实现。因而，提升社会治理能力，必须以社会主义核心价值观作为引领。首先，要以社会主义核心价值观引领多元思想观念，凝聚全社会的价值共识，为社会治理能力的提升奠定思想基础。其次，要以社会主义核心价值观引领社会转型期制度体制的建立健全，体现社会主义核心价值观所内含的社会治理精神，减少由于制度体制的不完善而导致的社会矛盾冲突，在改善民生和创新管理中加强社会建设。最后，要通过在全社会大力培育和践行社会主义核心价值观，提升公民整体的道德素质和文明水平，开创社会和谐人人有责、和谐社会人人共享的生动局面。

（五）引领生态治理能力的提升

生态治理能力是指在尊重保护自然、节约资源能源的基础上，通过提高资源利用率，转变人类发展方式，实现人与自然和谐共生，实现中华民族永续发展的本领。"目前我国经典现代化尚未完全实现，但爆发了较为严重的生态环境问题，因此，中国需要同时完成现代化建设和生态文明建设的伟大历史任务。"[1] 正是在这样的历史背景下，提升生态治理能力当是完善和发展中国特色社会主义的应有之义。提升生态治理能力，包括优化国土空间开发格局、全面促进资源节约、加大生态环境保护力度和加强生态文明制度建设的能力。社会主义核心价值观与生态文明建设的价值取向相通相连，在生态治理能力的提升中发挥持久有效的引领作用。首先，要把"富强、民主、文明、和谐"作为完善各项生态治理法规体系的理

---

[1] 严耕、林震、杨志华等：《中国省域生态文明建设评价报告（ECI2010）》，社会科学文献出版社2010年版，第48页。

论指南，提高生态治理对于加强经济建设、政治建设、文化建设和社会建设重要性和必要性的认识。其次，要把"自由、平等、公正、法治"的价值理念融入社会生产和生活的实践中，坚持节约资源和保护环境，引导社会生产方式由高污染、高耗能、低产出向少投入、高产出、低污染转变，引领社会生活方式由高消费、高污染向绿色环保转变，为人民营造良好生产生活环境。最后，要把"爱国、敬业、诚信、友善"的传播展示同生态文明的宣传教育紧密联系起来，深入阐释生态文明建设是当代中国人民共同价值追求的外化，增强全体社会成员的生态文明意识，进而更加自觉地珍爱自然，更加积极地保护生态，努力走向社会主义生态文明新时代。

三 以社会主义核心价值观引领国家治理能力提升的路径选择

事实上，中国共产党在全国执政以后，围绕国家治理能力提升进行了不断的探索，虽然也发生了严重挫折，但积累了丰富经验，取得了重大成果，改革开放以来的进展尤为显著。总体而言，提升国家治理能力，就是要适应时代变化，既改革不适应实践发展要求的体制机制、法律法规，又不断构建新的体制机制、法律法规，使各项制度更加科学、更加完善，实现党、国家、社会各方面事务治理制度化、规范化、程序化。要更加注重治理能力建设，增强按制度办事、依法办事意识，善于运用制度和法律治理国家，把各方面制度优势转化为管理国家的效能，提高科学执政、民主执政、依法执政水平。具体到以社会主义核心价值观引领国家治理能力提升上，要在加强理论解读和宣传、推进民生改善与经济发展、造就规模宏大素质优良的执政队伍等路径上狠下工夫。

（一）加强理论解读和宣传教育

用社会主义核心价值观引领国家治理能力的提升，需要开展深入持久的理论解读和宣传教育。首先，重点说明白社会主义核心价值观是社会主义核心价值体系的内核，体现了社会主义核心价值体系的根本性质和基本特征。"富强、民主、文明、和谐"是国家层面的价值目标，"自由、平等、公正、法治"是社会层面的价值取向,"爱国、敬业、诚信、友善"是公民个人层面的价值准则,这 24 个字是社会主义核心价值观的基本内容,为培育和践行社会主义核心价值观提供了基本遵循。同时,讲清楚社会主义核心价值观反映社会主义核心价值体系的丰富内涵和实践要求,与中国特色社会主义发展要求相契合,与中华优秀传统文化和人类文明优秀成果相承接,是中国共产党凝聚全党全社会价值共识做出的重要论断,进而说明何以能成为提升我国国家治理能力的引领以及如何引领。

其次,加强宣传教育。用社会主义核心价值观引领社会思潮,凝聚社会共识。充分发挥新闻媒体的主渠道作用,利用现有的媒体资源开展专题式、立体化宣传。把社会主义核心价值观贯穿日常形势宣传、成就宣传、主题宣传、典型宣传、观点引导和舆论监督中,弘扬主旋律,传播正能量,不断巩固壮大积极健康向上的主流思想舆论。同时,要建设好社会主义核心价值观的网上传播阵地,回应网民关切,推动中华优秀传统文化和当代文化精品网络化传播,集聚网上舆论引导合力。还要发挥精神文化产品育人化人的重要功能,开展多姿多彩的文化活动,丰富群众的精神文化生活。通过这一系列宣传教育活动,为用社会主义核心价值观引领国家治理能力的提升创造良好的社会环境和思想认识等条件。

(二)推进民生改善与经济发展

大力发展经济,着力改善民生,不仅是社会问题,更是一个政治问题。用社会主义核心价值观引领国家治理能力提升,必须走推进民生改善与经济发展之路。2012 年 11 月 29 日,习近平总书记在参观"复兴之路"展览时,第一次提出了"中国梦",中国梦归根到底是人民的梦。实现中华民族伟大复兴中国梦,要求让发展的成果惠及全体人民,让改革的红利由全体人民共享。进一步说,实现中国梦,必须紧紧依靠人民,不断为人民造福,必须提升国家治理能力,"中国共产党在中国执政,就是要带领人民把国家建设得更好,让人民生活得更好"[①]。由此可见,推进民生改善与经济发展,是提升国家治理能力的出发点和落脚点。根据相关民调显示,关于社会主义核心价值观与国家治理能力的提升,大多数人强调务必

---

① 《习近平关于实现中华民族伟大复兴的中国梦论述摘编》,中央文献出版社 2013 年版,第 15 页。

结合民生改善与经济发展来推进，认为如果无视民生问题和经济发展而空谈理论建设和宣传，只能是镜中花水中月。现阶段，随着改革进入攻坚期和深水区，征地拆迁、贫富差距、物价高涨、就业难、住房难、看病难、上学难等一系列民生问题困扰着广大人民群众的生活，这些潜在的不稳定因素严重阻碍着社会主义核心价值观的培育以及国家治理能力的提升。经济发展红利能否惠及全体人民，民生问题能否得到解决改善，决定着人民群众对社会主义核心价值观以及国家治理的认同支持。只有经济发展了，人民幸福了，国家治理能力的提升才会有坚实的群众基础。为此，用社会主义核心价值观引领国家治理能力的提升，一定要以经济体制改革为重点，发挥经济体制改革的牵引作用，加快发展社会主义市场经济，让一切劳动、知识、技术、管理、资本的活力竞相迸发，让一切创造社会财富的源泉充分涌流，让发展成果更多更公平地惠及全体人民。唯有如此，才能不断提升国家治理能力，积极培育和践行社会主义核心价值观，推进国家治理体系和治理能力现代化。

（三）造就规模宏大素质优良的执政队伍

国以人兴，政以才治。实现社会和谐稳定、国家长治久安，离不开国家治理的高超能力。以社会主义核心价值观引领国家治理能力提升的又一路径选择就是造就规模宏大素质优良的执政队伍。提升国家治理能力，造就规模宏大素质优良的执政队伍，需要进一步转变观念、解放思想。要纠正目前影响制约造就执政骨干队伍的种种偏误，冲破不合时宜的思想禁锢。紧紧围绕社会主义核心价值观的价值标准构建有效管用、方便易行的选人用人机制，使具备"爱国、敬业、诚信、友善"这一基本的个人道德素质，致力于"自由、平等、公正、法治"社会建设，以使为实现"富强、民主、文明、和谐"这一国家层面价值目标而奋斗的优秀干部充分涌现。同时，坚持五湖四海、任人唯贤，坚持德才兼备、以德为先，坚持注重实际、群众公认。提升国家治理能力，在空间维度上涉及改革开放的各领域，在时间维度上是一个长期持续的过程。适应这一客观现状，需要对执政队伍进行包括社会主义核心价值观的培训，提高素质和能力，让人人都有成长成才、脱颖而出的通道，让各类人才都有施展才华的广阔天地。还要完善执政队伍的考核评价，要以培育和践行社会主义核心价值观的实践，作为考核执政队伍的重要依据，引导执政队伍树立正确的治理观、政绩观,真正把信念坚定、为民服务、勤政务实、勇于担当、清正廉洁的好干部选拔出来、使用起来,为提升国家治理能力作出积极贡献。

(作者黄蓉生,西南大学党委书记、西南大学马克思主义学院教授。重庆市北碚区天生路2号西南大学党委办公室 400715;魏小羊,西南大学政治与公共管理学院2013级政治学理论专业硕士研究生。重庆市北碚区天生路2号西南大学政治与公共管理学院 400715)

价值观变迁对国家治理现代化的诉求

廖小平 孙 欢

摘 要：改革开放以来，中国社会价值观发生了重大转变，表现为：一元价值观向多元价值观转变、整体价值观向个体价值观转变、神圣价值观向世俗价值观转变、精神价值观向物质价值观转变。这四个层面价值观的转变对国家经济、政治、社会、文化都产生了深层次的影响，对国家治理的影响便是提出了协同治理、民主治理、法律治理和道德治理的价值诉求。价值观变迁对国家治理的这四种价值诉求符合国家治理现代化的必然规律。因此，国家治理现代化在理念上也就意味着对中国社会价值观特别是政治价值观的重构。

关键词：价值观变迁 国家治理 协同治理 道德治理 民主治理

21世纪以来，"多一些治理，少一些统治"是世界大多数国家政治变革和政治现代化的重要特征。党的十八届三中全会提出"推进国家治理体系和治理能力现代化"的重要命题，并将之作为全面深化改革的总目标，十八届四中全会又重申了"促进国家治理体系和治理能力现代化"，这绝非是简单地在字面上将"国家统治"或"国家管理"变为"国家治理"，词语变化的背后反映的是全新政治理念的生成。这一命题正是党对其所领导的改革开放30多年来的现代化建设成功经验的科学理论总结，也是党对社会转型时期所面临的各种严峻挑战做出的积极回应。其中一个非常重要且又不得不做出回应的挑战是伴随经济体制和政治体制的深刻变革而来的价值观变迁。以改革开放为节点，中国社会价值观从改革前到改革后经历的变迁表现出这样的总体镜像，即从一元价值观向多元价值观转变、从整体价值观向个体价值观转变、从神圣价值观向世俗价值观转变、从精神价值观向物质价值观转变。[1] 这些转变是一把双刃剑，一方面它为中国带来了世界经济奇迹、公民意识觉醒、民主政治发展、社会财富积累，另一方面却又使中国出现了严重的贫富差距、人文精神失落、高发的官员腐败、价值与道德危机。虽然这些结果是多因素综合作用形成的，但是从理念层面来讲便要归因于社会价值观变迁。国家治理现代化是为了应对这些挑战而开展的政治变革，在政治理念上就是要进行价值重构，包括对社会的价值目标、价值尺度和价值取向等的重构。所以说，"治理的现代化改革，将是一个价值导向调整优先于治理技术革新的过程"[2]。这意味着国家治理将不再是政府单方面的、封闭的、自上而下的权威统治，而是多元治理主体协同的、民主的、法律的、道德的治理。

一　一元价值观向多元价值观转变与协同治理

价值观变迁不是自发的、孤立的，而是由社会转型的大环境所决定的。新中国成立之初，我国社会的最基本特征是：计划经济、单一公有制、单位制社会结构、高度集中的政治权力以及意识形态的单一化，而在社会价值观上的表现则是一元价值观。这种一元价值观不仅仅是中国社会的主导价值观，而且还是唯一的价值观。在唯一的主导价值观的统领下，社会不可能产生和存在激烈的价值观冲突，也没有人对强有力的、无所不能的集权政治体制表示怀疑和异议，社会秩序和团结稳定与其说归功于完善的国家治理体系，不如说是来自人们对权威统治的服从。这是因为同质的、绝对的价值标准和普遍的、权威的超越意识强烈要求中国社会必须是大一统的一元价值观，其他价值观——如果存在的话——与主导的一元价值观之间主要是"统治与被统治""排斥与被排斥"的关系。价值权威、

---

[1] 廖小平：《改革开放以来价值观的变迁及其双重后果》，《科学社会主义》2013年第1期。

[2] 韩冬雪：《衡量国家治理绩效的根本标准》，《人民论坛》2014年第4期。

经济权威和政治权威的高度统一需要的便是整个社会对权威统治的服从。

然而，随着从1978年开始的、被称为"中国的第二次革命"的改革开放的不断深化，中国社会的深层结构发生了全方位的、翻天覆地的变革。其中首要的也是最基础的变革当属经济体制的改革与转轨，集中表现在这样三个方面：一是在所有制结构上，中国社会主义的基本经济制度由单一公有制向以公有制为主体、多种所有制经济共同发展的基本经济制度转变；二是在分配制度上，资源分配的平均主义、"大锅饭"向以按劳分配为主体、多种分配方式并存的分配制度转变；三是在经济运行方式上，高度集中的计划经济体制向中国特色社会主义市场经济体制转变。这些转变概括起来就是，从"一"到"多"的转变。多种所有制、多种分配方式、多种市场主体催生了多元的利益诉求，这为多元利益主体的生成提供了根本动力。利益主体的多元化解构了原来占绝对统治地位的国家主体，各种社会主体和个人主体得以解放，主体的多元分化在理念上的表现就是价值观的"铁板一块"的状态开始瓦解，多元价值观逐渐形成和发展。

在改革开放前的一元价值观的社会状态中，价值主体和利益主体是同一的，即国家。社会中的其他一切价值都可以归结为国家的价值，其他一切利益也都必须无条件地服从国家的利益。而改革开放后形成的多元利益主体意味着在国家利益之外，各个利益主体都存在自己的利益诉求，这势必导致价值目标、价值标准和价值取向的多维化和多层次性，最终的结果就是价值观多元化成为一种必然趋势。在国家治理领域，"服从"作为一种核心政治价值的地位开始受到多元价值的动摇，各种利益主体的利益诉求难以再绝对地统一于国家的利益之下，国家治理的实际承担者——政府已很难单靠"指令"来进行权威统治。因此，中国社会改革开放的过程是一元价值观向多元价值观转变的过程，是全能国家向有限政府过渡的过程。或者说，改革开放的过程也是一个将社会力量纳入治理结构和过程之中的治理转型过程，以政府为唯一主体的政治管理正在走向以多主体协同治理为特征的公共治理。[①] 马克思主义通常认为，国家乃是社会发展到一定阶段的产物，在这一阶段社会出现了不可解决的自我矛盾以及不可调和的且又无力摆脱的对立面。国家的目的就在于化解社会的自我矛盾和对立

[①] 何增科：《国家和社会的协同治理——以地方政府创新为视角》，《经济社会体制比较》2013年第5期。

面，因此国家不是外在强加于社会且与社会相异化的力量。但是，在强势的权威统治之下，国家和政府凭借其所垄断的政治权力凌驾于社会之上，国家和社会的关系异化为"统治与被统治""命令与服从"的关系。

协同治理是多元利益主体针对其和国家主体的"统治与被统治""命令与服从"关系所发出的变革呼声，是利益多元化的必然结果，更深层次来讲是价值观多元化的必然诉求。这意味着在国家之外的其他价值和利益都必须得到应有的肯定和尊重，政府自上而下的、依靠指令的、"孤家寡人"式的统治必须为多元主体的价值诉求和利益表达腾出空间。在国家和社会关系的现实选择上，作为国家治理实际承担者的政府在扮演主导角色的同时，更应该搭建起制度化的协作参与平台，与社会一起来审视和解决社会中出现的那些不可解决的自我矛盾以及不可调和的且又无力摆脱的对立面。用马克思的话来说，这种治理方式实际上就是"社会把国家政权重新收回，把它从统治社会、压制社会的力量变成社会本身的生命力"①。也就是说，社会重拾建构和谐与稳定的话语权，同国家和政府一道承担起对社会公共事务的治理权能。国家主体与社会其他利益主体之间是一种"协作""平等"的关系，政府在国家治理领域中的"大一统"逐渐让位于多主体的协同治理。在此治理模式下，政府始终保护和尊重社会的主体地位及其自身的运作机制与规律，同时综合运用行政管理、居民自治管理、社会自我调节、法律手段乃至市场机制等多种方式，形成政府主导、社会协同、共建共享的社会治理新格局，从而实现充满活力、和谐有序的社会治理目标。②但需要指出的是，多主体协同治理只是弱化了原来"无所不包"的国家职能，多主体仍然必须"坚持中国共产党的领导，坚持人民主体地位"，协同治理是党领导下的多主体协商和对话。简言之，协同治理模式是社会价值观变迁在国家治理理念上的反映，同时也是对国家治理的核心价值的重构，即用"协作""自治"对"服从""统治"更换。

---

① 《马克思恩格斯选集》第3卷，人民出版社1995年版，第95页。
② 郁建兴、任泽涛：《当代中国社会建设中的协同治理一个分析框架》，《学术月刊》2012年第8期。

二 整体价值观向个体价值观转变与民主治理

从新中国成立到改革开放之前，在我国社会长期占据统治地位的一元价值观是整体主义价值观，后来又称为集体主义价值观。集体主义价值观追根溯源可以归结于中国家国一体的历史文化传统，但其最终形成并在中国价值观领域取得绝对主导地位，则是当它与单一公有制、计划经济和单位社会结合起来之后。在单一公有制的社会中，集体主义通常被当作最基本的价值取向，维护公有制与集体利益就理所当然地成为了社会最基本的价值目标。同时，计划经济的高度集中特质也要求以集体主义作为价值基础，因而计划经济时代也常被形象地称为"集体化"时代。再者，党政经商学兵合一并肩负着各种政治与社会职能的单位组织更需要"单位精神"——集体主义的价值取向来维系稳定运行。在这种价值取向和价值目标的指引下，中国社会形成了"国家—单位—个人"的社会结构。单位通过成员身份实现对个人的控制，国家则通过控制单位来实现对个人的控制。统治的秩序就是建立在个人服从单位、个人利益服从单位集体利益的基础上，这在政治体制上的表现就是集权政治。因而，在曾经几代人挥之不去的"集体化"时代，"集权"成为了社会政治的核心价值诉求，"治理"就意味着国家对社会的管理和控制，国家对社会成员的管理和控制。国家几乎完全占有国家权力和对社会资源的配置，其他社会主体和个人主体很难成为国家治理的主体。

然而，随着改革开放带来的社会转型的深入，我国的经济体制和社会结构都开始发生重大变革。新中国成立后建立的单位社会逐步解体终结并开始进入后单位社会，原来"国家—单位—个人"的社会结构向"国家—社会（包括社区、各种团体和组织）—个人"的社会结构转变。[①] 一方面，连接国家和个人的各种社会组织得到发育和发展，这些组织不同于以往兼具政治、经济、社会职能的单位组织，而是以契约精神为核心价值取向的市场主体。这些市场主体的出现并在国家秩序特别是市场经济秩序

---

① 廖小平：《论改革开放以来中国社会转型的四大表现》，《浙江社会科学》2013年第4期。

中的地位的凸显，使原来自上而下的集权政治渐渐失去了有效治理的社会土壤，社会秩序也开始由单位社会的指令性或行政性建构向基于自由、平等的契约性建构转变。另一方面，个人从严密控制的单位中逐渐解放出来，每一个个体都成为了利益主体。社会个体成员对自身利益的清晰意识——同时也意味着对他人利益的清晰意识——使个体成为价值主体变得可能，这使得中国社会价值观的个体特征在多元化进程中变得越来越明显。在个体主体意识的苏醒中，个体价值观不断挤占集体价值观的思想阵地，集权政治的合法性也开始遭受社会的诘难。因此，改革开放的总设计师邓小平提出，我国经济制度和政治制度改革的总方向就是要发扬和保证党内民主，就是要发扬和保证人民民主，一言以蔽之，"没有民主就没有社会主义，就没有社会主义的现代化"[①]。"民主"是科学社会主义制度本身优越性的体现，同时也是改革开放以来群体主体意识和个体主体意识觉醒的基本价值诉求。

民主，也即人民当家做主或人民主权。就政治文明发展的客观规律而言，民主是公民权利意识和个人主体意识觉醒的必然结果。尤其是在现代社会，对民意的吸纳和公民的参与已经成为政治合法性的最主要源泉，忽视和排斥任何民主政治的呼声都是自取灭亡之道。因此，民主治理意味着政府应避免封闭的、自上而下的权威统治模式，引入民主行政的理念和精神，使多元利益诉求和公民权利在多主体的共同参与和协同治理中得到保障。具体而言，民主行政的核心要素包括：第一，在价值理念上，以"社会公正"为其核心价值；第二，在实现途径上，民主行政的本质就是积极、主动的公民以个体或集体的方式广泛且直接地参与到公共事物管理中。[②]"社会公正"的价值导向不同于权威主义，当然也和曾经在中国价值观领域占据统治地位的"集体主义"迥异。权威主义将对政治权威的崇拜推向了顶峰，集体主义则容易抹杀和忽视个人利益，使集体成为"虚幻集体"。依据罗尔斯的解释，公正原则包括这样两个具体原则："第一个原则：每个人对与其他人所拥有的最广泛的基本自由体系相容的类似自由体系都应有一种平等的权力。第二个原则：社会的和经济的不平等性应

[①] 《邓小平文选》第 2 卷，人民出版社 1994 年版，第 168 页。
[②] 梁新：《民主治理理念下实现公共利益与平衡多元利益诉求问题析论》，《理论导刊》2014 年第 6 期。

这样安排，使它们（1）被合理地期望适合于每一个人的利益；并且（2）依系于地位和职务向所有人开放。"① 广泛而直接地参与公共事务的管理便正是公民应享有的一种平等权力，凸显了国家治理对个体主体意识与公民权利的尊重和维护，它使国家的社会政策和制度尽可能地适合于每一个人的利益，因此符合公正原则。

在个体主体意识觉醒和个体价值观发展的过程中，又有两种不同但相互联系的价值诉求：一种是用个体价值观的因子对整体价值观进行"建设性"的重构，意图形成全新的集体主义价值取向，使"虚幻的集体"变为"现实的集体"。这种新的集体主体不是要求个人利益无条件地服从集体利益，而是把个人利益看作集体利益的有机构成部分，集体也只有在保护个人利益的前提下才成为必要的集体。另一种是用个体价值观清除整体价值观，以个人权利、个体尊严从根本上拒斥和反对过去那种"见集体不见个体"的虚幻的集体主义。这两种价值诉求无疑是"人民主权"和"社会公正"在"集权"的高压和夹缝中生长并繁盛的内在动力。因此，民主治理从本质上讲，就是"人民群众把国家政权重新收回，他们组成自己的力量去代替压迫他们的有组织的力量"②。而将国家政权重新收回的前提条件便是，人民群众主体意识的觉醒以及其个体价值观的形成与发展。需要指出的是这里的主体意识和个体价值观是建立在个人正当利益之上的意识和价值观，民主治理提倡个体价值观并不是要否定集体主义价值观，而是要避免"虚幻的集体"对正当个人利益的否认或抹煞。集体主义价值观的为他性、服务性可以弥补个体价值观在为己性、谋利性上的不足，从而找到集体利益与个人利益的最佳结合点。因此，民主治理一方面是要主张个体价值，维护个人正当利益，另一方面则是要完善集体，保证集体利益，实现集体利益和个人利益、国家进步与个体发展相和谐。

三 神圣价值观向世俗价值观转变与法律治理

"世俗"与"神圣"相对，而"神圣"总是与宗教联系在一起。中

---

① 约翰·罗尔斯：《正义论》，何怀宏等译，中国社会科学出版社1988年版，第56页。
② 《马克思恩格斯选集》第3卷，人民出版社1995年版，第95页。

国社会尤其是新中国成立之初的中国社会不存在像西方社会那样的宗教神圣价值观，尽管传统中国社会也视儒教、道教和佛教为宗教——它们确实扮演着宗教的角色，但真正的宗教神圣价值观在主张唯物主义和无神论的中国社会也的的确确没有出现。我们所说的神圣价值观向世俗价值观转变中的神圣价值观，是特指那些"以世俗为神圣"的神圣价值观，也即中国社会被神圣化、宗教化的且具有理想主义色彩的政治伦理价值观，简言之就是一种政治宗教。从新中国成立之初到改革开放之前的神圣价值观，主要表现为在合作社、"大跃进"、"人民公社"以及"文化大革命"期间的政治理想主义、革命政治教条理念作用下形成的"理想—神圣""革命—神圣"的价值观。"革命"由实践变为人人响应的高调口号，最终成为人们信奉的"理想"，也就是说革命本身成为理想，成为一个人是否具有理想的价值尺度；而理想则被准宗教化和革命化；再加上搞领袖崇拜的造神运动，政治伦理的神圣价值观在"文革"前后成为了我国社会压倒性的价值观。具体表现为：在国家治理的组织设置上，国家通过"城市单位"和"人民公社"的理想掌握着对社会资源的绝对分配权，排斥性地充当了治理的主导力量，权力的触须盘踞在每一个社会角落，全方位地控制着人们的社会生活；在国家治理的指导思想上，长期而持续的群众运动和思想教育使"左"的思想被推到极致，"以阶级斗争为纲"的革命口号被神化为放之四海而皆准的价值标准，人们的思想和行动被钳制和禁锢；在国家治理的过程上，国家通过户籍制度和福利制度，以及被理想化的遣农返乡和上山下乡运动，牢牢控制着社会成员的流动。因此，国家治理就演化为以被神化了的"阶级斗争"、至高无上的国家权力和被革命化、理想化了的群众运动为主要内容的全面的社会控制。

  根据通常的现代化理论，现代化进程其实就是世俗化的过程。改革开放开启的世俗化过程首先就是对"文化大革命"时期形成的"唯政治化"或"泛政治化"的神圣价值观进行反思，清理极"左"政治、斗争政治以及政治挂帅，质疑权力政治的权威，也即进行一次彻底的"政治祛魅"反思运动。于是，曾经那种与人们的现实生活严重脱节的革命化的宏大叙事的理想，在改革开放的市场化潮流的冲击和西方各种文化、思潮、价值观以及生活方式的入侵之下，逐渐变得空洞、失落甚至出现了所谓的"理想危机"，而社会价值观便开始由神圣走向世俗化。世俗化价值观的出现使人们不再沉迷于"神圣的理想"和"革命的理想",取而代之的是"世俗的理想"和"生活的理想"。随着市场经济的发展而崛起的民众世俗精神和觉醒的个人权利意识,具体表现为:自利的价值观的形成,人们契约观念的增强,社会的财富观的发展,个人能力观的社会认可和人的自由与民主的诉求。① 从理想和价值被从"天上"带到"人间"来看,世俗化价值观的出现和流行确实是社会价值观的一大进步。治理体制回到"人间"的表现就是社会主义市场经济体制的雏形开始形成,政治体制的民主化正在渐进式地进行。分权政治、平民政治、权利政治在集权政治、权威政治、权力政治的狂澜中萌芽,治理实践对法律治理的诉求变得日趋强烈。

然而,世俗化价值观也容易导致理想主义和英雄主义没落,理想和英雄在社会生活中隐匿又导致了中国社会的人文精神趋于失落以及人们对人生终极价值与意义的淡漠,功利的、世俗的东西被当成了"理想",被视为人们追逐和崇拜的终极价值,这在一定程度上消解了改革开放前那种维系社会秩序的既成规则系统的作用力。尽管改革开放所进行的政治体制改革打破了权力的过分集中、家长制、领导干部职务终身制等集权政治的重要构件,但权力政治仍是国家政治的根本特征。此外,虽然党和国家已清醒地认识到法律治理的重要性,认识到"为了保障人民民主,必须加强法制。必须使民主制度化、法律化,使这种制度和法律不因领导人的改变而改变,不因领导人的看法和注意力的改变而改变"②;但在许多地方和领域,改革所设想的依法执政和依法行政往往依然流于形式,能人治政、能人政府、能人权威成为治理中的主导性影响力,法治政府建设进程缓慢,法制权威在一些地方式微甚至缺失。

无论是在神圣价值观还是世俗价值观的指导下开展的实践活动,领袖崇拜也好,严重扩大化的反右运动也好,极"左"思想下的"大跃进"也好,农业学大寨也好,疾风暴雨式的群众阶级斗争也好,对极端实用主义的迷信也好,对金钱和权力的崇拜也好……它们有着共同的特点:权力对权利的否定、权威对平民的控制、人治对法治的排挤。神圣的国度需要宗教或者宗教化的理想,世俗的国度需要法治或者制度化的治理。前者依

---

① 白春雨:《社会进步与"道德滑坡"现象的辩证分析》,《湖湘论坛》2013年第4期。
② 《邓小平文选》第2卷,人民出版社1994年版,第146页。

靠人们对"崇高"的信仰和对"理想"的狂热保持一种自发秩序，后者却因人们对"世俗"的沉迷和对"功利"的追逐而必须依赖建制性秩序。从政治现代化演进规律来看，建制性秩序必须基于法律治理才能取得持续的、稳定的合法性并发挥强劲的治理功能。法律治理也可以说是法治。现代法治的核心要义是良法善治。[①] 在当代中国，良法就是指以宪法为核心的中国特色社会主义法律体系，法治首先就表现为依宪治国、依宪执政。而且，根据党的十八届四中全会的精神，"党的领导和社会主义法治是一致的，社会主义法治必须坚持党的领导，党的领导必须依靠社会主义法治"。也就是说，不论是良法的建设，还是用良法来实施善治，都必须坚持党的领导，这是社会主义法治的最根本保证，也是社会主义法治建设的一条基本经验。

法治的意义在于为国家治理注入良法的核心价值，同时提供实现善治的创新机制。法治的基本价值包括秩序、公正、权利、效率以及和谐。当前我国法治的这些基本价值是对以往神圣价值观泛滥时期的斗争、权威、平均以及革命等价值的替换，也是对世俗价值观成长时期的金钱、权力等功利价值的批判性反思。在这些基本价值中，"秩序"是最核心的价值，其他价值的实现都以"秩序"为前提和基础。对任何国家来说，国家治理最直接的目的、最基本的价值取向便是建立并维护稳定的社会秩序。可以说，秩序是整个人类生存、生活以及生产活动的基石。没有秩序，一切公共活动都将陷入混乱。改革开放前后，中国社会出现的各种错误思想、"革命运动"、社会危机、信仰危机、道德危机，在一定程度上便与社会公共生活秩序、民主政治秩序、意识形态秩序和市场经济秩序的缺失或紊乱脱不了干系。因此，在这个意义上，法治就是要在良法所建构的良序的基础上实现善治。善治的基本特质就是依据良法进行治理，重视和尊重公民权利和人的尊严，使公众能以主体身份参与国家治理并对自身事务实行高度自治。因此，法律治理和协同治理、民主治理、道德治理都不是孤立的，它们相互联系，共同推进国家治理现代化。

---

① 张文显：《法治与国家治理现代化》，《中国法学》2014 年第 4 期。

四 精神价值观向物质价值观转变与道德治理

精神价值观和物质价值观是针对人们的精神生活、精神世界和物质生活、物质世界而言的，它们是对人们的精神、物质生活领域和生活状态的反映。这两种价值观与神圣价值观和世俗价值观有着紧密的联系：神圣价值观包含于精神价值观，世俗价值观则需要用物质价值观来体现。如前所述，从新中国成立之初到改革开放之前的中国社会将理想主义的、神圣的价值观作为社会主导价值观，人们对崇高精神的信仰远远要高于对物质的追求。在这一时期，精神是高尚的，崇高是圣洁的，物质是卑微的，世俗是污秽的。尤其是在艰苦奋斗的创业精神和具有浓厚革命色彩的爱国主义精神的引领下，全社会对崇高精神生活的追求和人的精神世界的发展表现出极大的热情，而对物质生活特别是那种好逸恶劳、贪图享乐的生活则表现出极重的鄙夷之情。因此，即使是物质匮乏、生活贫困、生产力水平低下，中国社会依然保持了公序良俗，党和国家依然能团结与领导人民群众使刚刚成立的新中国表现出强大的、无限的生命力。不可否认，理想的准宗教化、革命的神圣化以及对领袖接近狂热的崇拜是人们流连于精神而忘却了物质的重要原因，但从本因上分析，这是人们对内在崇高和个体德性的自我需要的结果。这种需要虽在"文化大革命"期间被神圣化了的阶级斗争与政治革命所取代，也即被政治化或泛政治化，精神需要演化为政治需要，但其中始终不变的是物质生活、物质价值观依旧少有人推崇，而且道德在国家治理中的作用大有超过法律的态势——尽管二者都曾被湮没于神圣的政治革命中。

毕竟"贫穷不是社会主义"，对物质生活的忽视或者物质生活水平严重滞后都不符合社会主义制度的本质。中国社会价值观由精神价值观向物质价值观的转变符合经济社会发展的必然性，也与党的领导集体对社会价值变化规律的科学认识分不开。邓小平同志曾明确提出，"不重视物质利益，对少数先进分子可以，对广大群众不行，一段时间可以，长期不行。革命精神是非常宝贵的，没有革命精神就没有革命行动。但是，革命是在物质利益基础上产生的，如果只讲牺牲精神，不讲物质利益，那就是唯心论"[1]。因此，自改革开放肇始，物质利益和物质价值获得了前所未有的道德正当性与政治正当性，并成为了中国社会人们普遍追寻的重要对象，物质价值观在中国社会价值观变迁史上空前地成为了一种社会基本价值观。不可否认，物质价值观作为社会基本价值观地位的确立，为社会主义市场经济的发展和人们日益增长的物质、文化生活需要的满足提供了强大动力，在一定程度上夯实了社会主义国家的物质基础，体现了社会主义制度的优越性。因此在这一时期内，国家治理的重心便是经济建设，便是建立社会主义市场经济秩序，后来就自然有了"以经济建设为中心"的发展战略。这一发展战略的象征意义和实际意义都在于：政治、社会、文化、道德、环境等都必须服务于经济建设，服务于人们长期受压抑的人性对"物质"的渴望与追求。

然而，中国社会在追逐"物质"——通俗来讲也就是"向钱看"——的过程中，社会转型、政治变革、精神发展开始变得越发滞后，物质价值观甚至出现了替代曾经崇高的、受热捧的精神价值观的趋势，物质价值和物质价值观在中国几近登上最高价值与最高价值观的宝座。这样一来，社会生活的许多方面渐渐散发出铜臭味，社会空间里随处都充斥着物欲、情欲甚至色欲。在国家治理领域，作为治理主体的政府从公共政策的制定到贯彻、执行，从党员干部的政绩观到权力观，也开始弥漫着"物"的气息。原本作为手段和工具的"物"被突出、被强调、被崇拜，而本应被当成终极目的之公共福祉却被有意识地忽视。在国家治理实践中，各级政府和官员对物质价值观的推崇，最直接的表现就是对 GDP 的顶礼膜拜，而这种膜拜就是建立在以 GDP 为政绩考核和价值评价标准、以物质为价值导向的政治体制之上。而在社会公众层面，人们对物质价值观的推崇表现为金钱拜物教在部分社会成员间盛行，其恶果就是理想失落、精神颓废、价值迷失、道德滑坡、人情冷漠、幸福感遗失等各种社会问题。总的来说，物质价值观对精神价值观的替代，或者说物质价值观与精神价值观的严重失衡，使中国社会的许多领域滋生并盛行了拜金主义、消费主义、享乐主义以及奢侈之风，在法律治理尚未建构好秩序的地方，人们的道德高地和自发秩序就开始败退失守。对物质的迷恋与对精神的鄙

---

[1] 《邓小平文选》第 2 卷，人民出版社 1994 年版，第 146 页。

夷以及物质生活的繁荣与精神生活的空虚形成的鲜明对比，是价值观变迁对国家治理有效性的一种讽刺。这种讽刺无法单一地通过多主体协同治理、民主治理、法律治理来根除，而只能重返"崇高"，激发"理想"，收复失守的道德高地，进行道德治理。

道德治理和法律治理共同构成了国家治理体系，二者之于社会秩序都具有不可或缺的重要价值。党的十八届四中全会报告也指出，要实现"建设中国特色社会主义法治体系，建设社会主义法治国家"的总目标，就必须"坚持依法治国和以德治国相结合"。道德治理之所以具有如此重要的价值，是因为它"不仅是对社会道德阴暗面及其负能量进行克服和消除的活动和过程，同时又是'益'，即传播先进价值观念，并以这种价值观念凝聚人心，激励和引导人们求真向善，实现价值观再造的活动和过程"[①]。这里的社会道德阴暗面和负能量最主要的就是在不断膨胀的物质价值观刺激下人们对"金钱""权力""美色"等物质价值的追逐，以及由此所产生的社会危机、道德危机、价值危机、信任危机等。而用先进的价值观念实现价值观再造，实际上就是要求用科学的、先进的社会主义核心价值观重建人们的信仰和价值：在国家层面，用"富强、民主、文明、和谐"来规定社会发展目标；在社会层面，用"自由、平等、公正、法治"来规定社会价值导向；在个人行为层面，用"爱国、敬业、诚信、友善"来规定个人发展。在某种意义上，道德治理是要在物质价值观泛滥的地方重新肯定和赋予精神价值观在社会生活中的重要地位。当然，这并不是把精神价值观当成唯一的、压倒性的价值观，更不是要将"崇高""理想"重新宗教化和神圣化，而是要找到物质价值观和精神价值观的平衡点。正如物质生活和精神生活的共同进步是人生存和全面发展的必要条件，物质价值观和精神价值观平衡是社会稳定有序的必要条件。

无疑，国家治理现代化绝非一种政治改革的口号，它是社会政治经济现代化的必然要求和结果，同时也是政治现代化的重要标志。现代化的国家治理相比传统的治理模式而言，具备这样五个鲜明的指标：一是公共权力运行的制度化和规范化，即通过完善的制度安排和规范的公共秩序来进行国家治理；二是民主化，即国家治理必须保障主权在民和人民当家做

[①] 龙静云：《道德治理：核心价值观价值实现的重要路径》，《光明日报》2013年8月10日第11版。

主；三是法治，即宪法与法律是国家治理的最高权威；四是效率，即国家治理应有效维护社会秩序并有着高行政效率和高经济效益；五是协调，即国家治理的各种制度安排是一个统一的、相互协调的整体。[①] 从这五个方面的指标来看，国家治理技术革新的背后实际上是价值目标、价值标准和价值取向的调整。协同治理体现的是多元价值主体对"协作""自治"价值的肯定；民主治理体现的是公民主体意识觉醒对"人民主权""社会公正"价值的确认；法律治理体现的是唯政治化、泛政治化的神圣价值观退位后社会对"秩序""法治"价值的重视；道德治理则体现的是在世俗的、物质的价值观泛滥后对"崇高""德性"价值的憧憬。因此说，国家治理现代化在理念层面是社会价值观变迁的必然要求，它在一定程度上是一种顺应时代潮流的价值观的重构，特别是政治价值观的重构。

（作者廖小平，中南林业科技大学副校长、教授；孙欢，中南林业科技大学讲师。长沙市韶山南路498号中南林业科技大学校长办公室　410004）

[①] 俞可平：《推进国家治理体系和治理能力现代化》，《前线》2014年第1期。

社会转型中政府治理能力现代化路径探析

刘德权 霍建国

摘 要：中国政府在社会转型中所承担的角色与使命决定了政府治理能力现代化在社会转型中的重要作用。政府治理能力现代化既是社会转型的主要内容，又是社会转型的必要前提条件。政府治理能力现代化程度直接关系到社会转型的进程。从历史发展中考察政府治理能力现代化在社会转型中的基本定位，剖析社会转型过程中政府治理能力主体行为的非理性化、结构内容的非均衡化、运行的制度化程度低下等问题，以厘清政府治理能力的认识误区、明晰政府治理能力的合理行动范围、优化政府治理能力结构、强化政府治理能力的制度化运行为基本着眼点，对于理性选择社会转型中政府治理能力现代化路径具有积极参考价值。

关键词：社会转型 政府治理能力 现代化 政府改革

引 言

现代社会发展已经表明，政府存在的基本目的是要有效地治理和服务社会，维护和提升公共利益水平。然而，要达成这样的目的，政府必须具有一定的治理能力。从世界各国特别是后发国家的现代化历程来看，普遍以有效的政府治理能力来保障社会的安定秩序并有效地治理与服务社会。

这就意味着政府治理能力的有效性直接关系到一个国家现代化进程的成败与否。就当代中国而言，自 1978 年实行改革开放以来，以实现现代化为核心的社会转型成为思考中国现实问题的基本背景。当前中国面临的问题已不是是否需要政府治理能力问题，而是如何实现政府治理能力现代化问题，这是由中国社会转型中政府所承担的重要角色与使命决定的。所以，在实现"完善和发展中国特色社会主义制度，推进国家治理体系和治理能力现代化"的全面改革总目标过程中，探索中国政府治理能力现代化的有效路径自然成为一项核心议题。

一 社会转型中政府治理能力现代化定位与考量

中国社会转型主要是指由传统社会向现代社会的转变过程，即现代化的过程。"现代化是传统社会向现代社会的转变过程。它是多层面同步转变的过程，是涉及人类生活所有方面的深刻变化。概括起来，现代化可以看作经济领域的工业化，政治领域的民主化，社会领域的城市化以及价值观念领域的理性化的互动过程。"[①] 这意味着现代化是一项综合性的复杂系统工程，作为政治领域中的政府治理能力现代化也必然是现代化的基本内容之一。对此，很多学者已经有了非常明确的认识，如布莱克认为："现代化的经济方面十分引人注目，以致许多人把它看作现代化过程决定性的中心力量。然而，事实上，经济发展在很大程度上依赖于现代化过程的知识和政治方面，依赖于知识的增长和领导人动员资源的能力。"[②] 由此可见，在现代化的诸多层面，政府治理能力将在很大程度上影响着其他领域中的现代化进程，甚至决定着现代化的成败。所以，从政府治理能力在现代化中的基本定位中可以看出，社会转型诉求政府治理能力现代化，或者说社会转型与政府治理能力现代化是同一进程。为此，有必要考量社会转型中政府治理能力的基本境遇。

总体而言，先发国家的社会转型中政府治理能力经历了一个由弱化到强化的发展过程。欧美等西方国家自 16 世纪起开始了现代化的社会转型

[①] 西里尔·E. 布莱克编：《比较现代化》，上海译文出版社 1996 年版，第 7 页。
[②] C. E. 布莱克：《现代化的动力》，浙江人民出版社 1989 年版，第 17 页。

进程，到20世纪六七十年代已经基本完成了以工业化和城市化为核心的现代化社会转型任务。从先发国家社会转型初期来看，其"主要动力主要不是来自政府强大的政策能量，而主要是商品经济发展的市场能量和资产阶级革命以后初步形成的代议民主制的体制能量"①。也就是说，在先发国家的社会转型初期，政府治理能力是比较弱的，即政府被定位为"守夜人"的角色，其主要治理能力体现为对法律、秩序和安全的维护。至于经济领域则是市场机制的能力范围，社会领域以及私人领域则是公民社会以及个人的能力范围。概括来看，这一时期的政府治理能力主要表现为："能力总体偏弱；以政治统治方式进行社会治理、统治能力较高；经济、行政、司法和文化能力低；社会管理、服务和平衡能力较低，公共产品能力有限；较强的社会资源配置能力（动员和提取）；政策能力低下、政治社会化能力长期较低；社会反映和适应能力有限、社会进步能力不高。"② 到了19世纪末20世纪初，西方国家进入社会转型中期阶段，普遍增强与加强政府治理能力建设。特别是"二战"以来，欧美等西方国家对经济社会领域开始进行政府干预，普遍强调行政能力、社会资源配置能力、社会发展能力的建设，以此满足社会转型的需要。从西方国家的政府改革措施可以看到，其核心要旨在于对于政府治理能力的调整与建设，其突出特点在于：提高政府在经济、社会和文化领域中的治理能力。可见，在先发国家的社会转型过程中，其政府治理能力经历了一个由弱化到强化的发展过程。

就后发国家的社会转型而言，其自始至终普遍重视政府治理能力建设。一般而言，后发国家的社会转型大多是"二战"以后启动的，并且目前正处于社会转型进程之中。这也就是说，当后发国家启动以实现现代化为目标的社会转型时，先发国家已经基本完成了现代化。因此，后发国家为了缩小与先发国家的差距，普遍重视政府治理能力的重要作用，甚至在一定程度上而言，后发国家的社会转型本身就是由政府主导并推动的。在后发国家的社会转型初期，普遍加强政府治理能力建设。由于后发国家经济社会发展水平较低，市场经济发展有限，社会力量薄弱，要促进经济

---

① 施雪华：《政府权能理论》，浙江人民出版社1998年版，第374页。
② 黄建洪：《现代化进程中的政府能力发展：一般规律与中国选择》，《社会科学研究》2010年第4期。

发展并高效使用社会资源，无疑需要由政府来完成这项工作。因此，在后发国家的社会转型初期，其政府治理能力总体较强，其中特别强调政治统治能力、经济发展能力、社会资源配置能力、行政管理能力等政府治理能力建设，普遍采用以政府为主导的发展模式，高度重视政府治理能力的重要作用。在社会转型进程中，后发国家侧重于在调整政府与市场、政府与社会的关系中加强政府治理能力建设。例如后发国家普遍"强化管理能力基础上发展社会服务、公共产品供给和综合治理能力；强化国际关系能力。它们既要完成现代化任务，又被迫提前关注某些后现代任务，力图达到政治民主化、行政现代化、经济市场化、文化多元化与政策科学化"[1]。总之，对于后发国家的社会转型而言，政府治理能力对于社会转型成败至关重要，由此，后发国家在社会转型进程中普遍重视政府治理能力建设。

尽管先发国家与后发国家的社会转型中的政府治理能力呈现出一定的差异，但又具有很大程度的共性特征，即在社会转型初期，特别强调政治统治与组织动员能力；处于社会转型中期的国家，特别强调经济发展能力与社会管理能力；在基本完成社会转型的国家，普遍强调以公共服务能力为核心的综合治理能力。这意味着尽管社会转型不同阶段中的政府治理能力呈现出内容上的差异，但普遍追求政府治理能力现代化，这是社会转型中的必然要求，也构成了衡量一个国家现代化水平的重要指标。因此，我们可以说，无论是已经完成社会转型的发达国家还是正处于社会转型中的发展中国家，政府都是社会转型的主要推动者。没有政府治理能力的现代化，经济和社会的可持续发展是不可能的，社会转型也无从实现。现代化的社会转型过程表明，政府治理能力越强，政府通过社会执行其意愿的能力也就越强。因而，政府治理能力现代化程度直接关系到社会转型的进程。这也就意味着政府治理能力现代化与社会转型存在着正相关关系，政府治理能力现代化既是社会转型的主要内容又是社会转型的必要前提条件；要促进国家的社会转型发展，政府治理能力现代化至关重要。

---

[1] 黄建洪：《现代化进程中的政府能力发展：一般规律与中国选择》，《社会科学研究》2010年第4期。

二 中国社会转型中的政府治理能力问题审视

自中华人民共和国成立以来，中国社会转型中的政府治理能力在整体上得到了显著的提高。特别是改革开放以来，我国经济长期保持高水平增长，建立了社会主义市场经济体制，人民生活水平得到了显著改善，社会各项事业也取得了长足进步，国家综合实力得到显著提升。这些成绩的取得与有效的政府治理能力是密不可分的。但不容置疑的是，社会转型一方面瓦解原有的政府治理能力，同时又诉求崭新的政府治理能力，这使社会转型中的政府治理能力存在诸多问题。

（一）政府治理能力主体行为的非理性化

中国社会转型的主要推动者是政府，由此，作为行为主体的政府自身素质将直接影响政府治理能力的作用效果。从当前社会转型中的政府主体及其行为来看，其存在的问题主要有：一方面，政府主体规模庞大。政府规模主要是指政府机构的数量、政府组成人员的数量、政府运行的成本等，同时，政府规模是由多种因素所决定的，如国土面积、人口数量、政治传统、经济发展水平、社会组织成熟程度以及政府自身的权力大小、职能范围等。尽管政府规模是一个模糊的概念而没有明确的界定标准，但对于中国政府规模的基本共识是：相对于经济和社会的发展需要而言，政府规模过于庞大。政府主体规模庞大导致了政府机构之间的职能重叠，使他们相互推卸责任，大大增加行政成本，降低了行政效率，削弱了政府治理能力。另一方面，政府主体行为失当，如政府权力过多和不必要地介入微观经济活动，政府直接干预经济领域并参与市场竞争等。也就是说，政府管了许多不该管也管不了的事情，政府将有限的财力资源消耗在一些本不该消耗的领域内。政府主体行为失当源于政府权力范围的无限性、权力运行的单向性、权力行使的随意性。长期以来，受政府本位、权力本位思想影响，政府以控制社会为己任，一切从管制出发，政府最大限度地汲取社会资源，实现对社会的高强度控制。不仅如此，政府对社会资源的汲取与控制已经超出了政府应有的职能范围，以至于造成社会某些方面的畸形发展。正是由于政府规模庞大与政府行为失当，致使中国社会转型中的许多问题都与政府治理能力现代化程度不高有一定关系，这也诉求政府治理能力的现代化。

（二）政府治理能力结构内容的非均衡化

全面的社会转型致使中国政府面临着政府治理能力结构内容的非均衡化问题。其主要表现为：一方面，政治经济领域治理能力较强，社会公共服务领域治理能力较弱。社会转型需要政府职能重心从政治统治转向社会管理与公共服务。囿于中国社会的传统观念，目前我国政府治理能力仍然存在着政治统治能力较强，社会管理与公共服务能力较弱的结构失衡问题。随着社会转型的深入，政府的社会性能力就需要不断地强化，但现实中的政府社会管理能力与公共服务能力与社会发展的需求之间存在着较大差距，这也不可避免地导致国家治理能力间的失衡运行。特别是在政府主导的社会转型过程中，稳定的社会秩序是进行改革的基本前提，这就往往导致了政府过于强调政治统治能力，而在一定程度上忽视了社会管理与公共服务能力，而且由于政府职能的"被动"转变，政府机构本身履行社会管理、公共服务的社会性能力均显不足，这已经成为制约我国政府治理能力进一步提升与发展的"瓶颈"。另一方面，宏观治理能力强，微观治理能力弱。政府宏观治理能力主要表现为政府动员国家资源以实现既定政府目标的能力。中国巨大的经济规模、广阔的幅员、中央集权的权力体制，使得政府当仁不让地掌握着国家资源。这使政府在很多经济和社会事务中表现出了巨大的资源动员能力，应对了很多巨大的经济冲击和自然灾难。与如此强大的政府宏观治理能力相比，中国政府在很多微观领域却存在大量的社会问题和经济问题。如政府在食品安全问题、生产安全问题、交通安全问题、暴力执法问题、违规拆迁问题、公共健康问题、医疗卫生问题、弱势群体权益保护问题等领域中微观治理表现极为不佳，构成了政府微观治理能力低下的表现，与较强的宏观治理能力形成了鲜明反差。

（三）政府治理能力运行的制度化程度较低

社会转型是一个全方位的发展与革新的过程，在某种程度上也是对秩序和规范重新建构的过程。在这一过程中，政府治理能力运行呈现出制度化程度低下问题。其主要表现为：第一，法理型权威不足。目前，我国的法理型权威体系尚未完全建立,这与政府的制度化能力弱小密切相关。也就是说,政府仍然靠经济发展速度以及直接的物质性社会福利等公共产品的生产和提供支撑政府合法性,即政府对绩效合法性的依赖严重,而没有在社会转型的同时实现政府合法性基础的公平性转变。正是在超凡魅力型权威退出政府合法性类型构成体系,而法理型合法性权威尚未完全成型的情况下,政府已有的权威可能难以持续有效地支持政府高效管理,而新的权威又难以在短期内汇聚成强大的力量给予政府以支持。正是由于政府治理能力的运行缺乏相应法理型权威基础,致使政府对社会以及公民的导引力量薄弱。第二,传统的政府治理能力惯性依然存在。与政府治理能力的法理型权威不足相适应,政府治理能力在运行过程中存在着一定程度的能力惯性。所谓的政府治理能力惯性,即是政府以传统的、习惯性的手段、方式和途径进行社会管理和公共服务,重经验、轻程序,重人情、轻规则,重人治、轻法治,政府治理能力运行按部就班,习惯色彩浓厚,忽视社会环境的变迁和公共需求的变化,特别是对社会转型中出现的新问题难以应对。第三,制度缺失导致的政府治理能力流失。社会转型需要摒弃和突破原有的利益格局和发展模式,对原有的政府权威构成了冲击。一些非程序化的、不规则的变动易于导致政府治理能力供给不足,特别是政府制度化水平较低状况下,原有的政府治理能力大量流失。随着政府治理能力的流失,政府权威资源也随之流失,政府政策合法性认同降低,政府公信力也随之下降,政府治理能力的整体效能也相应地降低。

三 社会转型中政府治理能力现代化建设路径

改革开放以来,中国在建设中国特色社会主义的道路上取得了重要成就。"国家逐渐从利用计划和行政手段进行社会整合转变为有意识地放松控制,并在此过程中不断重构社会经济结构,培育和发展市场经济,积极融入全球共同体中。"[1] 在社会转型这一过程中,通过对政府权力的制约、政府职能的转变、政府与市场及社会关系的调整,政府治理能力得到了有

---

[1] 郁建兴:《马克思国家理论与现时代》,东方出版中心2007年版,第283页。

效提升。由于中国正处于社会主义初级阶段，现代化建设事业任重道远，政府在促进政治、经济、文化、生态等发展方面将发挥着重要作用。要持续、均衡、快速地实现中国的现代化，就必须高度重视政府自身的行为能力，关注政府治理能力的有效性与合理性，在社会转型中实现政府治理能力现代化建设。

（一）厘清政府治理能力的认识误区

进行政府治理能力现代化建设，必须理性地认识政府治理能力，因此，有必要在思想观念上厘清对政府治理能力的认识误区。其一，厘清政府规模与政府治理能力的关系。一般来说，"在政治现代化发展较充分、政府的结构功能分化和专门化突出、政府专业化能力素质较高的社会中，倡行'小政府、大社会'是有一定的理论依据和实践道理的"[1]。但是没有放之四海而皆准的政府规模，同时，政府规模的大小与政府治理能力强弱没有必然的因果关系。所以，切不可以不顾及社会的发展程度和政府的治理水平而不切实际地采取"小政府、大社会"或"大政府、小社会"的政府主体模式，这二者均难以有效增强政府治理能力。其二，厘清政府权力、政府职能与政府治理能力的关系。受传统因素影响，人们往往认为政府权力越大、职能越多，其政府治理能力越强。这种观念误区源于对政府治理能力的感性认识，没有科学地认识政府治理能力与政府权力、政府职能的关系，即认为政府治理能力强就是政府拥有庞大的国家权力和广泛的政府职能。事实上，政府权力和政府职能并不等于政府治理能力。只有有效发挥实际治理作用的政府权力和有效履行政府职能，才称其为有效的政府治理能力。过大的政府权力，易于造成整个社会对政府的完全依附，造成大量的权力失范，对公共事务的治理不利；过小的政府权力则会造成政府无力管理公共事务，无法有效履行公共职责。同样，政府职能的多少也并不意味着政府治理能力的有效性，政府职能过多，意味着政府承担了本不该承担的职责，使政府背上沉重的包袱而影响了政府治理能力的实现；政府职能过少，意味着政府推脱了本应该由政府所承担的基本职责，造成了政府职责的责任缺失，也就造成了政府

---

[1] 黄建洪：《公共理性视野中的当代中国政府能力研究》，中国社会科学出版社 2009 年版，第 223 页。

治理能力的弱化。因此，有效的政府治理能力应该以适度的政府权力和合理的政府职能为基础，同时辅之以科学合理的组织机构、人员配备等，才能达到预期的目标，从而表现较强的政府治理能力。总之，厘清政府治理能力的认识误区就在于超越"全能政府""有限政府"的局限，进而确立建设"有效政府"的思想共识，进而为政府治理能力现代化提供主体保障。

(二) 明晰政府治理能力的合理行动范围

实现政府治理能力现代化，要将政府行为限定在一定的范围内，使政府治理能力实现有限度的增长。一般来说，政府行动限度的标准主要是政府行为能否提供保证社会发展的正常秩序、规范与服务，并提供持续发展的可能性。因此，将政府行为限定在合理的、社会公共需要的"度"的范围内，这就需要重构政府与市场、政府与社会、政府与公民的关系，明晰政府行为的行动领域，准确定位政府职能范围。

第一，重构政府与市场的关系。尽管我国已经建立了社会主义市场经济体制，但是政府与市场的关系尚未完全理顺，政府对经济领域的微观干预仍然存在，阻碍了市场经济的发展。由于政府管了不该管的事而致使经济发展受阻，这本身就是政府治理能力低下的表现。因此，重构政府与市场的关系的关键在于明确政府与市场的界限，厘清政府在市场经济中的职能。就政府与市场的界限而言，主要是明晰政府与市场发挥各自作用的领域，即什么是政府领域的基本任务，什么是市场经济的界限范围，政府可以通过宏观经济政策调控经济活动，但是无法越权直接干预经济领域中的活动。就政府在市场经济中的职能而言，一方面是要减少政府对市场的干预，将直接管理转变为间接管理，将微观管理转变为宏观调控；另一方面扩大政府监管市场、提供公共产品与公共服务的职能，使政府成为维护社会公平的管理主体。

第二，重构政府与社会的关系。现代社会发展的基本趋势是政府与社会的日益分离并各有其明确的界限，一旦政府干预的范围超出政治领域而侵入社会生活的所有方面，便容易导致全能主义。从长远来看，全能主义必然将抑制社会的自由发展，从而使整个社会发展缺乏活力与创造力，最终导致政府治理能力有效性的降低。要重构政府与社会的关系，其基本路径在于变全能政府为有限政府，强调政府与社会的协商合作治理。因此，政府要改变权力运行方式，将权力下放给日益成熟的社会公共组织，形成政府权威与公民社会的合作、政府与非政府组织的合作治理，彻底改变传统的政府单一主体的管理模式。重构政府与社会的关系，将政府从不该管也管不好的社会领域中解放出来，有利于提升政府治理能力的有效性。

第三，重构政府与公民的关系。重构政府与公民的关系，需要明确公共领域与私人领域的界限。从一般意义上来看，公共领域与私人领域的主要区别在于，公共领域离不开公共权力的强制性，而私人领域是独立于政府权力之外的领域。从政府与公民关系来界定政府行动范围，其标准在于政府治理能力在保证社会秩序的过程中而不能侵害公民权利。也就是说，政府治理能力的重要目标是保护公民的基本权益并实现公民的发展。

总之，通过重构政府与市场、政府与社会、政府与公民的关系，明确政府行为的合理范围，重新定位政府职能，进而促进政府治理能力现代化。

（三）优化政府治理能力结构

如前所述，当前中国存在着政府治理能力结构不均衡问题，特别是在社会转型过程中，呈现出政治领域的能力较强、社会领域的能力较弱，促进经济发展能力较强、促进社会发展的能力较弱，管制能力较强、服务能力较弱等问题。事实上，政府治理能力是一个完整的结构系统，各能力之间既相互联系又相互制约。因此，要实现政府治理能力现代化，就必须优化政府治理能力结构，使各治理能力之间形成良性互动，相互促进。只有如此，才能保证政府治理能力的平衡发展，进而实现政府治理能力现代化。

优化政府治理能力结构，要做到以下几点：第一，实现政府治理能力供给与需求的平衡。社会转型面临着大量的政府治理能力需求，而政府治理能力供给又在一定程度上具有相对稳定性，因而，政府治理能力供给与需求矛盾成为客观存在的现实。特别是社会环境条件的变化，往往是政府治理能力供给不能够及时地完全适应需求的变化，因而，呈现政府治理能力供给不足的现象。因此，要建构与社会环境需求相适应的政府治理能力供给结构，从而促使能力供给与能力需求之间的平衡。第二，实现宏观治理能力与微观治理能力平衡。如前所述，政府宏观治理能力与微观治理能力上的强烈反差是一种巨大的失衡，当失衡发展到一定程度，会变得十分危险。在国家治理上，这就要求中国政府进行纠错，来平衡宏观与微观的差异，避免问题从量变发展到质变。为此，对于当前中国政府而言，迫切需要提高政府微观治理能力，保持宏观治理能力与微观治理之间平衡，以解决社会转型中所面临的诸多问题。第三，实现政府治理能力之间的协调。政府治理能力是一个完整的体系，某一政府治理能力的提升或下降会影响到另一种政府治理能力的提升或下降，因此，政府治理能力之间要相互衔接，紧密结合，协调发展。当前，我国政府要协调政治统治能力、经济发展能力、社会管理能力、公共服务能力，协调政府自我治理能力与社会治理能力，协调中央政府治理能力与地方政府治理能力，并使政府治理能力在运行过程中形成一个相互适应、相互促进、相互弥补与相互服务的协调发展的政府治理能力体系。

（四）强化政府治理能力的制度化运行

众所周知，制度作为一种规范体系，能够抑制可能出现的机会主义行为，进而使人们的行为具有可预见性。从制度在政府治理能力运行中的作用来看，政府的权限、职能均是由制度（主要是法律性制度）所规定，因此，制度是政府治理能力规范运行的基本保证。实现政府治理能力现代化，就必须强化政府治理能力运行的制度化。政府治理能力运行制度化的基本要义在于政府治理能力运行过程中要接受法律规则的指引与制约，从而实现政府治理能力的规范运行。从我国政府治理能力运行来看，其存在的突出问题是对政府治理能力运行的自我约束机制及外部控制机制均不完善，致使政府治理能力难以保证运行过程的科学性和目标的公共性。所以，要以政府治理能力运行的制度化来弥补政府自身的缺陷与限度，通过法律来调节和规范政府行为，防止和束缚政府权力的专横，维护社会公共利益，进而促进社会的发展。

强化政府治理能力运行的制度化要做到：第一，以法治规范政府权力。法治意味着用法律规范政府行为，使得政府权力受到法律的制约与约束，确保政府在法律框架下开展行动。法治可以将政府行为纳入秩序，使政府行为以法律作为依据，有助于克服政府权力的特殊化与官僚化，从而提高政府治理效能。因此，法治并不会弱化政府治理能力，而会增强政府治理能力。第二，完善政府决策、执行、监督机制。要提升政府决策的科学性、民主性，增强政府政策执行的公正性和实际效能，提高政府政策运行的透明度。决策的制度化可以增强政府政策的可预期性与针对性，政策执行的制度化可以增强政策的公共性，监督的制度化可以提高政府的公信力并提高公众的政府认同，对于政府治理能力提升具有重要意义。第三，以责任约束政府行为。"责任机制包括国家机构及国家官员所担负的政治责任和法律责任两方面，它既是一种规范机制，又是一种纠错机制。它依靠有效的法律体系，通过国家行动过程的法治化、程序化，使国家行动者对其行动负责，防止任意行动的发生。"[①] 通过完善责任机制，可以明确政府与社会、公民之间的权利与义务关系，即政府应依法对待社会组织与公民，不得随意侵害社会组织与公民的利益，同时，社会组织与公民也要遵守法律规范，不得随意破坏政府的权威性，从而保证政府行动的合法性、权威性与公正性。总之，政府治理能力运行的制度化有利于优化配置国家资源、降低国家耗损、克服管理混乱，进而提升政府治理能力并实现政府治理能力现代化。

结　语

总之，社会转型是讨论中国政府治理能力问题的基本前提背景。在社会转型过程中，任何政府都承担着极其重要的角色，这使政府治理能力现代化程度成为社会转型能否成功的关键要素。基于中国政府治理能力存在的诸多问题，只是从宏观层面把握中国政府治理能力现代化建设的基本思路是不够的，它既需要顶层设计也需要进行中观层面的规范建设，更需要从实际出发进行微观行为的规则安排。对于社会转型的中国而言，政府必须重构其拥有的有效治理能力体系，从理论到实践积极推动中国特色的政府治理能力现代化进程，以使政府在市场与社会关系重建中发挥应有的边际功能，进而积极发挥政府治理能力在社会转型中的

---

① 时和兴：《关系、限度、制度：政治发展过程中的国家与社会》，北京大学出版社1996年版，第193页。

作用，实现经济增长、政治文明、文化繁荣、社会和谐、人民富裕的发展愿景。

（作者刘德权，黑龙江大学党委书记、教授，黑龙江大学学校办公室　150080；霍建国，黑龙江大学政府管理学院讲师，黑龙江大学政府管理学院　150080）

公权力治理与监督机制有效性研究

顾涧清

摘　要：腐败的产生是以公权力的异化为特征的，要克服权力腐败就要从制度控权、权力制衡、程序制权、道德约制、舆论监督等多层面强化对公权力的治理与制约，并从廉政责任追究、监督者的权力及监督体系整合优化等方面强化监督机制的功能和效力。

关键词：公权力治理　监督机制

公权力治理是当今世界各国学术界都普遍关心的重大课题，也是中国治理体系和治理能力现代化中不能回避的重大问题。本来国家的一切权力属于人民，权力是人民赋予的。但是，当前在权力运行和行使方面还存在许多突出问题。权力之易于被滥用，趋向腐败，源于权力承担者利益的相对独立性，在利益的驱动下，权力的行使者有可能背离权力存在的宗旨。因此，要克服权力腐败就必须加强对公权力的制约，并强化监督机制的有效性，这既是我国当前反腐败斗争的内在需要，也是我们实现现代国家治理的基本目标。

一　权力异化：腐败的行为特征

腐败与权力有关，是权力存在和运用的一种方式，是一种扭曲了的权力运行状态。"权力"这一概念源自拉丁语的"Autoris"，它通常是指个人或集团以维护其利益为目的,凭借某种物质或精神的力量,对人的一种影响力或支配力量。权力可分为公权和私权两大类。所谓公权,是指公共权力,集体的权力,人人共享的权力(下文所涉及的"权力"一词,如果没有直述"私权"的,都是泛指公权力)。对于这种权力的掌管、掌握和使用,必须经过权力所有者全体授予,并依照一定的法定程序。所谓私权,是指私人的权利,个人独有的权利,个体能够独立行使和调整的权利。说腐败与权力有关,主要指腐败与公权有关。当然,私权的行使也不能侵犯公权或他人的权利。腐败与公权是一对"孪生子",腐败现象伴随着公权的产生而产生。没有公权,就不可能有腐败现象。

公权力是个历史范畴。在原始的氏族制度下,酋长是氏族平时的首领,他由选举产生,和一般氏族成员完全处于平等地位,既没有私有财产和特权,也没有脱离劳动。氏族首领的权力仅仅是一种管理权,无任何超自然的特殊公共权力的强制。所以,原始社会的这种权力,通常叫作社会权力。后来,随着生产力的发展和私有制的出现造成了社会之间的对立,而自身又无力摆脱这些对立面,于是就需要一种表面上凌驾于社会之上的力量,缓和冲突,把冲突保持在秩序的范围内。这种从社会中产生但又自居于社会之上并且日益同社会脱离的力量,便是公共权力。行使这种公共权力的机关主要是政府。在当今社会,政府是调节社会各群体矛盾和冲突的工具,离开了政府,不仅社会秩序难以维持,更谈不上经济社会的发展了。

政治及与之相伴随的公共权力要由人来运作是一个既定永恒的话题。政府要能够发挥协调公众之间矛盾的作用,就离不开人的能动力量操作,而这种能动力量在社会中除了公职人员来提供,不可能有另外的主体承担。而任何个人都是社会中的一个成员,作为一个个人,公职人员与其他社会成员一样具有自己的私人利益,并要通过其他社会成员实现自己的利益。政治不仅具有协调公众利益矛盾的功能,而且具有实现政治运作者个人利益的功能。这里,我们可以把前者叫作政治的公共性,把后者叫作政治的私人性。所以,从政治学的一般角度讲,存在于政治中的私人性不仅是客观的,而且是难以彻底消除的。

然而,正是存在于政治中的这种私人性,构成了政治及公共权力在运行中侵犯公众利益的最主要原因。由于政治的公共性与私人性的同时存在,决定了一定的社会成员掌握国家的公共权力后,其运用公共权力服务于公众的利益和追求个人的利益都具有可能性。而且，这两种功能通常都是在公共权力的运作中同时表现的。可是，当公共权力的操作者运用其权力主要或完全追求自己的利益时，政治的私人功能则会充分表现，公共权力操作者的个人利益就会扩大，相应公众利益就会受到侵犯。这时，公权力的滥用则不可避免。

由于公共权力的非公共运用事实上是一种利益驱使行为，公职人员会按照成本收益的分析决定自己的行为。著名经济学家贝克尔在《人类行为的经济分析》一书中指出："当某人从事违法行为的预期效用超过将时间及另外的资源用于从事其他活动所带来的效用时，此人便会从事违法，由此，一些人成为'犯罪'不在于他们的基本动机与别人有什么不同，而在于他们的利益同成本之间存在的差异。"① 公职人员在合法行使权力的过程中，其收益基本上是确定的，按国家规定领取工资，而成本是不确定的，是消极地应付工作还是积极投入，个人的成本大不相同。而在不合法的成本收益分析过程中，公职人员违法行为所付的成本是受法律制裁的风险，而收益是公共权力对象受益者对他的回报。对于公共权力受益者来说，决定回报（行贿）的依据是受益，他是根据私域中的成本收益分析原则来确定他愿意支付的回报（行贿）。而公职人员的成本收益分析是他冒的法律风险与收益的比较。所以，涉及公域与私域之间的"权钱交易"与市场经济的交易是大不一样的，公职人员考虑的成本是法律风险，至于给了对方多少利益则对他来说无关紧要，因为给予的是公共利益而不是他自己个人的利益，所以公职人员的"给予"往往总是非常慷慨。一般来说，在法制不完善的国家，公职人员这种犯罪的法律风险并不大，是一种低风险高回报的行为。在这样的情况下，公职人员的犯罪频率大大增加，公权力必然被严重腐化，变成十分危险的权力。

公权力的滥用不仅是公职人员的个人利益所致，也是公共权力对象的利益使然。以布坎南为代表创立的公共选择理论有力地解释了公共权力对象的寻租活动对权力异化的诱致作用。从公共选择理论来看，公共权力的交易表现为行贿受贿。公职人员的个人利益导致受贿，而公共权力对象的利益导致行贿。行贿是一种寻租活动（rent-seeking），是对行政管制下的

---

① 加里·S. 贝克尔：《人类行为的经济分析》，黄丽丽等译，上海人民出版社1995年版，第63页。

稀缺资源进行不正当的掠夺。这里有必要先对"租金"做一简要的解释。在传统经济学里,"租金"(rent)往往专指地租,到近代,租金已泛指各种生产要素的租金。租金来源于生产要素的需要增大而供给因种种原因难以增加,从而产生的价差。在现代国际贸易理论特别是公共选择理论中,租金被进一步用来表示由于政策干预和行政管制,如进出口配额、生产许可证发放、物价管制,乃至特定行业从业人数的限制等,抑制了竞争,扩大了供求差额,从而形成的差价收入。[①] 行贿主体之所以向国家公职人员行贿,是因为行政管制形成租金,并由国家公职人员掌握着对租金的分配权,这种租金既可能是物质价值,也可能是荣誉、地位、权力等非物质价值,总之是有价值的社会稀缺资源。

行政管制形成大量的租金,租金的存在对于利益主体来说,无疑具有极大的诱惑力,这必然导致寻租者趋之若鹜,行贿现象急剧膨胀。可以说,潜在的租金愈多,寻租的内在动力就愈大,行贿现象就会愈严重。由于租金是由行政管制形成并通过行政权力进行分配的,谁想获得租金,首先要能够影响行政权力,并使行政权力在分配社会资源的过程中偏离公共利益。这往往是通过腐化国家工作人员来实现的,基本的方式就是行贿,进行"权钱交易"。权力主客体的这种利益互动为权力异化提供了可能性条件。

在现实社会的政治生活中,当公职人员将公共权力谋取个人利益的可能性转变为现实的时候,实际上的公共权力的异化便出现了。公共权力的异化其实质是将国家的目的和公共的利益变成官员个人的目的和利益,变成了升官发财与飞黄腾达的手段。在这里,公共的权力变成了物质财富和个人利益的直接体现。

在政府领域,公共权力的异化最为明显的表现形态即包括贪污、受贿、渎职等在内的权力腐败(political corruption)。构成权力腐败行为的基本要素有以下四个。一是行为主体:政府组织及政府公职人员;二是行为动机:获取自己私人的利益(一切有价值的稀有资源);三是行为手段:滥用公共权力(直接的或间接的);四是行为后果:对他人及其公共利益造成侵害。可见,腐败是一种"人腐蚀权力"或"权力腐蚀人"的

---

① 吴敬琏:《"寻租"理论与我国经济中的某些消极现象》,《经济社会体制比较》1989年第5期。

现象，是一种滥用权力或权力滥用的违法侵权行为。

二 从多层面加强对公权力制约

不受制约和监督的权力必然要导致腐败，绝对的权力必然导致绝对的腐败产生。因此，要防止滥用权力，就必须对权力进行有效制衡，这是古今中外政治史证明了的规律。处在转型期的中国，面对高频腐败和国际反腐的双重压力，公权力治理与制约更具有紧迫性和必要性。

（一）制度控权

贪污腐败是公共权力异化的结果，英国历史学家艾克顿曾做过深刻剖析："权力倾向于腐败，绝对的权力倾向于绝对的腐败。"孟德斯鸠也曾下过结论：一切有权力的人都容易滥用权力，这是一条万古不变的经验。权力的异化导源于人性的不完善，在权力运作过程中，要使权力始终成为谋取公共利益的工具，首先要求权力持有人具备高尚的道德。但个人道德修养的完成是一个长期复杂的过程，人类追求自身利益的天性，决定了权力持有人总是难以排除以权谋私的可能性。这说明，阻止权力的异化，既要靠人性的完善，更要靠外部的约束，在权力之外，构建一套完善的制度体系监控和规范权力的运作方式，使掌权者"不能贪""不必贪"和"不敢贪"，无疑是公权力治理与制约的一条重要途径。

在转型期，腐败行为发生的主要及直接原因是制度缺失。因此，必须通过健全制度来控制权力。（1）把权力运行的全过程纳入制度监控的范围之内，包括事前、事中和事后并使之在阳光下运行，使腐败分子无孔可入，成为掌权者"不能贪"的客观基础。（2）控制官员的贪欲。在这方面，国际上的成功做法：一是把住用人入口关，确保为官之前的动机纯净；二是高薪养廉，抑制官员贪欲冲动。这些制度都有可能控制官员不愿贪和不想贪。中国作为后发国家，虽国情不同，但基本的价值观是值得借鉴的。（3）以严密的制度形成"不敢贪"的压力。惩治腐败不在于严酷，而在于有严密的制度。严密的惩治腐败制度能对腐败分子发挥三方面的威慑作用：一是恐惧名誉和地位丧失；二是恐惧个人既得利益的丧失；三是恐惧个人人身自由的丧失。因而惩戒制度的意义便是有效利用如此三方面的得失效应,形成掌权者"不敢贪"的心理约束,达到控权的目的。

(二) 权力制衡

权力制衡,是指不同权力机构之间形成一种监督与被监督或相互监督的关系。这一思想可以追溯到波里比阿和亚里士多德。亚里士多德指出:"一切政体都有三个要素,作为构成的基础,一个优良的立法家在创制时必须考虑到每一要素,怎样才能适合于其所构成的政体……三者之一为有关城邦一般公务的议事机能(部分);其二为行政机能部分……其三为审判(司法)机能。"[①] 但是亚氏尚未明确提出制衡原理。波里比阿不仅主张分权,而且主张权力系统的某一部分不应凌驾于其他部分之上,这样,"任何越权的行为都必然会被制止,而且每个部门自始就得担心受到其他部门的干涉"[②]。洛克、孟德斯鸠、麦迪逊等资产阶级思想家继承古代的分权制衡思想,设计了适用于民主政体的有关机制。其基本的做法是,立法、行政、司法三权分立,分别由不同的部门或不同的人去行使,各部门之间权力大致平衡,互相制约,司法独立并具有某种形式的司法审查权力。当然,在现实中,三权是交织的,但是仍没有达到浑然一体或相互包容的程度。分权制衡是针对一个不能完全信任的政府所采取的旨在防止专制、腐败和不当行为的制度设计。这一点与专制社会下的分权制约有些类似,但是二者的区别是显然的。西方分权制衡制度是建立在资产阶级民主的基础上,并且强调最高权力的分立与相互制衡。

社会主义中国也建立了一套法定监督机制。这其中有人民代表大会及其常务委员会对行政机关、审判机关、检察机关的监督,也有审判和检察机关对行政机关及其工作人员的监督,行政机关内部还有一套监察系统对其他行政部门及其工作人员的活动的监察。这些监督是我国法律监督体系的重要组成部分。我国的以权力制约权力的制度与西方资本主义国家有关制度不同的是:第一,它是建立在社会主义民主的基础之上的,它的目的是保证人民赋予的权力不被滥用,保护人民群众的利益不受侵害;第二,

---

[①] 亚里士多德:《政治学》,吴寿彭译,商务印书馆1965年版,第214—215页。
[②] 《世界资料丛刊·罗马克里同时期》上,生活·读书·新知三联书店1957年版,第55页。

这一制度的原则是分工制约，而不是西方国家的分权制衡。我国的根本政治制度是人民代表大会制，国家权力最终统一于人民代表大会。这一制度实行民主集中制、"议行合一"的组织活动原则，行政机关、审判机关和检察机关在职权上有所分工和制约，但都是由人民代表大会产生，并向它负责，受它监督。

（三）程序制权

程序制权是指公权力运行程序对公权治理所具有的独特价值与功能。程序的价值主要有工具性价值和独立价值两个层次。工具性价值主要在于政治程序保障实体政治的实现，即为民主政治的实质、内容、目标等提供实现的路径。从这个意义上来说，政治程序具有辅助性和工具性。但政治程序的价值并不仅仅局限于此。没有一定的价值追求的程序，只能是一大堆零乱规则的简单堆砌而缺乏相应的灵魂；只有合理、正当的程序才能够最大限度地发挥出积极作用。政治程序还在以下两方面具有其独立价值：一方面，政治程序相对于实体政治规范而言，具有独立价值。首先，与实体相比较，程序先行。因为在民主政治的制度下，凡是关乎实体问题的处理都必须在程序框架内进行；在立法上要先设置程序性规范，以促使实体规范发挥对社会生活的引导力和规范力。其次，程序问题优于实体问题。在民主政治下，违反了法定程序的行为和主张，即使符合实体的规定也将被否定，也即结果正义不能证明程序正义。另一方面，政治程序的独立价值还在于在政治运行中能限制权力的滥用，保障公民个人的权利。因为政治程序对国家权力的行使过程、方式和边界都做出了不同程度的安排与设计，权力主体必须在预设的轨道和范围内展开活动，这样能够尽可能地保证权力不被滥用和乱用。

近年来，我国的程序建设虽然有进步，如行政处罚、行政立法程序在逐步完备中，行政相对人权利得到扩充，程序合理性有所加强，但是，政治程序的制度化进展还有很大空间，立法上往往忽视程序要件的规定，缺乏现实操作性，给恣意用权留下了漏洞。在实践中，不按程序办事已成积习，更成为专横与腐败的一大病原。因此，必须加强政治程序化建设，以推动公权治理与制约向健康方向发展。

(四) 道德约制

道德约制，是指通过学习和教育的方法使社会或统治阶级对政府官员的要求内化为他们的道德信念，并按照其意旨行使好手中的权力。道德约制古已有之。在西方，最著名的倡导者要数柏拉图和亚里士多德。亚里士多德说："在主奴关系的统治之外，另有一类自由人对自由人之间的统治，被统治者和统治者的出身相同。这类治理的方式就是我们所谓城邦政治家的治理体系（宪政）；在这类体系中，统治者就须先行研习受命和服从的品德。"[1] "要明白主政的良规，必先学习服从的道理。"[2] 亚氏要求统治者需具备明哲、节制、正义、勇毅四种品德，培养这些品德的途径就是学习和教育。[3] 在中国古代，"德治"也最为儒家人物所倡导和认同。儒家认识到统治者也有失德和僭权的时候。例如，孔子谓季氏："八佾舞于庭，是可忍孰不可忍也？"（《论语·八佾》）对于季孙氏超标准享受舞乐、违反礼制的行为，表示痛心疾首。儒家主张"以德行仁者王"（《孟子·公孙丑上》），"政者，正也。子帅以正，孰敢不正"（《论语·颜渊》）？要求"为政以德"（《论语·为政》），"修己以安百姓"（《论语·宪问》）。所谓"修"之道，在于"学"和"习"。"学则三代共之：皆所以明人伦也。"（《孟子·滕文公上》）"习"即在于通过内省的方式将学到的东西转化为行动。"学而时习之，不亦说乎。"（《论语·学而》）儒家主张德治，主要是针对统治者的。这种思想在我国现在依然具有一定的生命力。

在当代中国，德约不仅是我们的一个优势，也是我国国体和政体的本质所在。在社会主义条件下，公职人员的道德约束主要是通过自约和外约来实现的。

1. 自约

自约亦称自我约束或自觉接受约束，是软约的一个很重要的方面。自觉包括自重、自省、自警、自励。自重就是自己尊重自己的人格，不丢自己的脸；自省就是经常自我反省，检查自己的道德行为；自警就是警示自

---

[1] 亚里士多德：《政治学》，吴寿彭译，商务印书馆1965年版，第124页。
[2] 同上书，第387页。
[3] 同上书，第124页。

己不做邪恶坏事；自励就是激励自己多行善施德。道德自觉的最高境界是"慎独"。即是在无人监管独处的情况下，仍能自检自律，自觉用道德规范约束自己的言行，不做任何不道德的事。公职人员的道德修养，就是要达到这种境界。

2. 外约

外约即他律，是指通过具有制度性、强制性的社会行为规范，达到制约政府官员滥用权力的目的。一是提升道德立法的水平。如美国的《公务道德法》和《公务员道德法》等，虽由行政机关起草，但却由美国国会颁布实施，具有很强的约束力。二是设立道德法庭和专门约制机构，对严重违反道德规范的行动，实行道德监督或审判，赋予与法律相关的道德问题以硬约束的功能。如美国的国会就设有专门的道德委员会，其职能是对政府官员及公职人员的道德操守予以有效监督，凡违背道德又不够刑事犯罪者，统统由道德委员会督促其主动辞职。这些做法已被国际社会所认同，值得我们借鉴。

（五）舆论监督

在权力制约中，舆论的作用是至关重要的。发挥舆论对权力的制约作用，这是我们反腐倡廉一项十分有潜力的对策。国外一直把舆论看作"第四权力"，把新闻记者称作"无冕之王"，都是就舆论及舆论主体对权力的制约作用而言的。要真正发挥舆论对权力的制约作用，就要允许老百姓对权力和权力主体进行公开评判。这里当然有个舆论体制改革的问题。

第一，要增强公务活动和领导干部行使权力的透明度，拓宽新闻媒体了解权力运作的渠道。舆论是以知情为前提的。要通过多种新闻信息渠道公开领导干部个人及其重大活动的基本情况。如建立领导干部个人及家庭财产公布制度、领导干部离任审计制度、个人及家庭开支现金支付限额制度、个人及家庭重大事件公开制度。这些制度既是新闻触角得以伸展的重要渠道，也是舆论发挥抑恶扬善作用的前提。第二，以报刊、电台、电视台为主渠道的新闻媒体要全面实行市场取向的改革。要逐步取消对新闻媒体的财政拨款，使各新闻媒体成为独立的、按市场规则运作的新闻、信息经济实体。第三，要杜绝行政权力对舆论的干预，让舆论对法律负责，而不是对权力负责。舆论是否客观、公正，应该由法律根据事实来评判，行政权力干预舆论不利于舆论抑恶扬善作用的发挥,而且,这种干预本身就是违法行为。对舆论的约束只能通过法制来实现。一是舆论必须以事实为依据,二是舆论不能干预司法行为,三是舆论不能违背党的路线政策。只要不违反这三条,舆论就应该是充分自由的,就应该让它成为约束包括权力腐败在内的一切不正当行为的一支重要的社会公众力量。

三 公权力治理的监督机制效力

公权治理的效力问题是当下我国国家治理的根本性问题。由于历史原因、社会环境和体制差异等制约,我国公权治理状况与国家发展需要还存在不少差距。要改变这一状况和实现公权治理的发展目标,不仅需要建构形成制度上的制约体系,更需要强化监督机制的功能和效力。因此,廉政责任追究、监督者的权力及监督体系整合优化,就成为我国的当务之急。

(一) 领导者需要负连带责任

腐败现象已成为我国当前最为严重的政治问题之一,谁应该对此负政治责任?从事腐败行为的当事人要负责任,这是毫无疑问的,腐败分子一旦被发现,就要受到应有的惩罚;但是,对腐败问题的责任追究是否到此为止?组织领导有没有连带责任?这是公权力治理斗争中应该明确的基本问题,然而,现实政治生活中这一问题并不明确。正是这一问题的模糊掩盖了我国政治生活中一种极不正常的现象——廉政领导责任的缺位。

在现代政治社会,公共权力的行使必须遵循两个基本原则,一是高效,二是廉洁。任何一个公职人员在接受一项权力的同时,都相应承担了追求高效和廉洁的责任。尤其是领导干部,其责任不仅在于领导组织履行管理职能,同时还要维护组织的公正廉洁。目前,在我国的廉政建设中,对腐败行为的追究基本上只追究当事人,而几乎从不追究当事人的领导的责任;只强调领导要廉洁自律,而忽视了领导应该对组织成员的廉政进行管制的责任。因此,我国事实上只有廉政的个人负责制,而没有建立廉政领导责任制,许多领导对组织的廉政建设没有予以高度的重视。

廉政领导责任的缺位为腐败现象的蔓延创造了条件。西方政治学家在调查了大量腐败案件后概括了一个著名的公式——"腐败条件 = 垄断权 + 自由裁量权 - 责任制"①。该公式指出了责任制与腐败条件的负相关性。责任制愈健全，腐败现象蔓延的条件愈差；反之，责任制愈不健全，则腐败现象蔓延的条件愈好。廉政责任制的缺位使廉政建设得不到领导的高度重视，这是我国廉政建设长期见效不大的一个重要原因。

要追究廉政责任，首先要明确责任，即明确领导应该对廉政建设中哪些问题承担责任？承担什么样的责任？腐败现象的产生有各种不同的原因，如果原因主要是组织管理不善、领导用人不当或监督检查不力，领导就要负较大的责任；如果原因主要是腐败分子个人问题，与组织管理关系不大，则领导要承担的责任相对来说就小一些。对于不同的责任情况，责任的追究程度不同，对此，要尽快实现法制化，形成严明的制度约束。

对领导廉政责任的追究必须与领导的考核评议和晋升任用政策结合起来。领导干部也有自己的切身利益，领导干部对自己切身利益的关注是十分正常的。对于领导干部来说，与切身利益关系最密切的因素是晋升任用，因此，领导廉政责任的追究制度应该与领导晋升任用制度有机整合，把领导在廉政建设中的业绩作为他晋升任用的重要依据，使领导对自身利益的关注与对廉政建设的重视结合起来。②

连带责任是责任政治的必然要求，从根本来说也是不以领导及领导机关的意志为转移的。如果各级领导和领导机关不及时对廉政负起责任，不能有效遏制腐败现象的蔓延，就"有亡党亡国的危险"。腐败一旦发展到这一严重程度，恐怕任何领导和领导机关都难以推脱历史的责任，都不得不承担政权丧失带来的惩罚，最终还是要对腐败现象负连带政治责任。

（二）监督者需要权力

在现代政治生活中，监督的缺乏，并不都表现为缺乏监督机构或有关监督的法律法规，而是更多地表现为监督缺乏权力。缺乏权力的监督往往使监督形同虚设，可以说，这正是现实中腐败未能得到有效遏制的深层原因。

从目前我国的情况来看，制约监督权力的因素主要有两个方面：一是

---

① 孙钱章主编：《现代领导方法与艺术》上册，人民出版社1998年版，第38页。
② 参见陈国权《论利益机制与廉政建设》，《上海理论内刊》1994年第4期。

监督主体没有人权和财权，受制于被监督对象；二是监督手段不能适应新形势的发展需要，在高智商犯罪面前无能为力。因此，必须对现行监督体制进行改革。只有体制顺了，弱监、软监、虚监才能从根本上得到解决。

1. 强化检察机关的监督功能

由于腐败犯罪具有的智能化、隐蔽化的特点，腐败行为人拥有一定的公共权力，如果没有相应的措施和制度作保证，案件往往难以侦破，更难以交付审判和定罪判刑，所以，赋予公权力治理机构足够的权力成为许多公权力治理成绩显著的国家的成功经验。在我国，检察机关是公权力治理犯罪的主要力量，因此，强化检察机关在公权力治理中的地位和职能成为首先需要解决的问题。一是要真正赋予检察机关独立的公权力治理案件侦查的地位。如果公权力治理机构缺乏必要的独立性，在人事、财政等方面受制于其他机关，将会使公权力治理机构在打击腐败犯罪的过程中难以抵制来自外部的各种压力，严重影响打击效果。目前，我国在查处腐败方面实际上是纪检监察部门和检察机关并存，实际运行中往往造成腐败案件查处的不及时和法律权威的丧失。而且，由于党纪和国法的规定不同及对有关问题的认识不同，极易导致有些本应追究刑事责任的案件却被降格为党纪处理了事，破坏法律面前人人平等的原则。因此，赋予检察机关独立的公权力治理案件侦查的地位，同时在我国法律上建立与之相配套的人事权、财政权、案件受理权，对有效查处腐败十分必要。二是在反腐手段上应赋予检察机关足够的权力。"贪污舞弊是隐蔽行为，如无强有力的执法手段，永远也查不出来。"[①] 综观公权力治理取得成效的国家，可以看出其法律都赋予了公权力治理专门机构更大的权力。如新加坡1960年颁布的《防止贪污法》规定：贪污调查局享有特别侦查权、无证搜查与强行搜查、对财产的查封扣押、检查复制银行账目、要求有关人员提供犯罪证据、要求嫌疑人说明财产来源、无证逮捕以及限制转移财产等特别权力。[②] 借鉴这些国家的成功经验，我国也应对腐败犯罪的侦查手段加以改进。如应有条件地建立"控制下交付"和"特工行动"等秘密侦查制度。"控制下交付"是指在主管机关知情并由其监控的情况下允许非法或可疑货物运出、通过或者运入一国或多国领域的做法，其目的在于侦查某项犯

---

① 孙长水：《侦查程序与人权》，中国方正出版社2000年版，第70页。
② 许道敏：《严密立法严格执行》，《中国监察》2002年第16期。

罪并查明参与该项犯罪的人员。"特工行动"作为侦查手段，主要包括秘密跟踪、卧底等。"控制下交付"和"特工行动"等秘密侦查手段不仅有利于扩大腐败案件的线索，而且有利于获取腐败证据，及时、高效地打击腐败行为。

2. 实行党内监督机制更新

现行的党内监督制度主要由两个部分构成：一是专门机构的监督；二是党代会的监督。由于种种原因，这两种监督都未到位。前者的问题在于纪委作为专门监督机构不具有独立行使监督的职权。纪委的一把手只是同级党委的常委或副书记，排在书记和行政首长之后，纪委的人事权和财权要看书记和行政首长的脸色，无法对比自身强大的被监督者实施监督。后者的问题是现行的县以上每届党的代表大会只是五年举行一次，代表仅仅在代表大会开会时履行监督职责，这严重地限制和影响了党的代表大会的监督功能。因此，必须保证专门监督机构的权限到位。中纪委作为党内最高监督机构，应由过去对中央委员会负责改为对党代会负责，为实施党和国家最高领导层的监督奠定制度基础；地方纪委实行垂直领导，纪检干部由本系统分级任免；纪委的经费和财政支出，均由国家权力机关单列和审批。同时，扩大党代表的知情权、参与权与监督权，使党处在全面监督之下。

3. 人大监督刚性化

按照我国宪法设计，人民代表大会是我国人民行使国家权力的机关，国家行政权、审判权、检察权等一切权力由它派生并受其监督。但由于众所周知的原因，人大在理论上应有的权力与现实中实有的权力相差甚大。地方人大常委会的主任按中央规定列席同级党委会，而政府首长则是同级党委的第二把手。政府的重大事项一旦在党委会上通过后，人大就不能行使监督权，宪法也没有明确赋予人大监督同级党委会的权力。要改变这种状况，就必须在权力配置上赋予人大真正意义上的监督权。一是要理顺人大的权威性和执政党的领导性的关系，改变两者的权力格局，使宪法规定的权力落实到位。二是借鉴西方发达国家议会监督的经验和做法，如弹劾权、信任投票等，以强化人大监督的刚性功能。三是保障人大代表独立行使监督权。人大代表是由权力任命还是由人民选举产生，直接关系到人大代表的独立人格。在社会主义条件下，人大代表作为人民的委托人，应由人民选举产生并对人民负责，这是发挥人大代表监督功能的基础。否则，人大代表就不可能摆脱对权力的依附，难以行使监督权。

人大监督权的强化，必将使我国政治生活中决策权、执行权和监督权形成必要的均衡，这种均衡既能保证党的领导地位，又能促使党正确地行使决策权，少犯错误，有了错误也能及早纠正；这种均衡既能支持政府有效地执行党和国家的方针政策，又能制约政府行政权力的滥用，从而形成具有中国特色的权力分工和权力制衡体制，为社会主义民主政治创造良好的制度条件。

（三）监督体系整合优化

我国现行政治监督体制可以称为粗放型的模式，就机构的数量和队伍的人数来说，都是相当庞大的。加强我国的政治监督体系的功能，关键不在于数量上的扩张、走粗放型的道路，而应该通过政治监督体系的内部调整，寻求政治监督系统的整合与整体的功能的扩大，走"政治集约化"道路。古希腊思想家亚里士多德就曾指出：整体大于它的各部分的总和。政治监督体系的整合与优化就是要实现这种效应。

1. 整合优化的体制保障

政治监督体制的整合与优化首先是一个体制性的问题。我国政治监督体系作为整个政治体制重要的有机组成部分，是由相对独立的党内监督、行政监督、司法监督和人大监督组成的，这些相对独立的监督主体具有内在的联系。政治监督体系的整合优化，关键要在体制上对各监督主体的职责进行合理的规定，并赋予与职能相称的权限。

在政治监督体系的整合过程中，一个突出的问题是各监督主体职能与权限配置的相对独立现象。各监督主体分属不同的政治系统，各监督主体的职能与权限也是由这些系统内部自身确定的。这就存在一个问题，政治监督体系作为一个整体要求各监督主体的职能与权限在整体性原则下系统地合理配置，而实际操作过程中各监督主体的职能与权限配置又是相对独立的，这就要求在体制上保障政治监督体系的整合与优化，通过一定的途径逾越不同政治系统的壁垒，系统地、整体地配置各政治监督主体的职能权限，从我国的政治现实来看，执政党应该担负起这一职责，党的纪律检查委员会要在政治监督体系中发挥核心协调作用。这就要赋予党的纪律检查委员会综合协调职能，组织协调各政治监督主体开展政治监督。

2. 整合优化的政德保障

政治机构的整合不仅决定于制度因素，而且与组织成员的整合意识有着密切的关系。一个有效整合的组织建立在组织成员"整体优先"的理念之上，取决于组织成员是否把整体利益置于部门利益之上，是否把集体利益置于个人利益之上，因此，也就取决于组织成员的从政道德水平。如果监督人员从事监督工作处处从个人利益、部门利益出发，从个人的、部门的政绩考虑，而不是着眼于遏制腐败、改善公共管理，就不会自觉地支持和配合其他监督部门的工作，难以在整个政治监督体系中摆正自己的位置。

可见，实现政治监督体系的整合不仅要在制度上寻求措施，而且还要在政治监督人员的从政道德方面着力工作，培育全局观念、强化整体意识。政治监督体系的整合在一定意义上是政治觉悟的整合，是集体主义的体现。政治监督体系的整合需要监督人员具有高度的政治觉悟和集体主义精神。每个监督机关与监督人员要站在国家整体利益的立场上考虑问题、开展工作，要有大局观念和整体意识，惟有如此，政治监督体制的整合才可能在思想认识上得到保障。

3. 整合优化的利益保障

监督工作是一种特定的劳动方式，政治监督工作人员从政同样首先是一种谋生手段，也有正当的利益要求。马克思曾指出："人们奋斗的一切都与利益有关"，[1] 现代公共管理的一个重要发展趋势是越来越注重"功绩制原则"，强调政绩与晋升任用的联系，从而与利益有机结合起来。因此，我们在倡导无私奉献、弘扬崇高的从政道德的同时，必须重视建立合理的利益机制。政治监督体制的有效整合需要建立在合理的利益机制之上，通过利益机制使符合整合的政治监督行为得到利益保障。利益机制是政治体制内在的重要力量，尽管利益机制的力量不是绝对的和唯一的，但确实是非常必要的。政治监督体制的整合与优化，必须要依靠利益机制的力量。"利益是人们结成政治关系的原始动机，而政治关系不过是人们用以满足自己利益要求的特殊途径。"[2] 要保障政治监督体系的整合优化，关键是建立一套有利于政治监督体系整合优化的利益机制，要让符合政治

---

[1] 《马克思恩格斯全集》第 1 卷，人民出版社 1972 年版，第 82 页。

[2] 王浦劬：《政治学基础》，北京大学出版社 1995 年版，第 69 页。

监督整体价值的行为和人员得到精神上和物质上的鼓励。只有确立这样的利益机制，才能形成有力且持久的整合力量，使公权力始终处在公开透明的高压态势和监督制约之下。

（作者顾涧清，广州市社会科学界联合会主席、党组书记。广州市天河区龙口东路363号宝供大厦209　510635）

当代中国经济治理特征及经济治理能力现代化的一个框架思路

马 克

摘 要：文章以经济治理与国家治理四重关系和当代中国经济治理三个特征为基础，提出了中国经济治理能力现代化的框架构想：强化一个目标、突出一条主线、关注两个背景、重视三个内容、改革四个制度。最后提出了三点建议：中央层面应尽快制定《中国经济治理法案》和《中国经济治理能力现代化推进条例》；尽快向普通群众普及经济治理的定义、内涵，并征集建议；必须依托市场化又要理性看待市场化。

关键词：国家治理 经济治理 现代化

中国独特的历史轨道、独特的文化传统、独特的基本国情、独特的人民群众选择了中国共产党和中国特色社会主义道路，也选择了不同于西方的国家治理。① 同样，中国的经济治理也因为不沿袭苏联的计划经济之路和不照搬资本主义市场经济之路，呈现出自己的特色而且成效显著。然而，十八届三中全会首次提出"国家治理体系和治理能力现代化"后，中国的经济治理如何在现有基础上实现现代化，如何更广泛、更深入、更系统、更有活力地彰显中国特色社会主义市场经济的优势，已经成为社会各界广泛关注的热点问题。

---

① 胡鞍钢：《国家治理现代化不是西方化》，《光明日报》2014年6月23日第11版。

一 经济治理与国家治理的四重关系

从字面上看，经济治理似乎只是国家治理的一个组成部分。综合来看，考虑到经济事务对政治、文化、科技、军事等方面的多重影响，考虑到"经济基础决定上层建筑"这一基本规律，经济治理与国家治理之间必然要超越简单的包含与被包含的关系。经济治理与国家治理之间有四重关系必须引起重视。

（一）国家治理必须遵循经济社会发展规律

2014年7月8日，习近平总书记在经济形势专家座谈会上强调，"实现我们确定的奋斗目标，必须坚持以经济建设为中心，坚持发展是党执政兴国的第一要务，不断推动经济持续健康发展。发展必须是遵循经济规律的科学发展，必须是遵循自然规律的可持续发展"[①]。这一段话不仅清晰地表明了经济治理的地位，是国家治理（执政兴国）的第一要务，同时也阐述了经济治理和国家治理要遵循经济等客观规律办事的基本原则。国内外经济社会发展的历史实践证明，从原始社会到共产主义社会的总体趋势是不可逆的，从依靠行政指令的计划经济或依靠自由发展的市场经济到依靠宏观调控指导的市场经济也是不可逆的，从依靠个人威望或是行政手段推动国家发展到依靠法制手段和群众参与推动国家发展的趋势也是不可逆的。这些既是经济社会发展的总体趋势，也是国家治理能力现代化过程中必须遵循的客观规律。

（二）经济治理必须服从国家治理总体目标

党的十八届三中全会以来，推进国家治理体系和治理能力现代化一直是作为全面深化改革的总目标出现的。对于完善国家治理体系、推进治理能力现代化的目标则鲜有表述。结合有关文件和习近平总书记的有关讲话，我们认为完善国家治理体系、推进治理能力现代化的目标是为完善和

[①] 习近平：《遵循经济规律科学发展　遵循自然规律可持续发展》，2014年7月，新华网（http://news.xinhuanet.com/2014-07/08/c_1111518411.htm）。

发展中国特色社会主义制度提供坚强保障，不断提高党、国家、社会各项事务治理制度化、规范化、程序化程度，不断提高中国特色社会主义制度的活力和效率。经济活动作为党、国家、社会各项事务中的重要组成部分和决定上层建筑的基础，经济制度作为中国特色社会主义制度的重要组成部分，① 其治理水平必须服从国家治理的总体目标，必须加强制度化、规范化、程序化治理手段，必须提升经济发展活力实现经济可持续发展，必须提升经济发展效率为其他国家治理活动提供物质基础，并使经济发展与国家现代化的需要相适应。只有这样，经济治理才不会与其他方面的国家治理脱节，才不会发生经济治理领先其他方面治理导致的国富民穷现象，才不会发生经济治理落后其他方面治理导致的失业、通胀、物质基础不足等经济社会问题。

（三）国家治理必须突出经济治理基础地位

"经济基础决定上层建筑。"经济治理是强化经济基础的必要手段，而国家治理主要是依照法律规定，通过各种途径和形式，管理经济、文化、社会等各类国家事务。相对于经济治理的专一于经济建设而言，国家治理更加宏观，也相对侧重于上层建筑层面，并通过上层建筑与经济基础的相互作用实现治理目的。按照前述国家治理需遵循经济发展规律以及经济治理是国家治理（执政兴国）的第一要务的有关表述，国家治理必须遵循经济基础决定上层建筑的大原则，必须突出经济治理的基础地位。甚至可以说，缺乏经济治理基础的国家治理是无本之木，是纸上谈兵。从另一层面看，经济治理对国家治理还具有先导作用。这一点主要表现在改革开放以来经济改革（治理手段）促进经济发展（治理绩效），进而对文化、社会等诸多领域产生的复杂影响上。在当前阶段推动国家治理能力现代化，也应如此，要以经济治理为先导，在有效发展生产力和调整生产关系的基础上促进其他领域的治理能力现代化。

（四）国家治理要避免受制于经济治理思想

显而易见，国家治理不等于经济治理，但国家治理又极易受到经济治理的影响，如经济治理的市场化可能会引起国家治理有关领域的泛自由

---

① 陈和：《进一步完善基本经济制度》，《经济日报》2013年11月29日第4版。

化，经济治理的反垄断措施可能会引起有关领域国家治理工具确实或绩效降低，经济治理的法制化、规范化、程序化可能会促进国家治理在反腐、廉政等领域的进步，等等。国家治理能力现代化的进程，要充分评价和测度各种治理措施之间的互相影响。考虑到经济治理思想、治理活动具有一定的先导性，国家治理能力现代化过程首要的是国家治理思想的独立性，也就是说，如果经济治理促进了国家治理而且没有任何负面影响（包括政治、军事、文化各个领域），国家治理就按经济治理的思想前行；如果经济治理措施引起来其他层面的负面效果，国家治理必须及时、谨慎地做出反应，或是调整经济治理措施，或是及时在其他治理领域出台措施予以弥补。在后一种情况下，如果国家治理仍受制于经济治理思想，后果是不堪设想的。

二 当代中国经济治理的三个特征[①]

当代中国经济治理的特征是研究经济治理能力现代化的重要基础，其表现为与经济有关的法律、规章等各种制度的变迁。通过对新中国成立以来尤其是改革开放以来国内经济法类法律规章的梳理，当代中国经济治理具有如下三个特征。

（一）三层治理，中央主导，地方主体作用不断增强

1. 三层治理

按照中国人大网中国法律法规信息系统的分类，经济类法律法规的制定部门有三个层次，即中共中央、国务院层次，各部委层次，地方政府层次。从经济治理的实践层面看，职能区别决定了当前的三层治理模式：中共中央、国务院处于统领指导层面，各部委处于落实中共中央、国务院宏观政策和解决全局性问题层面，地方政府处于解决区域内部具体、突出问题层面。如图1所示，1980—2014年间，中共中央、国务院制定出台了577项法律规章，各部委制定出台了3237项法律规章，各地方政府制定

---

① 注：本节数据来源于中国人大网中国法律法规信息系统，截至2014年8月1日（http://law.npc.gov.cn/home/begin1.cbs）。

出台了 12604 项法律规章，总体分布呈现出锥形结构。

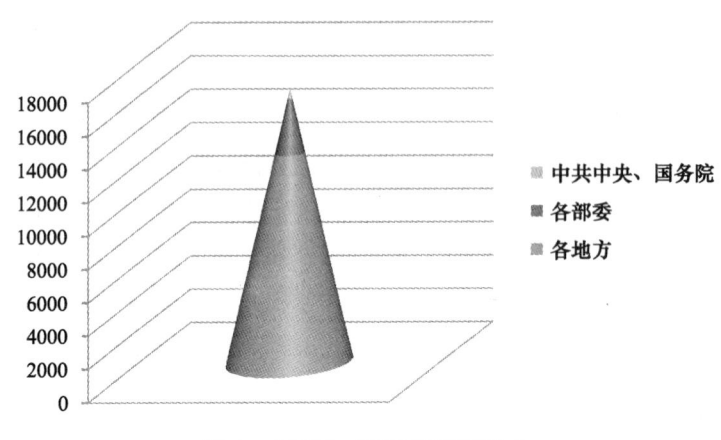

图 1 中国的三层经济治理模式

2. 中央主导

尽管从总量上看经济法类规章制度中央少、地方多，但是仅以地方政府法律法规为例，平均到每个省级行政区的法律规章数仅有 400 条左右。各部委亦是如此，3237 项法律规章平均到每个部委（考虑到部委数的变化）也就 50—100 条左右。即使有的部委、地方政府由于职能或经济发展的需要，制定的法律规章会多于中共中央、国务院的数量，如广东（889 项）、辽宁（930 项）、江苏（694 项）、山东（804 项）四省及有关部委，但大多数省区和部委在经济治理方面是弱于中共中央、国务院层面的。也就是说，在经济治理层面，中央主导在过去的发展中还是主流。

3. 地方主体作用不断增强

从不同时间段地方政府法律规章数量与中共中央、国务院及各部委的比例关系看，1980—1989 年、1990—1999 年、2000—2009 年、2010—2014 年四个区间分别为 1.91∶1、3.09∶1、3.46∶1 和 5.46∶1。地方政府在经济法类法律规章方面比重的增加，也显示地方政府在经济治理方面的主体作用和积极意识在不断强化。

（二）四个阶段，及时调整，市场化治理不断提升

1. 四个阶段

由于我国经济治理具有中央主导的特征，从中共中央、国务院在不同

时间段上制定的经济法类法律规章数量看，我国的经济治理进程可以分为四个阶段。如图2所示，第一阶段是1949—1979年，由于受到国内外政治形势和各类社会运动的影响，经济法类法律规章数量处于较低水平，平均每五年出台的数量不超过20项，甚至在1970—1974年期间没有法律规章出台。第二阶段是20世纪80年代，为适应改革开放的需要，出台了大批法律规章，平均每五年出台的数量在100项左右。第三阶段是20世纪90年代到"十五"末期，平均每五年出台的法律规章数量从75项下降到66项，主要是对第二阶段法律规章制度的修订或针对发展中迫切需要解决的问题而制定的。第四阶段是"十一五"到"十二五"期间，平均每五年出台的法律规章数量呈现出上升趋势，由于2014年只统计了上半年情况，预计2010—2014年期间法律规章必然会突破80项。

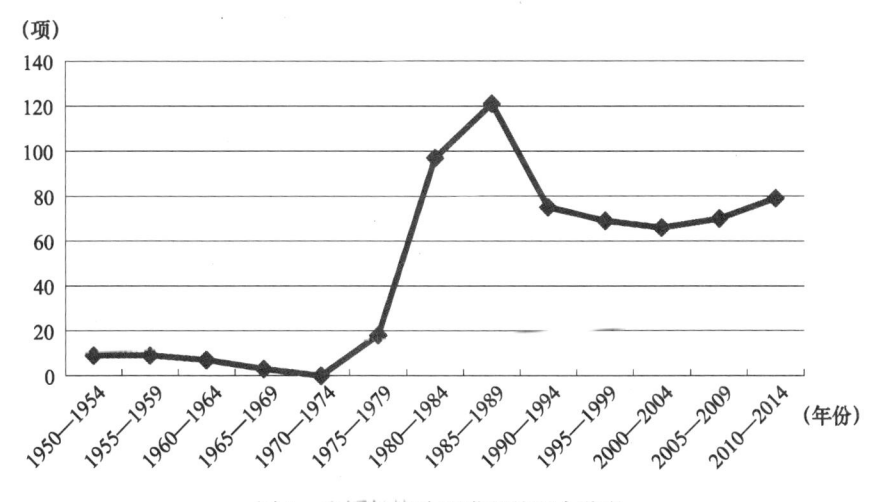

图2 中国经济治理进程的四个阶段

2. 及时调整

从当前有效的法律法规数量、失效或修正数量等方面可以看出我国的经济治理措施是不断调整的。如表1所示，20世纪80年代的法律规章调整比例总体上达到82.1%；20世纪90年代的法律规章调整比例总体上达到58.3%；21世纪前十年的法律规章调整比例总体上达到28.7%；最近五年的法律规章也进行了一定调整。进入21世纪以来，对法律规章的调整力度进一步加大，如国务院先后在1987、1988、1994、2001、2008、

2011、2013、2014 八个年份集中废止或修订了大量法律规章，其中仅 2011 年废止或修订的法规中就有 47 项是经济法类法律规章。

表1　　　　　中国经济法类法律规章调整情况　　　单位：项、%

	法规制定数	法规有效数	失效数和修正数	调整比例
1980—1984	97	9	88	90.7
1985—1989	121	30	91	75.2
1990—1994	75	25	50	66.7
1995—1999	69	35	34	49.3
2000—2004	66	37	29	43.9
2005—2009	70	60	10	14.3
2010—2014	79	78	1	1.3

3. 市场化治理不断提升

根据中国人大网中国法律法规信息系统的分类，经济法类法律规章又分为 21 个子类。通过考察中共中央、国务院及各部委各子类法律规章在不同时期的变化，可以看出市场化治理是不断提升的。

表2　中共中央、国务院及各部委经济法类法律规章子类数量变动情况

	1980—1989	1990—1999	2000—2009	2010—2014	合计
经济法类	479	1658	1292	385	3814
经济体制改革与对外开放	12	12	10	12	46
计划、投资	4	6	3	4	17
财政	80	274	95	22	471
税收	53	88	53	28	222
金融	29	104	106	27	266
基本建设	3	9	3	0	15
标准化、计量	11	42	26	3	82
质量管理	15	48	71	12	146
统计	7	22	22	1	52
资源与资源利用	56	165	148	54	423
能源及能源工业	23	69	75	25	192

续表

	1980—1989	1990—1999	2000—2009	2010—2014	合计
交通运输	82	340	238	70	730
邮政电信	5	32	42	15	94
农牧业	21	67	78	33	199
工业	19	110	38	21	188
商贸物资仓储	29	41	26	5	101
工商管理	20	101	53	16	190
物价管理	7	23	26	3	59
市场中介机构	2	44	27	7	80
对外经济合作（含三资企业）	6	17	45	11	79
对外贸易	17	139	163	16	335

1980—1989年区间，排在各子类前7位的依次是交通运输、财政、资源与资源利用、税收、金融、商贸物资仓储、能源及能源工业；1990—1999年区间，排在各子类前7位的依次是交通运输、财政、资源与资源利用、对外贸易、工业、金融、工商管理；2000—2009年区间，排在各子类前7位的依次是交通运输、对外贸易、资源与资源利用、金融、财政、农牧业、能源及能源工业；2010—2014年区间，排在各子类前7位的依次是交通运输、资源与资源利用、农牧业、税收、金融、能源及能源工业、财政。在上述变化中，财政方面的政策从排在第二位逐步下降到第七位，中央及各部委层面逐步弱化商贸物资仓储、对外贸易、工商管理、工业等有关方面的政策，都说明我国经济治理方面的市场化水平在不断提升。

（三）六大手段，各有侧重，区域治理水平差异明显

1. 六大手段

如表3所示，21世纪以来，我国各级政府在经济治理工具上的选择上在一定程度上具有一致性。三个层面在排前十名的治理手段中，资源与资源利用、交通运输、能源及能源工业、农牧业、工商管理、财政六类政策手段成为通用工具，在中央、各部委和地方政府层面所占比重依次为67.4%、65.2%和87.0%。

表3　　2000年以来不同政府层面的经济治理主要手段

层次	内容	2000—2009	2010—2014	合计
中共中央、国务院	资源与资源利用	22	23	45
	税收	15	12	27
	交通运输	15	8	23
	能源及能源工业	12	8	20
	农牧业	10	7	17
	金融	8	5	13
	对外贸易	12	0	12
	工商管理	7	4	11
	财政	8	2	10
	工业	6	3	9
各部委	交通运输	223	62	285
	对外贸易	151	16	167
	资源与资源利用	126	31	157
	金融	98	22	120
	财政	87	20	107
	农牧业	68	26	94
	能源及能源工业	63	17	80
	质量管理	65	11	76
	工商管理	46	12	58
	税收	38	16	54
各地方政府	资源与资源利用	1603	839	2442
	交通运输	548	266	814
	农牧业	453	150	603
	能源及能源工业	278	179	457
	财政	330	104	434
	工商管理	236	115	351
	工业	159	66	225
	经济体制改革与对外开放	136	87	223
	商贸物资仓储	130	39	169
	邮政电讯	94	51	145

2. 各有侧重

如表3所示，不同政府层面的治理手段是各有侧重的，不仅在前述六类治理手段的使用顺序上不同，而且在其他工具方面也具有差异。如中央层面对税收政策的侧重，各部委层面在对外贸易、金融方面的侧重等。同样不同区域的地方政府的治理手段也具有较大差异。如表4所示，广东省更加侧重经济体制改革与对外开放、商贸物资仓储和市场中介机构等市场化较强的手段，辽宁省则更加侧重农牧业、物价管理、税收等治理手段。

表4　　　　2000年以来广东省与辽宁省经济治理主要手段

省区	内容	2000—2009	2010—2014	合计
广东	资源与资源利用	84	46	130
广东	交通运输	49	20	69
广东	经济体制改革与对外开放	24	21	45
广东	工商管理	16	17	33
广东	财政	20	8	28
广东	能源及能源工业	11	11	22
广东	农牧业	14	6	20
广东	工业	13	5	18
广东	商贸物资仓储	12	1	13
广东	市场中介机构	10	1	11
辽宁	资源与资源利用	120	72	192
辽宁	交通运输	41	17	58
辽宁	农牧业	34	11	45
辽宁	能源及能源工业	22	16	38
辽宁	工商管理	19	13	32
辽宁	财政	26	3	29
辽宁	经济体制改革与对外开放	9	7	16
辽宁	工业	12	3	15
辽宁	物价管理	8	4	12
辽宁	税收	4	5	9

3. 区域经济治理水平差异明显

表5、表6表明了不同时间段我国各省区之间经济法类法律法规制定

出台的数量。这两个表格中名次的变化尽管不能代表治理绩效的差异，但也可以在一定程度上表明各省区之间经济治理水平的差异。如1980—1999年的最大差异比例为13.41∶1，而2000年至今（2014年）的最大差异比例为8.05∶1，这也说明随着经济发展总体水平的提高，区域经济治理水平会呈现出缩小的趋势。同时也可以看出，经济治理水平提升较大的地区有广西、湖北、陕西、浙江、重庆、安徽等；经济治理水平退步较大的地区有北京、贵州、江西、四川、山西、河南等。

表5　　　　　　　1980—1999年不同省区经济治理手段比较

排序	省别	数量	排序	省别	数量	排序	省别	数量
1	广东	456	12	福建	200	23	天津	129
2	辽宁	439	13	浙江	197	24	宁夏	128
3	山东	435	14	湖北	195	25	陕西	125
4	吉林	298	15	河南	187	26	海南	117
5	黑龙江	277	16	安徽	186	27	重庆	113
6	河北	268	17	山西	172	28	新疆	102
7	江苏	267	18	江西	141	29	青海	94
8	北京	259	19	甘肃	140	30	上海	41
9	四川	225	20	湖南	135	31	西藏	34
10	贵州	207	21	广西	133	合计		12604
11	云南	203	22	内蒙古	132			

表6　　　　　　　2000—2014年不同省区经济治理手段比较

排序	省别	数量	排序	省别	数量	排序	省别	数量
1	辽宁	491	12	广西	217	23	天津	155
2	广东	433	13	甘肃	213	24	海南	150
3	江苏	427	14	四川	207	25	江西	149
4	山东	369	15	湖南	206	26	宁夏	144
5	浙江	365	16	福建	185	27	新疆	122
6	湖北	238	17	陕西	181	28	青海	102
7	吉林	234	18	贵州	176	29	上海	101
8	河北	230	19	重庆	171	30	北京	88

续表

排序	省别	数量	排序	省别	数量	排序	省别	数量
9	黑龙江	229	20	河南	165	31	西藏	61
10	安徽	224	21	内蒙古	159	合计		6569
11	云南	221	22	山西	156			

三 中国经济治理能力现代化的一个框架思路

十八届三中全会后很多国内外学者就中国的国家治理能力现代化以及经济治理能力现代化发表了自己的见解,如"中国致力于用法制来规范市场行为,让市场对资源分配发挥决定性作用,同时减少行政干预,从而最大幅度释放中国经济的活力和潜力,为未来十年中国经济稳定增长提供保障"(路易斯·奥利维斯);"十八届三中全会的一个重要思路是完善市场体系、转变政府职能与改进企业体制并举。而这种经济治理方式的转变将促使中国经济向去垄断化和市场化迈出一大步,中国的行政管理体系也将因此得到优化,最终提升经济发展的整体质量"(安德烈·卡尔捏耶夫);等等。[①] 但是也正如清华大学薛澜教授所言,"中国的改革相互关联相互影响的复杂程度,决定了中国国家治理体系治理能力的现代化之路是泥泞前行的过程,需要把顶层设计与渐进调试有机结合"[②],经济治理能力现代化作为国家治理能力现代化的最重要、最基础、最关键的组成部分,"必须更加注重改革的系统性、整体性和协同性"[③],才能推进经济治理模式顺利转型。为此,依托前面的分析,结合当前的国内外经济政治形势变化,提出了中国经济治理能力现代化的一个框架思路(如图3所示)。

---

① 《三中全会之世界解读——市场决定性释放中国经济潜力》(http://q.dahe.cn/98/20131114/310073.html)。

② 《核心是渐进政改下厘清公共价值——专访清华大学公共管理学院院长薛澜教授》(http://paper.people.com.cn/gjjrb/html/2014-08/04/content_1460717.htm)。

③ 《中共中央关于全面深化改革若干重大问题的决定》(http://news.163.com/13/1115/18/9D0AF28O0001124J.html)。

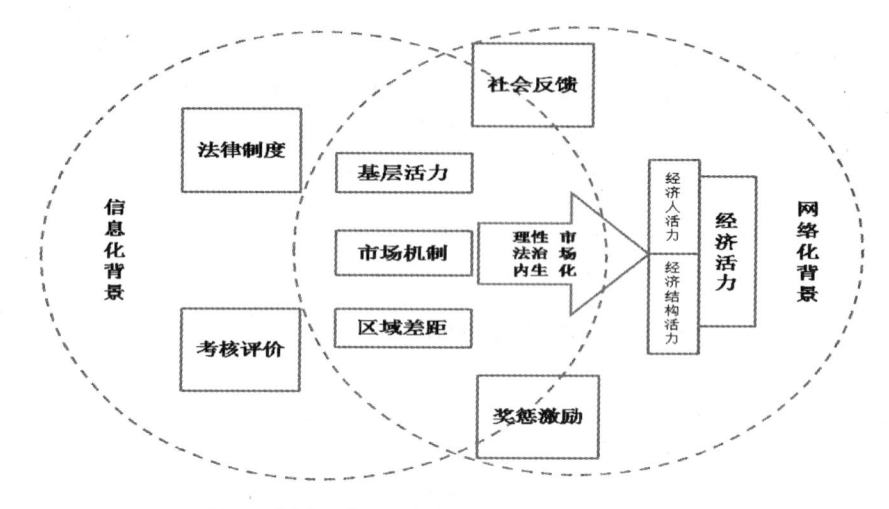

图3 中国经济治理能力现代化的一个简要框架

（一）强化一个目标

中国经济治理能力现代化的目标设计十分重要，是指引中国经济治理现代化的唯一标志。如果不能清晰地定义这一目标，则中国经济发展及其治理将面临相当混乱的局面。与中国经济社会发展的实际相结合，无论GDP还是居民收入作为经济治理目标均无法全面保障经济社会健康持续的发展。当前，对GDP的批判已然较多，不再多说。以居民收入作为经济治理目标也不尽合理，因为居民收入的增长与企业利润的增长间毕竟不完全是互补效应，而且收入的增长还通过价格因素而影响企业发展。在单一指标无法准确反映经济系统的真实水平的情况下，经济治理能力现代化应以经济活力为核心，设计包括一揽子指标在内的经济活力指数，来对经济治理进行判断。其中有两个重要方面不容忽略，一是显现经济人活力的相关指标，既要反映个人参与经济活动的活力，也要反映企业法人参与经济活动的活力，还要考察两者之间是替代关系还是互补关系；二是显现经济结构活力的相关指标，既要着眼于经济发展多元支撑体系的形成，又要着眼于经济系统内部有机联系的强化，重点要防止中国的经济被个别地区、个别行业甚至个别人物所左右或垄断。

（二）突出一条主线

中国经济发展的实践不可能允许"开倒车"，进行"逆市场化"行为。中国经济治理能力现代化必须在尊重、遵循经济发展规律的前提下前行。为此,中国经济治理能力现代化必须坚持"中国特色社会主义市场经济"的核心地位,必须以"中国特色的市场化"为主线来谋划发展,必须竭力确定并发挥市场在资源配置中的"决定性"作用。这一主线需要赋予三个内涵。第一,中国特色的市场化必须是理性的市场化,而不是盲目的市场化。第二,中国特色的市场化必须是法治约束下的市场化,而不是自由形态下的市场化。第三,中国特色的市场化必须是根植于中国大地的、随着中国经济发展不断健全完善的、内生性的市场化,而不是全盘照搬外国模式、引进性的市场化。改革开放以来,我们在某些领域过度急促地推进尚不成熟的且不适宜国情的市场化进程,已经吃过大亏,并严重损坏了国家利益和群众利益。

(三) 关注两个背景

中国经济治理能力现代化,不是只局限于本土的、本时代的现代化,而是一个影响力不断扩大、现代化水平不断提高的过程。为此,必须关注信息化和网络化两个特殊的时代背景。第一,信息化将使中国经济治理的各项措施即时反映到经济界的各个角落,同样也会即时反映到世界经济的各个角落,其他国家尤其是发达国家的相应经济措施也会即时反映到国内,信息化在提高经济治理效率的同时,也对经济治理的应变能力提出了新的要求。第二,网络化既包括国内经济社会发展的网络化形态,也包括世界经济的网络化、网格化形态,既包括静态的网络化,也包括动态的网络化。宏微观经济在这种情况下都面临着"今天的对手,明天可能就是盟友,今天的盟友明天也可能撕毁同盟协议"等现实问题。这都将增加中国经济治理能力现代化的复杂程度和实现难度。

(四) 重视三个内容

中国经济治理能力现代化,应该以中国传统经济治理实践为基础,应用现代化手段尽可能地解决传统经济治理中存在的问题。与本文对当代中国经济治理特征的分析相结合,中国的经济治理能力现代化必须重视三个内容:一是大力提升基层治理能力。从计划经济时代延展下来的中央主导的经济治理模式,不仅难以全面考察各地方经济社会发展的实际,存在以偏概全或者无法落实等问题,而且也抑制了地方政府进行经济治理的积极性，无法全面提升经济治理的绩效水平。同时，在全面深化改革的背景下，基层政府在经济治理方面临的问题将越来越多。针对这一现象，必须大力提升基层治理能力。二是要大力依托市场机制。垄断现象、行政干预经济发展等现象在不同程度上的存在，国企、民企、外企享受差异性政策，有些地方政府插手实业发展，把产业政策、财政政策作为经济治理的主要手段，市场中介机构发育不足等，都说明当前市场机制是不健全的，是必须在经济治理能力现代化进程中弥补的。三是要缩小区域治理差距。区域经济治理水平的差距，导致了区域经济发展绩效的差距和经济发展水平的差距。在经济治理能力现代化过程中，必须通过现代化手段对经济治理的区域差距予以缩小，使不同区域尽可能地获得相对公平的经济发展环境和经济治理水平。

（五）改革四个制度

中国经济治理能力现代化需要全面深化制度改革予以支撑。这些制度改革既需要正式的法律和评价制度安排予以导向，也需要创新社会反馈和激励等非正式的制度安排予以跟进。主要有四个内容。第一，把法律制度作为中国经济治理能力现代化的最基本制度保障，进一步清理和修订不合时宜的法律条目，要着眼于至少十年发展来制定法律制度，同时要兼顾信息化背景和网络化背景的法律需求。第二，把评价制度作为中国经济治理能力现代化的重要支撑制度，逐步将考核评价活动集中到中央层面，并委托第三方评价机构按照市场运作模式通过经济活力指数进行评价。第三，完善社会反馈机制是中国经济治理能力现代化不可或缺的环节，必须建立通畅的反馈渠道使有关问题及时反馈给相关部门，以便及时解决。第四，科学的奖惩激励机制是中国经济治理能力现代化的重要的非正式制度安排，既要科学安排好政府或是官方层面的奖惩激励机制，又要关注各类法人单位内部的激励机制安排，而且更要关注后者，既不能使单位之间、行业之间、群体之间的激励失衡，又要充分发挥激励机制作用。

四 结论及若干建议

综上，本文对当代中国经济治理的特征进行了分析，并结合笔者自身对中国经济治理能力现代化的理解，提出了中国经济治理能力现代化的一个框架构想，即强化一个目标、突出一条主线、关注两个背景、重视三个内容、改革四个制度。这些结论都是基于中国的经济法类法律规章等正式制度安排的结构与数量变化而提出的，未能对这些法律规章的具体内容进行比较和深入分析，可能会导致相关结论未必精确。但无论如何，这也是本文对中国经济治理能力现代化研究的一点探索。在此基础上，本文对推进中国经济治理能力现代化提出三点具体建议。一是中央层面应尽快制定关于国家治理体系和治理能力现代化的法律，特别是在经济方面要首先推出《中国经济治理法案》以及《中国经济治理能力现代化推进条例》，使经济治理能力现代化有法律保障。二是尽快向普通群众普及经济治理的定义、内涵，使经济治理能力现代化在推进之初即与群众相结合、与民心一致。三是中国经济治理能力现代化之路必须依托市场化，但同时又要理性看待市场化，毕竟西方国家的实践早已表明市场化不是万能的。

（作者马克，吉林省社会科学院院长、教授。吉林省长春市自由大路5399号　130033）

市场经济新定位：中国社会转型与国家治理的理论创新与实践基础

郑贵斌

摘　要：市场在资源配置中起决定性作用是党的十八届三中全会部署改革的重大理论创新，它重塑了经济体制改革核心问题即政府与市场关系，对社会转型与国家治理有重要的理论支撑作用和实践指导价值。市场经济新定位对社会政治文化建设起着根基和牵引作用，对全面深化改革有重大而深刻的决定性影响。推进我国经济和社会转型发展的逻辑主线，必然是在市场配置资源前提下和市场经济体制改革牵引下，按照改革的市场化方向，坚持"看得见的手"与"看不见的手"两手并用，做驾驭市场经济的行家里手，切实推进国家治理体系建设，努力实现治理能力现代化。

关键词：市场经济　社会转型　国家治理

中国共产党的十八届三中全会最大的理论突破和创新是重塑政府与市场的关系，提出市场在资源配置中起决定性作用。《中共中央关于全面深化改革若干重大问题的决定》（以下简称《决定》）指出："经济体制改革是全面深化改革的重点，核心问题是处理好政府和市场的关系，使市场在资源配置中起决定性作用和更好发挥政府作用。"[①] 党中央的这一理论

[①]《中共中央关于全面深化改革若干重大问题的决定》，《人民日报》2013年11月16日。

创新与战略实施是实现国家治理体系与治理现代化的理论基础，也为国家治理现代化和社会转型奠定了坚实的经济基础和实践依据。理论上科学认识、实践上正确把握这一新命题，对于推动我国的社会转型发展与实现国家治理现代化具有重大现实意义。

一 市场经济新定位对社会转型与国家治理变革的重大基础价值

（一）政府与市场关系的实践探索与科学决断

市场在资源配置中起决定性作用是对经济体制改革核心问题即政府与市场关系上做出的科学决断，是党的十八届三中全会部署改革的重大理论创新。所谓政府和市场的关系，实际上就是哪一方在资源配置中起决定性作用的问题。提出市场在资源配置中起决定性作用，是对处理好政府与市场关系做出的新定位，表明我们对市场机制作用的认识进一步深化，对市场经济体制本质的探索有了质的飞跃。它是中国改革开放探索的方向性结论，使我国今后深化经济领域的改革和进一步全面深化改革有了新的方向和目标。

对市场经济的定位问题，党和国家付出了六十多年的探索实践。我国经济运行中到底计划与市场的机制作用如何发挥？我们在实践中付出了代价，也尝到了深化改革逐步推进市场经济的甜头。在新中国成立后建立起高度集中的计划体制的很长一段时期，我们曾经否定市场的作用，后来发展到计划调节为主、市场调节为辅，又到提出两者都是手段，再到"市场起基础性作用"，这些认识变化体现了对市场机制作用认识的深化。我们党从开始部署经济体制改革就更加重视探索计划与市场的关系。党的十四大创新性地提出市场在资源配置中起基础性作用，把我们的认识提高到新的高度。"从党的十四大以来的20多年间，对政府和市场关系，我们一直在根据实践拓展和认识深化寻找新的科学定位。党的十五大提出'使市场在国家宏观调控下对资源配置起基础性作用'，党的十六大提出'在更大程度上发挥市场在资源配置中的基础性作用'，党的十七大提出'从制度上更好发挥市场在资源配置中的基础性作用'，党的十八大提出'更大程度更广范围发挥市场在资源配置中的基础性作用'。"可以看出，我们对政府和市场关系的认识也在不断深化。经过十四大以来二十多年的探索，党的十八届三中全会以前所未有的智慧和勇气提出市场对资源配置的决定性作用。这个科学的新的定位昭示我们对市场经济的认识有了飞跃，标志着经济体制改革新的创新历程的开始，标志着社会转型与国家治理变革的理论基础决定和全面改革的逻辑起点的进一步明晰。

（二）市场经济新定位的重大基础价值

市场化理论创新是深化改革的理论支撑和逻辑主线，对经济体制牵引下的系统性全面深化改革起决定作用。"使市场在资源配置中起决定性作用"，对于深化经济体制改革具有很强的现实针对性和鲜明的政策指导性，对于推动经济持续健康发展和扩大深度开放，具有重大的现实意义，同时对社会转型与国家治理有重要的理论奠基作用和实践指导价值。习近平总书记特别指出：做出"使市场在资源配置中起决定性作用"的定位，有利于在全党全社会树立关于政府和市场关系的正确观念，有利于转变经济发展方式，有利于转变政府职能，有利于抑制消极腐败现象。[①] 第一，有利于进一步解放和发展生产力。在政府与市场的关系中，企业是主体。发展经济，关键是要在经济领域依据市场规则、市场价格、市场竞争进行资源配置，发挥企业的作用。由此，市场决定有利于激活各类市场主体活力发展经济。第二，有利于加快经济结构升级与转型发展。我国的经济结构在政府对经济干预过多的条件下，存在结构严重不合理的情况，传统产业基本上是产能过剩，不少行业出现严重产能过剩。根据使市场在资源配置中起决定性作用的要求深化相关改革，市场经济将会更有效地调节供求，这能激活新的动力，推动经济发展方式转变和结构优化，提升经济发展的质量与效益，使经济更有效率、更加公平、更加安全和更可持续发展。第三，有利于加快转变政府职能。现在的政府治理与市场功能的边界不够清晰，政府作用存在越位问题，沉溺于审批项目、招商引资等直接干预微观经济事务上。让市场在资源配置中起决定性作用，有利于政府把重点转到发挥对宏观经济的"导向作用"上，即转到加强市场监管、增强公共服务和维护社会公平正义上来，建设服务型政府，也有利于铲除滋生

[①] 习近平：《关于〈中共中央关于全面深化改革若干重大问题的决定〉的说明》，《人民日报》2013 年 11 月 16 日。

权钱交易等腐败现象的土壤，推进反腐败斗争的制度建设。第四，有利于构建开放型经济新体制，提升开放型经济水平。国际金融危机以来，世界经济深度调整，各国竞争更趋激烈，主要发达国家正在推动新一轮贸易投资自由化谈判。使市场在资源配置中起决定性作用，建立适应经济全球化的体制机制，与世界经济发展更好地接轨，就能适应新一轮国际竞争的要求，优化经济发展的国际环境，推动我国更高质量、更高水平的对外开放，在经济区域化和自贸区建设中，形成更多的经济共同体与命运共同体，融入经济全球化的大趋势中促进我国经济的可持续发展。总之，这些方面，都显示出市场经济的重大价值与奠基作用，都有利于推进中国的社会转型与国家治理的纵深发展和全面深化改革总目标的实现。

二 市场经济新定位的丰富内涵对国家治理现代化的深刻影响

（一）市场经济新定位反映了市场经济的规律

市场配置资源，是社会化大生产发展的必然规律，是市场经济的本质要求。市场经济是以市场机制导向社会资源配置、实现经济健康运行的经济形态。市场经济的显著特征，是市场交换规则普遍化，即市场在资源配置中起决定性作用，促进资源配置依据市场规则、市场价格、市场竞争实现效益最大化和效率最优化。建立并完善社会主义市场体制，"进一步处理好政府和市场关系，实际上就是要处理好在资源配置中市场起决定性作用还是政府起决定性作用这个问题。经济发展就是要提高资源尤其是稀缺资源的配置效率，以尽可能少的资源投入生产尽可能多的产品、获得尽可能大的效益。理论和实践都证明，市场配置资源是最有效率的形式。市场决定资源配置是市场经济的一般规律，市场经济本质上就是市场决定资源配置的经济。健全社会主义市场经济体制必须遵循这条规律，着力解决市场体系不完善、政府干预过多和监管不到位问题"①。漫长的人类社会发展史证明，靠人建立的一种机制和结构是活力不足的。小农社会中，靠家

---

① 习近平：《关于〈中共中央关于全面深化改革若干重大问题的决定〉的说明》，《人民日报》2013 年 11 月 16 日。

庭配置资源，社会经济发展的效率很低，而工业化以来的事实也证明，由市场来配置资源活力最大。改革开放以来全国各地的市场经济实践也充分证明这一点。迄今为止，在市场经济条件下，尚未发现任何力量比市场的作用更广泛、更有效率、更可持续。因此，只要选择实行市场经济体制，就必须尊重市场在资源配置中的主体地位和决定性作用，其他任何力量都不能代替和超越市场的决定作用。总之，"提出使市场在资源配置中起决定性作用，是我们党对中国特色社会主义建设规律认识的一个新突破，是马克思主义中国化的一个新的成果，标志着社会主义市场经济发展进入了一个新阶段"[①]。

（二）市场经济新定位具有丰富深刻的内涵

市场机制从基础性作用到决定性作用，虽仅有两个字的改变，但其内涵的改变是巨大的：所谓"决定性作用"，是指市场在所有社会生产领域的资源配置中处于主体地位，对于生产、流通、消费等各环节的商品价格拥有直接决定权。"决定性作用"意味着，不能有任何力量高于甚至代替市场的作用。由于市场决定资源配置的机制，主要包括价格机制、供求机制、竞争机制以及激励和约束机制，是市场经济体制的基本功能，所以，市场机制的决定作用影响经济体制以及在此基础上建立起的整个管理体制。因此，市场决定的内涵对经济体制牵引下的系统性全面改革起基础支撑作用。也就是说，市场决定的定位理论既然决定了政府与市场的正确关系，也就在理论上决定了改革的市场化方向，决定了现实实践中国有企业的改革方向，决定了上层建筑各项改革要与市场化经济基础相适应，决定了经济体制改革和全面改革的整体部署要在正确的市场经济理论基础上推进。这是市场对资源配置起决定作用的深层内涵和深远影响。

（三）市场经济新定位对社会政治文化建设的影响

经济改革是社会变革的基础，市场化理论创新必然是整个体制改革的理论支撑和逻辑主线。社会主义市场经济体制的进展必然伴随着社会转型的发展和国家治理的变革。以党的十八大为起点，我国的现代化建设进入

---

① 《习近平在中共中央政治局第十五次集体学习时强调　正确发挥市场作用和政府作用推动经济社会持续健康发展》，《人民日报》2014年5月28日。

新的发展阶段。既是全面建成小康社会的决定性阶段，也是步入基本实现现代化的转折阶段。经济发展正处于由经济大国到经济强国的发展转变过程中，社会发展处于不断提升治理能力和实现治理能力现代化的深层改革进程中。中央的《决定》指出，要紧紧围绕使市场在资源配置中起决定性作用深化经济体制改革，坚持和完善基本经济制度，加快完善现代市场体系、宏观调控体系、开放型经济体系，加快转变经济发展方式，加快建设创新型国家，推动经济更有效率、更加公平、更可持续发展。同时发挥经济体制改革的牵引作用，推进各方面的深化改革。到二〇二〇年，在重要领域和关键环节改革上取得决定性成果，完成《决定》提出的改革任务，形成系统完备、科学规范、运行有效的制度体系，使各方面制度更加成熟、更加定型。面对新形势新任务，指导新的实践。市场经济新定位理论，是中国特色社会主义理论的重要组成部分，并且在这一理论中占有突出地位。随着我国现代化"三步走"进程由第二阶段转入第三阶段，这一理论的深层意义和指导实践的地位愈益重要，必将成为新的发展阶段改革与发展的理论热点之一。

三　正确处理政府与市场的关系提升国家治理能力的思考

（一）坚持"看得见的手"与"看不见的手"两手并用

党的全面深化改革的决定提出既要发挥市场决定性作用，也要更好地发挥政府作用。习近平总书记在中央《决定》的说明中，进一步指出，发展社会主义市场经济，既要发挥市场作用，也要发挥政府作用。就是说，一方面，全会对市场提出了新的定位，这表明我们党对市场与政府关系的问题认识达到一个新的高度，抓住了我国经济体制改革最深层次的问题；另一方面，全会又对政府转型提出了新的要求，指出：科学的宏观调控、有效的政府治理，是发挥社会主义市场经济体制优势的内在要求。必须切实转变政府职能，深化行政体制改革，创新行政管理方式，增强政府公信力和执行力，建设法治政府和服务型政府。强调宏观调控与政府治理，是正确处理市场与政府的关系的应有之义，对健全市场体系、纠正市场失效有重要保障作用。总之，必须坚持"看得见的手"与"看不见的手"两手并用。

对"看得见的手"与"看不见的手"的理解，一直存在着模糊认识，实践中往往存在错误做法。我们常说经济发展有两只手；另一只手是政府，是看得见的手。一只手是市场，是看不见的手。有时往往把两者割裂、对立起来。两只手还有一个形象的说法就是裁判员和运动员。企业是运动员，市场主体在市场中进行竞争，发展经济，政府应是裁判员，制定规则、提供服务来调节运动员之间的游戏进程。还有府内市场和场内政府的提法。场内政府，政府的作用是小的，市场作用是大的；府内市场，就是政府起主导作用下的市场，市场的定位就小了。政府与市场关系也有鱼水关系和母子关系的提法。从两者正确的关系看，两只手不是对立的，也不是割裂的，更不是打架的，是相辅相成的关系。现在的问题是政府这只手成了闲不住的手，操纵了经济过程的所有领域，管得过宽、过严、过多。重新定义政府与市场关系中强调了市场的决定性作用，这是遵循了市场经济的一般规律。我们必须尊重这个规律。按照这个规律着力解决市场体系不完善的地方，解决政府干预过多和监管不到位的问题。实践中就有了一个政府与市场的边界如何划分的问题。给政府和市场划定一个边界，以明确在市场经济条件下，政府"不能做什么""应当做什么""必须做什么"，政府主要是提供公共产品，市场提供私人产品，有一些混合产品可以双方来提供。这些方面应是我国提出市场决定资源配置并推进深化改革中应继续探索的理论与实践命题。

"在市场作用和政府作用的问题上，要讲辩证法、两点论"[1]，在新一轮全面深化改革中，如何处理好政府与市场关系这个核心问题，习近平总书记的这一新的论述具有深刻指导意义。在现代经济体系中，政府与市场的关系，是一个相互依存统一体。经济要持续健康发展，"看不见的手"必须在资源配置中起决定性作用，同时，必须发挥好政府作用，二者有机统一，不能相互否定、相互对立。这应当成为全社会的共识。

（二）学会正确运用"看得见的手"与"看不见的手"两手

市场要有效，政府要有为，是发展市场经济不可或缺的两个方面。也就是说，使市场在资源配置中起决定性作用和更好发挥政府作用，二者是

---

[1] 《习近平在中共中央政治局第十五次集体学习时强调　正确发挥市场作用和政府作用 推动经济社会持续健康发展》，《人民日报》2014年5月28日。

有机统一的，不是相互否定的，不能把二者割裂开来、对立起来。既不能用市场在资源配置中的决定性作用取代甚至否定政府作用，也不能用更好发挥政府作用取代甚至否定使市场在资源配置中起决定性作用。我国实行的是社会主义市场经济体制，我们仍然要坚持发挥我国社会主义制度的优越性、发挥政府的积极作用。市场在资源配置中起决定性作用，并不是起全部作用。健全社会主义市场经济体制必须遵循市场规律，着力解决市场体系不完善问题，也要解决政府干预过多和监管不到位问题，特别是更要解决政府该作为而不作为的问题。政府在宏观层面的导向作用仍然非常重要。《决定》提出转变政府职能的新要求，隐含的信号是：政府应该做市场的仲裁员、监管员、保安员和服务员，努力向市场和社会放权，管住"闲不住的手"，将不该管的事情交给市场和社会，放开体制束缚，以进一步解放生产力，激发市场活力和社会活力。同时，通过健全市场体系，强化监管，营造市场环境，完善充满活力的体制机制，更好地发挥政府的应有作用，将政府该管的事情管好，发挥政府的政治优势，施展政府的能力。新形势下，各级干部特别是领导干部要认真落实习总书记的号召："看不见的手"和"看得见的手"都要用好，形成双轨并用两轮驱动，努力形成市场作用和政府作用有机统一、相互补充、相互协调、相互促进的格局，"坚持在实践中深化学习、在学习中深化实践，不断研究新问题、总结新经验，学会正确运用'看不见的手'和'看得见的手'，成为善于驾驭政府和市场关系的行家里手"①，创新发展路径和治理方式，努力推动我国的体制改革取得更大成效和经济社会更健康发展，实现经济社会发展转型升级的目标。

（三）经济改革要努力推进市场体系的完善与政府作用的归位

党中央在《决定》中首次提出，"建设统一开放、竞争有序的市场体系，是使市场在资源配置中起决定性作用的基础"。因此，政府努力做好加快完善市场体系这篇大文章非常重要。完善的现代市场体系，一方面有利于及时准确地形成和传递各类要素的价格信号，合理反映市场供求关系和资源要素稀缺程度，提高市场配置资源的效率，促进经济又好又快发

---

① 《习近平在中共中央政治局第十五次集体学习时强调　正确发挥市场作用和政府作用推动经济社会持续健康发展》，《人民日报》2014年5月28日。

展；另一方面有助于提高市场发育程度，增强市场的灵敏度，确保国家宏观调控的政策效果。市场体系的健全、完整和发达可以更好地发挥市场配置资源的决定性作用，对健全社会主义市场经济体制具有前提与基础的作用。我国改革开放在现代市场体系的建设方面大体上经历了从商品市场建设为主，到推进要素市场建设为主的两大历史阶段。改革首先抓商品生产与流通。2007年，中共中央的十七大报告提出，加快形成统一开放竞争有序的现代市场体系。这既是对在今后发展市场体系方面总的目标要求，也是对中国改革开放30年来在发展市场体系方面的经验总结。明确提出商品市场是现代市场体系的基础，要素市场的培育、发展和扩大，是现代市场体系成熟和完善的重要标志。近年来，我国土地、劳动力、资本等生产要素的市场化程度不断提高，推动了市场体系建设，促进了国民经济平稳较快发展。但从总体上看，市场体系发展并不平衡，要素市场化改革一直是薄弱环节，要素市场化进程远远落后于商品市场化进程。要素市场分割，制约要素资源在更大范围优化配置，影响我国经济提质增效。因此，构建更深层次的统一生产要素市场体系，形成完善的统一开放、竞争有序的市场体系，任务还很艰巨。所以，加快完善市场体系应是完善"看不见的手"的调节机制的重点任务。

政府要很好发挥作用，既不能越位、错位，更不能缺位。政府要发挥好作用，必须重视制定规则，提供公共服务，纠正市场失灵，保持宏观经济稳定，创造公平的环境，打造法治政府、服务政府。中央决定在规范政府的活动边界方面，有两个很重要的措施：一是负面清单；二是"三个一律"。先说负面清单。负面清单制度是市场经济的一大进步、法制政府建设的一大进步。市场配置资源，要让政府很好地发挥作用，负面清单很重要。要明确哪些是政府不允许的、国家不允许的，除了不允许的以外，其他都可以。政府不应当管得过死、管得过宽，不应该全面设限或设卡，而应当在严格市场规则和法制环境的同时，促进市场竞争和经济发展。再说"三个一律"。就是《决定》中说的"企业投资项目，除关系国家安全和生态安全、涉及全国重大生产力布局、战略性资源开发和重大公共利益等项目外，一律由企业依法依规自主决策，政府不再审批"，"进一步简政放权，深化行政审批制度改革，最大限度减少中央政府对微观事务的管理，市场机制能有效调节的经济活动，一律取消审批，对保留的行政审批事项要规范管理、提高效率；直接面向基层、量大面广、由地方管理更方便有效的经济社会事项,一律下放地方和基层管理"。"三个一律",是市场配置资源决定性作用的必然要求,是加快政府职能转变的重大规定,是增强经济发展活力的迫切需要。笔者曾经说过,一律就是没有例外,就是铁的纪律。"三个一律"凸显了中央对转变政府职能的决心和勇气。落实"三个一律",大幅减少和下放行政审批事项,真正向市场放权,是强化动力资源和释放制度红利的制度安排,使简政放权成为近期政府行政体制改革的主旋律。

(四) 在市场经济体制改革牵引下推进国家治理体系和治理能力现代化

以中国共产党的十八大为起点,我国的改革与现代化建设进入新的发展阶段。既是全面建成小康社会的决定性阶段,也是步入基本实现现代化的转折阶段;既是全面改革的启动阶段,也是不断向改革目标逼近的阶段。经济发展正处于由经济大国到经济强国的发展转变过程中,社会发展处于不断提升治理能力和实现治理能力现代化的深层改革进程中。按照经济基础决定上层建筑,上层建筑必须适应经济基础发展要求的社会发展运动规律,党的十八大制定的未来十年我国改革与建设的战略部署,要求全面推进经济建设、政治建设、文化建设、社会建设、生态文明建设和党的建设。全面深化改革成为当前中国现代化发展中的战略任务。全面推进六大建设,涉及生产关系和上层建筑的调整,涉及经济结构调整和发展方式转变,涉及收入分配制度和社会保障体系的创新,涉及城乡区域发展格局的完善,涉及人与自然和谐发展现代化建设新格局的构建,涉及适应市场经济要求的法律制度体系的完善,涉及党的建设制度的改革,这些必须依靠全面深化改革才能完成。推进改革,有许多新问题、新事物要认识、要解决,是前无古人的开创性事业,特别是综合体制改革,既要过市场经济关和民主政治关,也要过国家治理关。我国现代化进程发展到目前,随经济基础现代化的实现怎样实现国家治理体系与能力现代化,摆在社会各界面前。国家治理体系和治理能力是一个国家制度和制度执行能力的集中体现。"我们要更好发挥中国特色社会主义制度的优越性,必须从各个领域推进国家治理体系和治理能力现代化。"[1] 在经济现代化基础上,不断推进上层建筑现代化成为中国现代化的实践拓展和理论创新。经济现代化是

---

[1] 习近平:《切实把思想统一到党的十八届三中全会精神上来》,《求是》2014年第1期。

市场经济体制完善的现代化，完善的市场经济体制对各领域的现代化有保障作用，也就是说，经济领域和上层建筑各项改革要与市场化经济基础相适应。面对新形势新任务，要以市场创新理论与创新实践为推力，将国家社会转型与国家治理现代化的理论与实践提到更高地位，更加注重经济基础与上层建筑改革的系统性、整体性、协同性，加快发展社会主义市场经济、民主政治、先进文化、和谐社会、生态文明，努力建设法治政府和法治社会，让一切劳动、知识、技术、管理、资本的活力竞相迸发，让一切创造社会财富的源泉充分涌流，让发展成果更多更公平惠及全体人民，努力实现全面深化改革的总目标，加快推进中国特色社会主义建设事业，把中华民族伟大振兴的中国梦描绘得更生动更精彩。

（作者郑贵斌，山东社会科学院原副院长，山东发展研究中心主任、研究员。济南市舜耕路56号山东社会科学院　250002）

中国企业海外并购的模式及战略选择

——基于全球经济治理结构转变的视角

李善民 余鹏翼[*]

摘 要：随着全球经济治理结构的转变与国家实施"走出去"战略，中国企业的海外并购无论是并购规模还是并购金额都呈现快速增长态势。中国参与全球经济治理结构转变的角色定位与战略目标必然随之变化。因此，中国政府应根据全球经济治理结构转变与海外并购存在的国际环境的不确定因素，从国家竞争优势的战略高度，选择海外并购模式和海外并购的战略，提高中国企业海外并购的综合竞争力，更积极主动参与全球经济治理，完善中国企业"走出去"的国际化策略，提高中国参与全球经济治理的话语权与决策权。

关键词：全球经济治理结构 海外并购 战略选择

一 问题的提出

当前世界经济、国际金融与国际贸易、国际投资发展面临经济结构失

---

[*] 基金项目：本文是教育部重大项目"外资并购与我国产业安全研究"（2011JYB721045）及国家社会科学基金项目"中国企业'走出去'背景下跨国并购的战略动因与经营绩效研究"（13BG019）阶段性成果。

衡现象,这充分反映了全球经济治理结构存在严重的不足和缺陷。国际金融危机的影响还没有过去,发达国家宏观政策调整进一步加剧了发展环境的复杂性,国际贸易发展受到世界经济增长乏力和贸易保护主义的双重压力。全球经济复苏进程缓慢,增长动力依然不足,实现全球经济强劲、可持续、平衡增长为时尚远。与之相反,金融危机之后,中国为世界经济的复苏作出了巨大的贡献,中国的综合国力、全球影响力和国际地位进一步提升,崛起的中国被推到了全球经济治理的前台,历史性地成为全球经济治理结构转变的新焦点。中国已从被动参与过渡到主动参与全球经济治理结构转变的进程中。

与此同时,国际金融市场也将迎来并购新热潮。同时在国内经济快速增长、调整经济结构、央企重组以及鼓励和支持有实力企业"走出去"的背景下,我国企业海外并购态势愈来愈强。据普华永道公布的数据显示,中国并购交易数量及披露金额均达到历史新高。2013年中国企业并购案例数量为1232起,同比增长24.3%。中国企业海外并购额增长30%,达到384.95亿美元,连续第三年创造历史纪录。中国企业2013年的并购总额达到932.03亿美元,同比增长83.6%,创下最高纪录。2014年第一季度中国企业海外并购48起,涉及交易金额90.64亿美元。从长期看,中国一定会有相当数量的不同规模企业实行全球化经营,成长为跨国公司,由于海外并购最直接地体现在并购战略选择上,因而通过制定中国企业海外并购战略,结合中国国情,找出影响并购战略的各种动因并加以定性及定量分析,可以促进中国企业更客观理性地制定海外并购决策。因此,研究全球经济治理结构转型与中国企业海外并购战略选择,无论是对中国企业本身还是对政府决策都具有重要的现实指导意义。

论文的其他结构安排如下:第二部分是文献回顾与理论综述;第三部分是全球经济治理结构的转变与海外并购的战略动因;第四部分为全球经济治理结构的转变与"三位一体"海外并购模式;第五部分为基于全球经济治理结构转变的中国企业海外并购战略选择。

二 文献回顾与理论综述

当前,国际投资领域已有不少文献从组织与社会学派的制度观来研究企业的战略国际化。[①] 海外并购模式一直是国际商务和战略管理领域的重要命题。根据既有研究，从投资分支控制程度来考虑，跨国企业可以选择合资或者独资模式。[②] 从投资标的来考虑，跨国企业则面临新建或者并购模式的选择。[③] 根据交易费用、组织能力、资源特征、竞争战略[④]等方面的差异，跨国企业会从不同角度选择具体的海外并购模式。上述研究主要从企业特性和母国特征来对海外并购模式的选择进行讨论，由于它们通常假定跨国企业是在稳定相似的市场经济范围内进行国际化经营，即东道国的制度环境被视为外生常量而未予考虑，因而无法解释同类跨国公司为何在不同地区会选择不同的海外并购模式。

1980年以来，国际资本流动逐步渗透到制度环境复杂多样的新兴市场和发展中国家。有关新兴经济体范围内海外并购的相应研究也开始关注起东道国的制度环境与跨国投资战略、绩效的内生联系。[⑤] Meyer等（2009）专门考察了东道国制度环境如何通过多种机制影响发达国家跨国企业投资于新兴市场时的模式选择。这类文献丰富了跨国企业市场进入战略方面的研究，也启发了我们从制度视角来思考海外并购模式的选择。但是，Meyer等（2009）的研究是以美欧发达国家为母国开展的，其无法解释以新兴经济体为母国的海外并购模式选择。鉴于此，本文以制度因素为切入点，转而考察以中国为代表的新兴市场企业在对外直接投资时，东道国的制度因素对其模式决策的影响机制。

对于海外并购模式的选择问题，大多数研究认为，其目的是为了降低获取目标资源的交易成本，[⑥] 因此都把企业层面资源和能力的微观特征作

---

① Meyer and Peng, "Extending Dunning's Investment Development Path: The Role of Home Country Institutional Determinants in Explaining outward Foreign Direct Investment", *Strategic Management Journal*, 2005, 30: 61-80.

② Pan and Tse, "The Hierarchical Model of Market Entry Modes", *Journal of International Business Studies*, 2000, 31: 535-554.

③ Brouthers and Brouthers, "Acquisition or Greenfield Start-up? Institutional, Cultural and Transaction Cost Influences", *Strategic Management Journal*, 2000, 1: 89-97.

④ Harrigan, "International Bank for Reconstruction and Development/the World Bank", *Journal of International Development*, 1998, 2: 281-282.

⑤ Ricart, "Actor-Network Theory, Gabriel Trade and the Study of an Urban Social Movement: The Case of Can Ricart", Barcelona, *Journal Qualitative Sociology*, 2004, 403-421.

⑥ Anand & Delios, "Location Specificity and the Transferability of Downstream Assets to Foreign Subsidiaries", *Journal of International Business Studies*, 1997, 28: 579-603.

为主要的因变量来分析。诚然，这些因素对企业战略决策至关重要（Peng，2001）；但是，当企业进入制度环境各异的国际市场时，不同的海外并购模式所实现的收益也会有差异。这意味着，同样特征的企业由于投资环境不同，可能会选择不同的模式，而资源和能力对投资模式的影响程度也会因投资环境不同而发生变化。由此，有关企业国际化战略的研究越来越多地把制度环境作为海外并购模式选择的主要因变量或调节变量进行分析（Hoskisson 等，2000；Tsui，2004；Meyer，2007）。Meyer 等（2009）认为，如果东道国具备促进市场经济运行的强效制度环境，则外国投资者可以通过市场交易自由灵活地从当地获取所需资源或输出优势资源，此时制度因素与海外并购模式的相关性就会相对淡化；而当东道国属于弱效制度环境时，外国企业为了降低市场交易潜在的可观成本，就会转向以直接投资的方式，通过组织间所有权和控制权的变更安排替代外部市场，以实现资源的获取和配置。此时，制度特征对选择独资、合资或收购的决定性作用就凸显出来了。此外，Witt 等（2007）提出了"制度逃离/制度套利论"，认为发展中国家落后的市场化制度使当地企业在本国市场的交易成本超过跨国经营成本，逼迫其在成长早期就开始国际化，以逃离本国的制度约束。[1] Luo 和 Tung（2007）也强调了新兴和转型国家企业实施海外并购对规避本国弱效制度环境的特殊意义。以中国为例，地方保护主义的盛行和效益低下的国内渠道增加了本国企业在境内的经营成本，从而将其推向了境外。[2] 这意味着，上述制度因素、市场效率、海外并购模式选择的因果关系，在中国这样的转型国家表现会更为显著。

受上述研究启发，本文认为，全球经济治理结构转型与中国海外并购战略转变为中国企业提供了某些获取资源、培育能力的特殊途径，是发达市场国家企业所不具备的优势。这些外生的制度因素会在一定时期持续存在，是对中国企业海外并购成长路径和发展战略有重要影响的内生变量，因而可以视为特殊的制度性优势，是中国企业能够实施海外并购并从中获益的决定因素。

---

[1] Witt，"Firms as Realizations of Entrepreneurial Visions"，*Journal of Management Studies*，2007，1125 – 1140.

[2] Luo & Tung，"International Competitiveness of Russian IT Firms: Strong Rivals or Survivors at the Edge?" *Driving the Economy through Innovation and Entrepreneurship: Emerging Agenda for Technology Mangement*，2013，805 – 814.

三 全球经济治理结构转变的特征

现实主义认为，全球治理结构的转型是各单元实力对比的变化所造成的，更直观地说，就是由国际体系中大国数量和质量的变化引起的（徐秀军，2012）。因此，无论是理论还是现实均不约而同地将全球治理结构转型的推动力量聚焦于大国关系的建立和演进上。归纳起来，全球经济治理结构的转变具有以下特点。

（一）全球经济治理结构从霸权治理向多边共治转变，正在重构新型大国关系

美国为首的传统大国，作为霸权国控制或支配国际体系内比较弱小的国家，是以霸权国雄厚的经济和军事实力作保障的。然而自 20 世纪 90 年代以来，美国的全球影响力日益下降已成为不争的事实，与此同时以中国为代表的新兴经济体国家在经济实力上大幅提升，其获得与经济地位相匹配的全球政治和权力地位的要求愈发明显。但由于国际制度约束的持续以及制度反映实力对比变化的滞后性，以中国为代表的新兴经济体国家还难以超脱现有的国际规制，只能在接受现存全球治理规则的基础上逐步改革原有旧的国际规制。与此同时，新兴国家和传统大国在国际分工治理中已形成了相互依存关系，传统大国在处理国际地区事务时越来越需要新兴大国的积极配合并发挥关键性作用。由此可见，传统大国与新兴大国的良性互动，推动了全球多边共治的合法性和有效性的提升。

（二）全球经济治理结构由规则治理向规则治理与关系治理相结合转变，正在塑造信任社会

"二战"之后西方世界的全球治理特别是全球经济治理制度和规则是按照美国的设想建立的。当前新型大国关系的逐步建立为解决因规则治理而导致的问题带来了新的契机。非正式集团的涌现是当前全球治理的一个重要现象。如近年来先后出现的"金砖四国"峰会及 G20 集团，成为全球治理体系中新崛起的重要力量。这些新涌现的协调机制的重要特征是新兴大国在其中扮演积极作用。强调的是大国责任和多边平等协商，反对消极无为，也反对单边主义。强调规则治理与非正式协调的关系治理不是对立的，而是互补的。两者结合所形成的一种综合治理模式可以使全球治理更加有效，也更具可持续性。最终塑造一种既有规则可循又有和谐关系的信任社会。

（三）全球经济治理结构由外部治理向深度治理转变，正在建立跨国合作机制

张胜军（2013）认为，当前的全球经济治理机制中绝大多数属于外部或替代治理机制，能够深入国家内部监管的深度治理制度却几乎空白。然而，当今世界经济治理体系面临着深度治理的缺失。经济全球化导致众多跨国问题和全球问题，而这些问题往往伴随着连锁效应。显然，许多跨国问题如果仅依靠国际机制无法有效应对，而必须建立相应的跨国合作机制才能有效应对。2008年全球金融危机爆发以后，世界上的主要国家在20国集团这个合作平台上迅速采取协调行动，相继出台了十分相似的金融政策和救市方案。因此，国家间协调内政是有效应对跨国问题的关键，全球经济治理结构转型升级反映了全球经济治理不应只是被动地应对突发性的全球性经济危机，而是建立国际国内有效全球性系统风险防范机制的基础，也是建立一个更加公正合理的国际经济新秩序的必然要求。

四 基于全球经济治理结构转变背景的中国企业海外并购的动因

在全球化的迅猛发展中，全球经济结构治理转变也表现出新的发展特点和趋势。未来全球化和区域化趋势进一步增强，各国力量对比发生重大变化，全球经济中心开始向中国转移；全球发达国家、资源类国家和新兴制造类国家在全球产业链、价值链发展中的位置更替与利益博弈复杂多变，全球治理结构和全球化规则面临国际制度重构。而作为国际社会的一员，中国自身经济增长与国际贸易结构发生了巨大变化，因此中国参与全球经济治理机制的态度和角色也应该有相应的调整和变化，在对待全球经济治理机制的态度上从原来的消极被动向积极主动的转变，身份定位上从谨慎保守者向开放务实者的转变，从被动参与者向主动引领者的转变，既是对自身与国际经济结构的互动关系的准确把握,也是对自我综合经济实力自信的表现。此外,对于当前的国际经济形势,中国积极主动的姿态不仅有利于提升国际形象,也为国内的经济发展与建设创造更和谐的外部环境,同时也有助于通过国际经济合作,有效应对世界经济增长乏力和贸易保护主义的双重拖累。

与此同时,随着我国企业"走出去"步伐的不断加快和国内产业并购重组支持政策的不断推进,越来越多的中国企业开始寻求国内产业并购重组和海外并购。中国企业通过海外并购战略有助于改变我国现有被动接受国际资本全球配置的外贸发展模式,转向更为自动地利用世界资源、配置世界资源的发展模式,优化对外贸易商品结构,提高对外贸易效益,拓展贸易发展空间,促进我国对外贸易持续、稳定发展。

(一) 全球经济治理结构转变与产业转型升级是推动中国企业海外并购的内在动因

我国目前总体上处于工业化中期偏后阶段,产业结构升级成为消除经济增长障碍、缓解我国资源环境压力、实现经济转型的必经之路。由于全球整体经济环境恶化,部分行业产能过剩情况加剧。通过海外并购带动产业转移,可以缓解外贸依存度过高和部分行业产能过剩问题。中国参与全球经济治理的目标,就是要在经济增长的基础上,实现一国经济协调、和谐发展,从传统增长型向协调和谐型发展转变。海外并购是国际直接投资和经济发展方式的重要组成部分,全球经济治理结构转变的重要路径是依靠优化结构来实现经济发展,经济结构合理与否直接关系到经济增长的速度和经济发展的质量。经济结构变化会形成新的产业链,带来新的发展格局和更好更快的增长,因而也提升了中国企业海外并购的国际竞争力。

中国是在经济全球化大背景下进入国际经济分工体系的,在开放经济条件下,海外并购是国内产业结构变动的主要的外部因素之一。海外并购的产业选择推动了国内产业结构的优化和生产要素组合的合理配置。海外并购战略转变能够促进技术创新,带来技术外溢效应实现技术进步。特别是海外并购能引入竞争机制提升企业经营效率、优化产业结构的功能。通过国际市场的转换机制对产业结构优化和质量效益提升发挥特殊的作用,改变经济发展方式高度依赖资源和资本投入,推动以技术进步来影响资源配置及使用效率。因此,推进海外并购战略方式转变,既是中国参与全球经济治理的内在要求，也是实现贸易结构转型升级、健康发展的根本途径。

（二）全球经济治理结构转变导致的产业整合和贸易壁垒是中国企业海外并购的外在压力

通过海外并购可以实现国际产业整合。金融危机发生后，原材料成本风险和原材料进口的政治风险加大使行业利润分配向上游转移，中国企业为控制成本，将外部交易内部化以降低交易费用进行的跨国并购明显增多。在 2013 年海外并购交易中，中国企业对石油天然气、电力行业、煤炭与消费燃料的并购，占当年中国海外并购交易额的 2/3 以上。发达国家一方面对于向中国出口高新技术与产品实行限制，另一方面又出于贸易保护主义加剧了与中国的贸易摩擦。截至 2013 年，中国已连续 14 年成为遭遇反倾销调查最多的成员国，连续 3 年成为遭遇反补贴调查最多的成员国。金融危机以来，欧美国家经济陷入衰退，他们为缓解本国就业压力，平衡国际收支，明显加大对中国出口产品的反倾销、反补贴调查力度。在全球经济仍然不景气的情况下，为补偿出口损失，海外并购成为中国企业绕开贸易壁垒，寻求生存和发展的重要手段。

就外部经济运行来看，巨额的外汇储备，使人民币升值压力加大；低价竞争，贸易条件逐步恶化，贸易摩擦急剧增加，也迫使我国必须加快海外并购的步伐。要实施互利共赢的海外并购战略、进一步提高对外开放水平，需要优化对外贸易结构，提高利用外资水平，加快实施"走出去"战略，积极参与全球经济治理和区域合作，以开放促发展、促改革、促创新，积极创造参与国际经济合作和竞争新优势，为经济发展方式转变提供持续动力。

五　全球经济治理结构的转变与中国企业海外并购的模式

世界经济正逐步走出低谷，但复苏之路依然困难。当前中国经济发展势头良好，各项指标均处于宏观调控的预期范围之内，习近平在 G20 第八次会议上指出："中国有条件、有能力、有信心与其他新兴国家共同提升新兴市场国家在全球经济治理中的代表性和发言权,把二十国集团建设成稳定世界经济、构建国际金融安全网、改善全球经济治理的重要力量;完善全球经济治理,使之更加公平公正。"

在当今的世界政治经济格局下,中国积极参与国际体系和全球经济治理的时间不长,实践中经验积累还不足,需要从整体上布局和设计参与战略。具体体现为以下三方面。

(一) 国家合作的海外并购模式

新兴经济体的群体性崛起是推动世界多极化的重要力量,全球经济治理结构必须反应这种变化,他们在推动全球治理结构改革中有共同的意愿和诉求,中国参与全球经济治理应体现这种群体效应,运用 G20、金砖国家峰会等合作平台,提升发展中国家的话语权和代表性,增强治理的合法性和有效性。

(二) 区域合作海外并购模式

区域合作是全球经济治理的必要补充,发挥中国在周边和亚洲地区的影响力,在实践中不断注入具有中国特色的国际机制建构理念,充分利用中国—东盟自贸区、东盟地区论坛和东亚峰会等合作机制,推动东盟共同体顺利建成,强化中国主导或主要发起的区域合作平台,如上海合作组织、博鳌亚洲论坛等,提升中国参与全球经济治理能动性和创造性。

(三) 国家主导下的多元参与海外并购模式

与中国国内政治体制相适应,国家政府是参与全球经济治理的主导性行为体,但并不是唯一的,除此之外,培育鼓励次国家政府、非政府组织、跨国公司积极参与全球经济治理,培育以中国为基地的全球公民社会和非政府组织,形成多元化的参与海外并购模式。

中国在全球治理中的表现和作为日益成为国际社会的重要关切,中国从被动参与过渡到主动参与全球治理,由经济治理过渡延伸到全球治理领域的进程中需要理论和政策的双重准备。坚持以发展中国家的身份参与治理改革,联合其他发展中国家,共同参与全球经济治理改革。完善加入中国变量的多边主义全球治理的理论、构建全球治理的中国理念和中国模式,进而将其经过系统化的提炼、有效的经验推广转化为全球治理的知识公共产品；通过国家合作、地区合作以及国家主导下的多元参与模式，设计中国参与全球治理战略路径。

六 全球经济治理结构转变与中国企业海外并购的战略选择

随着全球经济治理结构的转变，我国企业的海外并购将迎来一个难得的战略机遇期，政府应积极构建我国企业海外并购的战略体系，以鼓励和保护我国企业海外并购的良性发展。因此，制定海外并购战略意味着企业须放眼世界市场和世界资源分布，而不是仅仅盯着某一市场和资源。海外并购战略是为了以多国为基础来优化运作，而不是将海外并购只看作多个相互独立的国别经营活动的简单组合。

（一）中国企业海外并购的区域选择

按照国家竞争优势理论，中国企业海外并购时应该以提升竞争力为导向，而不必以资源或市场为导向。因此，中国企业在进行海外并购区域选择时，应该先考虑并购企业所在国家或地区是否存在一个有利于企业提高生产力的外部经营环境。从现有中国企业海外并购的情况来看，主要是从资源或市场方面来考虑并购区域，故周边地区和拉美发展中国家仍然是中国企业海外并购的主要场所。从全世界企业并购的总体情况来看，发达国家一直是国际并购的主要地区。通过并购发达国家的企业，中国企业可以获得高级的技术、高信誉的品牌、先进的管理经验等等。许多国家通过并购发达国家的企业获取了先进技术，加速了本国的产业技术升级，提升了本国生产力，同时也取得了海外并购的宝贵经验。基于对竞争环境的综合考虑，发达国家或地区无疑具有更好的经营环境和支持性制度，要素能够更高效地使用和升级换代。因此，中国企业海外并购的区域应优先选择发达国家或地区。

（二）中国企业海外并购的产业选择

国际产业转移的新趋势提供了中国企业海外并购的时机，根据产业演进规律，我国由工业化时期向工业化后期过渡，应是产业结构高度化发展的重要阶段。按照国家竞争优势理论，产业集群对提高企业的国际竞争力具有重要作用。因此，中国企业进行海外并购时，除了要考虑本企业所在行业在本国的发展状况与前景，还要考虑并购对象所在国产业集群的发展状况。在发展中国家，应重点并购具有比较优势的制造业企业，有选择地并购进口替代型的资源开发企业；在发达国家应主要并购高新技术企业和金融保险等企业。考虑到世界上大多数国家产业集群的特点及我国企业自身的相对优势，我国企业在亚太地区进行海外并购时，应先考虑并购机械、冶金、轻纺等产业；在俄罗斯、东欧等国家则应考虑并购轻工、食品和纺织等行业；在拉美地区并购时应先考虑家电产业和资源开发性产业。

（三）中国企业海外并购的对象选择

根据国家竞争优势理论，我国企业在进行海外并购时应该依据自身的战略、结构和竞争对手的情况来选择并购对象。并购对象的资源拥有量应该是中国企业海外并购首先要考虑的因素，这里的资源包括：物力资源、人力资源、技术资源、组织资源和国别资源等。因此，我国国有垄断企业海外并购应更多地集中于物力资源开发方面，如矿产、石油、天然气等资源领域；而民营及其他类型企业应该更注重技术资源、国别资源等方面的海外并购，以获取先进的技术、品牌优势和打破贸易壁垒等。中国企业在并购之前应该对并购对象的品牌信誉、核心技术等有一个全面的分析，对于并购后对并购对象品牌信誉的获取、核心技术的转移以及并购后的企业整合都应有完整的战略规划，这样才能选择合适的并购对象。

结束语

在全球经济治理结构转型的背景下，中国企业海外并购快速升温。实施海外并购战略有助于改变我国现有被动接受国际资本全球配置的外贸发展模式，根据现阶段中国经济发展与经济增长的转变，企业跨国并购的重点应该从原有的矿产自然资源转向结构升级转型要素，通过海外并购提升技术研发能力，整合全球研发资源提高国内的研发水平，从而带动贸易结构优化升级，增加海外销售和市场份额，塑造中国企业海外投资的品牌效应，提升中国企业国际知名度。提高对外贸易效益，拓展贸易发展空间，促进我国对外贸易持续、稳定发展。同时强化被投资企业的财务状况和所在国的法律环境，避免海外并购财产损失和财务陷阱。

参考文献：

[1] 陈涛、李善民：《支付方式与收购公司财富效应》，《证券市场导报》2011年第2期。

[2] 陈元荧：《跨国并购绩效理论综述》，《首都经济贸易大学学报》2004年第5期。

[3] 顾露露、Robert Reed：《中国企业海外并购失败了吗？》，《经济研究》2011年第7期。

[4] 何先应、吕勇斌：《企业海外并购长期绩效研究》，《统计与决策》2010年第24期。

[5] 黄薇：《全球经济治理之全球经济再平衡》，《南开学报》（哲学社会科学版）2012年第1期。

[6] 宋希亮、张秋生、初宜红：《我国上市公司换股并购绩效的实证研究》，《中国工业经济》2008年第5期。

[7] 邵新建、巫和懋：《中国企业跨国并购的战略目标与经营绩效：基于A股市场的评价》，《世界经济》2012年第5期。

[8] 汪素芹：《中国经济发展方式转变与外贸发展方式转变相互影响的实证分析》，《国际贸易问题》2014年第1期。

[9] 叶勤：《并购影响因素的理论解释与述评》，《外国经济与管理》2013年第1期。

[10] 唐蓓：《基于管理者过度自信假设的公司并购融资行为研究》，《统计与决策》2011年第18期。

[11] 肖振红、孙凤玲：《关于我国上市公司并购融资前期规划阶段的风险评价——基于AHP-GEM模糊综合分析》，《经济问题》2012年第1期。

（本文原载于《南京社会科学》2014年第12期。作者李善民，中山大学副校长、教授，广州市新港西路135号　510275；余鹏翼，广东外语外贸大学科研处副处长、教授，广州市白云区白云大道北2号　510420）

国家治理体系下的财政分权治理结构

陈冬红

摘　要：财政是国家治理的基础和重要支柱，以提高国家治理能力为核心的财政分权治理结构建设靠财政支撑。现代财政分权治理结构须有较高集中性；事权划分构建哑铃形分权结构，税权划分以分税为主、分成为辅，发挥中央地方两个积极性；转移支付改革以地方辖区居民效用最大化，上级政府有效监督，用途宽泛并按因素法分类拨款，优化政府间资源配置效率；全面规范、公开透明的预算制度作为制度载体，实现核心预算机构缺失、预算碎片化困境突围，推进全口径预算管理，引入参与式预算管理，试行分部门预算审议表决，整合监督资源，加强财政问责，承载公共受托责任等。全文从一致性、不协调性、合法性三方面，系统探讨了财政分权治理结构的思路方略。

关键词：国家治理　分权结构　财政改革

一　国家治理体系与财政分权治理结构的一致性

国家治理体系新常态下，从国家管理到国家治理的社会转型期，迫切需要财政分权体制改革与国家治理体系和治理能力现代化，以及相应的体制机制和法律法规相匹配，构建新型现代分权治理结构，并使之更加科学化、规范化和法治化。

（一）目标和内容相一致

从目标的一致性看，"全面深化改革的总目标是完善和发展中国特色社会主义制度，推进国家治理体系和治理能力现代化"。国家治理主体是政府，财政是满足政府职能需要的基础，"财政是国家治理的基础和重要支柱"，是目标一致的统一体。从内容的一致性看：一是财政收支是所有国家治理活动的基础，是连接政府、家庭、企业的纽带。职能范围覆盖所有政府职能部门和活动领域，触角延伸至所有家庭和企业与经济社会活动领域。二是政府预算是现代社会国家治理体系中的重要载体，反映国家治理活动的基本轨迹，透视评价政府收支运作成本，考核国家治理绩效，反映对政府支出规模与国家治理成本的有效控制。三是财政制度安排直接决定财政与政府履职状况、国家治理体系运行状况和国家治理实现水平。四是科学的财税体制是优化资源配置、维护市场统一、促进社会公平、实现国家长治久安的制度保障。五是财政分权涉及国家治理的事权与财权的界定、支出责任与财力的配置，体现国家治理体系民主化、法治化和制度化目标要求。财政作为国家治理的基础性和支撑性要素，财税体制作为全面覆盖国家治理领域的综合性制度安排构建，是新一轮财税体制改革的重要变化和突出特点。

（二）结构相关和互为前提

财政分权结构变化始终伴随国家治理形成全过程（见表1）。现代国家治理体系的基本结构是由价值、制度和行动三个层面构成的具有超稳定性、流动性的橄榄形的循环往复的闭合结构（参见图1、图2）。[①] 从"问题治理"模式转向"制度治理"模式，财政分权治理结构集中表现在国家宏观治理结构体系中。党的十八届三中全会对财政的全新定位和阐释，摆正了财政和财税体制的位置，财政不仅是经济范畴，还是事关国家治理体系和治理能力优劣的基础性、支撑性的重要支撑因素。财税体制的作用，也不是一般意义的经济制度安排，而是牵动经济、政治、文化、社会、生态文明等所有领域的综合性制度安排。

[①] 郑吉峰：《国家治理体系的基本结构与层次》，《重庆社会科学》2014年第4期。

表1 财政分权结构与国家治理结构的关系

所处时期	国家执政方式	财政分权结构特征
计划经济时期	传统行政管制	统收统支
改革开放与市场经济发展初期	新公共管理	财政包干，财政分税制
全面深化改革与市场起决定性作用时期	国家治理	财税体制改革/分权，治理结构变革完善

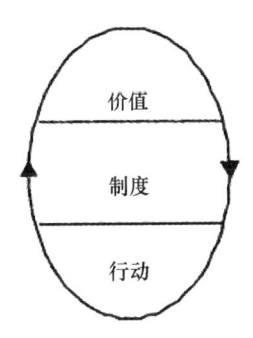

图1 现代国家治理体系基本结构的特征

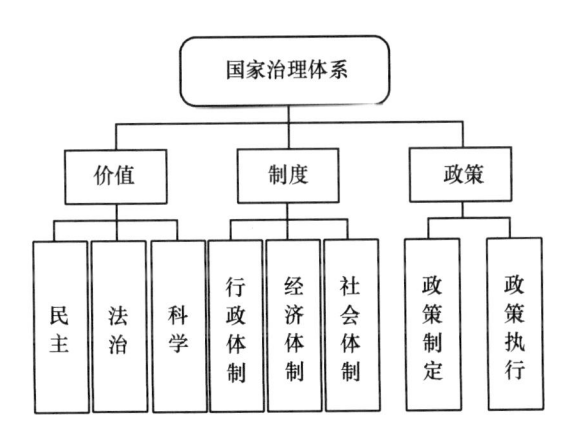

图2 现代国家治理体系的基本结构

（三）财政分权结构理论探讨

从财政分权的多层要义看，财政分权一般具有三层要义：一是赋予地方政府一定的税收权和支出责任范围，并允许其自主决定预算支出规模和结构，使民众满意政府提供的社会服务，自由选择所需政府公共品类型并积极参与社会管理。二是中央与地方政府及地方政府之间财政的分工方式，是释放财政压力的体制变革，包括立宪性一致同意型和行政性一致同意型两种类型。三是财政分权的体制关系，即地方政府有相对独立的立法权与司法权，如税收立法权等。按地方政府权力大小，划分为不伴随权力下放的行政代理、权力分散化的联邦制、完全的分权化三种分权类型。我国分权类型较为复杂，带有市场维持的联邦主义色彩。更深层次上分析，财政分权是建立在政府职能和事权基础上，符合经济效率与公平，体现民主和民主方式，并有法律保障，各级政府有相对独立的财政收入与支出范围，处理中央与地方政府及各级政府间关系的一种财政体制。一是财政职能性与收支相对独立性。即政府职能明确，职能在政府间划分也明确，相应各级政府的收入与支出范围明确。二是效率性与最优化相一致。事权与财权统一，体现经济学中的成本与收益原则，追求最大化目标，各级政府使用居民的税收为全体居民提供最合意的公共产品，包括最优税收税率与结构、最优支出规模结构等。三是民主性与公平性。体现政府是一个为民办事的组织的思想，既保证各经济微观主体的利益与自由，使得各微观主体的偏好得以体现，又通过民主的方式协调各主体之间的利益矛盾，为居民参与财政活动提供公开透明的信息与渠道，保证中央政府不随意侵占、干预地方政府利益，地方政府不是或不完全是中央政府的代理机构，而是具有相对独立权利的组织或行为主体。四是规范性与法律性。各级政府间的关系、职能与行为是较规范的，有法律作依据和保证，有较强的稳定性与可预测性。五是激励相容性。分权体制既要保证地方政府与中央政府利益的协调，又要保证各级政府官员、职员的个人利益与地方居民利益的协调统一。

　　从分权理论的不同视角看，为什么要给地方政府分权？一是菜单理论。该理论认为地方政府存在的必要性和合理性在于：更接近民众，更了解辖区对公共服务选择的偏好及效用，资源配置相对更有效率，更能达到实现社会福利最大化目标。二是用脚投票理论。该理论通过七个假设条件，构建了地方政府模型，又通过社区间的充分流动和"用脚投票"的迁移，选择能够提供最满意公共服务与税收组合的区域居住，达到接近于偏好的水平；区域之间通过相互模仿和学习，达到社会福利最大化。地方政府间存在竞争机制，地方政府提供地方性公共物品，极大降低了由中央政府统一提供带来的非效率性。对地方税设置的一系列问题，如税率和主体税种的设计,应考虑居民的流动性等,为地方税收竞争理论奠定了理论基础。三是财政分税思想。从财政职能角度分析,地方政府缺乏充足财力和经济主体流动性。因此,收入分配与经济稳定应由中央政府负责,资源配置由地方政府根据辖区居民偏好作出选择,更利于经济效率和社会福利水平的提高;中央和地方政府之间必要的分权,通过税种固定下来,从而赋予地方政府相对独立的权力。四是财政分权定理。通过一系列假定,将社会福利最大化表达为一个线性规划,并得出资源配置处于社会福利最大化时的一般均衡模型。在分析这个模型附加的限制条件时,发现在等量提供公共产品的限制下,某种公共产品由地方政府提供优于中央,地方政府将帕累托有效的产出量提供给各自的居民,比中央政府直接向全体居民提供任何特定的、相同的产出量有效得多。五是偏好误识理论。从信息不完全和非确定性看,中央政府很难做到完全了解社会福利函数偏好,即中央政府有可能错误地把自己的偏好误认为社会偏好,导致对公共产品过量供应或供应不足,假设由地方政府提供,社会福利更易达到最大化。六是俱乐部理论。把社区比作俱乐部,其最佳规模,即确定外部负效应所产生的拥挤成本,等于新成员分担成本所带来节约的均衡点。七是鼓励政府竞争理论。实行多级政府结构财政分权,能强化政府尤其是地方政府本身的激励机制,鼓励竞争。地方政府对经济活动干预多,会使有价值的投资活动转向干预较少的区域,地方间的竞争会因此减少不适当的干预,提高经济效率。地方财政收支挂钩,会促进地方政府努力繁荣本地经济,尤其地方政府的活动,能在相当程度上对经济当事人——企业主体形成一种激励,风险上产生分享或共担关系。八是政策实验与创新理论。即多级次政府的存在,能更多提供政策实验与创新的机会。与中央层面的政策实验相对比,地方层面的多维度政策实验,更具创新性主张,更易克服中央层次的政策难以克服的各种根本性障碍。九是改善政府机构控制理论。即以集权式由中央政府行使职能要面对众多事物,加之信息不充分等,必然会使政府机构陷入低效率状态,因此,职能分级行使,权责明确,可提高政府机构效率,解决机构中控制与激励的权衡问题。现代财政分权理论在继承传统理论指导原则的基础上,拓展分析框架和方法,突破对公共品层次性和市场供求关系的分析套路,引入当代政治学、经济学,特别是经济管理科学的最新成果,运用激励相容与机制设计学说、委托代理关系等研究框架,使财政分权理论更接近于适度和合理。

从财政分权结构的相对适度看，为什么政府分权要适度？一是下级政府拥有更多的政策制定自主权，会增加政府行为协调的复杂性。分权化主要的政策挑战在于，设计和发展一个适当的多级次的公共财政系统，更有效和充分地提供地方公共服务，并保持宏观经济稳定。通过样本计量经济分析发现，财政分权的缺陷是地方财政控制力的减弱和政府间财政关系协调的失败，经常导致地方财政的压力和刺激地方政府的赤字偏好，尤其在发展中国家，会影响宏观经济的稳定。严格地方财政纪律、运用市场力量和设计更好的制度，使政府间财政关系协调的失败最小化，成为财政分权重要的先决条件。二是适度分权能有效提供公共服务。尤其对转移支付的受益者而言，能得到足够的财力和充分的灵活性，并对结果负责。对转移支付总体目标补助和特定目标补助，要求所有地方政府都应按标准程序管理财政问题，保持完备的账目，接受定期和公开的审计，地方政府的预算和行为等保持最新和完备的信息，并让这些信息公开化。三是理顺政府间财政关系。通过合理选择设计各级政府间财政关系，从制度上防范和遏制地方政府不守财政纪律、滥用国家资金、诱发超权限过度支出、产生公共产品问题等。在完全信息和不完全信息的假设条件下构建模型，构建政府间转移支付体系，特别是提供财政联保和为财政纪律提供足够激励进行选择的问题等。中央政府事先对每个地区承担一定的转移支付，地方政府影响中央政府获得转移支付，给出更低的中央公共品支出和更高的地方支出与转移支付，后者更能获得较高的福利水平，将此扩展到地方税和中央税，结果相同。那么，政府分权过度或不适度将会带来哪些负面影响呢？一是削弱中央政府宏观调控经济能力。中央和地方的利益往往存在差异，过度分权会导致中央制定财政政策和货币政策的回旋余地变小，降低中央政府调控宏观经济的效力。二是导致收入分配不公。权衡地区间再分配政策，尤其是调节个人收入方面，应强调中央政府作用，由地方政府对辖区进行收入或财富的再分配，必然出现轻重不一，导致人口与财富的非正常流动。三是加大地区间发展不平衡。越是富裕地区税基越大，同样的税率，地方政府可提供更多公共服务，或以更低的税率提供同样的公共服务，加速发展；而落后地区则可能陷入"贫困的陷阱"，即典型的马太效应。四是降低效率。行政区域间的界限并非完全依照公共品受益范围划分或界定，而是历史和政治等多因素共同作用的结果。因此，地方政府以辖区内的边际收益等于边际成本为标准提供公共品最优数量时，会对有外溢利益的产品提供不足或对外溢成本的产品提供过量,从而无法达到帕累托最优。同样,公共产品供给还有规模经济优势,若让各地政府分别提供此类产品,必然会因生产达不到规模而使成本加大,效率降低。许多发展中国家市场与政府的界限不清,地方政府经常误入竞争性领域,将公共资金投入一般性行业与市场争利,并用行政权力实施地方保护,地方财权的增加与低效的重复建设必然滋生地方保护主义,从而导致市场分割,影响统一市场的形成和发育。

二 转型期我国财政分权治理结构存在的不协调性

(一) 政府间财政关系缺乏宪法和法律保障

无论单一制还是联邦制国家,都存在着中央与地方政府之间的利益博弈,这种博弈表现为两种形式:其一,在宪政体制下的合法博弈;其二,在缺乏制度安排条件下中央与地方政府间的讨价还价。西方宪政国家往往直接通过宪法规定中央政府与地方政府之间的财产权利划分,特别是通过划分中央政府与地方政府的征税权,实现宪法层面的财政分权。按照国际惯例,中央与地方政府通过宪法明确财产权利划分体系后,无论中央还是地方政府,都不能逾越宪法规定,扩大自己的财产权利。目前,在我国转型治理的过程中,尚缺乏宪法意义上的财政分权。中央与地方所有财政关系的调整,都是通过中央的"决定""通知"传达和执行,财政关系的具体调整也缺乏相应的法律依据。例如1994年以前的财政分权方案,实际上是中央与地方谈判妥协的结果。当年的分税制虽采取了各省一致的分享方案,但每省基数不同,随着时间的推移,各省之间差距逐渐拉大,且分税制方案是中央政府与各省分别谈判所形成的,各省之间无直接交锋,不是各省之间妥协的结果。虽然各省在分税制初都接受了该方案,但随着各省间差距的拉大,调整分税制方案的呼声逐渐高涨。制度变迁的主导者是中央政府,在没有法律约束的情况下,其随时可能根据自身利益来调整方案。例如个人所得税原为地方税,由于人们收入激增,改为中央、地方共享税,分享比例各占一半,后又进一步调整为中央占60%。可见,财政体制缺乏内在的稳定性和法律保障。当然,中央出于把握国家宏观形势的考虑,必要时做出相应的政策调整是正常的,但财政体制的内在稳定,或中央政府的可信承诺，是财政分权的一个基础，要求必须以宪法和法律形式明确政府间的财政关系，否则会直接导致地方政府的机会主义倾向。例如分税制前，地方政府擅自减免企业税收，将预算内收入转移到预算外，藏富于企业；分税制后，则鼓励企业拖欠中央税款、谎报收入基数，鼓励地方企业逃避银行债务等。

（二）垂直集权与财政分权相冲突

地方政府缺乏财政自主权并日益成为财政分权的障碍。分权包括人事权（选举权、任命权）、事权（提供地方公共品或供给公共服务能力）、财权（税收管辖权和举债权）等三方面权力的下放。财政分权要求地方政府有充分的人事权，这是取得财政分权效率的必备条件。纵向看，高度的行政垂直集权，直接导致下级政府只重视上级政府的行政命令，忽视本地居民诉求，表现为事权与财权的背离，事权层层下放和财权逐级集中交织。例如，从事权和支出责任看，1994年分税制至今，地方政府不仅承担本级的行政管理、义务教育、农业支出、社会治安、环境保护等多种地方公共产品，还要支持地方经济发展，同时，中央财政集中度不断提升，加剧地方政府收支矛盾。相当一段时期内，地方财政收入占中央财政收入比重一直稳定在48%左右，但地方财政支出却占全国财政支出比重的70%甚至80%多。适当提高中央财政收入比例，有利于提高宏观调控能力，但财权上收的同时并未相应地上调事权，这给地方政府带来了沉重的财政压力，由地方政府负责社保、医疗、教育等具有外溢性的公共服务，世界尚不多见。自上而下，中央政府事权不断下压省级政府，省级政府也逐级向县乡政府下压。县乡基层政府承担本级政府的行政管理、义务教育、农业支出的同时，还要承担一些事先没有界定清楚的事权。如社会保障，当年分税制推出时，该项事权没有界定清楚省以下特别是县级政府承担多少，而现实是全部承担。这些事权大都刚性强，支出基数大、增长快，有些地方义务教育支出高达县财政支出的85%。事权层层下压的直接后果县乡财政陷入困境，基层公共品供给严重不足，实际债务负担沉重，寅吃卯粮，财政风险日益膨胀。

（三）横向失衡与地区间财政不均衡加剧

转移支付制度是促进各区域公共服务水平均等化的主要手段，而现行的转移支付制度仍存在许多不足。从转移支付形式看，体制补助和税收返还是当年中央与地方政府妥协的产物。其返还额以1993年中央从地方净上划的收入数作为税收返还基数，逐年递增，递增率按全国增值税和消费税增长率的1：0.3系数确定。这种以照顾当年既得利益为目标、按收入来源地返还的税收返还办法，造成"一省一率、一省一额"，不均衡结果更加严重。为消除这种不均衡影响，中央也曾推出过渡期政府间转移支付试验计划帮助贫困地区；实行专项转移支付，如对公共医疗卫生体系建设投入、失业人员补助、西部大开发和东北振兴财政支持等。但从总体上看，这些措施力度不够、规模有限，对缩小地区间财政不平衡方面效果欠佳。频繁作为国家特定领域改革的财政支持和资金保证，并不符合应有的公平化要求，补助缺乏科学依据，虽采用了多元回归法，但涉及范围不大，采集因素不多，随意性大。要求地方配套的做法，给原本并不宽裕的地方政府带来压力，反而拉大了地区差距。

（四）地方财政层级过多与政府预算软约束并存

一方面，地方财政层级过多。世界上多数国家的政府级次为三级架构或准三级，如联邦制的美国、澳大利亚和单一制的日本、法国，而我国严格说是五级半架构级次。按一级政府一级财政，每级政府都要求按分税分级形成财力，拥有主体税种和稳定税基，难度很大。政府级次过多不仅导致资金使用效率边际递减，还带来不同级次政府间的财政博弈，加剧地方财政困难，加大地方债务风险负担。（见表2）

表2　　　　　我国政府级次管理结构一览　　　　　单位：个

序号	政府级次	政府数量
1	中央政府	1
2	省/自治区/直辖市级政府	33
1/2	计划单列市（相当于副省级）	16
3	市级政府	334
4	县级政府	2861
5	乡镇政府	44741

另一方面，地方政府预算约束弱化。一是地方政府支出责任过多，导

致大量非正常收入存在，地方政府不得不变相向当地居民和企业收取无限"收入"，预算很难约束。因此，某种程度上中央政府不得不默许地方政府的预算外甚至体制外收入，地方各级人大无法有效监督。二是大量借款难以消化。当年分税制体制并未包含地方政府融资权，客观上存在大量地方隐性债务或有负债和债务危机隐患。三是财政行为上不按正常的预算管理制度和程序实施，随意通过暂付款科目出借国库资金，将无预算的支出项目通过暂付款安排，造成支出大量挂账，长期挤占国库资金，使正常的预算支出无法保证。四是将部分财政收入列入暂存款体外循环。为隐瞒财政收入或截留专项资金，通过挂"暂存款"的方法体外循环，造成大量财政收入结存在暂存款科目，逃避预算监督。五是以科目调剂和追加指标名义随意调增调减年初预算，使预算形同虚设，造成年初设定的政策目标难以完全实现。六是超收安排随意性大。编制年初预算对当年超收情况预计不足，造成每年超收规模较大，各地普遍先支后报，地方人大很难事前监督。七是预算与实际脱节，年底预算指标大量结转。由于我国财政预算编制较粗以及体制方面的原因，许多地方预算与实际情况存在较大差异，造成预算指标年底大量结转到下一年度，从而影响预算的正常执行，严重降低了预算刚性，增加了预算执行的随意性。

（五）财政竞争与市场分割严重

财政竞争是地方政府财政分权的必然结果，不仅表现为上下级政府间的垂直竞争，还伴随同级政府间的水平竞争。"分灶吃饭"财政体制条件下，主要是上下级政府间的垂直竞争。地方政府采取先对企业减免税，后集资摊派等形式体外循环，纳入地方金库。分税制财政体制条件下，主要表现为同级政府间的水平竞争。由于我国企业所得税长期按隶属关系征收，划归地方政府的国企自然成了地方的重要财源，地方为维持本地经济繁荣、保证财政收入稳定，努力扩充自身控制的经济资源，热衷于上大项目，特别是高税产品和预期价高的产品，盲目投资，重复建设，采取税收优惠、地方保护等手段，吸引税收资源流入和限制外地资源进入本地市场，如设置准入壁垒或流出障碍，采取不正当手段对外倾销，甚至保护、纵容造假和伪劣产品的生产销售，严重阻碍了要素自由流动和市场化进程。

三 国家治理新常态下财政分权治理结构取向的合法性

(一) 加快中央与地方财税关系的法治化进程

实施"三步走"战略：一是收入划分的法律约定。启动立法程序并以征税效率高低为标准，适合集中征收的归中央，区别对待的归地方。从税种结构看，以增值税为主、消费税和营业税为补充。其中，增值税对发票管理和征收素质要求高，增长空间远大于企业所得税，所得税因金融系统尚不发达，企业财会信息披露不规范，企业和居民收入透明度低，征收成本高且近年来增幅有限。因此，短期内维持现行税收结构尚可，但从长远看，应逐步规范合并诸如城建税、教育费附加和土地增值税等数额较小而征收成本较高的地方税种。同时，考虑加大资源税、房产税等比例并择机将其作为地方税的主要税种，以增加资源丰富的偏远地区收入。如将森林、水、旅游、牧场等资源纳入征收范围，既调动地方保护资源的积极性，还促进资源的合理开发和有效利用。对于我国相对贫困的中西部和东北部地区的资源大省，在合理、可持续开发前提下，开征资源税等不失为弥补地区收入的有效举措。二是税收征管体制的立法化和司法化。所有税种须经全国人大的立法程序，从根本上改变多数税种以条例或暂行条例形式存在的状况；规范完善税收争议诉讼程序，强化税收征管法律控制和纳税人权利保障意识；合理划分中央地方的税收立法权，在统一税法前提下，企业所得税等地方税部分政策调整权下放地方；个人所得税、房产税、城镇土地使用税等对国家宏观经济影响较小、对地方经济影响较大的地方税，在中央统一调控前提下，具体实施办法、税目、税率、税收减免和起征点等事项交地方负责；税源零星分散、征收成本高、地方差异大的税种，立法权、解释权和征管权应全部下放地方。三是明晰中央与地方的税收边界。按财权与事权统一、权责结合原则，进一步明确中央与地方的事权，中央管全局，地方管制宜，根据事权赋予相应财权，使财权所取的财力与所承担职能相一致并受到法律保护。

(二) 科学划分财政管理权限并以立法形式确立

1. 分类划分

一是支出类。全国受益的划归中央，地方受益的归地方；全国性的公共服务活动，中央承担，反之归地方；投资大、受益广、协调难、技术高或关系国际竞争力的项目中央支出，其他项目地方支出。二是收入类。主要按效率、适应、恰当、责权一致、利益分担规制。具体为处理政企关系的效率原则，即税收收入的划分，既便于征管、降低成本，又利于防止税收流失、促进收入增加；处理中央与地方关系的税源充分原则，即税源广、收入稳定的税种划归中央，反之归地方；处理地区关系的公平税负原则，即对可能导致地区间税收竞争、税负不公的税种（如所得税），实行全国统一税法，中央直管；处理经济发展的市场统一原则，即税收开征可能妨碍全国统一市场的形成，可能被当作地方保护主义和市场屏障工具，阻碍商品自由流通的税种，应划归中央。三是职能类。承担稳定职能、收入再分配职能的相关税种划归中央，资源配置职能依据公共品性质及层次性和效率，包括配置和征管效率，分别由中央地方共同承担，职能交叉部分，协调解决。四是税种类。流动性较大的税种，如企业所得税、增值税等划归中央；较小的税种，如房产税、土地税、土地增值税等，归地方。与自然资源有关的税种和关税及其他影响市场公平竞争的收费，全部划归中央。

2. 分层设计

一是事权明确。做到层层职责分明、事事关系明确。第一层是国家与市场的事权。市场有效的领域国家退出，市场失效的领域国家介入，由此决定政府与企业和个人的"事权"，这是基本准则。第二层是中央和地方的事权。全国受益的公共品由中央政府提供，地方受益的由地方提供，以此确定职能范围和事权界限。第三层是地方与地方之间的事权。按受益原则，谁受益谁出资，中央居中协调。第四层是政府机构之间财政活动的事权。如财政与税务、国税与地税、财税三家与国资部门、税务与海关、财政与社保，以及各部门内部之间的事权关系界定。二是财权合理。财权划分以事权为基础，体现事权财权一致、权利义务对等。同时，中央政府承担了国家安全、国际往来、政治稳定、全国性的立法和司法、货币管理、宏观经济调控、社会发展等重大职责，财权应体现中央的主导地位，主要的财政立法权、财政收支权限应集中在中央。按责权一致、效率优先原则，给地方以相应的财权。三是财力充裕。财政收入多寡要与担负的职能相适应，确保各级政府有足够的财力满足职能需要。衡量财力充裕与否的指标简单讲即财政收支状况，健全的财政体制应保证各级财政收支大体平衡，以不发生债务危机为限。四是统分结合。由于转型期经济关系的复杂性，事权和财权的划分很难做到界限绝对分明，要做到事权明确、财权合理，相当程度上依赖于实际操作过程中的相机抉择，财力的划分更是如此。虽然各财政主体的收支可从数量上严格区分，但因转移支付的校正，财力的划分实际上也是相对的，目的在于通过权责关系的划分调动各级政府的积极性。无论制度规定，还是财政具体活动，各财政主体须有独立行使的事权、财权和财力，忽视地方利益，或靠中央接济的做法，实践证明行不通。但过分强调地方利益，也会造成"诸侯割据"、经济分化，危及政权。所以统分适度才能协调矛盾、共同发展。

（三）财政分权治理结构近期路线图

一是先行适度分权治理结构试点改革。财政分权的实质在于中央和地方政府间职责与权力范围的划分，以避免信息不对称，促进资源的更有效配置、社会福利最大化和制度创新。在国家治理体系背景下，财政分权的核心问题——现代预算制度，已呈现出从控制取向走向绩效导向、从合规控制转向公民参与、从年度预算拓展为中期财政规划等演化趋势，抓住时机先行选择适度分权改革的试点，进一步探索如何赋予地方应有的税收管理权，强化地方政府的预算约束，处理好适度分权问题。二是处理好几个关系。国家资源汲取、政治渗透和危机解决能力的提升离不开财政收入支撑，财政分权治理结构首先要有较高集中性；实现哑铃形分权治理结构，虚省弱市、强化中央权威，税权调整以分税为主、分成为辅，发挥中央地方两个积极性；转移支付以地方辖区居民效用最大化、上级政府能对支付资金有效监督为前提，强化用途指定较宽泛并按因素法分配资金的分类拨款，提高资源配置效率。三是夯实分权治理结构规范化基础。全面规范、公开透明的预算制度是国家治理体系与治理能力现代化的基础性制度载体。为应对改革目前核心预算机构缺失、预算碎片化等现实约束，组建国家预算管理局，推进全口径预算管理；引入参与式管理，试行分部门预算审议票决；构建跨年度预算平衡机制，稳步推进中期财政规划；整合预算监督资源，加强财政问责，承载公共受托责任。严肃财经纪律，加强全口径预算资金规范化管理和监督，加大对地方财政支出和转移支付资金使用的审计监督力度，加强预算资金透明度管理。四是探索预算公开法治化路径。预算公开法治化与财政分权体制本质上密不可分，我国预算公开实践表明，法治化是预算公开的必然选择。预算公开法治化的实质是实现预算权的规范化。现代法治国家预算权规范化的发展有公法与私法两条路径，考虑到当前我国预算权的配置与监督仍面临一些困难，需结合财政分权体制，遵循预算公开法治化一般规律，合理利用转型期的民主资源，慎重对待财政分权体制，在纵向政府间事权存在差异配置基础上，激发多方面积极性和创造力。省以下各级政府预算公开，可借助私法进行，以协商民主为基础将预算权规范化的价值问题转换为程序问题，化解预算权规范化外部困境中的难题，将推进社会公众的预算参与作为实现预算公开的手段；省级以上层级（含省级）预算公开应从顶层设计出发，以代议制民主为根基，突破预算权规范化内部困境障碍，形成倒逼式逻辑关系格局，为加速我国预算公开的法治化进程奠定基础。

参考文献：

[1] 吴兴人：《从国家统治到国家治理》，2013年11月13日，东方网（http://pinglun.eastday.com/p/20131113/u1a7772485.html）。

[2]《中共中央关于全面深化改革若干重大问题的决定》，《人民日报》2013年11月16日第1版。

[3] 陶希东：《国家治理体系应包括五大基本内容》，《学习时报》2013年12月30日第A6版。

[4]《中国共产党第十八届中央委员会第三次全体会议公报》，新华网（http://news.xinhuanet.com/house/suzhou/2013-11-12/c_118113773.htm）。

[5] http://baike.baidu.com/view/4442568.htm?fr=aladdin。

[6] 董再平：《财政分权的理论述评》，《当代经济管理》2009年第9期。

[7] 植草益：《微观规制经济学》，朱绍文等译，中国发展出版社1992年版。

[8] 逄勇：《财政分权与行政集权的冲突亟待解决》，《中国改革报》2007年8月2日。

[9] 斯蒂格利茨：《公共部门经济学》，郭庆旺等译，中国人民大学出版社2005年版。

[10] 楼继伟：《中国政府间财政关系存在的主要问题及改革对策》，2014年7月

10日,中国宏观经济信息网。

[11] 郭小聪:《财政改革:国家治理转型的重点》,《人民论坛》2010年第2期。

[12] 刘晓路:《现代财政制度的强国性与集中性——基于荷兰和英国财政史的分析》,《中国人民大学学报》2014年第5期。

[13] 吕冰洋:《现代政府间财政关系的构建》,《中国人民大学学报》2014年第5期。

[14] 岳希明、蔡萌:《现代财政制度中的转移支付改革方向》,《中国人民大学学报》2014年第5期。

[15] 马蔡琛:《现代预算制度的演化特征与路径选择》,《中国人民大学学报》2014年第5期。

(本文原载《南京社会科学》2015年第1期,收入本书时略有改动。作者陈冬红,中国社会科学院财经战略研究院副院长、教授、研究员。北京市朝阳区曙光西里28号中冶大厦 100028)

社会转型与环境治理的关系研究

王文波　王芳芳　林　波

摘　要：中国正处于深刻的社会转型历史新时期，在对环境治理提出了新挑战的同时也带来了新的契机。基于社会转型研究范式，文章从经济、政治和文化三个维度论述了社会转型对环境治理的重要影响，分析了生态环境是成功实现社会转型的重要条件，并有利于社会的平稳转型。在此基础上，分析了在社会转型的条件下环境有效治理的一些思路，为社会转型期环境治理政策制定提供了一定的理论依据。

关键词：社会转型　环境治理

一　引言

2011年10月以来，包括京沪在内的我国多地持续出现大雾天气，PM2.5问题引起了人们的密切关注；2013年12月初，中国近半国土笼罩在雾霾天气中，雾霾一词自此成为了热词。然而，PM2.5和雾霾问题仅仅是中国环境污染问题的冰山一角。中国环境保护部发布的《2013中国环境状况公报》显示，全国环境质量状况有所改善，但生态环境保护形势依然严峻，最受公众关注的大气、水、土壤污染状况依然令人担忧。在此形势下，加大环境治理力度势在必行。

研究环境治理需要考虑其深层背景。随着中国工业化、城市化进程的不断加快，中国开始步入新一轮的社会转型期，环境治理问题也随之变得复杂。一方面，经济转型中传统产业的工业化会加大对生态环境的破坏，文化转型中消费主义的盛行也会在一定程度上造成环境污染，在此条件下，中国的社会转型给环境治理提出了新的挑战。另一方面，环境问题的日益严峻也在倒逼着中国的社会转型。2012年11月，党的十八大历史性地把"生态文明建设"写进了政府报告，表明了政府加强生态文明建设的决心，中国的社会转型为环境治理带来了新的契机。在当前中国社会转型的历史新条件下，如何把握社会转型对环境治理的影响，优化环境治理措施，是推进我国生态文明建设的重点问题。本文立足于中国社会转型的特点，通过文献研究以及对社会转型与环境治理关系的系统分析，试图找出中国社会转型条件下环境治理的优化途径，以期为我国生态文明的建设提供一定的借鉴参考。

二 环境治理的研究趋势

环境治理是对环境进行管理和改善。联合国发展署（UNDP）与联合国环境署（UNEP）曾对环境治理的内涵进行了研究，指出环境治理是一种决策的过程，也就是说，环境治理是治理主体对自然资源行使的权力，具体可通过法律、公共机构等手段使权力具体化。[①] 另外，UNDP和UNEP还认为环境治理的内容包括环境治理主体、治理机构、治理目标和民主治理等，而从地域的角度出发，环境治理可分为全球环境治理、国家环境治理、区域环境治理、城市环境治理和地区环境治理等，从自然资源的角度又可分为森林治理、海洋治理、沙漠治理、水环境治理等。[②] 在此之后，国内外学者纷纷在此基础上对其进行了相关的研究和定义。例如，学者王子奇认为环境治理首先应找到产生环境问题的根源和动因，这样才能

[①] World Resources Institute (WRI), United Nations Development Program (UNDP), United Nations Environment Program (UNEP), "Decisions for the Earth-Balance, Voice, and Power", *World Bank*, *World Resources*, 2002–2004.

[②] World Resources Institute (WRI), United Nations Development Program (UNDP), United Nations Environment Program (UNEP), "The Wealth of the Poor-Managing Ecosystems to Fight Poverty", *World Bank*, *World Resources*, 2005.

更好地改善环境。① 也有学者认为环境治理的内容应该包括概念与原则、固体废弃物治理、范式与制度的治理等。② 环境治理通常被普遍定义为在对自然资源和环境的持续发展和利用中，环境的利益相关者进行相应的环境决策并承担一定的责任而达到一定的环境效果、经济效果以及社会效果，并力求效果的持续性和最大化。③ 当然，也有部分学者认为环境治理是各类治理主体对环境事业进行合作参与管理的一种动态的过程。④ 虽说，目前尚未形成统一的定义标准，但我们可以看到，环境治理的内容主要包含三个方面的内容：一是由谁来决策；二是决策者如何决策；三是要实现一定的环境和经济目标。环境治理是国家治理的重要组成部分，我国正处于社会转型期，十八大强调要实现环境与经济的友好协调发展，这就要求国家在发展的同时必须将环境治理作为重点，因为环境治理与社会治理二者是要素与整体、局部与整体的关系。

（一）环境治理主体的研究

由古至今，环境治理的主体也在不断地更替变化，由最初的政府的"一手抓"，逐渐演变为企业、公众和一些非政府组织的合作式参与，形成一个多元化的治理体系。目前普遍认可的治理主体主要包括政府、企业、非政府组织（NGO）、公众等。⑤ 20世纪初，大部分学者都认为环境治理的主导者应是政府，大力倡导政府的作用，忽视了企业和公众参与的重要性。国外学者赛文·贝斯（Savan Beth）认为在环境治理的过程中，政府应该做好一个决策者的角色，即知道该做什么和不该做什么。⑥ 戴

---

① 王子奇：《中国城市环境治理新思路——第八届城市管理"世纪论坛"综述》，《探索与争鸣》2008年第1期。

② 陈海秋：《转型期城市环境治理理论的基本内容及其展望》，《徐州工程学院学报》（社会科学版）2010年第2期。

③ 董秀海、胡颖廉、李万新：《中国环境治理效率的国际比较和历史分析》，《科学学研究》2008年第6期。

④ 陈海秋、曲福田：《转型期中国城市环境治理模式研究》，博士学位论文，南京农业大学，2011年。

⑤ 林辉、陈德敏：《环境治理的制度逻辑与模式转变》，博士学位论文，重庆大学，2012年。

⑥ Savan Beth, Gore Christopher, Morgan Alexis, "Shifts in Environmental Governance in Canada: How are Citizen Environment Groups to Respond?", *Environment & Planning*, No. 4, 2004.

维·奥斯本、罗伯特等学者也证实了贝斯的观点，认为政府在公共管理中扮演着重要角色，应起到催化剂和促进者的角色，是"掌舵者"。同时，国内学者陶志梅、肖巍等人的研究也论证了政府的重要性。陶志梅在对市场进行调研后，系统分析了环境治理中政府的作用与不足，提出了政府与市场达到平衡才能最终促进问题的解决。① 随后，随着研究的深入，有些学者开始转向企业、非政府组织等领域的研究，认为环境治理不应仅依靠政府的主导和协调，更需要企业和公众的支持与配合。国外学者 Arentsen Maarten 认为保护环境的政策制定还需要公众和非政府组织部门的参与，因为环境的保护与治理需要多层次的合作，而且公众的参与可以对政府起到有效的监督作用。② 在 Maarten 研究的基础上，Newig Jens 和 Fritsch Oliver 指出，由于参与者对环境的偏好程度会影响决策的效果，因此环境治理的参与者不应只有政府这一个主体，应是一个包含多个部门和层级的多中心体系，而不是单一体系。③ 国内学者林发松从公众参与的角度出发，研究了公众参与对环境治理的必要性，并提出七条有效途径。④ 朱锡平在其基础上对研究进行了拓展，加入了市场这一因素，分析了市场与公众在环境治理中起到的积极作用，并认为只有通过政府、市场与公众的共同努力，才能建立起有效的环境保护制度，实现环境、经济与社会可持续发展的目标。⑤

（二）环境治理模式的研究

环境治理模式，又称为环境治理范式，指包括治理主体、治理结构、治理制度、治理目标、治理效果等因素在内的框架。学者们对环境治理模式从不同角度出发，分别进行了探讨研究，目前主要有以下几种方式：参与式治理模式、合作型治理模式、政府主导型治理模式、专项治理模式、

---

① 邓志强、罗新星：《环境管理中地方政府和中央政府的博弈分析》，《管理现代化》2007年第5期。

② Arentsen Maarten, "Environmental Governance in a Multilevel Institutional Setting", *Energy & Environment*, Vol. 19, No. 6, 2008.

③ Mark Pennington, "Classical Liberalism and Ecological Rationality: The Case for Polycentric Environmental Law", *Environmental Politics*, Vol. 17, No. 3, 2008.

④ 林发松：《公众参与环境保护的途径》，《福建环境》2000年第1期。

⑤ 朱锡平：《论生态环境治理的特征》，《生态经济》2002年第9期。

多中心治理模式等等。①

蒂姆·佛西对合作型环境治理模式进行了相关研究，并提出了一种新的方式，即在环境治理的过程中，政府扮演着参与协商并执行决策的角色，而企业与居民也是通过协商的形式达成一种公私合作的关系，这一形式不仅可以减少企业与当地周围居民的冲突，而且也可以使企业的举措更加符合当地环保政策，有效从源头上优化环境。② 对治理模式研究相对深入的当属埃莉诺·奥斯特罗姆的多中心治理模式，这种模式主要包括多中心的公共经济理论、公共事物的自主治理理论、多中心的可持续发展理论、多中心的城市治理理论四个方面，主要具备四大特征：一是存在着地方性的非政府组织与公众的参与；二是将公民的参与作为基本的战略手段；三是有关环境治理的决策是由多主体经过探讨、争论、协商等最终达成的一致性意见；四是环境治理的措施可以是多种多样的，可以通过多种制度和手段来实现。③ 国内学者对多中心治理模式的研究也较为广泛，比如欧阳恩钱、张元友、肖扬伟、肖建华等人都对其进行了深入分析。其中欧阳恩钱对多中心治理模式的制度进行了研究，④ 肖建华则在论文中对其类型进行了详述。⑤ 除此之外，也有学者朱香娥提出了基于市场、公众、政府三方视角的"三位一体"的环境治理模式；⑥ 吴坚探讨了如何利用多中心治理模式治理水污染的问题，他认为环境治理需要借鉴国外发达国家的成功经验，吸收之前国内外学者的理论精华，结合当地的环境特色，以政府为主导，充分调动市场、组织和民众的力量，实现环境的良好治理。⑦

综合以上国内外学者对文献的整理研究，本文认为在环境治理的过程

---

① 陈剩勇、赵先勇：《参与式治理研究述评》，《教学与研究》2009年第8期。
② 蒂姆·佛西著，谢蕾译：《合作型环境治理：一种新模式》，《国家行政学院学报》2004年第3期。
③ 埃莉诺·奥斯特罗姆著，余逊达译：《公共事务的治理之道》，上海三联书店2000年版。
④ 欧阳恩钱：《多中心环境治理制度的形成及其对温州发展的启示》，《中南大学学报》（社会科学版）2006年第1期。
⑤ 肖建华等：《走向多中心的生态环境治理研究》，湖南人民出版社2010年版。
⑥ 朱香娥：《"三位一体"的环境治理模式探索——基于市场、公众、政府三方协作的视角》，《价值工程》2008年第11期。
⑦ 吴坚：《跨界水污染多中心治理模式探索——以长三角地区为例》，《开发研究》2010年第2期。

中，应该借鉴国外的积极成果，让环境治理成为大家共同的意识，主张主体多元化，并结合当地特色采取不同的环境治理模式。同时，通过对环境治理及治理模式的相关研究，也为下文研究社会转型与环境治理的关系提供了理论基础。

三　社会转型与环境的关系

我国的社会转型包括经济、政治、文化等方面的转型。经济上表现为由以农业为基础的经济转为以工业和服务业为主体，由指令性计划经济转为社会主义市场经济；政治上表现为由政府的"一把抓"转为"放权让利"；文化上表现为由单一的文化转为各种新媒体、网络文化等的重组，以及人们价值观念的变化。

（一）经济转型与环境——基于工业转型与市场化的影响

经济转型是从一种经济运行状态转向另一种经济运行状态，指的是资源配置和经济发展方式的转变，包括发展模式、发展要素、发展路径等转变。我国从"九五"计划开始便提出了经济转型问题，随后这一命题迅速深入全国400多个城市，并被写入中央11号文件以及十六大报告，从而确保了经济的快速发展。正是因为国家采取的一系列经济发展举措，使得环境也在相应地发生变化。

1. 工业转型对环境的影响

一方面，工业化加重了环境污染。关于环境与工业化之间的联系，各国学者也多有研究。俄国社会生态学家马尔科维奇指出，"实际上，生态问题的主要原因是现代工业，因为它的发展趋势是反生态的……现代工业社会把自己的发展建立在对自然资源的滥用上"[1]。也有人认为，工业化的巨大成就是靠对自然资源的掠夺，甚至是竭泽而渔、围湖造田而得来的。与传统的农业经济相比，工业化对生态环境造成的破坏更为严重。从工业增长速度来看，世界发达国家在进行工业化经济转型时，进程是相对

---

[1] 亚诺夫斯基·希林，黄德兴译：《社会生态学是社会学的一个分支》，《现代外国哲学社会科学文摘》1998年第6期。

缓慢的，经历的时间比较持久，过程也比较稳定。例如美国60多年的工业化增长率仅为5%左右，德国早期的增长率也只在3%上徘徊，但我国工业化增长率迅猛，"一五"期间，工业总产值的年平均增长率达到18%；20世纪60年代为3.9%；70年代为9.1%；80年代为13.3%；90年代前五年高达17.7%；21世纪20年代相较于20世纪90年代总产值翻了两番，这样的高速发展跨越了西方社会经历工业革命的阶段，而直接进入了一个新的时代，不仅给环境带来巨大破坏，也带来了巨大的压力，使得环境难以在短时间内得到改善。另外，当时许多地方政府的观念是"先污染后治理"，认为经济要发展，必须要放弃当前阶段对环境的保护，以牺牲环境为代价，将经济发展与自然环境相割裂，并认为二者是不可以同步进行的。明显，当时各政府尚未形成环境保护意识，将人与自然分别对待，违背了人的自然性特征。从工业发展过程看，西方政府往往是先选择轻工业等对环境污染较小的工业，达到环境与经济的协调发展；但我国在发展工业时，并未很好地借鉴西方社会的转型经验，反而着眼于经济利益，发展能够在短期内为国家带来巨大经济利益的重工业，从而对环境造成了较为严重的破坏。从技术水平来说，西方国家从14世纪便被标榜为世界技术中心，他们能够利用先进的技术对资源进行最充分、最合理的利用；但中国的技术水平却远远落后于西方发达国家，例如中国本是稀土大国，可提取率却远远不如国外，而且不能对资源做到合理的利用和开发，造成了乱垦乱采的现象。

因此，工业转型中的传统工业（如钢铁、汽车、建筑、造船）加重了环境的破坏，造成大气污染、温室效应、酸雨、臭氧层空洞等现象。但任何事物都具有两面性，在传统工业加重了环境污染的同时，新兴工业（如合成材料、电子技术）却对生态环境产生了积极的影响。新兴工业是相对于传统工业而言的，指随科技进步而迅速发展起来的富有生命力的工业部门，具有高科技的特征，其对环境的保护做出了一定的贡献。例如，一节纽扣电池可以污染600立方米的水，而可充电锂电池使得电池可重复利用，有效降低了废旧电池对环境的污染。另外，烟台的佳世客也利用新兴能源降低对有限资源的消耗，充分利用风能和太阳能发电，满足店外路灯供电，充分响应了节电环保理念。新兴工业虽然也会对环境造成一定的影响，但更多的是有利于环境的保护。首先，它是在考虑环境的基础上建立的，本着环境与经济共同发展的原则，以环境为优先考虑对象；其次，新兴工业的诞生解决了传统工业对环境造成的污染或者将污染降到了最小化,利用高科技技术手段有效改善了环境,如对水污染的治理等。最后,新兴产业是以知识产权作为助推剂,更多地倾向于环保和信息技术,发展"绿色经济"。

2. 市场化转型对环境的影响

生产力的高度发展与市场经济是密不可分的。改革开放以来,市场化的转型对环境的发展与保护带来了重要影响。关于环境保护与市场机制,目前主要存在两种观点。一种观点认为,市场经济是反生态的,市场经济的环境外部性导致了资源的浪费和环境的破坏;另一种观点认为,市场经济对环境保护具有一定的积极作用,可以解决环境保护中存在的不足。本文认为,市场化转型有利于环境建设的发展,却也不可避免地对环境造成了一定破坏。一方面,市场机制对解决环境问题具有重要的积极意义。学者科斯在早期就认为环境资源问题是可以通过自发的市场交易来实现资源的有效配置的。[①] 但另一方面,由于市场经济是与工业化转型相匹配的资源配置方式。在这种配置方式下,企业作为独立的主体,追求的是经济利润的最大化和高效的产出,忽视了环境成本,因此在发展期间对环境造成了严重的破坏。另外,政府为了尽快实现市场经济体制的变革,采取一些经济手段来进行环境管理,如排污收费制度等,但由于政府对经济手段并不是特别熟悉,因此这些手段在实践应用的时候并不能达到预期效果,这就意味着环境管理的效益会降低。[②]

(二) 政治转型对环境的影响——基于"放权让利"的改革思路

首先,政治民主化体现在政府的"放权让利"上,国家由原来的控制型管理模式转变为导向型管理模式。在控制型管理模式下,国家通过建立与环境相关的法律法规,采取处罚等强硬措施,但由于国家的法律系统并不成熟,尚存在许多管理漏洞,单纯靠法制并不能有效地保护自然资源,而许多企业也会利用这一漏洞忽视法规的三令五申。但在导向型管理

[①] Simon, J. L., *The Ultimate Resource*, Princeton University Press, 1981.
[②] 洪大用:《当代中国社会转型与环境问题——一个初步的分析框架》,《东南学术》2000年第5期。

模式下，国家不仅从法制的层面完善环境保护的相关法律制度，更从意识层面上积极宣传环境保护的重要性，使得这一观念真正树立在人们的意识中，环境保护由强迫性变为主动性，这是一个质的飞跃。有了政府的有效组织和引导，加上企业的环保理念，必将有利于环境的建设。其次，公众参与也是民主化的重要表现形式。不管是发达国家，还是发展中国家，环境保护并不是政府或者企业独有的责任，必须人人树立起环境保护的意识。让公众参与到环境保护的行动上，不仅可以有效地监督国家法律法规的运行、企业的行为，更能将环保理念打入基层。正如蔡守秋所说，"自然和社会的相互作用，应该主要受行使管理权力的管理阶层和获得公共利益的公众的影响；公众和国家权力机关应该联合起来共同做出那些影响环境质量的管理政策和措施；公众应该和政府部门一起参加鉴定那些规定公共环境的目标和价值的过程；公众应对已经形成并正在处理当代环境资源危机的国家行政管理做出合乎需要的选择；公众在鉴定和争取公共利益方面应该有平等的自由和影响力"①。

（三）文化转型对环境的影响——基于文化多元性的分析

当前，中国特色社会主义的文化价值体系呈现出百花齐放、百家争鸣的局面。一方面，文化的多元性对我国环境保护的探索开启了新的道路，使得我国文化宣传领域对环境保护越来越重视，对它的研究也在逐步深入；另一方面，文化的多元性使得环境保护工作较为复杂，不同的地域有不同的方式，在进行环境保护工作时，应尊重本土文化，这样才能真正地将理论应用于实践，环境建设才有保障。

价值观念的转型是文化转型中的一大重要转型，而这一转型也对环境产生了不利影响。首先，人们的大量消费增加了对资源的压力，产生的过多废弃物和生活垃圾等，破坏了生态环境系统。过度的消费虽能拉动经济的增长，代表居民生活水平的提高，但这种不正确的消费观却加重了环境的压力，当超出了其承载力，我们将会面临更严重的环境危机。其次，随着经济的不断发展和人们思维方式的转变，越来越多的人选择离开家乡外出务工，但离开家乡，意味着离开了自己土生土长的地方，这样对新的环境也缺少了归属感，并不容易把新的城市作为第二故乡。因此，缺失的归

---

① 蔡守秋：《环境资源法学教程》，武汉大学出版社2000年版，第420页。

属感使得这些人对当地没有乡土情结,从而也不会踏踏实实去保护环境,改善城市状况,如此,便导致了城市环境的污染加剧。俗话说,不积跬步无以至千里,不积小流无以成江海,环境污染是人们一点一滴的举动所导致的。所以,人们的价值观念是极其重要的,如果自身没有树立环境保护的意识,政府的积极倡导与强制措施都是徒劳的。由于精神文化具有叠加效应,会一代代传承下去,因此我们应重视这种隐藏于政治、经济背后并不显而易见的精神文化转型。

四 社会转型条件下环境治理的分析

(一)环境已恶化到非立即治理不可的地步

目前中国生态环境的基本状况是总体在恶化、局部在改善,但治理的速度远远赶不上对环境的破坏速度,因此我国的环境现状仍呈现出较为严峻的形势,主要表现有水土流失、大气污染严重等。而造成这些现状的原因主要有两个方面:一是人口压力过大。我国的总人口占世界总人口的15%—18%,位居榜首,但人均资源占有量却远远低于世界的平均水平,再加上人们对资源的不合理利用,给生态系统带来了过多的压力。二是工业化压力。由于我国工业化时代到来得比较晚,又面临赶超发达国家的重任,因此企业更加注重眼前利益,以环境的高代价换取经济的高利益,为中国生态环境带来了长期的积累性后果。

因此,在当今经济与环境发展极不协调的情境下,生态环境已成为不容忽视的问题,尤其我国正处于社会转型期,其所造成的环境污染和生态破坏也是相当严重的。据《中国环境统计年报》数据,2009年全国废水排放量比上年增加3.1%,固体废物产生量比上年增加7.3%,虽然近几年环境状况质量有所改善,但据2013年统计数据来看,京津冀区域雾霾状况仍较为严重,达标天数比例仅在10.4%,全国平均雾霾日数为35.9天,比上年增加18.3天,为1961年以来最多。可见,环境污染已日益严峻。李克强总理在2013年年会的座谈上曾指出环保已经成为重要的民生问题,当前中国必须通过转型升级才能实现国家的持续健康发展。所以,转型期间加大环境治理力度是刻不容缓的。[①]

(二) 社会转型与环境治理相辅相成

从改革开放以来，我国经历过多次社会转型，虽然在过去的转型进程中，都付出了较为惨重的环境代价，但是在当前的社会发展中，我国社会结构的成功转型离不开生态建设的有力推进，生态文明为社会的持续健康发展提供着坚实的物质基础。此外，要实现生态文明建设，也离不开社会转型的顺利推进，因为没有社会转型所带来的国民素质和意识的提高，就不可能实现人与自然的和谐相处。因此，社会转型与环境治理是相辅相成的，两者皆不可缺，这也是在社会转型的进程中对我们提出的挑战，即寻求一个既能推进社会成功转型又能建设良好的生态文明的耦合点。

当前中国社会转型的目标是新型现代性，而新型现代性必然是一种生态的工业化、城市化和现代化的道路。首先，中国的经济转型主要是从以农业为主导的经济转为以工业为主导的经济，虽然一方面加剧了对环境的破坏，造成了严重的水污染和大气污染，但另一方面工业发展所造成的资源消耗和浪费，促使循环经济与资源节约型社会的出现。中共中央领导层开始将生态环境的改善作为优化社会的重要内容之一，于"十七大"明确提出"建设生态文明"的战略思想，为生态文明建设的提出奠定了一定的基础。其次，中国的市场经济化体制也激发了人们对生态环保的思考，因为市场经济体制有利于提高人们的能动性，为人们生活质量的提高提供了内在动因，而卓越的生活质量与生态文明建设是密不可分的。最后，政治民主化的转型提高了公众的参与度，使得公众不仅开始参与环境保护，并自发成立环保机构来宣传环保的重要性，而社会法治化的转型更为生态文明建设提供了有力的制度保障，促进了生态经济的发展。[②] 因此，社会结构的一系列转型不仅为生态文明建设奠定了一定的基础，而且促进了生态文明建设的持续健康发展。

社会转型是一个兼具结构分化与重组的过程，一个既有稳定又有不稳定的发展时期。在这一时期，经济转型和文化转型极易导致社会的不稳定

[①] 周生贤：《中国环境状况公报》（http://www.cnemc.cn/publish/totalWebSite/news/news_41719.html）。

[②] 颜士鹏：《中国当代社会转型与环境法的发展》，科学出版社2008年版，第123页。

发展，激发社会上的一些不稳定因子，从而引发社会矛盾。如果转型期间这些不利的危险不能有效地得以化解或者根除，则意味着社会转型是失败的。生态文明作为社会系统结构的组成部分，有利于社会转型的有序前进。环境是人类赖以生存和生活的基础和前提，由于其倡导的理念是可持续发展和人与自然的和谐相处，因此对环境的治理有利于克服社会转型期出现的矛盾。首先，环境保护提倡的人与自然和谐相处的价值观有利于解决不同环境主体内部之间的矛盾冲突，能够使得各利益群体达到一种新的平衡。其次，环境保护有利于减少企业只追求增长的理念，从根源上实现环境保护的目标。最后，环境保护倡导的是可持续发展理念，冲击人类长久以来片面发展的观念，给人类带来新的思考和挑战。因此，环境治理能够促进社会转型的平稳过渡。[①]

人类不仅要生存，也要更好地生活，追求更高的生活质量，因此良好的环境与社会转型都是不可阻挡的历史发展趋势。同时，环境问题的日益严峻跟社会转型也是息息相关的，这是不容置疑的事实。文献分析显示，在工业时代，社会转型的主要目标是追求经济利益的最大化，忽视了环境问题，从而加剧了环境污染的步伐。在当今的信息化时代，社会转型的主要目标是在不破坏生态环境的前提下合理地追求经济利益的增长，并建立了相应的法律法规，从而使环境得到了有效的保护。因此，环境保护问题更应该从优化社会转型目标的角度出发，探索出适合我国当前国情的生态环境治理道路。[②]

（三）充分利用社会转型的发展动力和科技进步大力促进环境治理

党的十八大报告首次提出"生态文明建设"概念，并将其与经济、政治、文化和社会四大建设并列，形成"五位一体"的布局，确立了生态文明建设的重要地位，这就使得生态文明建设有了党的领导和指引，使环境治理的道路有了保障和方向；而且，在这次提出的总体布局中除了之前所强调的"从严治党"以外，还特别增加了"贯彻为民、务实、清廉的要求"，这不仅杜绝了政府官员的贪污腐败现象，而且可以使政府官员更加重视民生问题和环境问题，真正将环境治理的相关政策落到实处，建

[①] 严耕、杨志华：《生态文明的理论与系统建构》，中央编译出版社2009年版。
[②] 郑易生：《中国环境与发展评论》，社会科学文献出版社2007年版，第20页。

设生态文明城市。①

改革开放以来，中国的社会结构发生了重大变化：首先是市场领域的形成，接着又出现了公民自发组织形成的环保机构等公益性组织，形成了独立于政府和市场之外的第三种力量。社会转型所推进的新社会组织的发展和壮大为我国的生态文明建设带来了不可估量的影响。因此，社会转型既是一项挑战，也为我们带来了新的契机，我们应该抓住这一机遇，充分利用社会转型所带来的发展动力，促进环境治理的顺利实现。

首先，社会转型促进民间环保组织的出现与发展。随着社会转型的深入，这些环保组织获得独立的社会地位，在环境保护中越来越能够听到他们的声音。在环境保护的进程中，民间环保组织扮演了不可替代的角色。他们不仅开展环保知识的宣传与讲座，培养公民的环保意识；而且积极开展各项生态环境保护的专项活动，比如植树造林、保护濒危物种等。另外，民间环保组织还聚集了一大批精英和学术知识分子，致力于对环境保护和治理的理论研究与实际应用，积极推动了有关生态文明建设的学术发展。

其次，经济领域的工业化转型虽然对环境造成了一定程度的破坏，但其对科学技术的发展却做出了不可磨灭的贡献。随着经济的发展，高新技术产业开始兴起，这种产业不再是传统的以物质为主导地位的制造业，而是以信息为主导地位的制造业，并用信息技术来发展和改造传统产业，降低了资源、能源的投入与浪费，并减轻了对环境的污染。另外，我们也可以利用科技进步来促进对环境的治理。比如，对废水的净化处理可以减少水污染，对锂电池的循环利用大大减少了土壤污染。

然后，政治领域的法制化转型促进了生态文明建设的法制化进程。随着更多符合生态文明理念的有关环境保护的法律法规的陆续颁布与实施，企业不能再一味地追求经济利益，开始由原来的单纯发展经济陆续转变为发展生态经济，秉持科学发展观的理念，将环境保护作为一个经济利益点，追求经济与环境的协调发展。而且，现行的《中华人民共和国环境保护法》也严厉打击了企业破坏环境的行为，促使企业加大了环境治理的力度，对生态文明建设具有积极的作用。

---

① 徐琦：《把生态文明建设放在突出地位》（http://www.zhb.gov.cn/zhxx/hjyw/201211/t2012 1112_ 241815. htm）。

最后，文化领域的价值观念转型也为环境治理的道路奠定了坚实的基础。因为国家的现代化建设不仅是对经济、政治进行新型变革，而且更重要的是对一个国家人民的思想带来新的变化，如果人们不能从根本上意识到环境保护的重要性，则再好的制度保障和科技发展都是徒劳的。

综上分析，我国在经济、政治、文化三大领域的转型都在一定程度上促进了环境的治理。因此，我们应该努力抓住社会转型这一契机，充分利用社会转型所带来的动力和科技进步的发展加快环境治理的步伐。

〔作者王文波，大连大学副校长、教授；王芳芳，大连大学研究生；林波（通讯作者），大连大学　116600〕

生态文明建设三题[*]

刘湘溶　罗常军

摘　要：围绕建设美丽中国深化生态文明体制改革，推动形成人与自然和谐发展现代化建设新格局，要坚持以中华民族伟大复兴为理想，实现发挥出市场对资源配置的决定性作用、优化五位一体的总体布局和推进国家治理体系和治理能力现代化三个目标。要以全面深化改革为动力，从根本上回答两个问题，即改革的动力何在，改革的支点何在。要坚持以科学发展观为指导思想，科学发展观是我们党理论创新的重大成果；践行科学发展观要坚持以人为本这一核心，把握又好又快、好字当头、好快并举的根本要求。

关键词：生态文明　全面深化改革　科学发展观

党的十八届三中全会提出，要"紧紧围绕建设美丽中国深化生态文明体制改革"，从而"推动形成人与自然和谐发展现代化建设新格局"。[①] 这标志着我国的生态文明建设已经实现了一系列新的跨越，即从注重理论发展到注重制度建设的跨越，从注重探索实践到注重顶层设计的跨越，从注重环境保护到注重民族复兴的跨越。在新的历史阶段和起点上推进生态文明建设，迫使人们从更高的视角来审视和反思，生态文明建设究竟要以

---

* 基金项目：教育部人文社会科学重点研究基地重大项目"我国生态文明建设理论与实践研究"（13JJD720006）。

① 《中共中央关于全面深化改革若干重大问题的决定》。

何为理想，以何为动力，以何为指导。

一 生态文明建设要以中华民族伟大复兴为理想

习近平同志提出："每个人都有理想和追求，都有自己的梦想。现在，大家都在讨论中国梦，我以为，实现中华民族伟大复兴，就是中华民族近代以来最伟大的梦想。"① 这一重要论述，深刻揭示了"中国梦"的本质内涵，即实现中华民族的伟大复兴。党领导我们所从事的一切活动，所做的一切努力都以中华民族的伟大复兴为理想。建设生态文明亦如此。

为什么这么说呢？原因有二：其一，中华民族伟大复兴凝聚了几代中国人的夙愿，体现了中华民族和中国人民的整体利益，是每一个中华儿女的共同期盼。但是，面对旧的经济增长模式带来的负面影响，尤其是因生态恶化而引发的人类生存危机，导致人与自然关系的全面紧张。生态问题已经成为复兴之路上的制约因素与重大障碍之一。可以说，没有良好的生态环境、生态条件和生态安全，要实现中华民族伟大复兴就是一句空话。其二，"走向生态文明新时代，建设美丽中国，是实现中华民族伟大复兴的中国梦的重要内容"②。伟大复兴之中国不但是繁荣富强之中国、民主法制之中国、幸福安康之中国，而且是天蓝、地绿、水净之美丽中国。建设生态文明是我们党自觉的选择，也是必然的选择，这是由我们党的根本宗旨所决定的。

具体来说，以中华民族伟大复兴为理想，推进生态文明建设，需要实现三个目标。

（一）优化五位一体的总体布局

中华民族伟大复兴是一项系统工程，包括了经济建设、政治建设、文化建设、社会建设和生态文明建设。没有经济发展、政治民主、文化繁荣、社会和谐和生态文明良好中的任意一个，中华民族伟大复兴这一系统

---

① 习近平：《在参观〈复兴之路〉展览时的讲话》，《人民日报》2012年11月29日。
② 习近平：《致生态文明贵阳国际论坛2013年年会的贺信》，《人民日报》2013年7月21日。

工程就是不完整的，也是不可能实现的。"五位一体"必然是一个动态平衡、螺旋式发展的状态。但是，一体中的五位不能平均用力、等量齐进，而应该协同推进，以达到协和的效果。正因为如此，党的十八大对"五位一体"总体布局提出了明确要求，即要把生态文明建设放在突出地位，并且融入经济建设、政治建设、文化建设和社会建设的各方面与全过程。

把生态文明建设放在突出地位的理由主要有两个方面：一方面，改革开放三十多年，虽然我国的现代化事业成效显著，经济持续快速增长，综合国力稳步增强，人民群众生活水平极大改善；但是因为经济增长模式的粗放，"资源相对不足，环境容量有限，已经成为了新的基本国情，成为发展的'短板'"[1]。这些问题只有通过生态文明建设才能解决，生态文明建设是化解严峻形势和摆脱发展短板的应对之策。另一方面，由工业文明走向生态文明是人类文明的一次历史性转型，与这一历史性转型相伴随，将引发人类文明全面而深刻的变革。今天，我们只有把握趋势、顺应趋势，站在"社会主义生态文明新时代"的高度，正确认识生态文明建设的重大意义以及它与其他四大建设的关系，才能不仅实现人与人的和谐而且实现人与自然的和谐，"推动形成人与自然和谐发展的现代化建设格局"[2]。可以说，生态文明是实现人与人、人与自然全面和谐的价值追求。无论是应对之策，还是价值追求，都说明应当把生态文明建设放在突出地位。换言之，应当用生态文明建设去统摄经济建设、政治建设、文化建设和社会建设，并作为它们的主线和基础。

把生态文明放在突出地位必然要求把生态文明建设融入经济建设、政治建设、文化建设和社会建设的各方面和全过程。其原因有二：其一，这四大建设都有自身的特点和运行规律，不能混为一谈，不能用生态文明建设代替之；其二，生态文明建设和其他四大建设内在关联、相互影响、相互作用，不能截然分割。生态文明建设并非游离于四大建设之外的空洞抽象，而要由它们去体现、去承载、去落实；反过来，经济建设、政治建设、文化建设和社会建设都要在理论与实践的结合上服务于生态文明建设。

---

[1] 胡锦涛：《坚定不移沿着中国特色社会主义道路前进　为全面建成小康社会而奋斗——在中国共产党第十八次全国代表大会上作报告》，《人民日报》2012年11月18日。

[2] 同上。

正因为如此，在实现中华民族伟大复兴的进程中，推进生态文明建设，就是要将建设生态文明作为经济发展方式转型的主要方向，"转变经济发展方式是否见到实效，基本的衡量标准就是生态环保的力度有多大，发展的资源环境代价是否降低"①；就是要将生态文明作为政治体制改革的重要切入点，这是因为政治体制改革可以较为容易地在生态文明建设领域取得重要突破；就是要将生态文明作为先进文化的题中之意，"必须树立尊重自然、顺应自然、保护自然的生态文明理念"；就是要将生态文明作为改善社会民生的重要内容，满足人们对良好生态环境的日益迫切的需要。

（二）发挥出市场对资源配置的决定性作用

马克思主义指出，经济基础决定上层建筑，生产力决定生产关系。如果将中华民族伟大复兴比作一座摩天大楼的话，她的地基无疑是社会主义市场经济。没有牢固的社会主义市场经济作为基础，中华民族伟大复兴就是空中楼阁，不可能真正实现。

党的十八届三中全会对我国全面深化改革作了战略部署，特别强调市场在资源配置中起决定性作用。发挥市场对资源配置的决定性作用，不仅是深化经济体制改革的基本方针，也是引领生态文明体制改革的基本方针。

在经济建设中，要充分发挥市场对资源配置的决定性作用，这一点不难理解，这是由市场经济的根本属性所决定的。无论经济学理论还是市场经济的实践，也都再三证明，政府管得过多过宽，必然会捆住市场主体的手脚，压制市场活力；失去市场活力，社会就不可能有创造力，社会丧失创造力，财富则不可能增加，从而，多数人就会处于贫困中，中国改革前就是这样。②

不过，在生态文明建设中，也要发挥市场对资源配置的决定性作用，则有待进一步阐释。建设生态文明，必须由政府主导，这是因为生态文明建设是政府的重要职能，这在党的十八届三中全会的《中共中央关于全面深化改革若干重大问题的决定》（以下简称《决定》）中明确规定了，

---

① 李克强：《在第七次全国环保大会上的讲话》，《中国环境报》2012年1月4日。
② 邓聿文：《找好改革的"支点"》，《华商报》2014年3月17日。

生态文明体制改革是我国全面深化改革的六大任务之一。政府主导什么呢？主要是生态文明建设和体制改革的顶层设计、宏观调控和制度安排，要充分发挥政府宏观调控作用，以弥补市场失效。除此之外，应该放手市场，充分发挥市场机制对生态文明建设中资源配置的决定性作用，以提高生态文明建设资源配置效率，以期用较低的成本实现生态文明建设的最大效益。换句话说，在生态文明建设中政府调控和市场机制二者缺一。

推进生态文明建设，经济是基础，具有支撑性的效能。实现经济发展方式生态化是生态文明建设的基础和支柱。从实践角度看，生态文明建设就是要用较少的自然消耗获得更大的社会福利，显然这是一个经济学问题。在"空间格局、产业结构、生产方式、生活方式"多层次多领域实现"人口资源环境相均衡，经济社会生态效益相统一"①，其关键就在于发挥出市场对资源配置中的决定性作用，推动经济建设与生态文明建设良性互动，走向一条永续发展的"绿色道路"。

强调采用市场手段实现生态文明，要"加快自然资源及其产品价格改革，全面反映市场供求、资源稀缺程度、生态环境损害成本和修复效益"②，要"坚持谁受益、谁补偿原则，完善对重点生态功能区的生态补偿机制，推动地区间建立横向生态补偿制度"③。此外，还要"发展环保市场，推行节能量、碳排放权、排污权、水权交易制度，建立吸引社会资本投入生态环境保护的市场化机制"④。因此，随着我国社会主义市场经济的发展，我们完全可以使用以环境税、排放权交易等环境经济手段，来实现最小成本地解决市场的外部性问题——生态环境问题。

（三）推进国家治理体系和治理能力现代化

党的十八届三中全会指出，全面深化改革的总目标是完善和发展中国特色社会主义制度，推进国家治理体系和治理能力现代化。

推进国家治理体系现代化没有现成的路可走，也没有标准的模本可选。魏德纳指出："虽然在环境能力建设的基本元素、支持者、辅助因素

---

① 《中共中央关于全面深化改革若干重大问题的决定》。
② 同上。
③ 同上。
④ 同上。

等方面转轨或发展中国家与发达国家何其相似,但他们行动的模式、相互联系、语境关系等可能大不相同,结果也不会相同。"[1] 因此,我们要坚持实事求是的原则,进一步解放思想,积极探索符合中国国情的国家治理体系现代化道路。

深化生态文明体制改革是我国现代国家治理体系和治理能力现代化的重要内容,推进国家生态治理体系和治理能力现代化对于全面深化改革、建设生态文明、实现美丽中国具有重要意义。推进我国生态治理体系和治理能力现代化,应在如下四个方面着力。

一要着力推进发展方式的生态化。经济发展方式的转变应坚持科学取向、人本取向和生态化取向三重取向,三重取向内在关联,缺一不可。生态化取向意指走一条符合中国国情的绿色的经济发展道路,在经济发展中倡导资源节约、环境友好,追求人与自然的生态和谐。为此,必须积极践行循环经济和低碳经济,并致力于产业结构调整、优化和升级。

二要着力推进科学技术的生态化。在现代科学技术的发展中出现"生态化"景象,其主要体现有两个方面:一是环境科技群的兴起,二是高新科技将调节由人口膨胀、资源枯竭和环境恶化造成的人与自然的紧张关系作为主要的追求目标。科技的生态化推进不仅是为修复以往文明的缺憾,它更要着眼于强健文明的魂魄,必须致力于创新型国家建设。

三要着力推进法治的生态化。法治生态化是指法律应该在其制定、运行和应用的过程中体现对生态规律的尊重和对自然生态系统的爱护,最终实现人、自然与社会的和谐可持续发展。维护法律关系主体在良好环境中生存的权利,即维护法律关系主体的环境权当然成了生态文明建设法治保障的应有之义。因此,"环境权"就构成了生态文明建设法治保障的核心权利,它应体现在立法、执法、司法和守法等法治保障机制的方方面面。

四是推进城乡建设的生态化。在中国推进城乡建设的生态化,要选择好具有中国特色的城镇化模式。在生态型城市建设中,坚持以科学理论为指导,以资源节约、环境友好为导向,以宜居为要求,以城乡统筹为抓手,以国外经验为参照,以各类相关国家级综合配套改革示范区为示范,出台包括建立和完善城乡生态补偿制度在内的切实可行的措施,深化户籍

---

[1] Helmut Weidner, "Capacity Building for Ecological Modernization: Lessons from Cross-National Research", *American Behavioral Scientist*, Vol. 45, No. 9, 2002, p. 1357.

制度改革，鼓励城乡间人口的合理流动，加强土地综合管理，引导土地有序流转；同时，注重区域治理的分类指导、整体联动，并把它与生态省（市、县）的建设有机统一起来，与国家级生态保护和环境治理工程的展开有机统一起来。

二 生态文明建设要以全面深化改革为根本动力

党的十八届三中全会指出，事实证明，改革开放是决定当代中国命运的关键抉择，是党和人民事业大踏步赶上时代的重要法宝。实现中华民族伟大复兴，必须在新的历史起点上全面深化改革，向改革要动力。

那么，以全面深化改革为动力，建设生态文明，需从理论上回答改革的动力何在和支点何在这两个关键问题。

（一）关于动力何在

自1978年实行改革开放以来，我国已经形成了中国特色社会主义的道路和制度优势。在新的历史起点上，要进一步破除思想认识的不足和既得利益的双重牵绊，进一步全面深化改革，动力何在？

改革不是哪一个人、哪一个阶层、哪一个政党的事业，改革是所有人、所有阶层、所有政党共同奋斗的事业。在改革对当今中国社会利益格局大调整的重新布局中，尽可能调动各方面的积极因素，让全社会都能参与改革、支持改革，他们既是改革的动力基础，也是推动改革的主体。

"不改革"的风险也来自改革的主体没有明确。改革的顶层设计由中央来做，但在大部分领域，尤其是地方、企业和社会层面的改革，中央并不是改革的主体，改革的主体是地方、企业和社会。因此，如何发挥地方、企业和社会的积极性是改革实施的关键。[①]

作为全面深化改革的决策者、设计者、执行者和担当者的各级党政部门，是推进改革的重要动力。

转变政府职能是全面深化改革的核心，当然也是生态文明体制改革的核心，事关生态文明体制改革的成效。职能转变的突破口，在于政府的简

---

① 郑永年：《不改革的症结在于改革动力不足》，《北京日报》2014年6月30日。

政放权，尤其是行政审批权，"把该放的权力放开，放到位，把该管的事情管好，管到位"①。

2014年，中国改革就是沿着简政放权的思路推进的。根据我国政府工作报告的数据，仅中央政府下放取消审批事项就有416事项，它造成的结果是，减轻企业负担1500多亿元，全国新注册企业增长27.6%，民间投资比重上升到63%，其中私营企业新增30%，这是十多年来最高的。之所以会有这个明显效果，原因是政府的简政放权把过去被政府权力束缚的市场权力，还给了各类市场主体，使得它们能够根据市场价格发出的信号，灵活地调整经营策略，以最小成本发展生产，拓展市场。②

那么，政府该管的事情是什么呢？从宏观上来讲，第一，营造良好的发展环境。包括法治环境和舆论环境等。就生态文明建设来说，应切实解决好环境立法不完备、违法成本低、违法处罚失之过宽等问题。第二，提供优质的公共服务。提供优质的社会服务，首先要提供优质的公共产品，而"良好的生态环境是最公平的公共产品，是最普惠的民生福祉"。第三，维护社会的公平正义。公平正义是改革的最大公约数，生态文明体制改革需要打破固有的不合理的生态利益格局，形成"种际""代际"和代内不同地区与主体间的公平正义的生态利益格局。

市场主体是推进改革、获得改革红利的另一支重要动力。正确处理政府与市场的关系是全面深化改革的重点。要解决这些问题，必须从体制入手，以体制改革推动市场经济的发展，才能有效制止经济下滑。

发挥市场主体的地位和作用，当务之急是帮助中小企业的发展。从全球经济来看，有一个规律性的现象：一个国家的人均GDP高低和该国中小企业的比例高度相关且成正比。反过来说，一个国家中小企业发展不充分，最终会压低GDP。中小企业的发展还和大家都关心的收入平等问题紧密相关。因为在世界上任何国家，最多的就业都是在中小企业。中小企业发达，就业才充分，居民收入水平才高。③ 政府将更大程度地减少对资源的直接配置，市场在资源配置中将起到决定性作用。

---

① 李克强：《以改革创新驱动中国经济长期持续健康发展——在第七届夏季达沃斯论坛上的致辞》，《光明日报》2013年9月12日。
② 邓聿文：《找好改革的"支点"》，《华商报》2014年3月17日。
③ 许成钢：《2014年，深化改革的动力何在》，《人民论坛》2014年第1期。

因此，市场主体应在完全依据市场规则、市场价格、市场竞争中实现效益的最大化和效率的最优化。不论是功能逐步界定清晰的国有企业，还是将进一步蓬勃发展的非公有制经济，都会不断激发经济活力和创造力，带来市场经济的极大繁荣。有学者指出，要"建立以民营企业为主体的市场环境，尤其要破除金融垄断，开放民营银行特别是中小民企金融领域"①。

人民群众是推进改革的最重要动力。全面深化改革以促进社会公平正义、增进人民福祉为出发点和落脚点，强调坚持人民主体地位，发挥群众首创精神，紧紧依靠人民推动改革，从而促进人的全面发展。广大人民群众将在全面参与改革进程中更多更公平地获得改革发展的成果。

改革是要让人民受惠的，这是一切美好改革之最终目标。② 深水区推进全面改革，必须坚持正确的改革导向，以简政放权为基础，以财税改革为支点，力求取得实质性进展，更多释放改革红利，从而造福更多人民。

（二）关于支点何在

古希腊哲人阿基米德曾说："给我一个支点，我就能撬动地球。"我国正在蓬勃展开的这场改革，与以往的改革相比，有一个显著特征——全面性，涉及广泛领域，且不论不同领域间彼此关联，盘根错节，牵一发而动全身，即使每一个领域也十分复杂，这就要求我们的改革不能眉毛胡子一把抓，而要找到关键支点，把握住主要矛盾和矛盾主要方面，只有这样，方能收到纲举目张、以四两拨千斤之效果。

就生态文明建设来说，党的十八届三中全会提出，"紧紧围绕建设美丽中国深化生态文明体制改革，加快建立生态文明制度，健全国土空间开发、资源节约利用、生态环境保护的体制机制"③。这实际上表明我们党已将加快建立生态文明制度、健全国土空间开发、推进资源节约利用、完善生态环境保护的体制机制作为深化生态文明体制改革的四个关键支点，协同推动形成人与自然共生共荣、和谐发展的新格局。

一是要加快生态文明制度建设。建设生态文明，必须建立系统完整的

---

① 许成钢：《2014年，深化改革的动力何在》，《人民论坛》2014年第1期。
② 邓聿文：《找好改革的"支点"》，《华商报》2014年3月17日。
③ 《中共中央关于全面深化改革若干重大问题的决定》。

生态文明制度体系，实行最严格的源头保护制度、损害赔偿制度、责任追究制度，完善环境治理和生态修复制度，用制度保护生态环境。当前，最为迫切的是要加快"实行资源有偿使用制度和生态补偿制度"[①]，这是由我国的现实国情所决定的。中国人口多，资源相对不足，一些重要能源资源的人均占有量大大低于世界平均水平，人均水资源占有量仅为世界平均水平的1/4，而单位GDP能耗、水耗却较高。在自然资源的开发利用上过分依赖行政控制方式，很难达到合理配置、有效保护及可持续利用资源，导致资源的闲置或浪费、利用效率低。因此，上述的制度建设势在必行。

二是要健全国土空间开发。加快实施主体功能区战略，这是解决我国国土空间开发中存在问题的根本途径，也是当前生态文明建设的紧迫任务。《决定》指出，"坚定不移实施主体功能区制度，建立国土空间开发保护制度，严格按照主体功能区定位推动发展，建立国家公园体制。建立资源环境承载能力监测预警机制，对水土资源、环境容量和海洋资源超载区域实行限制性措施"[②]。这是我国提出"18亿亩耕地红线"之后，又一条被提升为国策的红线，即生态红线。生态红线是环境保护的生命线，是保证国家生态安全的底线。在红线面前，开发建设活动必须止步，否则就要受到惩处。

三是要推进资源节约利用。推进资源节约利用，其一，要坚持把节约放在优先地位，通过调整结构，建立节约型的国民经济体系；通过改进技术，促进节能技术产业化；通过强化管理，建立节能目标责任和评价考核制度；通过深化改革，加快资源性产品价格市场化改革进程；通过强化法治，进一步完善节能法律法规体系和相关的标准体系；通过全民参与，增强公众的能源忧患意识和节能意识，切实节约能源资源。其二，认真贯彻清洁性、可持续性原则，走多元化之路，致力于新能源和可再生能源的开发利用。21世纪能源发展的一个重要趋势是多类能源转换系统的集成，物理能、化学能的优化梯级利用。[③] 为此，我们在继续推进常规能源的科学、规范开发利用的同时，应致力于新能源和可再生能源的开发利用，包括水能、核能、太阳能、生物质能、风能、地热能等。

---

① 《中共中央关于全面深化改革若干重大问题的决定》。

② 同上。

③ 孙绍成：《试论我国能源发展与对策》，《煤炭经济研究》2008年第6期。

四是完善生态环境保护的体制机制。生态环境保护是一项复杂的系统工程，必须推进生态文明体制综合改革，着力在综合性上下工夫。其一，要建立综合性的领导决策机制。生态文明建设几乎涉及所有的党政机关，为加强统一领导，党和政府应设置生态文明建设领导机构，负责顶层设计的综合决策、综合协调，确定战略思路和基本方针，同时监督、检查这些战略思路与基本方针的贯彻情况。其二，要建立综合性的行政管理职能。合理划分中央与地方的职权，扩充环境保护部门的现有权限，明晰各有关部门的职责分工，强化跨区域、跨流域的责任担当，弥合管理缝隙，形成齐抓共管的局面，发挥管理的综合效应。其三，建立综合性的政绩评价考核标准。所谓综合性的政绩评价考核标准有两层含义：一指看政绩不能只看经济方面的状况，还要看基尼系数、恩格尔系数、城乡二元结构指数、人文指数和环境指数等；二指即使看经济状况，也不能只看经济增长的速度与规模，还要看经济结构、质量和效益，看单位 GDP 的能耗、水耗、物耗，单位 GDP 的污染物排放水平，劳动生产率，以及单位土地面积的经济容量等。只有这样，我们才能做到生产发展、生活富裕和生态良好三者并举共赢。其四，建立综合性的宣传教育格局。建立综合性的宣传教育格局旨在通过各方面联动，引导人们汇入生态文明建设的历史洪流，自觉地、主动地、积极地从自己做起，从日常工作与生活的点滴做起，为生态文明的大厦添砖加瓦。

三　生态文明建设要以科学发展观为指导思想

科学发展观是我们党理论创新的重大成果。党的十八大历史性贡献之一就是把科学发展观作为中国特色社会主义理论的有机组成部分，明确为我党必须长期坚持的指导思想。

美国学者莱斯特·布朗曾指出："由于中国如此庞大的人口，人类至今为止走过的所有发展道路对中国都不适用。中国非得开辟一条全新的航道不可。这个发明了造纸术与火药的民族，现在面临一个跨越西方发展模式的机会。中国如果成功了，就能为全世界树立一个光辉榜样；中国如果失败了，所有的人都将为此付出代价。"① 这段话讲得很深刻，其深刻之处在于两个"道破"和一个"揭示"。两个"道破"，一是道破了中国面临的严峻挑战。挑战来自两个方面：第一个方面是机遇又来了，这是一次超越西方发展模式的机遇，历史上中国曾面临过多次机遇，但都错失了，这次能把握住吗？第二个方面是中国的发展没有现成的道路可走，得自己探索。二是道破了中国发展的世界意义。中国的发展离不开世界，世界的发展也离不开中国。中国命运对世界的影响要么是积极的，要么是消极的。一个"揭示"，就在于这段话揭示了，对中国来说发展问题是最紧迫而重要的问题，是最需要进行理论创新的问题。尤其是在今天，中国的发展离不开一个正确理论的指导，仅凭经验和感觉，摸着石头过河是不行了。

为什么说科学发展观是我们党理论创新的重大成果？简明扼要的回答是：科学发展观做到了一个"依据"、一个"结合"、两个"全面系统地回答"。即依据了世界上先进的发展理念，结合了中国国情，全面系统地回答了中国需要什么样的发展，中国应如何实现这种发展。

践行科学发展观重在贯彻落实。贯彻落实科学发展观要做到坚守一个核心——以人为本，把握两个要求——又好又快，做到好字当头、好快并举。

以人为本作为科学发展观的核心，是一种价值取向，这种价值取向强调要理解人、关心人和尊重人。理解人的内容很多，其中重要的一条是在于懂得凡人的需要都是合理的，不合理只存在于人表达需要的方式和满足需要的手段上。我们要学会在承认人的需要合理性的前提下，引导人以合理的方式表达需要，以合理的手段满足需要。关心人的内容也很多，要记住的是，我们不但要关心人的生活，而且要关心人的成长进步，不但要关心人的物质生活，而且要关心人的精神文化生活。尊重人的内容同样很多，尊重人首先要做到无差异地尊重人，尊重人的人格，尊重人的权利，所有的人在权利和人格上是平等的，权利不容践踏，人格不能侮辱；其次要尊重人的差异，因材施教的教育学原理、按劳分配的社会主义分配原则都是建立在对人的差异尊重的前提之下的，不但要做到"己所不欲，勿

---

① Lester R. Brown, "Who Will Feed China?", *World Watch*, September/October 1994, pp. 9 - 18.

施于人"，还要做到"己所欲之，勿施于人"。

首先，以人为本回答了为什么要发展——发展是为了人。这里涉及发展的目的，围绕发展目的要在理论与实践的结合上解决好三个问题。

一是以人为本还是以物为本的问题。我们主张以人役物，而不是人为物所役。这里讲的人是大写的人，这里讲的物，一指物质财富（利润），二指物质欲望。我们不能把人单纯当成创造物质财富的手段，我们不能把人变成物质欲望的应声虫。

二是以什么人为本的问题。以人为本为核心的科学发展观首先是各级领导干部应当学好用好的，尽管领导干部也是人，但在处理自己与广大人民群众的关系上，即干群关系、"官民"关系上，应当做到以民为本，真正扮演好公仆角色，情为民所系，权为民所用，利为民所谋，为民办实事、办好事。

三是以人的什么为本的问题。以人为本首先要以广大人民群众生存需要的满足亦即生存权利的维护为本。我们要旗帜鲜明地反对以牺牲广大人民群众的生存需要为代价满足少数人的享乐需要，反对以牺牲子孙后代的生存需要为代价满足当代人的享乐需要，因为这样的发展是畸形的、不可持续的。

其次，以人为本回答了怎样实现发展——发展要依靠人。

发展经济关键在于调动人的积极性、主动性和创造性。诚如马克思所言，人是生产力中最活跃的因素。但有三点必须要明确：第一，作为生产力最活跃因素的人，指的不是人口，而是人力和人才。人力、人才资源是第一位资源。不是人口越多越好，而是人力、人才越多越好。第二，人口是可以向人力、人才转化的，转化需要条件，这个条件就是教育。第三，人不是经济动物，更不是经济的奴隶，调动人的积极性、主动性和创造性，必要的金钱刺激、福利举措不可或缺，但仅仅如此远远不够。

为实现又好又快、好字当头、好快并举发展，至少有三点必须做到。

第一，牢记发展是硬道理，经济发展是基础，抓住经济建设这个中心不动摇。

历史和现实都告诉我们发展是硬道理。从历史上看，一部中国的近代史是一部中国受侵略、受压迫和掠夺的历史。为什么会如此，就是因为我们不发展，落后就要挨打。从现实来看，今日中国之所以在国际社会上取得了一定的地位，就是因为我们发展起来了，而之所以还没有取得应有地位、取得应有的发言权,则是因为我们的发展还不够。

在牢记发展是第一要务的同时,还需坚持资源节约、环境保护的硬要求。丹尼尔·罗森曾说,邓小平认为不管是白猫黑猫捉住老鼠就是好猫,但对中国目前来说,最好是一只"绿猫"。"绿猫"所指的便是资源节约和环境保护,此番对"猫论"的解读既幽默又富有哲理。"先污染、后治理"的黑色发展之路中国不能走,也走不通;因为它为国情所不容——中国人均资源少、环境容量小,加上中国是社会主义国家,不能搞生态殖民主义,而且为世情所不容——西方国家早就制定好了有利于他们的各项国际规则,使中国的污染转嫁不出去。

第二,学会全面系统地分析判断经济形势。

首先,既要看总量和速度,更要看结构和效益。结构不好、效益不佳是我们经济增长模式依然粗放的两大反映。我国的经济结构不好,以三次产业结构为例便可见出,第三产业的比重明显偏低,2010年为43%,发达国家均在70%以上,世界的平均水平亦在60%以上。衡量经济效益要两看,一看投入产出之比,二看产品的市场转化率。由于我国的经济增长模式依然粗放,有"三高",即高投入、高消耗、高排放,必然有一低,即"低效益"。

其次,正确对待GDP。一方面,没有GDP是不行的,GDP仍是国际通行的反映一个国家和地区经济运行的宏观指标、社会变化的晴雨表,它的增减便和就业、失业人数的增减内在关联。另一方面,视GDP为万能是有害的,GDP当中包含许多非理性、反人性的因素。其实,发展并不等于GDP的增长,物质财富并不等于幸福。

最后,树立新的政绩观。政绩考核不能只考核经济指标,还要考核恩格尔系数、基尼系数、人文指数、二元结构指数等;考核经济指标,也不能只考核GDP的规模与增速,还要考核其集约化程度,包括单位GDP的耗能量、耗水量、耗材量、污染物排放量,全员劳动生产率,单位国土面积经济容量等。

第三,着力提高科技自主创新水平,打造创新型国家。

创新型国家具备四个特征:第一,科技对经济社会发展的贡献率在70%以上;第二,科技的对外依存度在30%以下;第三,研发经费占GDP的2%以上;第四,发明专利多。我国离创新型国家还有一段很大的差距。我们虽然成为制造大国,但却是一个品牌小国,有制造而无创造。

建设创新型国家，要着力推进科学技术的生态化，除了要通过营造社会氛围和加强体制改革奠定基础之外，还必须在专业领域和具体科技项目上有较大突破。这些专业领域和具体科技项目包括可持续的能源与资源体系、先进材料与智能绿色制造体系、可持续的农业生态体系、生态与环境保育发展体系和海空拓展能力体系。

（本文原载《湖南师范大学社会科学学报》2015年第1期。作者刘湘溶，湖南师范大学原校长，湖南师范大学生态文明研究院院长、伦理学研究所教授；罗常军，湖南师范大学生态文明研究院讲师、博士。湖南长沙市麓山南路36号湖南师范大学　410081）

国家治理呼唤社会主义新型智库

石 英

摘 要：由社会管理到社会治理的全面深化改革，对我国智库建设提出了新的更高的要求。现阶段我国智库建设尚处在起步阶段，离国家治理体系和治理能力现代化的要求还有较大距离。中国的社会主义新型智库建设不能跟在西方智库后面亦步亦趋，盲目效仿。哲学社会科学学科理论和方法应植根于中国文化传统和思维方式，中国特色智库话语体系的建构要体现战略追求，富有中国色彩。

关键词：国家治理 新型智库 学科建设 话语体系

一 社会转型与现代智库

21世纪初叶的中国，仍处于社会主义初级阶段、社会转型期。这种社会转型是双重转型，即计划经济体制向市场经济体制转型，传统社会向现代社会转型。转型期社会矛盾错综复杂，加强社会管理成为执政党的重要任务。党的十八届三中全会进一步提出了国家治理体系和治理能力的现代化的命题。从社会管理到国家治理，其内涵、要求都进一步深化。

"管理"与"治理"一字之差，意味着从实施主体到理念方法都有所不同。表层管理——本质治理，字面意思"管"和"治"不同。前者针对现象，就事论事；后者针对本质，源头治理。如大禹治水，"疏"而不

"堵"；修身齐家治国平天下，这里倡导的是良治善治。既体现中国传统和特色，又适应现代社会的需求。

管理的主体是单一的，就是政府或其他国家公共权力，管理权力运行方向是自上而下的。治理的主体则是多元的，除了政府外，还包括企业组织、社会组织和居民自治组织等；治理的权力可以是自上而下的，但更多是平行的。

由此可见，由管理到治理，国家治理体系现代化，需要多元参与。多元参与中极为重要的一元，是智库参与。党的十八届三中全会《中共中央关于全面深化改革若干重大问题的决定》（以下简称《决定》）提出，"加强中国特色新型智库建设，建立健全决策咨询制度"。意味着建设中国特色新型智库已成为全面深化改革的一项重要内容。国家治理、科学决策越来越离不开现代智库。智库是国家治理体系现代化的重要组成部分，而智库质量水平则体现和决定着国家治理能力的高低。

何谓智库？智库也称为思想库、智囊团、智囊机构、政府的"外脑"等。按《现代汉语词典》解释，智库"指汇聚高级人才，能为政府机构、企业等提供咨询服务的组织或团体"。《2008全球智库报告》指出，"智库是就一些国内外事务开展公共政策研究、分析、提出建议并协助决策者和公众做出明智的公共政策抉择的组织"，"应该是长期存在的实体，而不应该是临时成立的委员会或研究小组"。以上定义基本概括了智库的内涵和特点。

现代意义上的智库兴盛于20世纪中后期，如今已遍布全球。据美国权威外交杂志《外交政策季刊》2009年1月刊登的报告，全球共有近5500家智库，其中半数在美国和西欧。另据有关机构统计，到2013年全球各类比较活跃的智库已达6826家。

美国在"二战"前只有布鲁金斯学会、胡佛研究所等二十多家智库，到2013年智库的数量已增至1828家，形成了与其社会治理体制相适应、较为完善的决策咨询体系。美国大西洋理事会在里根执政期间完成了《今后十年的对华政策》，报告中的主要观点成为当时美国政府处理中美关系的重要依据。美国兰德公司对苏联第一颗卫星发射时间、越战撤军、中美建交、古巴导弹危机、德国统一等国际重大事件的成功预测和战略研判，奠定了其在美国政府决策中的地位，为其赢得了世界著名智库的声誉。可以说，"二战"后美国政府推出的每一项重大战略的背后，都可以找到智库的影子。

西方国家政府或政党提出政纲和各类法案、议案，通常会与智库进行深入讨论和反复论证，有时直接采用智库的建议方案。西方国家的议员们在立法机构就各类公共政策发言或辩论，背后往往是不同智库主张之间的交锋。日本综合研究所提出的"综合安全保障战略"，指导日本顺利渡过了第二次石油危机。以韩国开发研究院（KDI）为代表的数十家官办智库，为韩国实现工业化、现代化出谋划策，做出了社会公认的贡献。

西方一些学者将智库称为继立法、行政、司法、媒体后的"第五权力"，并强调其专业性、客观性、独立性。声称智库是"独立的、无利益诉求的非营利组织"（美国政治学家安德鲁·里奇），"通常独立于政府或政党"（维基百科）。然而事实上，国外智库大都与政府或政党有着千丝万缕的关系，其经费来源主要是政府支持、基金会和企业资助、私人捐款和咨询服务报酬。无论从经费来源还是人员构成，都决定了不同智库具有不同价值取向，代表各自利益集团。没有绝对的"独立"与"客观"。但相对而言，西方发达国家的智库还是以政府体制外的"社会性"智库为主；而在东亚地区，一方面起步较晚，一方面形成多为"官办"智库的特色。

现代智库的作用和功能主要体现在四个方面：一是提供咨询建议、决策方案。通过深入广泛的调查研究，系统收集整理调研资料，进行统计分析比较，帮助决策者掌握相关背景基本情况，了解真实社情民意。为决策者提供政策思路和建议方案以影响决策，对有关行动方案、规划、政策的出台和实施效果做出事前论证或事后评估，从而起到资政辅政的参谋助手作用。二是提供思想理论、启迪民智。以专家学者的角色撰写文章、出版论著、发表评论、开展研讨，为政策实施向社会做出必要的说明和引导，形成舆论，对社会公众进行政策传播和普及，发挥"思想库"作用。三是提供交流平台、平衡分歧。在利益群体和诉求多元化的环境下，智库借助其客观、公正的立场提出"第三方"看法或政策观点，并为不同群体的利益诉求提供表达交流、观点交锋平台，沟通政府与民间意见，弥合、平衡分歧，缓冲社会矛盾。四是提供人才储备、聚贤培能。西方国家的智库有"旋转门"之称，政府经常在智库的研究人员中选拔高级官员，而离任的政府高级官员中也有相当一部分人进入智库开展政策研究工作，继续发挥人才专长和影响力。官员在政府和智库之间的角色转换，进一步密切了政府与智库的联系，强化了智库对政府决策的影响力。

由此可见，就国家治理而言，智库拓展了社会多元力量参政议政的渠道，提高了决策的科学化、民主化、法治化水平，还起到为国家发展和社会进步储备人才、创新思想的作用。从社会发展角度，智库的发展水平在某种程度上反映了一个社会的开放水平、人民群众政治参与热情、知识精英的活跃程度，成为现代国家治理能力的重要体现，是国家文化软实力的重要组成部分。

二　中国智库的发展现状

虽现代智库诞生于西方，但从决策咨询参谋功能的意义上，中国古代很早就有类似智库的雏形。春秋战国时期一些达官显贵府上都豢养若干"门客""幕僚"，更有不少"谋士"终日奔波穿梭于各国之间四处游说。这些谋士靠着个人的聪明智慧、远见卓识，还有"三寸不烂之舌"，在历史的兴亡更替中留下了自己的影子。显然，谋士的个人行为与现代智库专业化、独立化、机构化的运作方式相距甚远。

20世纪九十年代，随市场经济大潮兴起，国内"智慧产业"应运而生，一批"点子公司"曾红极一时。这些"点子公司"主要服务于企业，拍脑袋卖"点子"、卖创意。可以看出，"点子公司"更多传承了中国历史文化的"谋士"风格。与此同时，中国当代最早的民间智库也在这一阶段发轫。如茅于轼、盛洪、张曙光于1993年夏天创办的"天则经济研究所"。其实此前还有北京社会经济科学研究所、深圳综合开发研究院、北京四通社会发展研究所等机构在当时产生较大影响。

进入21世纪，"点子公司"之类逐渐销声匿迹，真正意义上的智库在国内开始形成气候。2006年11月9日，中国首届智库论坛在北京召开；紧接着2007年7月在上海召开了第二届智库论坛。显示中国智库开始了蓬勃发展的新气象。2009年3月20日，中国国际经济交流中心（国经中心）在北京成立，原国务院副总理曾培炎担任理事长。国内外舆论普遍认为这是现代高级智库的一个标志，是中国智库发展的里程碑。2014年2月底，中国人民大学公共外交研究院揭牌成立。原国务委员、中央外事工作领导小组办公室前主任戴秉国任名誉院长，人大新闻学院院长赵启正任院长。被媒体称为这是一家力争成为中国公共外交的重要智库。

中国智库发展迎来了一个新的阶段。有关统计表明，至目前中国智库数量已达426家，仅次于美国。全球100家顶级智库中，中国占6席。这个统计数字显然不仅仅限于近年新成立的智库，而是包含了很多"老资格"的官方智库，像国务院发展研究中心、中国社会科学院、中央党校等。这些国字号的机构具有智库的功能，但其机构性质、运作方式等又不完全等同于西方智库概念。

有学者将中国的智库划分为四种类型：事业单位法人型、企业型、民办非企业法人型、大学下属型。事业单位法人型，指在具备法人条件的事业单位中，专门从事政策研究和咨询工作的机构，如国务院发展研究中心和中国社科院；企业型，指那些在工商部门登记注册的政策问题咨询机构，如零点调查公司；民办非企业单位法人型，指专门从事政策的研究和咨询工作的民办非企业单位法人，如天则经济研究所；大学下属型，是指隶属于大学的从事政策研究和咨询的组织，如清华大学公共管理学院的国情研究中心、北京大学中国经济研究中心等。

这种分类有一定道理，但也有遗漏和概念交叉，如大学在我国都属"事业单位法人"。笔者主张按照隶属关系、离决策部门的"远近"分为三类：官方智库、半官方智库、民间（非官方）智库。

官方智库指直接隶属于党委和政府的政策研究机构，如中共中央政策研究室、国务院发展研究中心，以及各省、市党委和政府部门的政研室、发展研究中心等。

半官方智库类型较为多样，一般为"事业单位"，主要的有社科院系统，包括中国社会科学院和各省、市社会科学院（2004年1月，《中共中央关于进一步繁荣发展哲学社会科学的意见》在党的历史上第一次以中共中央的名义明确指出，要使哲学社会科学界成为党和政府工作的"思想库"和"智囊团"）；还有中央编译局、新华社，是特殊类型的既隶属于官方又相对独立于官方的重要智库；党校和行政学院系统，从中央党校到省、市党校，国家行政学院到省、市行政学院，主要职能是干部培训，但也都一定程度具有智库的功能并提出建设智库的目标。值得一提的还有国家部委与地方联合创办的智库，如1991年成立的"中国（海南）改革发展研究院"（简称中改院）。

半官方智库中地位特殊、发挥重要作用的还有政府参事室和决策咨询委。从国务院到各省市自治区都设立了参事室，已形成了一个完整的"系统"。决策咨询委员会或专家委员会则是部分省市或部门成立的相对松散的智库机构。

民间智库主要指民办企业和民办非企业性质的智库。真正以企业形式存在的智库在我国非常少，像前述"零点调查公司"属于面向市场、定位准确、经营成功的极少范例之一，大多数民间智库属于民办非企业性质，属于非营利机构。按照我国法律，企业在工商行政部门登记注册管理，非营利组织归民政部门登记管理。

民间智库除"天则经济研究所""国际经济交流中心"一类以"研究所""研究院""中心"名义存在外，还有的以"学会""研究会""基金会""论坛"等形式申报登记，属于学术性社团或专业性社团组织。但并非所有学术社团都可称为智库，而要看其是否满足和发挥智库的功能。

大学或媒体兴办的"研究所""研究中心"一类智库，由于其与政府的距离和相对独立性，也可将其视为民间智库。这类智库是近年发展最快的类型。如1999年，在海协会前会长汪道涵和国务院新闻办前主任赵启正支持下，清华大学引进新华社高级记者李希光等人才群，成立了清华大学"国际传播研究中心"。该中心密切参与政府软实力和国家形象研究，与国务院新闻办共同开创我国新闻发言人制度，发挥了智库作用。其他国内重点院校许多都纷纷成立政策研究咨询机构，从海内外吸纳专业人才，通过研究政策问题、向政府部门汇报研究成果、公开发表文章出版著作，积极在国家和社会层面发挥决策咨询影响。

民间智库不完全等于"民办智库"。个别有影响的民间智库其实有着深厚的官方背景，由退休高官创办，甚至经费来源也有国家财政资助。还有一些民间智库受企业或个人赞助，以及海外基金支持资助。

与西方发达国家已有上百年历史的智库相比，我国智库发展还处在起步阶段。智库作用发挥还不够充分，与国际一流智库，尤其是顶尖智库相比仍有较大差距。一是对中国特色新型智库的组织形式和管理方式的探索刚刚起步，智库在公共政策决策中的地位，在法律上制度上未给予明确定位。智库机构体系多元，管理体制属地化、部门化，各为其主、各自作战。二是整体上各类智库机构数量众多但实力不强；真正为党委政府"信得过、用得上、离不开"的智库机构数量偏少，研究资源分散、研究内容碎片化、低水平重复现象严重；针对性不强、效率不高，"管用"性不够；战略谋划和综合研判能力不足，对决策的影响力受到局限。离国家治理体系和治理能力现代化的要求还有较大距离。三是公共服务意识和能力不足，存在理论与实践"两张皮"、"两极分化"现象，有的成果浅尝辄止，就事论事，缺乏理论支撑和战略眼光；有的成果又过于理论化、"模型化"，操作性不强；成果转化能力、媒体传播能力不强，社会影响力有限；社会效益转化的渠道不够畅通，对公众舆论、社会思想的影响力十分有限。四是缺乏宏观视野，缺乏对国内国际大环境的研究，对外交流不足，国际影响力和话语权欠缺。智库作为国家软实力的重要组成部分的作用未能得到充分彰显。

三 社会主义新型智库应注重学术话语权建设

可以看到，我国现代智库的产生和发展是伴随着改革开放和市场经济的大潮应运而生的。当前，我国改革开放进入深水区、攻坚期，社会发展正处于计划经济向市场经济体制的转型期、传统社会向现代社会的转型期，社会建设处于深层次矛盾凸显期。世情、国情、党情发生了深刻变化，所面临的发展机遇和严峻挑战前所未有，无论是改革方案还是重大政策制定的社会利益相关性、复杂性都不亚于以往任何时期，决策需要考虑的因素越来越多，对决策的全局性、前瞻性、战略性、综合性和长期性问题提出了更高的要求。大国崛起、强国纵横始终都有智库博弈的影子。因此，对于现代智库的需求，比以往任何时候都更强烈。

新一届中央领导高度重视智库建设。2013年4月15日，习近平总书记对建设中国特色新型智库作出重要批示，对智库建设提出了新要求、新定位、新方向。十八届三中全会《决定》明确提出了"加强中国特色新型智库建设，建立健全决策咨询制度"，意味着我国智库发展进入了一个新阶段。公共决策更加需要和依赖智库，中国特色新型智库在推进国家治理体系和治理能力现代化进程中，将扮演越来越重要的角色。

中国的社会转型是一场深刻的革命。由传统社会到现代社会转型过程中，现代智库不是古代谋士说客，也不是改革开放之初昙花一现的"点子公司"。现代智库具有双重功能，既是"智囊团"，又是"思想库"。不仅仅需要大量深入的社会调查，"大数据"采集，科学分析，提供实情和建议；还需要纵深的研究、前瞻性的判断，提供理论和思想成果。不仅仅需要以咨询建议服务于决策层，还需要以理论成果引领社会思潮、引导舆论、服务于公众。因此，现代智库离不开哲学社会科学理论的支撑。

然而，仅就地方社科院系统的智库建设看，一个普遍的现象是重应用、轻理论，力求成为政府的第二研究室，学科建设很大程度上被忽视；研究资源分散、研究内容碎片化、低水平重复现象严重；针对性不强、效率不高，"管用"性不够；战略谋划和综合研判能力不足，对决策的影响力受到局限。高校智库则存在另一种倾向，对西方理论照抄照搬、亦步亦趋，习惯用西方概念来裁剪中国社会现实，以西方模式、西方道路来匡正中国的发展，而不能用正确的立场、观点和方法分析快速转型中的中国社会；社会科学学科追求"科学性"忽视"人文性"；强调"客观中立"，否定传统价值；学科建设、学科评价奉行西方中心主义。毋庸讳言，我国智库还缺乏足够的学术自信、理论自信，在学科理论体系建设、学术话语权建设上还有很长一段路要走。

如何加快建设中国特色社会主义新智库？建构中国特色智库话语体系是当务之急。智库话语体系应当是中国特色社会科学理论体系。包括政治学、经济学、社会学、法学等学科理论、方法、评价标准应当基于中国文化传统，符合中国人思维方式。譬如社会学调查研究方法，量化研究和质性研究在基本理念上就存在分歧。问卷调查、计算机辅助电话调查系统、网络调查，使得问卷调查越来越容易操作。还有包括面访在内的各种计算机辅助调查系统、统计分析软件的普及，使得过去复杂高深的统计计算变得轻而易举。大约从 2010 年以来，世界进入"大数据时代"。社会科学对量化的追求愈演愈烈，变成统计学。大数据时代的社会科学研究，不仅仅是社会学，就连传统人文学科也以量化为时髦，譬如"量化历史"。仿佛大数据可以解决一切问题。我们认为大数据确实是有效的，但也是有限的。中国早期社会学田野调查更多是质性研究方法，重个案、重体验、重深入访谈。费孝通的村落研究、晏阳初等的平民教育乡村建设、毛泽东等共产党人的《湖南农民运动考察报告》、中国共产党人的调查传统，蹲点、抓典型，调查中有价值立场，有数据而不惟数据，解剖麻雀，以小见大。而如果按照严格的科学社会学，个案的代表性则大为可疑。质性研究在学术评价中是被排斥的，然而在现实中却是有效的。"解剖麻雀"的中国式典型社会调查也有着自己的学理依据，"一滴水见太阳"，符合于中国传统文化和思维方式：联想、类比、将心比心。中国特色的社会主义智库应当有相应的哲学社会科学学科体系作为支撑。

建设中国特色新型智库的逻辑起点一定离不开我国基本社会制度和社会基本价值体系，不能跟在西方智库后面亦步亦趋、盲目效仿。必须坚持中国共产党领导，立足中国特色社会主义制度，从中国现存的政治体系和机制环境中寻求中国智库的发展方向，并从中努力发现智库发挥功效的施展空间。智库建设要以服务决策为导向，树立强烈的问题意识。将经济社会发展和改革开放中的全局性、前瞻性、战略性、综合性、长期性问题研究以及当前热点、难点问题研究有机结合，为党委政府提供针对性和操作性强的政策建议。为全面深化改革提供高质量的智力支持。智库建设必须坚持求真务实，深入开展调查研究，"不唯书、不唯上、只唯实"。走群众路线，民主协商、问计于民集思广益。广泛吸收人民的意见，通过专业科学的研究把更好的决策思路和建议传递给党和政府，让党和政府的决策更好地代表人民的根本利益和意志。必须坚持专业性，体现科学性。这就需要高远的世界眼光、深厚的理论根基和广阔的学术视野。不应只把阐释和论证政府决策当作唯一任务，也要通过富有逻辑和可信的论证，向政府提供意见相左的建议和论证。与此同时，也要通过科学的理论向公众答疑解惑，引领社会思潮，协调社会矛盾冲突。总之，新型智库应当体现战略追求，富有中国色彩。

（作者石英，陕西省社会科学院原副院长，现任院学术委员会副主任、研究员。西安市含光南路177号陕西省社会科学院　710065）

国家治理与地方性知识

忻 平 邱仁富

摘 要：国家治理内在地、深层次地与地方性知识联系在一起，当代中国谈国家治理，从根本上说在于这个国家的人民需要和实行什么样的治理方式，在于建构中国特色的新概念、新范畴、新范式，必须要依赖于地方性知识。事实上，国家治理的知识是一种地方性知识，国家治理与地方性的法律、规范和价值观联系在一起，并受后者制约。国家治理的效果与地方性知识的差异性联系在一起，尤其是核心价值观的不同。因此，推动国家治体系和治理能力现代化必须发挥地方性知识的功能，以地方性知识为起点，在尊重和把握地方性的文化特征、思维方式、风俗习惯等方面的基础上，提出更加能够接地气、得民心的治理目标和方式。至少做好以下三点：以"党内治理"现代化推动国家治理能力的现代化；要凸显地方性优势，以社会主义核心价值观引领国家治理的现代化；要打造中国特色的治理话语体系，用中国话语讲好中国的治理故事，推动国家治理现代化的话语重构；要积极借鉴国外国家治理的成功经验，为推动我国的国家治理提供启示，在人类治理文明中创造中国特色的国家治理体系和治理模式。

关键词：国家治理 地方性知识 治理能力现代化 话语体系

国家治理内在地、深层次地与地方性知识联系在一起，并受地方性知识制约。推动国家治理体系和治理能力的现代化，不能走向西方的治理模式，也不能退回到传统的社会管理模式，亦不能千篇一律地实行某种模式。当代中国，谈国家治理，从根本上说在于这个国家的人民需要和实行什么样的治理方式，在于打造不依赖西方国家的新概念、新范畴、新范式，必须要依赖于地方性知识。通过发挥地方性知识的功能为推进国家治理体系和治理能力现代化提供一个重要路径。

一 国家治理的现代模式及其问题

党的十八届三中全会通过的《中共中央关于全面深化改革若干重大问题的决定》（以下简称《决定》）提出"完善和发展中国特色社会主义制度，推进国家治理体系和治理能力现代化"。这是国家正式把"国家治理"提高到全面深化改革总目标的战略高度，深化对国家治理的理解和实践将是推动中国特色社会主义道路发展、实现中华民族伟大复兴的中国梦的重要进路。

"治理"（governance）是20世纪90年代的政治概念，后来为许多国家学术界和政府所接受，成为西方许多国家解决社会问题的重要方式。中央提出国家治理概念，在主体性问题上与传统的"统治""管理"等概念不同，旨在探讨国家的主人及其社会多主体的共生模式和多主体的共治模式。治理体现了社会的主人翁在于人民，在于人民的民主，在于协商，体现国家的本质。即是说，国家的基本诉求在于"治理"。马克思指出："国家决不是从外部强加于社会的一种力量。国家也不像黑格尔所断言的是'伦理观念的现实'，'理性的形象和现实'。确切地说，国家是社会在一定发展阶段上的产物；国家是承认：这个社会陷入了不可解决的自我矛盾，分裂为不可调和的对立面而又无力摆脱这些对立面。而为了使这些对立面，这些经济利益互相冲突的阶级，不致在无谓的斗争中把自己和社会消灭，就需要有一种表面上凌驾于社会之上的力量，这种力量应当缓和冲突，把冲突保持在'秩序'的范围以内；这种从社会中产生但又自居于社会之上并且日益同社会相异化的力量，就是国家。"[①]

从马克思的观点来看，国家是社会在一定发展阶段上的产物，是社会

---

① 《马克思恩格斯文集》第4卷，人民出版社2009年版，第189页。

发展到利益冲突无法得到调和、化解时产生的一种凌驾于社会的产物。国家的本质在于不同主体之间、社会利益群体之间的一种对话、协商，制定高于各个阶层的规则，共同治理。正如列宁所言，"国家是阶级矛盾不可调和的产物和表现。在阶级矛盾客观上不能调和的地方、时候和条件下，便产生国家"[1]。

由此，可以看出，国家治理是社会的多主体在国家制度、法律框架下共同协商解决社会矛盾和冲突的最高形式。

世界的多样性及其复杂性，使得不同的国家在治理模式上存在很大的差异，经济学家青木昌彦归纳的三种国家治理模式受到国内学术界的广泛关注，这三种形式是："民主型国家治理模式"（即公民能够协调一致地抵制政府的掠夺行为，因而政府致力于保障公民的财产权利，并以此换取公民缴纳的税收）、"勾结型国家治理模式"〔即政府与公民中的某个集团相勾结（向这一集团支付贿赂），共同掠夺其他公民的财产，其他公民只能对此保持沉默〕、"掠夺型国家治理模式"（即政府肆意掠夺公民的财产，但公民不能协调一致地抵制政府的掠夺行为，因而对此保持沉默）。[2]

青木昌彦的"三个模式"，其划分逻辑在于政府与社会（公民）的资源的关系。主要基于两个预设：一是国家天然地与社会（公民）存在资源方面的矛盾和冲突，这三种模式只不过是处理这些矛盾和冲突的不同方式而已；二是国家与公民之间的利益关系相对静态、相对稳固，而且国家在利益冲突中始终占主导地位，公民一般处在防守的阶段，弱化了公民的主体性。

也有学者提出"全能主义治理模式"，主要是在总结苏联实践经验基础上提出的治理模式。"在这种模式下，国家、社会、个人三者的统一被简约为国家与个人的统一。政府不仅垄断了政治权力、经济权力，也几乎包揽了一切社会事务，国家吞没了社会，计划排挤了市场，一个权力与职能范围无限扩张的'万能政府'成为国家的主要治理主体。"[3]

"全能主义治理模式"核心在于政府主导一切，体现政府的主体性和

---

[1] 《列宁专题文集　论马克思主义》，人民出版社2009年版，第179页。
[2] 青木昌彦著，周黎安译：《比较制度分析》，上海远东出版社2001年版，第155—183页。
[3] 景维民、许源丰：《俄罗斯国家治理模式的演进及其对中国的启示》，《俄罗斯中亚东欧研究》2009年第1期。

主导性，消解社会的功能，也遮蔽了民众的主体地位。这种治理模式在一定意义上是计划经济时代下的特殊产物，也是社会主义国家在探索国家治理模式过程中的一种尝试，尽管在特定的历史时期发挥了积极的作用，但是，从根本上说，离马克思所论述的"国家的本质"有一定的差距。

随着全球化进程中经济贸易的全球化和文化的非领土扩张化（Cultural Deterritorialization），西方学者提出了一种新的治理模式，即世界主义民主治理模式。戴维·赫尔德等无疑是这个模式的代表，其核心观点在于："世界主义民主力求把民主从国家的范围拓展到全球，把民主作为全球治理的主要形式，以全球民主制度重建为依托，从而建立一种民主的全球治理体系。"①

世界主义民主治理模式的最大特点在于把民主跨越国界，站在全球的高度，以民主为尺度来推动全球的社会治理。这个模式对传统的民族国家来说，或许是一个噩梦。

世界主义民主治理模式试图以民主来推动全球治理的趋同化，其缺陷在于忽视地方性知识的存在，而且在不同的区域和国家，民主的地方性特性存在很大的差异性。就如同快餐连锁店肯德基在中国卖豆浆油条、在韩国卖泡菜一样，肯德基的全球性拓展之所以得到如此迅猛的发展，恰恰在于与地方性文化联系在一起，它不是在消解地方性知识，而是在汲取地方性知识的营养。完全抛弃地方性知识的世界主义民主模式，本身也就违反了民主的本质，其结果必然是乌托邦。

由此，我们从以上多种国家治理模式及其弊端可以看出，社会主义国家在国家治理模式上，应该具有自身的特性，中国的治理模式不得不凸显地方性知识。王浦劬认为，"社会主义国家的国家治理，本质上既是政治统治之'治'与政治管理之'理'的有机结合，也是政治管理之'治'与'理'的有机结合。"②

在当代中国，我们谈国家治理，"就是在中国特色社会主义道路的既定方向上，在中国特色社会主义理论的话语语境和话语系统中，在中国特色社会主义制度的完善和发展的改革意义上，中国共产党领导人民科学、

---

① 李刚：《世界主义民主治理模式论析》，《人民论坛》2009年11月11日第2版。
② 王浦劬：《国家治理、政府治理和社会治理的基本含义及其相互关系辨析》，《社会学评论》2014年第3期。

民主、依法和有效地治国理政。"①

当代中国的国家治理，既不同于青木昌彦的"三个模式"，也不同于"全能主义治理模式"，更区别于世界主义民主治理模式。其国家治理模式，最核心的在于体现基于地方性知识的人民主体性，凸显人民主人翁地位，是人民共治。

二 地方性知识介入国家治理的可能性空间

"地方性知识"（local knowledge）这个概念是美国人类学家克利福德·吉尔兹（Clifford Geertz）提出的。所谓地方性，吉尔兹指出，"'地方性'（1o-cal）或者说'局域性'也不仅是在特定的地域意义上说的，它还涉及在知识的生成与辩护中所形成的特定的情境（context），包括由特定的历史条件所形成的文化与亚文化群体的价值观，由特定的利益关系所决定的立场和视域等。"②

国内学者吴彤教授提出两种不同的地方性知识：以人类学和阐释学为主的地方性知识和科学实践哲学中的地方性知识，其主要代表人物分别为吉尔兹（Clifford Geertz）和劳斯（Rouse J.）。以吉尔兹为代表的地方性知识主要有三个重要的特征："地方性知识总是与西方知识形成对照、地方性知识还指代与现代性知识相对照的非现代知识、地方性知识一定是与当地知识掌握者密切关联的知识。"③ 而以劳斯为代表的科学实践哲学中的地方性知识概念，"是一种哲学规范性意义上的概念，指的是知识的本性就具有地方性，特别是科学知识的地方性，而不是专指产生于非西方地域的知识。其地方性主要是指在知识生成和辩护中所形成的特定情境（context or status），诸如特定文化、价值观、利益和由此造成的立场和视域，等等"④。

---

① 王浦劬：《国家治理、政府治理和社会治理的基本含义及其相互关系辨析》，《社会学评论》2014年第3期。

② 盛晓明：《地方性知识的构造》，《哲学研究》2000年第12期。

③ 吴彤：《两种"地方性知识"——兼评吉尔兹和劳斯的观点》，《自然辩证法研究》2007年第11期。

④ 同上。

从以上论述可以看出，两种地方性知识确实存在很大的差异性。但是，对吉尔兹的地方性知识的把握或许值得商榷。一谈到地方性知识，很多人很自然地想到普遍性知识，认为地方性知识会对普遍性知识进行解构，地方性知识会否定普遍性知识。它们之间是对立的。然而，吉尔兹不这么认为，他说，地方性是一个"相对的"词语，与普遍性相对而言的，但不能简单地理解为与普遍性相对立。他认为，"如果我们非得有个对立不可，这个对立不是'地方性'知识和'普遍性'知识的对立，而是一种地方性知识（比如神经学）和另一种地方性知识（如民族志）的对立，正如所有政治——不论怎么事关重大——都是地方性的，所有见解——不论怎么义薄云天——也都如此。没人知道一切，因为不存在知道的一切"①。这里化解了地方性知识和普遍性知识的误解。

事实上，国内学者对这个问题早已有关注，也有类似的看法。盛晓明认为，"正是由于知识总是在特定的情境中生成并得到辩护的，因此我们对知识的考察与其关注普遍的准则，不如着眼于如何形成知识的具体的情境条件。人们总以为，主张地方性知识就是否定普遍性的科学知识，这其实是误解。按照地方性知识的观念，知识究竟在多大程度和范围内有效，这正是有待于我们考察的东西，而不是根据某种先天（apriori）原则被预先决定了的。"②

而且，吉尔兹所谈地方性知识，并非意味着与现代性知识相对照的非现代知识，并非意味着就停留传统的地方性知识，因而不排除地方性知识的现代性转换的问题。毕竟，任何地方性知识如果不能与"这个时代相接触"，体现这个时代的人文精神和时代精神的特征，那么，地方性知识也就成了一成不变的固化知识，因而也就自然而然地失去生命力。甚至其存在的合法性也就会被质疑。长期以来，一些学者把地方性知识"边缘化"或许与这个观念紧密联系在一起。事实上，在地方性知识的形成和再生产过程中，必须要不断时代化，并在时代化进程中彰显地方性知识的魅力。不管是内在需要和外在压力，都使得地方性知识不可能停留在传统的形式和内容上。地方性知识只有不断创新发展，把握时代脉搏才能有未

---

① 吉尔兹（Geertz, C.）著，甘会斌译：《烛幽之光：哲学问题的人类学省思》，上海人民出版社2013年版，第124页。
② 盛晓明：《地方性知识的构造》，《哲学研究》2000年第12期。

来。因而，吉尔兹的地方性知识不是静态的、固化的知识。

事实上，人类学的地方性知识和科学实践哲学中的地方性知识，与其说是两种不同的地方性知识，倒不如说是两种不同形式的地方性知识（或者说地方性知识的两种表现形式），人类学、科学实践哲学都是从不同的角度去探索地方性知识的魅力，其本质上是相通的。不同的是，其路径有很大的差异性，人类学视角下的地方性知识与当地知识掌握者，科学实践哲学视角下的地方性知识与逻辑推理、经验有关，其共同性大于其差异性。

由此，对于地方性知识我们可以把握以下几点：一是地方性知识不是与普遍性知识相对立，如果非得说有对立物，那么地方性知识是与其他地方性知识相对立。当然，地方性知识之间也不能完全是对立的，它们更多的是共生的。二是地方性知识本身是一个相对的概念，也是一个宽泛的概念。说某种知识是地方性知识是相对于一个更大范围来说，诸如针对全世界而言，一个国家也是地方性（即国家作为一种地方性）。就一个国家而言，一个省份（区域）也是地方性等等。三是地方性知识与作为知识主体的人的文化、价值观念、生活习惯、区域性思维方式和心理态度等方面联系在一起。"获得地方性知识的第一前提，那就是传统心态与价值观的转变。"① 地方性知识的母体在于地方性文化，其核心在于价值观。因此，地方性知识说到底包含着地方性的价值观的问题。

于是，一种地方性知识的有效性就成为人们追问的问题。什么样的地方性知识在什么地域下是有效的，什么样的地方性知识在不同的地域下是无效的。它直指地方性知识的要害。与其他人理解不同，罗蒂把有效性说成是一个连带性问题。"连带性在人类学家眼里往往是一种种族关系，人们只能以自身所属的种族为中心获得判定知识的基准。然而扩展开来看，人们不只是由于血缘或地缘而产生连带，其实信仰、利益关系、观点和立场也均能产生连带感。"②

知识的有效性只有在特定的环境下、特定的共同体中才显现其意义，这个共同体就包含着各种连带性。这些对国家治理具有极为重要的启示。

第一，国家治理的知识是一种地方性知识。任何知识都具有地方性，

---

① 叶舒宪：《地方性知识》，《读书》2001 年第 5 期。
② 转引自盛晓明《地方性知识的构造》，《哲学研究》2000 年第 12 期。

国家治理从其产生就是一种地方性的存在。国家治理作为一种地方性知识，指称两个方面：一是这个国家治理相对全球治理而言是地方性的。国家的边界决定了国家治理本身是一个地方性的知识。二是国家治理的内容、对象等是地方性的。国家治理包括政治、经济、文化、社会、生态五位一体的内容，这些内容从根本上说都是地方性的。国家治理的对象，就现实而言，主要是这个国家的国民和社会，因而也是地方性的。从这里可以看出，国家治理的主体间性、主要内容等都属于地方性知识。

第二，国家治理与地方性的法律、规范和价值观联系在一起，并受后者制约。国家治理从根本上说依赖于法治，依赖于制度。吉尔兹认为："法和民族志都属于地方性的艺术，都是借用地方性知识建构出来的体系，其背后均以历史与文化为支柱，而两者的表现形式也都是象征性符号所代表的事实，这些事实可以在特定的伦理规范下解读。"①

国家治理，根本在于依法治国，而法本身的地方性特性，是地方性知识建构起来的。不同的国家治理依其法律的地方性而存在很大的差异性。由此可知，国家治理的法律是一种地方性知识。

国家治理总是基于一定的社会规则，社会结构决定社会运行必须要有规则。古人云，没有规矩不成方圆。规则意识由结构意识所决定。整个宇宙是以某种特定的结构呈现出来，这种结构产生一种规则意识。以自然界为例，为什么现在人类如此重视自然规律？这个是与自然界的报复联系在一起的。人们不能随意破坏自然，就如恩格斯所言："我们不要过分陶醉于我们人类对自然界的胜利。对于每一次这样的胜利，自然界都对我们进行报复。每一次胜利，起初确实取得了我们预期的结果，但是往后和再往后却发生完全不同的、出乎预料的影响，常常把最初的结果又消除了。"②

人类在与自然界的关系中，如果破坏了自然规律，也就违背了规则，那么最终逃不掉自然界的惩罚。人与动物不同，人具有意识和主观能动性，能够认识自然规律，也可以改变自然。"只有人能够做到给自然界打卜自己的印记，因为他们不仅迁移动植物，而且也改变了他们的居住地的面貌、气候，甚至还改变了动植物本身，以致他们活动的结果只能和地球

---

① 王铭铭：《吉尔兹的解释人类学》，《教学与研究》1999 年第 4 期
② 《马克思恩格斯文集》第 9 卷，人民出版社 2009 年版，第 559 页。

的普遍灭亡一起消失。"①

要使得人类延续得更长久，就需要尊重自然规律，遵循规则。

人类社会也如自然界一样，有着自身的规则，由地方性知识所决定。千百年来，民族的图腾、禁忌、习惯、习俗、旌表等能够传承下来，与这个民族的规则联系在一起。如果破坏社会规则，民族的许多传统也就难以维系，甚至濒临灭绝。而人类社会的规则恰恰由于不同民族的地方性，使得其能够长期传承下来，并使得国家更加丰富多彩。"橘生淮南则为橘，生于淮北则为枳。"国家治理只有基于社会的规则，包括由地方性知识所建构的社会价值观念，才能使治理产生效果。

第三，国家治理的效果与地方性知识的差异性联系在一起，尤其是与核心价值观相关联。不同社会的价值观念直接左右国家治理的模式建构。地方性知识的差异性是基于地方性的差异性，具体来说，是基于地方文化的差异性，尤其是核心价值的差异性。吉尔兹认为，"文化是一种通过符号在历史上代代相传的意义模式，它将传承的观念表现于象征形式之中。通过文化的符号体系，人与人得以相互沟通、绵延传续，并发展出对人生的知识及对生命的态度"②。不同地域知识有着鲜明的地方文化的特征，昭示出不同的价值观念、思维方式和处理事务的方式和方法。

就广义而言，不同国家地方性知识的差异，导致国家治理模式存在差异性，而且这个差异性非常普遍。马克思认为，"物质生活的生产方式制约着整个社会生活、政治生活和精神生活的过程"③。

由于每个国家的发展阶段、发展条件不同，社会发展及其国家治理的方式也各不相同。因此，国家治理模式应该多元化，存在多样性。中国的国家治理，不能倒向西方国家的治理模式，也不能照搬照套，更不能"邯郸学步"。中国的国家治理模式必须凸显中国的地方性知识。建构中国特色的国家治理模式，说到底就在于中国的地方性知识，是基于中国的地方性知识的独特性及其特色来设计的。国家治理体系和治理能力的现代化不能脱离中国特色社会主义道路、制度、体系等方面的内容。相反，要充分发挥我国的道路优势、制度优势、体系优势，走出一条不同于西方国

---

① 《马克思恩格斯文集》第9卷，人民出版社2009年版，第421页。
② 王铭铭：《西方人类学思潮十讲》，广西师范大学出版社2005年版，第117页。
③ 《马克思恩格斯选集》第2卷，人民出版社1995年版，第32页。

家的治理模式。

就狭义而言，一个国家内部的治理也因其地方性知识的差异性导致各个地方的社会治理存在差异性。马克思指出："各民族之间的相互关系取决于每一个民族的生产力、分工和内部交往的发展程度。这个原理是公认的。然而不仅一个民族与其他民族的关系，而且这个民族本身的整个内部结构也取决于自己的生产以及自己内部和外部的交往的发展程度。"①

我国是一个"中华民族多元一体"（费孝通）的国家，不同民族、地区之间的地方性知识存在很大的差异性。基于这种地方性知识的差异性，使得国家治理的方式也不能千篇一律，而必须实事求是。因此，不同的省份、不同的区域的治理方式也不尽相同。

总而言之，一个国家的国家治理与其地方性知识紧密联系在一起。一个国家采取什么样的治理模式，归根到底在于这个国家、地区的地方性知识的特性能够得到怎么样的发挥。2014年2月，习近平在省部级主要领导干部学习贯彻十八届三中全会精神全面深化改革专题研讨班开班式上讲话强调，"一个国家选择什么样的治理体系，是由这个国家的历史传承、文化传统、经济社会发展水平决定的，是由这个国家的人民决定的。我国今天的国家治理体系，是在我国历史传承、文化传统、经济社会发展的基础上长期发展、渐进改进、内生性演化的结果"②。

推动国家治理体系和治理能力的现代化，必须要充分发挥国家的历史传统、文化传统的功能，并与经济社会发展相适应。

三 推动国家治理体系和治理能力现代化的地方性论域

经过半个多世纪的中国实践，国家治理体系已具雏形，国家治理能力不断提高，但是，还有很多亟待提高的地方，如执政党应对国内外挑战的能力和执政为民的能力、国民信仰培育和提升的能力等等。最近，习近平强调："我国国家治理体系需要改进和完善，但怎么改、怎么完善，我们

---

① 《马克思恩格斯选集》第1卷，人民出版社1995年版，第68页。
② 习近平：《完善和发展中国特色社会主义制度 推进国家治理体系和治理能力现代化》，《人民日报》2014年2月18日第1版。

要有主张、有定力。中华民族是一个兼容并蓄、海纳百川的民族,在漫长历史进程中,不断学习他人的好东西,把他人的好东西化成我们自己的东西,这才形成我们的民族特色。没有坚定的制度自信就不可能有全面深化改革的勇气,同样,离开不断改革,制度自信也不可能彻底、不可能久远。我们全面深化改革,是要使中国特色社会主义制度更好;我们说坚定制度自信,不是要固步自封,而是要不断革除体制机制弊端,让我们的制度成熟而持久。"①

如何完善国家治理体系,提高治理能力?习近平总书记提出要有自己的主张和定力,也就是要有自己的思路。

基于地方性知识的国家治理,从根本上说,国家治理必须以地方性知识为起点,在尊重和把握地方性的文化特征、思维方式、风俗习惯等方面的基础上,提出更加能够接地气、得民心的治理目标和方式。因此,国家治理体系和治理能力的现代化就是要推动地方性知识的时代化和基于地方性知识的国家治理方式的现代化。要着力解决以下问题。

第一,以"党内治理"现代化推动国家治理能力的现代化。治国必先治党,推进国家治理体系和治理能力的现代化,核心在于推动执政党治理能力的现代化。邓小平精辟指出:"办好中国的事情,关键在党,关键在人。"并明确告诫"中国要出问题,还是出在共产党内部","对这个问题要清醒"。中国特色社会主义事业的发展关键在于党,关于在人,在于什么样的人,为谁服务的问题。作为一个拥有 8000 多万党员的执政党,办好中国的事情,关键在于党,关键在于把党自身治理好。习近平在十八届中央纪委二次全会讲话明确指出:"坚持党要管党、从严治党,以严明党的政治纪律为重点加强纪律建设",从严治党,关键在于依法治党,关键在于推动党内治理的现代化。

"党内治理"概念指的是执政党自身科学管理党员和党内事务的一种方式。党的基本原则在于党要管党、从严治党,其焦点在于解决党员干部思想观念、工作能力、价值取向等存在的各种问题以及党内如何科学治理、有效治理,提高党的纯洁性、先进性、战斗力等问题。党内治理的现代化,就是要以现代政党的理念和方式把党管理好,把党员教育好,发挥

---

① 习近平:《完善和发展中国特色社会主义制度 推进国家治理体系和治理能力现代化》,《人民日报》2014 年 2 月 18 日。

党在全球化背景下应对国际国内复杂局势中的领导作用和轴心作用，不断增强党凝聚民心、汇聚中华力量的功能，为实现中华民族伟大复兴的中国梦起到掌舵功能。

打铁还需自身硬。推动党内治理的现代化，就是要不断优化党内结构和党员结构，深入研究党的规模和国家发展的辩证关系，探索一条党的规模及其最优功能发挥治理方案和模式。加强党性教育，加强群众路线教育实践活动，让广大党员在为人民群众服务的实践过程中不断成长，不断塑造新时代的党员精神和时代灵魂。与此同时，清除一批组织上入党但思想上没有入党，甚至是失去党性、违背党章的人，努力打造一个具有全球化意识、国际性视野、现代性理念，能经得住考验、能引领社会发展的现代性政党。就是要不断遏制各种腐败的蔓延，不断把反腐败斗争引向深入；就是要强化党内民主建设，以党内民主引领社会民主发展、促进社会民主进程，以社会民主诉求倒逼党内民主发展，就是坚持依法治党，并通过依法治党带动社会法治建设，以社会法治建设推动依法治党。

推动党内治理的现代化关系中国梦的实现。站在新的历史起点上，必须要锤炼一支队伍，为国家、民族去奋斗，必须要通过党内治理的现代化来推动社会治理的现代化，引领国家治理的现代化。要根据中国国情这一最大的地方性特征，把握不同区域的党员队伍建设的多样性，积极与中国优秀传统文化相结合，不断培育更加适合社会发展、更加符合地方群众需要的党员干部，以提高党的执政能力为重点，在执政为民中造就新时代执政党的新型队伍。

第二，凸显地方性优势，以社会主义核心价值观引领国家治理的现代化。国家治理须有价值导航，推动国家治理体系和治理能力的现代化必须要积极培育社会主义核心价值，并以此为精神支撑和价值导航。党的十八大正式从三个层面提出培育和践行社会主义核心价值观，并在2013年12月中央印发的《关于培育和践行社会主义核心价值观的意见》中进一步明确培育和践行社会主义核心价值观的要求。习近平指出："推进国家治理体系和治理能力现代化，要大力培育和弘扬社会主义核心价值体系和核心价值观，加快构建充分反映中国特色、民族特性、时代特征的价值体系。坚守我们的价值体系，坚守我们的核心价值观，必须发挥文化的作用。"①

全球化时代价值共识问题日益突出，影响国家治理的构建，国家治理体系现代化必须以核心价值观为价值导航，在价值共识中建构国家治理体系和治理能力现代化的模式已成必然。

国家治理要有中国特色就必须在核心价值观方面能够独立自主。培育社会主义核心价值观是要解决国家治理过程中的精神独立问题。一个国家只有在精神（尤其是核心价值观）上独立自主，才能在国家治理过程中具有独立的价值导航。培育社会主义核心价值观为国家治理提供重要精神力量和价值支撑。

地方性知识为培育社会主义核心价值观提供丰厚的土壤，为其发展提供不竭动力，社会主义核心价值观培育必须要以地方性知识为依托，主要体现在以下两个层面。

从国家层面上看，国家治理体系要走向现代化必须要在核心价值观上能够独立自主，中国的核心价值观的自信至关重要。社会主义核心价值观是中国精神、民族精神的高度凝练和升华，体现了社会主义意识形态的本质。它之所以能够成为社会最大公约数，恰恰在于它体现了中国这几十年来的社会发展和人民群众的价值诉求，体现了国家这个地方性的特征，也体现了中华民族独特的文化需求、心理诉求。因此，培育社会主义核心价值观必须把它放到中国几十年来的革命、建设、改革的伟大进程中去，放到中国经验、中国模式中去感悟和提炼，放到整个民族未来发展的价值考量中去。国家作为地方性，恰恰要体现和塑造不同于西方的核心价值，体现能彰显中国特色的核心价值观，为国家治理提供价值支撑。

从社会层面上看，培育社会主义核心价值观在不同区域具有多样性和层次性，不能千篇一律。培育社会主义核心价值观发挥地方性知识，就是要凸显不同民族、不同地区的文化特征、群众的思维方式和生存方式。要在重视不同民族、地区的生活习惯中培育社会主义核心价值观，要在多样性的旌表、家训、校训等地方性文化中培育社会主义核心价值观，要在不同城市精神、市民精神中培育社会主义核心价值观，进而引领地区的社会治理。在方式上是可以不一样的。如汉族地区、少数民族地区，有着多样

---

① 习近平：《完善和发展中国特色社会主义制度　推进国家治理体系和治理能力现代化》，《人民日报》2014年2月18日第1版。

性的文化传统、传统的价值观念和生活习惯，如何为了一个共同的目标来奋斗？如东部地区、西部地区的历史差异性，在社会治理上不仅要求大同，更要凸显治理方式上的大异。求大同，就是实现中国梦，依法治理，追求社会公平公正，谋求人民普遍幸福；求大异，就是在实现方式上，各个地区根据地方性的文化特征，采取不同的治理方式和治理模式。"一花独放不是春，万紫千红春满园"，各地区的治理方式及其有效整合就能形成中国特色的国家治理体系和治理模式。诚然，现代社会谈地方性知识，不是意味着要简单地回归传统，要复古。地方性知识的现代性转化本身也是知识论研究的重要内容之一，是推动培育社会主义核心价值观的基础，是实现现代治理的重要前提条件。

第三，打造中国特色的治理话语体系，用中国话语讲好中国的治理故事，推动国家治理现代化的话语重构。如何用中国的话语叙述好中国的故事，这是建构中国特色的国家治理的重要内容之一。国家治理体系的建构需要建构中国的话语体系，具体来说，就是要在新概念、新范畴、新范式等方面加强创新，超越西方发达国家的国家治理体系中的一些概念、范畴，在此基础上，推动中国话语的整体性创新。主要有两个路径：一是全面改变以西方的国家治理话语为依据，不能用西方的那一套来套中国的国家治理。当然，不能说西方的概念我们都不能用，关键在于怎么用，基于什么样的环境下使用，什么地方上使用。要在概念诠释上有新内容、新内涵、新范式。二是积极推动本土化建构。中国话语体系的建构须从本土出发，在中国实践经验中总结和提炼话语形式和话语内容，打造中国国家治理的话语体系。其目的不仅仅要在国际上享有话语权，拥有更多的话语空间，更重要的是更有利于中国的国家治理，更好地办好中国事，叙述好中国的故事。

第四，积极借鉴国外国家治理的成功经验，为推动我国的国家治理提供启示，在人类治理文明中创造具有中国特色的国家治理模式。吉尔兹曾经说过："用别人的眼光看我们自己可启悟出很多瞠目的事实。承认他人也具有和我们一样的本性则是一种最起码的态度。但是，在别的文化中间发现我们自己，作为一种人类生活中生活形式地方化的地方性的例子，作为众多个案中的一个个案，作为众多世界中的一个世界来看待，这将会是一个十分难能可贵的成就。只有这样，宏阔的胸怀，不带自吹自擂的假冒的宽容的那种客观化的胸襟才会出现。"① 吉尔兹的话给予我们重要的启示在于，中国的国家治理要借鉴人类的治理文明。要在西方国家治理模式上发现我们自己，发现我们国家的治理的地方性特色，在汲取人类治理文明成果的基础上，更多地凸显我们国家的地方性知识。

事实上，改革开放三十多年来的发展经验表明，推动国家治理必须要借鉴西方发达国家的治理经验，汲取其有益营养。尽管西方出现的不管是所谓"民主型国家治理模式""勾结型国家治理模式"，还是"掠夺型国家治理模式"，都不能成为我们"克隆"的版本，但是西方发达国家的治理恰恰是基于西方国家的地方性知识基础上形成一套治理模式，要在汲取西方发达国家的治理如何发挥地方性知识功能的成功经验上加强借鉴，不断为完善国家治理体系，提高治理能力提供经验借鉴。在不断汲取人类治理文明中创造具有中国特色的现代国家治理体系，推动国家治理体系和治理能力的现代化进程。

（作者忻平，上海大学党委副书记、教授；邱仁富，上海大学哲学系副教授，法学博士。上海市上大路99号上海大学社会科学学院 200444）

---

① 吉尔兹著，王海龙、张家瑄译：《地方性知识——阐释人类学论文集》，中央编译出版社2000年版，第19页。

负面清单思路下的地方政府金融监管：治理模式的变革

王立国

摘　要：当前，地方政府金融监管框架存在着监管法律体系建设不足、监管体制不完善、监管质量与效率不高等缺陷，亟须提升地方政府金融监管水平。负面清单管理模式已成为发达国家常见的政府管制模式，是我国推进政府治理模式变革的积极探索，对于地方金融监管同样适用。文章系统梳理负面清单管理模式的理论与国际经验，深入剖析我国地方政府治理模式面临的变化，针对当前我国地方政府金融监管框架存在的缺陷，探究负面清单思路下地方金融监管的架构，从地方金融监管方式、监管范围和地方金融监管的风险防范等方面提出相关设想，以期进一步提升我国地方金融监管能力与监管水平。

关键词：负面清单　地方政府　金融监管　治理模式

近年来，随着我国经济领域改革的不断深化，金融业对地方经济增长的支撑作用不断提高，随之而来的地方金融风险也不断加大。地方政府金融监管日益受到学术界和政府部门的高度重视。如何在金融全球化背景下，提升地方政府的金融监管水平，充分发挥金融业对地方经济的积极作用，有效防范和控制地方性金融风险的发生，已成为金融监管领域面临的重要课题。当前，我国地方政府金融监管存在着监管法律体系建设不足、监管体制不完善、监管质量与效率不高等问题，亟须提升地方政府金融监管水平，健全地方政府金融监管体系。负面清单管理模式已成为发达国家常见的政府管制模式，能够充分发挥市场作用、降低经济运行成本，其应用范围已拓展到整个经济管理领域，特别是在行政审批领域，有非常广泛的运用。十八大以来，我国政府加快简政放权步伐，推动政府审批向负面清单管理迈进，政府治理模式正经历重大变革，这为地方政府进行金融监管提供了有益参考。本文系统梳理负面清单管理模式的理论与国际经验，深入剖析我国地方政府治理模式面临的变化，针对当前我国地方政府金融监管框架存在的缺陷，探究负面清单思路下的地方金融监管架构，从地方金融监管方式、监管范围和地方金融监管的风险防范等方面提出相关设想，相信对提升我国地方金融监管能力与监管水平、有效防范地方金融风险具有重要的现实意义。

一 负面清单管理模式辨析

（一）负面清单管理模式理论背景

负面清单（negative listings）又称"否定清单"，是相对于正面清单而言的一种市场准入管理方式，遵循"法无禁止皆可为"的原则，是世界范围内贸易投资自由化、金融市场国际化和行政管理法治化的产物。[①]"负面清单"一词最早的表述可追溯到1834年，普鲁士建立的德意志关税同盟（Zollverein）所签订的贸易条约中规定"同意开放所有进口市场、取消所有进口限制，除非列明不开放和不取消的"[②]。随着世界经济一体化的进程不断加速，不同国家市场间的贸易合作需求提升，催生了多边谈判路径的变革。1994年生效的北美自由贸易区创立了"准入前国民待遇+负面清单"的投资规则模式，使得负面清单管理模式取得新的突破。至今，负面清单管理模式已成为发达国家一种常见的政府管制模式，其应用范围已拓展到整个经济管理领域。

负面清单仅列举法律法规禁止的事项，对于列举以外的事项，法律法

---

① 于宏伟、李静：《负面清单制度的发展与完善》，《中国发展观察》2014年第3期。
② 樊正兰、张宝明：《负面清单的国际比较及实证研究》，《上海经济研究》2014年第12期。

规不会进行干预，市场主体有行为的自由。负面清单模式的优点在于能够极大地增强市场开放透明度，支持开放和贸易自由化，促进创新发展和技术进步。① 负面清单管理模式能够激发市场主体的活力，促进社会财富的创造，同时，负面清单模式下将"法律的沉默空间"视为主体的自由行为空间，从而限制了政府的自由裁量权，能够推动政府行政行为的公开化和透明化。② 此外，负面清单模式能够推动监管形式转变，从事前监管到事后监管的转变，对市场主体的监管更为高效。

（二）负面清单模式的国际实践

随着经济全球化的推进、投资与贸易便利化程度不断加深，负面清单管理模式已逐渐成为国际投资规则发展的新趋势。至今，世界上至少有77个国家采用负面清单模式，包括发达国家、发展中国家以及一些不发达国家。

发达国家在投资贸易协议中更倾向于采用负面清单模式。美国是推行负面清单管理模式的国家之一，在其双边投资协定和自由贸易协定中，均采用"负面清单"形式给予外国投资者"准入前国民待遇"。与美国签订投资协定的国家既包括发达国家（如加拿大、澳大利亚）、新型工业化国家（如韩国、新加坡），也包括发展中国家（如智利、孟加拉国）等。美国在早期签订的投资协定中的"负面清单"一般只对产业大类加以说明，清单的内容相对笼统，也体现了美国对国内产业的保护。在负面清单的领域中，金融、通信和航空运输等均是美国重点保护的领域，即使是与发展中国家签订的协议，也将其列出。其他发达国家的负面清单内容也充分考虑了本国经济与产业结构的特殊性。在日本，除了个别情况外，在外资准入方面基本采用了负面清单方式对不符措施进行保留，按照限制程度差异划分为履行行政程序、禁止准入、股权限制、有条件许可和其他五类，在负面清单的重点领域上，服务业的不符措施占全部措施的72%。③

近年来，负面清单模式在发展中国家间缔结的投资协定中逐渐兴起，

---

① Patrick Low, *Trading Free: The GATT and US Trade Policy*, New York: The Twentieth Century Fund, 1993, p.55.

② 王利明：《负面清单管理模式的优越性》，《光明日报》2014年5月5日第11版。

③ 李亚：《上海自贸区"负面清单"投资管理模式国际经验的借鉴》，《嘉兴学院学报》2014年第2期。

相对于发达国家,发展中国家的大部分产业缺乏国际竞争力,政府监管能力亟待提高,对负面清单模式的适应具有一定的挑战。从发展中国家负面清单实践看,清单涉及的领域较为广泛,包括一国不能开放或暂不开放的领域,以及目前暂不存在的产业。马来西亚在与日本签订的投资协定中,将本国尚未出现的产业列入其不符措施清单当中;智利在与韩国签订的投资协定中,将本国 1974 年颁布实施的《外国投资法》全部列入不符措施,在履行国民待遇、高管国际要求、业绩要求等义务方面均做出保留。

对发达国家而言,负面清单制度能够营造更加有利于投资自由化的发展环境,有利于资本流入,推动本国经济持续增长;同时,负面清单的广泛使用,也使发达国家在多边投资谈判中更具发言权,更具有建立高度自由化的多边投资规则的主导力量。对发展中国家而言,负面清单既是挑战,又是机遇。负面清单管理模式将监管关口后移,对政府过程性监管效率、监管能力和风险应对能力提出挑战。在经济发展尚不成熟、制度发展不够完善的情况下,引入先进的投资理念,能够进一步刺激国家的市场开放,从而深化国际经济体制改革,从制度层面与国际接轨。[①]

(三) 从简政放权到负面清单

随着投资自由化、贸易便利化的发展,许多国家都逐步放松外资准入管制。十八大以来,我国政府加快简政放权步伐,推动政府审批向负面清单管理迈进,政府治理模式正经历重大变革。简政放权已成为新一届政府改革的主要内容,简政放权的核心是将行政权力(尤其是审批权)向市场、社会放权,把应该交给市场、企业、中介机构的事情交出去,在本质上是对政府、社会和市场三者关系的重新审视与定位。[②] 党的十八届三中全会审议通过的《中共中央关于全面深化改革若干重大问题的决定》指出:"实行统一的市场准入制度,在制定负面清单基础上,各类市场主体可依法平等进入清单之外领域。" 在政府和市场的关系上,市场在资源配置中起决定性作用,政府起辅助与配合作用。在利用外资方面,实施负面

[①] 孙婵、肖湘:《负面清单制度的国际经验及其对上海自贸区的启示》,《重庆社会科学》2014 年第 5 期。

[②] 郭人菡:《基于"权力清单""权利清单"和"负面清单"的简政放权模式分析》,《行政与法》2014 年第 7 期。

清单和准入前国民待遇，就是要最大限度地减少政府的行政审批干预，发挥市场的作用，调动境外企业来华投资和设立企业的积极性，活跃外商投资。让市场在资源配置中发挥决定性作用，政府将把更多的精力用来完善和创新宏观调控，加强事中和事后的监管。[1]

从简政放权到负面清单管理模式，体现了政府管理经济思维方式的根本性变革，颠覆了传统正面清单管理方式，是我国积极主动进行的新一轮对外开放，是高水平、宽领域的开放。政府审批管理"负面清单"化，不仅可以使政府的权力和职能有边界和权限，还能使政府的审批管理透明化，充分调动市场主体的积极性，为中国经济的发展不断地注入新动力。负面清单模式是中国主动选择的结果，是建设开放型经济的需要，其主要目的是为了厘清政府和市场的界限，让市场在资源配置中发挥决定性作用，为各市场主体创造一个公平、安全、高效的市场环境。[2]

二 地方政府治理模式的变化

随着改革的深入和经济社会的发展，地方政府、社会与市场在经济社会发展中的作用与地位发生了变化，地方政府与公民社会之间的互动更为频繁、关系更为复杂。全球化、多元化、信息化和网络化催生出全新的治理时代，地方政府治理理念、治理方式均面临变化。在简政放权、推进政府职能转变的过程中，地方政府职能面临从"万能政府"向"有限政府"转变、从"公司化政府"向"受托人政府"转变、从"牧羊人"向"跨界协同治理"转变的问题。

（一）从"万能政府"到"有限政府"

当前，我国经济发展正处在关键的转型时期，经济发展奇迹已经进入提质增效的新阶段，地方政府在我国公共行政管理体系中占据着重要地位。目前突出的体制机制问题就是政府与市场、政府与社会之间的职责边

---

[1] 卢进勇、田云华：《负面清单管理模式的理论依据》，《国际商报》2014年5月12日第7版。
[2] 李洪涛、张菲：《负面清单模式与对外开放路径创新》，《中国外资》2014年第10期。

界不清晰，地方政府无所不管，对微观经济活动的干预过多，已成为"万能政府"，具体表现为前置审批过多、市场准入门槛过高、行政性垄断过多等，严重制约了经济发展的活力。[①] 地方政府职能定位需要从"万能政府"向"有限政府"转变，限制政府的权力和职能范围，凡是能够通过市场机制、社会力量发挥作用的领域，地方政府不应干预，只有市场和社会组织做不了或做不好的，政府才应插手，从而实现政府职能的转换和转移。应将政府的职能严格限定在公共领域，不直接参与经济活动，充当市场的管理者和监督者而不是竞争者，把精力集中于经济调节、市场监管、社会管理和公共服务等领域，使政府成为"有限政府"。划定市场主体的产权边界和利益分界，维护市场经济秩序，鼓励多种生产要素参与竞争，调节收入和财产分配，为市场经济和企业的发展提供制度性环境。

（二）从"公司化政府"到"受托人政府"

改革开放以来，我国政府将工作重心转移到经济建设上，创造了经济持续高速增长的"中国奇迹"。在现有的考核体系中，经济发展是最为重要的指标，这使得地方政府有强烈的意愿将各种资源用来发展经济，导致地方政府片面追求经济增长，成为了追求利润最大化的经济实体，特别是具有了商业性公司的诸多特征，以财政收入为最高动力，将 GDP 作为"公司"的营业额，地方政府变成了市场中单纯追求经济利益的公司，而忽略了政府的社会责任。[②] 这种"公司化政府"发展模式导致地方政府忽视公共物品和公共服务的供给，混淆了政府与企业之间的界限，不利于建立公平的市场经济环境，容易引发社会矛盾。因此，地方政府治理模式应从"公司化政府"向"受托人政府"转变，致力于成为为公众提供公共物品和公共服务的受托人，在市场机制失灵的领域充分发挥"看得见的手"的作用，变经济型政府为公共服务型政府。第一，完善地方政府政绩考核指标体系与考评机制，将环境污染和生态破坏程度、社会事业发展和社会公正等指标纳入考核体系。第二，强化地方政府行政责任制度和监察处置机制，强化地方政府公仆意识。第三，完善地方政府的群众诉求和

---

① 姚冬琴、王红茹、李勇、马玉忠：《政府 VS 市场 从"全能政府"到"有限政府"》，《中国经济周刊》2013 年第 44 期。
② 赵树凯：《地方政府公司化：体制优势还是劣势？》，《文化纵横》2012 年第 2 期。

利益维护保障机制。①

(三) 从"牧羊人"到"跨界协同治理"

在经济全球化和中国经济社会持续改革开放的背景下，区域竞争已经呈现出愈演愈烈之势，地区之间互相学习借鉴以谋求本地区追赶式增长的激烈竞争此起彼伏，增强了区域发展的动力和活力，同时，经济发展中的地方保护主义等恶性竞争层出不穷，导致资源浪费、环境污染问题突出。地方政府仅考虑自身"一亩三分地"的"牧羊人"思维使其无法摆脱单极治理的桎梏，地方政府仅仅依靠自身的运作和能力已经无法适应当代社会变迁的要求。为了顺应经济社会发展的现实需要，打破市场壁垒、推进地方政府"跨界协同治理"从而实现市场资源的自由配置和合理流动，促进区域良性互动与协调发展已成为地方政府的必然选择。

随着我国行政体制改革的不断深入，培养和提升跨部门协同治理能力已成为我国实现"五位一体"建设和"新四化"发展的关键。政府部门协调机制的形式已经由单一转向了多元与灵活，部门协调的主体由中央各部门之间扩展到了地方政府之间，为促进共同发展和提高整体竞争力，在中央政府区域发展战略的统一布局下，应积极主动地探索区域内地方政府间全方位、宽领域、多层次、多渠道、多形式的横向合作，经济体从侧重竞争逐渐转向突出合作，促进地方政府的职能转变和制度创新，建立纵横交叉、分层运行的跨界协同机制，发挥整体政府跨界协同治理的最大效力。②

二 地方政府实施金融监管模式的变革

(一) 为什么地方政府还要进行金融监管

随着我国经济领域改革的不断深化，金融业对地方经济增长的支撑作用不断提高，随之而来的地方金融风险也不断加大，提升地方政府的金融监管水平，有效防范和控制地方性金融风险的发生，已成为金融监管领域

---

① 张占斌：《"地方政府公司化"反思》，《决策》2006年第11期。
② 孙迎春：《现代政府治理新趋势：整体政府跨界协同治理》，《中国发展观察》2014年第9期。

面临的重要课题。地方政府进行金融监管的必要性包括以下四方面。

第一，地方经济增长对金融的依赖性决定了地方政府在金融监管中的角色与地位。地方政府为了保持对地区经济的控制力，通过财政注资、土地入股、资产抵押、购买不良资产、直接或间接融资等方式补充地方性金融机构的资本规模，地方经济增长对地方金融的依赖度非常高，金融风险的波及范围对地方经济的影响巨大，因此，地方金融的监管不可避免地牵涉到地方政府行为以及地方政府在金融监管中的角色与地位。

第二，地方财经扩张与监管的统一性要求地方政府进行金融监管。一方面，随着对银行性金融机构的禁入以及银行贷款的限制，地方政府转而追求其他投融资平台和途径，形成地方金融纷繁复杂的气象；另一方面，保持地方金融的稳定性和可持续发展又是地方政府的应尽职责，无论是中央政府政令还是自身发展需要，地方政府都有必要对辖区金融进行监管，尤其是对地方性金融机构进行监管，以确保辖区金融秩序的稳定和经济活动的正常进行。

第三，地方金融深化、金融监管信息与技术发展要求地方政府承担金融监管职能。股权投资基金、信托公司、资产投资公司以及由金融业务创新引发的混业经营现象，信息技术的发展推动了金融监管手段和技术的极大变化，跨业经营的广泛推行，进一步加强了金融监管的技术难度，在基层跨业监管协调难度加大的情况下，依靠高度垂直化管理的现行体制，很难对金融业务的监管实现全程覆盖。

第四，地方金融的特殊性对地方政府金融监管产生需求。新型金融组织的快速化发展、地方金融形态的差异化、地方金融风险的累积性和金融制度创新的基层性等金融发展趋势，要求地方政府对区域性金融机构与金融发展具有监管职能，以便及时监测金融发展动态与风险，与中央监管部门协同监管，防范和化解金融风险。

（二）地方政府现行金融监管框架的缺陷

当前，在我国现行的政治体制和行政管理体制约束下，单一制分权模式决定了地方政府在金融监管中始终处于从属和补充地位。我国现行金融监管框架是由中国人民银行、保监会、银监会和证监会构成的"一行三会"的监管体制，这种以行业管理和垂直管理为特征的金融监管体制，决定了地方政府只能以"协助"的身份参与金融业的监管，这种金融监管框架存在诸多缺陷。

第一,地方政府在监管体系中权责不对应。现有地方金融管理法律制度缺乏系统性,尚未形成法律、法规、规章等配套体系,已有的规范性法律文件尚未形成系统的监管法律体系状况,不但立法层级较低,而且缺乏系统性和可操作性。地方政府在金融监管中基本定位在"拾遗补缺"的尴尬角色上,在行业管理上,既要落实中央金融监管部门的统一部署,又要分工监管好自己职责范围内的金融企业。在金融监管不当所引发的地区事件和群体事件中承担着直接责任人与处置者的角色,监管体系中权责不对应的矛盾越来越突出。

第二,监管体制严重滞后,监管主体不明确,监管职能交叉且不统一。不同监管部门的职责定位不准确、职能交叉等现象存在,不利于全面掌握地方法人机构的整体情况、统一调配资源,容易产生覆盖面不足等问题,导致地方金融监管的效率与效果难以保证,地方金融后续的监管力度降低。地方"金融办"职责边界不清晰,并且没有明确的职能定位,功能上有些"金融办"侧重监督与管理,而有些"金融办"定位于服务功能,不利于地方金融市场的健康发展,也不能为金融资源供需双方提供良好的外部环境,提高金融资源配置效率。

第三,监管目标不明确、监管内容和手段与监管目标不匹配。地方政府对于金融监管的目标各有侧重,各地方政府尚未形成明确的金融监管目标。地方政府在金融监管过程中,监管手段较为单一,主要以检查、罚款等行政性措施为主,面对金融风险时经常处于被动地位,同时,尚未形成一套规范科学的金融监管的定性标准和定量指标体系,监管方法无法满足金融业发展的需要。

第四,金融监管效果不理想。由于缺乏明确的监管目标导向,导致一些地方金融监管中监管真空与监管重叠问题并存,地方政府金融监管质量和效率不高,对金融风险的防范关注较少,存在"重发展、轻管理,重审批、轻监控"的问题。

(三)负面清单思路下的地方金融监管

负面清单管理模式能够明确政府的权力和职能边界,强调事中、事后监管的重要性,充分调动市场主体的积极性。以负面清单思路探究地方金融监管模式的变革,有利于改变当前地方政府监管边界不清、监管目标不明确、监管部门定位不清、监管过多导致的金融抑制等问题，有利于调动地方金融主体的积极性、鼓励金融创新与促进金融发展、强化地方金融监管的全过程监管体系。

负面清单思路下的地方金融监管模式，面临着以下几个方面的变化。

第一，树立负面清单的地方金融监管理念，改变过去金融监管领域以正面清单为基本规范的思维，实行"法无禁止即可为"的思维方式，金融监管部门的行为限定在依法行事和打击违法活动范围内，需要改变正面清单中所形成的监管随意性。

第二，建立负面清单管理制度。在长期正面清单监管的过程中，金融监管部门形成了一系列与审批制相对应的管理制度，这些制度中存在着大量与负面清单不一致、不协调的条款、内容、程序和处罚规则，需要逐一厘清。同时，应逐渐建立负面清单的制度体系。

第三，调整金融监管行为，强化事中、事后监管。加强金融监管部门对相关金融活动市场准入后的监管。负面清单外事项市场准入后，法律应当授权并要求金融监管部门加强事中和事后监管，以防范金融风险，保护金融消费者利益。

第四，金融市场的各方面参与者需要适应负面清单监管。负面清单监管要求介入金融市场的各类参与者自己承担金融投资活动的各种后果；各类市场主体可依法平等进入负面清单之外领域，金融产品创新和金融运作方式创新等的变化也是市场参与者需要予以适应的。实行优胜劣汰的市场规则，对金融机构和其他市场参与者的违法处罚力度加大，有进就有退。

第五，建立集团诉讼、代表诉讼等诉讼制度，保护金融投资者和金融消费者合法利益，实现金融市场主体间权利义务的平衡，避免负面清单制度可能带来的负面效应。

（四）跨界协同治理中的地方金融监管

跨界协同治理要求在金融监管过程中，地方政府与中央金融监管部门、行业监管机构及金融机构之间形成良性互动、协同监管机制，有利于强化不同主体之间的信息沟通，降低金融系统运行中的信息不对称性，及时监测、预防与防范金融风险的发生。

跨界协同治理模式要求地方政府在金融监管中的作用实现从过去"拾遗补缺"到"区域金融监管主体"的角色转换。中央与地方金融监管角色的分工取决于中央与地方事权的分工。在事权划分上，需要根据双方涉及的事务和领域来进行。一般认为，中央政府的事权主要集中于涉及国家全局和根本利益的事务，地方政府的事权主要集中于涉及行政管辖区内地方性事务。关于地方性事务，应该交由地方政府在宪法和法律赋予的基本职权下处置。对于中央与地方管辖交叉的领域，或者地方政府之间管辖冲突的领域，需要根据各方在具体事务中所处的重要性以及处置事务的效率确定各自管辖的核心领域。[①] 在金融监管问题上，过去一直将这个领域作为事关国家全局性、战略性的领域，交由中央政府监管部门直接管理。但随着近些年我国金融发展的不断深化，金融业务和市场范围不断突破原有界限，地方金融的发展呈现前所未有的速度，亟待调整传统思维，将金融监管进行分类，将地方政府在金融监管中"拾遗补缺"的角色上升到新时期"区域金融监管主体"角色。根据我国实际情况，在原有监管格局中，增加"国家审计署"和"地方金融办"为地方金融监管主体，形成以"一行、一署、三会、一办"为主体的"1131"监管格局，以及"两级多元、统分结合、标准统一，轮流监测、结果互认、各负其责"的地方金融监管模式，完成地方政府金融监管职能的重大调整和转变。对地方性金融机构的监管应从中央政府保留的事务转变为中央和地方共享的事务，在维护中央政府金融监管主导者权威的基础上，赋予地方政府较大的发展和监管权力。

四 负面清单下的地方金融监管架构

针对我国地方政府现行金融监管框架存在的缺陷，探究负面清单思路下的地方金融监管架构，应改变中央政府单一监管主体现状，赋予地方政府区域金融监管的职能，形成统分结合、双层监管的金融监管体制，从地方政府金融监管方式、监管范围和风险防范等方面构建地方金融监管框架。

（一）地方金融监管方式

地方获得金融监管的权力后，应坚持抛弃增长至上的发展理念，着力

[①] 金太军：《当代中国中央政府与地方政府关系现状及对策》，《中国行政管理》1999年第7期。

创新监管手段、方式、方法，将地方金融监管机构打造成能掌握地区金融发展态势，能为金融机构提供全方位服务的专业化力量。

第一，实行负面清单监管方式。制定地方金融监管负面清单，通过金融相关法律法规等明确规定禁止从事的金融活动，明确规定金融机构、金融业务、金融产品和金融服务等的市场准入条件。凡是符合相关法律法规中准入条件规定的经济主体、金融业务、金融产品和金融服务等均可依法保障自由进入金融市场，不再需要金融监管部门的审批；强调"法无禁止即可为"，只要不在法律法规禁止范围内，各种金融创新均可依法展开。

第二，健全外部监管体系，加强金融机构内控机制建设。加强多部门、多行业合作，建立金融运行分析和执法协作机制，增强监管合力，防止出现监管真空。培育发展地方金融行业组织，充分发挥其行业自律作用。推动地方金融机构完善法人治理结构和内控机制建设。

第三，致力于非现场尤其是远程监管方式的覆盖，建立健全非现场监管的技术支撑和管理体系，对现有的金融统计数据库进行结构和网络改造，改进统计方法，扩大覆盖范围，增加指标体系，在辖区建成具有较高权威和可信度、可自动生成的金融运营统计指标系统和金融风险监管指标系统，形成统一、集中、高效、快捷的监管信息系统。

第四，充分获取各级各类地方性金融机构的资料、信息，利用科技手段构建金融风险的检测与预警系统，为防范和化解潜在风险提供技术支持。要从对机构和事件的监管，逐步深入金融行业高层人员经营活动的动态管理，对现有金融机构以及有关企业，建立人员监管档案，推动人员考核的制度化和常态化，完善述职制度和谈话诫勉制度。

（二）地方金融监管范围

合理确定中央和地方监管边界，在监管边界上以"是否涉及公众利益"为界，划分中央和地方的金融管理权。[①] 将中央集中监管权逐步下放给地方政府。对于涉及多方利益的仍由中央进行监管，对于不涉及公共利益的交给地方监管。授权地方以地方出资人和需求者的双重身份、负责地方政府全资或部分出资的金融机构发展和改革决策权、地方金融控股公司

---

① 牛娟娟：《地方政府金融管理体制该如何完善》，《金融时报》2011年3月24日第1版。

及其他地方性金融机构的组建审批权、地方性金融发展规划的制定权，以及对地方金融活动的指导和协调权利，明确中央监管部门对多种类型的非存款类非公众金融机构进行业务指导，授权地方政府将此类非存款类非公众金融机构正式纳入地方金融监管范围，等等。根据不同区域的经济金融特色，给予地方更多的金融监管权限和灵活监管的自由度，针对制造业金融服务、融资租赁和金融市场创新等先行先试，形成监管的"大统一、小分权"。

按照监管内容和范围的不同，根据"谁批准、谁监管"的原则，中央政府继续对原有监管范围负责，同时，扩大监管范围，由国家审计署代表中央政府行使监管责任，专门对地方政府负债情况进行监管，监管主体变为"一行、一署、三会"；而地方监管部门，则主要对小额贷款公司、地方商业银行、融资租赁机构、典当机构、融资担保公司、各类私募基金等进行监管。

（三）地方金融监管中的风险防范

负面清单思路下的地方金融监管更加注重完善事前、事中和事后全程监管，形成长效化、制度化监管系统，将地方政府的运营监管、风险预警与结果控制结合起来，形成"三位一体"的监管体系。

第一，地方金融运营监管体系主要体现为对地方政府在区域金融的安全、稳定、效率、发展以及活力等方面负有的职责。根据风险程度和类型对地方金融机构和金融活动进行分类监管，对新开设的地方金融机构及时进行备案登记，对各项业务处理环节进行备份或对主要风险监控环节进行流程备案。指导地方金融机构强化自身风险管理，推动金融机构落实内部监督控制机制的常态化，降低地方金融风险发生的可能性。加强职能部门政策之间的协调配合，规范中央金融监管机构与地方政府金融监管机构的工作会商，实现相关部门金融机构监管、金融机构重大事项报告、金融风险案件（事件）快报，以及金融突发事件应急处置预案、金融风险监测和预警信息的及时通报与共享，定期开展金融风险状况配合调查与分析。[1]

---

[1] 林宏山：《区域性金融风险防范的研究与思考——以漳州市为视角》，《福建金融》2013年第2期。

第二，地方金融风险预警体系体现地方政府在金融监管中对金融风险的监测和预判，是地方政府金融监管体系的重要环节。其一，引入地方金融宏观审慎管理，将地方可能积累的体制性、系统性和经常性风险纳入稳定管理早期目标，建立并完善地方金融风险稳定规则；其二，对具有内在联系的地方金融机构和非金融机构之间的风险和脆弱性进行评估，开展地方金融风险压力测试，衡量宏观和微观风险及风险救济行为对地方金融稳健带来的影响，以显示潜在的金融脆弱性；[①] 其三，开展地方金融风险评级，合理设定地方政府及地方金融机构的风险承受能力，并针对不同级别的风险提出具体的救济方式、手段和措施；其四，建立金融机构自评风险报告制度，利用金融机构自有信用风险评估系统，鼓励地方金融机构、民间机构，以及地方职能部门通过地方金融信息平台向该系统申报信息；其五，构建地区金融信息数据共享平台，建立地方风险预警指标体系和数据模型，探索构建地方金融风险预警信息平台。

第三，地方金融风险控制体系主要针对地方金融高风险或者风险爆发后的控制，旨在降低金融风险程度、控制风险爆发范围、减少金融风险损失。一方面，建立地方金融应急处理机制。会同中央驻地方金融监管分支机构共同商定跨区域和跨部门的应急处置办法，按照规定的时间、方式和程序及时上报或通报各类突发金融事件及处理信息。建立有效的金融应急备份系统和紧急流动性支持系统，针对不同机构、不同时期金融风险的类型、特点及出现的问题，建立风险应急预案。另一方面，制定地方金融风险应对系统。设立地方金融风险专项基金，专门用于地方金融风险发生后的救济及补偿；建立金融同业救济平台；拓宽民间融资救济，增强民间资金流动性和合理配置，扩宽政府对金融风险实施救济的资金来源；建立社会风险救济防控网络，完善应急援救性措施等。

（作者王立国，天津社会科学院副院长，城市经济学科首席专家、研究员；董薇薇，天津社会科学院城市经济所博士。天津市南开区迎水道7号天津社会科学院　300191）

---

① 付刚：《宏观审慎管理与系统性金融风险防范思考》，《金融发展研究》2010年第10期。

我国民族地区地方治理现代化的出发点、依据和路径

李 伟 常海波

摘 要：中国民族地区地方治理现代化是国家治理体系中一个特殊的重要组成部分，关系到国家治理现代化的成败。探讨中国的民族地区地方治理现代化的出发点、依据和路径，是中国民族地区地方治理现代化的重大战略议题。其中，治理的出发点是基础和前提，治理的依据决定着治理的方向和原则，治理的路径则提供切实可行的切入点和操作运行机制。世情、国情、区情是中国民族地区地方治理现代化的逻辑起点和实践的出发点；民族区域自治制度、民族区域自治法是中国民族地区地方治理现代化的根本依据；民族地区地方治理现代化路径的选择与民族地区地方发展治理过程中的主要矛盾和主要问题紧紧联系在一起。

关键词：民族地区 社会治理 地方治理现代化

党的十八届三中全会《中共中央关于全面深化改革若干重大问题的决定》（以下简称三中全会《决定》）提出："全面深化改革的总目标是完善和发展中国特色社会主义制度，推进国家治理体系和治理能力现代化。"[1] 作为中国共产党执政的新型理念和新一届中央领导集体的重大战略思想——国家治理体系和治理能力现代化，无疑应包括中国民族地区地

---

[1]《中共中央关于全面深化改革若干重大问题的决定》辅导读本，人民出版社2013年第1版，第3页。

方治理现代化。因为它既是国家治理体系中一个特殊的重要组成部分，又关系到国家治理现代化的成败。探讨这一问题，需要回应三个基础性问题：民族地区地方治理现代化的出发点是什么、治理的依据是什么、治理的路径是什么。其中，治理的出发点是基础和前提，治理的依据决定着治理的方向和原则，治理的路径则提供切实可行的切入点和操作运行机制。如果治理的出发点不准，依据模糊，即使有再多的构想也不得要领，甚至会误导治理的方向。同样，治理的路径不当或偏向，不仅会错失发展机遇，而且会增加治理成本、降低治理绩效。因此，探讨中国民族地区地方治理现代化的出发点、依据和路径应成为中国民族地区地方治理现代化的重大战略议题之一。

一　中国民族地区地方治理现代化的出发点

马克思说："人们自己创造自己的历史，但是他们并不是随心所欲地创造，并不是在他们自己选定的条件下创造，而是在直接碰到的、既定的、从过去承继下来的条件下创造。"① 习近平总书记指出："独特的文化传统，独特的历史命运，独特的基本国情，注定了我们必然要走适合自己特点的发展道路。"这就告诉我们，推进民族地区地方治理的现代化必须从中国的国情和民族地区历史和现实的区情出发，从全球正在迅速发展的"世情"出发，一句话，从中国的实际出发，而不是从本本出发，这就是中国民族地区地方治理现代化的逻辑起点和实践的出发点。

（一）新世纪、新阶段世界民族宗教问题在全球范围内的影响明显上升是我国民族地区地方治理现代化的国际出发点

进入21世纪，虽然和平和发展仍然是时代的主题，但是两大问题成为人类所面临的难题。一是环境问题。人类的工业文明在发展的进程中出现了污染、土地沙化、气候变暖、物种灭绝等问题……严重影响到人类的生存环境。因此从20世纪下半叶开始，科学发展、可持续发展开始成为世界各国共同关注的问题。二是民族宗教问题。随着"冷战"结束后国

---

① 《马克思恩格斯选集》第1卷，人民出版社2012年版，第669页。

际形势的变化，民族因素和宗教因素在国际政治、经济、文化中的影响明显上升，各种民族主义思潮和活动趋于活跃，引发了一些国家和地区的冲突和内乱。国际敌对势力处心积虑地利用所谓民族、宗教、人权等问题，加紧对我国进行渗透、分裂、破坏和颠覆活动。民族分裂势力、宗教极端势力、暴力恐怖势力在我国周边一些地区仍然相当活跃。近年来，在我国新疆、西藏地区所出现的一些暴恐事件都能明显看到上述国际背景的影响，这就更加凸显了民族地区地方治理现代化的重要性。实践证明，凡是民族宗教问题处理不好的地区和国家都没有一个安定和谐的社会环境。

民族地区地方治理现代化不仅仅是一个国家的内部管理问题，而且也是一个和国际广泛联系的涉外问题，需要在国际上做大量的工作，要让他们了解中国历史上就是一个统一的多民族、多宗教国家。在欧美，由于两次民族主义思潮和运动的影响，在他们的眼中，有一个独立的民族、独立的地域、独立的宗教、独立的语言、独立的文化就应该是一个独立的国家。特别是我们所处的亚洲，民族多、宗教多，矛盾也多。世界三大宗教的发源地都在亚洲，世界有影响的民族性宗教都在亚洲。我国边境民族地区的一些少数民族都与相邻的国家有着密切的民族和宗教联系。这些形成了我国民族地区地方治理现代化特殊的、复杂的国际背景。

（二）我国统一的多民族、多宗教的基本国情和历史上封建统治者因俗而治的边疆治理传统是我国民族地区地方治理现代化的历史出发点

我国是一个统一的多民族、多宗教国家，这是中华民族漫长历史演进的结果。在这一过程中，中国先秦时期形成的"华夷五方之民共称天下"的观念和"大下大一统"的理念，不断深入人心，历久而弥坚。在我国各民族不断融合和联系、交流中，中华民族的核心凝聚力随之不断增强，多元一体和一体多元的历史趋势从自在走向自觉。同时，在这一历史进程中，中央政权的统治者不仅坚持中央集权，而且往往也实行因地制宜、因族制宜的分权措施。国家大一统中央集权下因俗而治的边疆治理模式随之形成。这种国家治理模式建立在历代中央政权统治者所承袭的"修其教，不移其俗；齐其政，不易其宜"[①]的基础上，即一方面保证大政整齐划一、国家统一集权，另一方面听任各古代民族和地区、各种文化传统和宗

---

① 《礼记·王制第五》。

教信仰兼容并存，共同发展。因此，中国历史上中原中央王朝与边疆民族部落政权之间虽然存在断断续续的战争，但更多的是彼此间经济文化和平交流交往、异族通婚、相互学习、友好往来的情形，这既促使中华各民族之间政治、经济、文化交往日益密切，民族的共同性和一致性不断增强，也使得以中原王朝为中心的国家治理和边疆民族部落的地方治理呈现出和而不同的特点。

（三）新中国成立后，我国 56 个民族大家庭的形成和民族区域自治制度建立、实践是民族地区地方治理现代化的现实出发点

中华人民共和国成立后，中国共产党和中国政府从我国多民族统一存在这一基本国情出发，开展了民族识别工作，在宪法和法律的意义上，最终确定了汉族和 55 个少数民族，并把民族区域自治作为解决国内民族问题的基本政治制度、基本法和基本政策。这是中国共产党自新民主主义革命以来不断探索的结果，也是中国对世界民族国家治理模式的一大贡献。民族区域自治是中国特色社会主义民主制度建设的重要组成部分，是中国国家治理体系的重要内容，它成为了我国政治制度和国家治理的一大优势。我国是一个多民族的国家，民族区域自治，不仅在民族自治地方内保障了实行民族区域自治的少数民族享有充分的民主权利、自主管理民族内部地方性事务的权利，同时也有利于保障少数民族参加管理全国事务的权利。而国内大多数少数民族和绝大部分少数民族人口实行区域自治的治理实践也说明，少数民族大多数人获得自治权利和民主权利，是适应中国国情，解决中国民族问题的最适当的地方治理形式。中华人民共和国成立六十多年来，中国共建立了 155 个民族自治地方，其中包括 5 个自治区、30 个自治州、120 个自治县（旗）。根据 2010 年第六次全国人口普查情况，在 55 个少数民族中，有 44 个建立了自治地方，实行区域自治的少数民族人口占少数民族总人口的 71%，民族自治地方的面积占全国国土总面积的 64% 左右。中华人民共和国成立以来的六十多年里，特别是改革开放的三十多年里，民族自治地方彻底改变了生产停滞、经济萎缩、交通闭塞、人民生活困苦的局面，经济社会文化取得了全面进步。特别是伴随着西部大开发战略的推进和全面建成小康社会的现代化进程，民族地区经济建设和社会发展不断取得新的成就。

上述三个方面构成了我国民族地区地方治理现代化的基本出发点。

二 中国民族地区地方治理现代化的法律和价值依据

民族地区地方治理体系是国家治理体系的一个重要组成部分,并且是国家治理总体系中一个特殊的子体系。它包括民族地区经济、政治、文化、社会、生态文明和党的建设等各领域体制机制、法律法规安排,是一整套紧密相连、相互协调的民族区域自治的基本制度和具体制度体系。民族地区地方治理体系的现代化,就是要适应时代特点和民族地区特点,通过改革和完善民族区域自治的体制机制、法律法规,推动各项配套的具体制度日益科学完善,实现民族地区自治的制度化、规范化和程序化。民族地区地方治理能力则是指民族地区运用民族区域自治这一国家基本制度、基本法和基本政策,管理民族地区各方面事务包括民族宗教内部事务的能力和水平。从公共管理学的角度,国家治理水平和能力的现代化包含三个方面的含义:一是理论的现代化;二是制度的现代化;三是实践执行力的现代化。这其中,既有关于我国民族地区地方治理的中国学派的理论,又有在这一理论指导下所派生的我国民族地区地方治理的一整套制度和政策,还有民族地区不断实现社会主义现代化建设和全面建设小康社会的需要,增强按照国家制度依法治理民族地区的能力和水平,以及把国家制度特别是民族区域自治的基本制度、基本法和基本政策等优势转化为管理民族地区的能力和水平。既有关于民族地区改革、发展、稳定方面的治理能力和水平,又有民族地区党的建设和区域管理以及民族宗教事务管理等各个方面的治理能力和水平。如果说民族地区地方治理体系解决的是民族地区地方治理的制度性框架问题,那么民族地区地方治理能力则是为了解决如何在民族地区更好地发挥国家治理体系功能的问题。这就涉及一个基本问题:民族地区地方治理体系和治理能力现代化其建设和实现的根本依据是什么,这关系到民族地区地方治理现代化的发展方向和原则问题。

中国是一个民主法治的社会主义国家。党的十八大报告指出,"法治是治国理政的基本方式","要更加注重改进党的领导方式和执政方式,保证党领导人民有效治理国家"。[①] 党的十八届四中全会通过的《中共中

---

① 《十八大报告辅导读本》,人民出版社2012年第1版,第26页。

央关于全面推进依法治国若干重大问题的决定》(以下简称四中全会《决定》)进一步强调:"依法治国,是坚持和发展中国特色社会主义的本质要求和重要保障,是实现国家治理体系和治理能力现代化的必然要求,事关我们党执政兴国,事关人民幸福安康,事关党和国家长治久安。"① 宪法是保证党和国家兴旺发达、长治久安的根本法,具有最高权威。《中华人民共和国宪法》第五条明确指出:"中华人民共和国实行依法治国,建设社会主义法治国家。国家维护社会主义法制的统一和尊严。一切法律、行政法规和地方性法规都不得同宪法相抵触。一切国家机关和武装力量、各政党和各社会团体、各企业事业组织都必须遵守宪法和法律。一切违反宪法和法律的行为,必须予以追究。任何组织或者个人都不得有超越宪法和法律的特权。"② 这就告诉我们宪法和法律是民族地区地方治理现代化的根本依据,实现民族地区地方治理的现代化必须是法治。

在我国国家治理体系中,人民代表大会制度无疑是我国的根本政治制度。中国共产党领导的多党合作和政治协商制度、民族区域自治制度以及基层群众自治制度是人民代表大会制度统领下的基本政治制度,中国特色社会主义法律体系,以公有制为主体、多种所有制经济共同发展的基本经济制度,以及建立在这些制度基础上的经济体制、政治体制、文化体制、社会体制等各项具体制度与根本制度和基本制度构成了完备的中国特色制度体系。这些是民族地区地方治理现代化的根本依据,它决定着民族地区地方治理体系和治理能力现代化的根本方向和原则,决定着治理模式和结构的中国特色,实现民族地区地方治理体系和治理能力现代化就是"要把制度建设摆在突出位置,充分发挥我国社会主义政治制度优越性,积极借鉴人类政治文明有益成果,绝不照搬西方政治制度模式"③。民族地区地方治理模式的特色和特殊性在于它的重要依据之一是民族区域自治制度和民族区域自治法,它无疑为民族地区地方治理现代化提供了一个重要的政治方向和重要原则。

---

① 《中共中央关于全面推进依法治国若干重大问题的决定》辅导读本,人民出版社2014年第1版,第75页。

② 全国人民代表大会常务委员会法制工作委员会编:《中华人民共和国法律(2013版)》,人民出版社2013年第1版,第3页。

③ 《中共中央关于全面推进依法治国若干重大问题的决定》辅导读本,人民出版社2014年第1版,第75页。

民族区域自治制度通过外在形式和实际内容两个方面，从法制的角度为民族地区地方治理现代化提供了宪法和法律的依据和规定。其实质是要实行区域自治的民族当家做主，其核心是自治权。《中华人民共和国民族区域自治法》规定的民族地方自治机关自治权有 27 条之多，内容十分广泛，体现在政治、经济、文化各个领域和各个方面，从而在法治基础上保障了民族平等和社会公正。中国通过实行民族区域自治而使它的统一建立在民族平等的基础之上。我国民族区域自治的实践证明，中国的民族区域自治制度是解决中国民族问题的正确途径和基本政治形式，是我国各少数民族享有民主权利的制度保障，是我国政治制度的一大优势。正是这一大优势，使民族地区自治呈现出与其他区域所不同的独具特色的治理模式与治理结构，体现了中国共产党的执政理念和治理能力与水平。从结构功能主义的角度来看，由于这种模式的结构与汉族地区的治理结构不同，因而所产生的功能也就不同，而这种独特的功能恰恰是保证民族地区地方治理现代化的根本因素。

需要指出的是，制定和推行民族区域自治制度并不等于这项制度的完善和完备，也不等于由这项制度所产生的一系列政策的落实和实施。中华人民共和国成立以来，中国共产党和中国政府在推行民族区域制度过程中已经做了大量的工作。从民族识别到民族区域自治制度的制定，从民族地区的经济社会发展到各民族文化遗产和非物质文化遗产的保护和发扬，从民族教育的开展、民族学院的建立到民族人才和民族干部的培养，从宗教信仰自由、依法管理宗教事务到积极引导宗教与社会主义相适应，进而发挥宗教界和信教群众在经济社会发展中的积极作用，这些都为民族地区地方治理现代化积累了难能宝贵的经验。这些经验来之不易，我们应当珍惜和总结，并随着实践的发展不断与时俱进。但是，我们与民族区域自治基本制度相关的一系列具体制度设计、法律保障、政策配套等方面依然有待完善，把中国共产党解决民族宗教问题的顶层设计贯穿、对接、实施于民族地区地方治理的方方面面还有大量的工作需要去做，特别是制定符合自治地方实际的自治条例、完善各项具体自治制度、发挥民族区域自治基本制度和法律作用、实现民族宗教政策功效更是迫在眉睫。这些都是国家治理体系和治理能力现代化建设的题中之意。

世界各国在民族宗教问题上的治理经验和教训反复证明，只有将国家制度真正通过具体制度和政策层面贯彻实施于民族地区地方治理现代化之中，才能真正保证民族地区经济社会科学发展、社会和谐、国家长治久安。如果只是在形式上建立了区域自治制度，而在实际治理过程中并没有将这个制度真正落到实处，一旦国际国内有大的变动，就会出现国家民族的分裂。20世纪90年代的苏联和东欧、南斯拉夫社会主义国家剧变后国家民族分裂的教训就是前车之鉴。

三　民族地区地方治理现代化的路径选择

民族地区地方治理现代化路径的选择不仅关系到治理的成本和绩效，而且关系到治理现代化的成败。国家治理现代化的路径选择需要满足两个基本条件：一个是它的针对性，另一个是它的有效性。所谓针对性是讲治理路径的选择是与治理过程中所面临的突出矛盾和问题紧紧联系在一起的。

第一，这种矛盾与问题表现在人们对民族区域自治制度的认识还不够统一上，包括对民族区域自治制度和民族区域自治法两个方面的认识。前者在认识上的矛盾和问题并非源自这一制度设计本身的不足，而是人们特别是一些国家公职人员和领导干部，也包括一部分学术精英对这一基本制度在国家制度和国家治理体系中的地位和作用认识不到位，对其制度实施的政治涵义和重大现实意义认识不清，对这一基本制度所蕴含的理论内涵和价值理念缺乏认同，加之国际政局动荡和反分裂斗争的影响以及民族地区一系列暴恐事件的出现都在相当程度上弱化了这一基本制度的贯彻实施和完善创新。在对民族区域自治法的认识上，目前也存在着两种错误的认识：一是把它当作一般的法律，看不到或忽视了它在中国宪政体制中的地位和作用；二是把贯彻实施民族区域自治法看作民族地区民族工作部门和少数民族的事情，认为与本地区本部门和自己的关系不大，因而在相当一部分国家公职人员和社会民众中对实施民族区域自治法的认识不到位，贯彻实施民族区域自治法的配套法规、措施和办法不到位，即使是在民族自治地方自治机关对民族区域自治法的贯彻落实也缺乏全面深刻的理解和自觉执行的责任感。

第二，表现在民族区域自治制度和民族区域自治法缺乏相应的法规政策配套上。这种缺乏一是体现在制度和政策的转化能力和水平上。民族区域自治制度和民族区域自治法作为国家制度层面和宪政体制中的一个基本制度和一部基本法，它的内容具有广泛性、综合性，不仅要考虑全国的不同情况，而且要保持较长时间的稳定性，因而不可能很具体。如果民族地区在地方治理中不能将它转化为具体的制度和具体的法规办法并与之配套，基本制度和基本法就难以得到全面的贯彻和落实。二是体现在基本制度和基本法贯彻落实的执行力上。一个突出的案例是，自《民族区域自治法》颁布以来，国务院的一些部委在制定配套法规方面虽然做了一些工作，出台了一些实施的规章和办法，大部分自治州、自治县制定了自治条例，但由于种种原因，不仅国务院的综合性的实施细则没能制定出来，五个自治区的自治条例虽数易其稿，也没能通过法定程序出台。这些法规和条例的缺少，使《民族区域自治法》的不少规定缺乏具体的程序性支撑，难以得到执行。

第三，表现在宣传舆论上。长期以来，无论是在国家层面上还是地方层面上，我们都没有把基本制度和基本法的宣传放在应有的位置上。既缺乏在大众传媒方面进行有效的宣传和教育，也缺乏在口耳相传的俗文化层面上进行正确的引导。

第四，表现在正确处理国家统一与民族自治的关系上。将国家政治一体与民族区域自治两方面的利益诉求统一在其中的民族区域自治基本制度和基本法，本身就既体现了国家政治一体的核心价值观又体现了民族区域自治的价值需求，既体现了国家的整体利益又体现了民族地区的地区利益，既体现了中央的集权管理又体现了民族区域分权自治的治理。而由于基本制度和基本法不能得到很好的贯彻和落实，这种矛盾平衡关系就往往会失衡。

第五，表现在监督机制上。基本制度和基本法无法像其他几个基本法和基本制度那样得到经常性的检查和强有力的监督，主要表现为监督不够及时、缺乏力度、成效不够明显。

上述矛盾和问题成为了新世纪、新阶段民族地区地方治理体系和能力现代化的重点和难点，也成为治理现代化的突破口和路径选择的方向。毋庸置疑，推进民族地区地方治理体系与治理能力现代化是一项极为复杂的系统工程。作为国家治理体系与治理能力的一个重要组成部分，它不仅涉及国家层面的治理，而且涉及民族地区特殊层面的治理；不仅涉及国家公共事务的管理，而且涉及民族内部事务的管理；不仅涉及国家公共政策的贯彻和实施，而且涉及民族宗教政策的贯彻和实施。这些都使得民族地区地方治理体系和治理能力的现代化成为一项较之汉族地区更为复杂和艰巨的工作。这是由民族地区问题和矛盾的长期性、复杂性和重要性等特性决定的。因此，推进民族地区地方治理现代化应着力于以下几个方面。

第一，推进民族地区地方治理现代化必须解决好制度模式选择问题，这关系到民族地区地方治理往什么方向走的根本性问题。一个国家选择什么样的治理体系，是由这个国家的历史传承、文化传统、经济社会发展水平决定的，是由这个国家的人民决定的。我国今天的民族地区地方治理的独特模式是在我国历史传承、文化传统、经济社会发展的基础上长期沿袭、渐进改革、内生性演变的结果。就是因为没有照搬苏联的模式，也没有抄袭西方的模式，更没有因循中国古代的模式，而是从中国民族地区地方治理的实际出发，独立自主地选择了自己的道路和模式，我们走出了一条既不同于西方国家，也不同于苏联治理模式的中国成功治理之路，形成了一套具有中国特色的民族地区地方治理模式。对于这一点，我们必须有坚定的道路自信和制度自信。中华人民共和国成立后，我国在民族地区地方治理方面形成了一套自己的理论、制度和法律政策。今后民族地区地方治理现代化，应当在理论的完善与创新、制度的健全与配套、政策贯彻的彻底与执行的到位、策略的机动与灵活四个方面的有机结合上下工夫，推进民族地区地方治理现代化。

第二，民族地区地方治理现代化必须以我国的人民代表大会制度和政治协商制度、民族区域自治制度、基层群众自治制度等基本政治制度为根本依据，把依法治理与以德治理有机地结合起来。法治与德治是民族地区地方治理的两种基本手段。依法治理实质上是依宪法治理国家，以民族区域自治制度和民族区域自治法治理民族地区；以德治理实质是以共产党的先进政党领导、各级党组织的战斗堡垒作用，以及共产党员的先锋模范作用建构德政、仁政的民族地区地方治理模式。

强调民族区域自治制度和民族区域自治法是民族地区地方治理现代化的根本依据并不等于否定其他重要依据，其中，社会主义核心价值观是民族地区地方治理现代化的重要依据之一，推进民族地区地方治理现代化必须解决好价值体系问题。各民族在长期的历史发展中逐渐形成了自己的核心价值观念和价值观形态，这些价值观念在统一的多民族国家形成过程中逐渐汇集成为中华民族核心价值体系的一部分，如何在民族地区地方治理现代化过程中把法治与德治有机地结合起来，如何有效地整合各个民族的优秀传统文化，培育和弘扬中华民族的核心价值体系，构建具有强大感召力的核心价值观，是民族地区社会系统得以正常运转、社会秩序得以有效维护的重要途径，是民族地区地方治理体系和治理能力的重要方面。

第三，民族地区地方治理现代化必须针对我国民族地区存在的主要矛盾和问题重点建设治理；我国多民族、多宗教的国情使得民族问题与宗教问题成为民族地区地方治理无法回避的主要矛盾和问题。前者的矛盾焦点和主要问题是科学发展问题，后者的矛盾焦点和主要问题关系到社会和谐问题。民族地区地方治理的特殊性在于民族宗教问题所引发的科学发展与社会和谐问题，前者涉及效率问题，后者涉及公平问题。前者需要多元系统科学治理，后者需要自治协商综合治理，二者都需要把依法治理与以德治理结合起来。绝不能用强制简单粗暴的一套来对待，应防止形式主义和官僚主义，防止大汉族主义倾向和极端民族主义倾向。

第四，推进民族地区地方治理现代化必须坚持和完善民族区域自治制度。民族区域制度是我国的一项基本政治制度，是中国特色解决民族问题的正确道路的重要内容，也是形成中国特色民族地区地方治理模式的正确途径，在坚持和贯彻这一政治制度的过程中，必须做到两个"结合"。一是坚持统一和自治相结合，二是民族因素和区域因素相结合。只有这样才能把宪法和民族区域自治法的规定落实好。

第五，推进民族地区地方治理现代化必须构建良好的社会调控机制。民族地区的社会发展是一个自然运行的过程，它是无序的，然而，民族地区地方治理则是一个自觉的社会调控过程，这种社会调控机制一般应考虑以下几个方面的统一与一致。

首先是教育机制。在民族地区地方治理体系中，除去它与东部、中部地区在国家治理方面相一致的各种教育外，还应当包括我国民族理论和政策方面的教育、宗教理论和政策方面的教育。

其次是由精英宣传与大众传媒所形成的社会舆论机制。民族地区大多是熟人社会，地域上形成了各民族聚集比较集中的状态，因此无论是口耳相交的俗文化还是大众传媒的精英文化，都会形成较强的舆论机制。或千夫所指，或众口皆碑，它既影响着人们的价值取向，又影响着由此所产生的其他需求，具有较强的约束力。

最后是由社会精英和典型人物所形成的社会示范机制。榜样的力量是无穷的，它所对应的是人们的道德人格的需求。人们做什么、不做什么，效仿什么、不效仿什么总是由人群的示范典型在那里树立榜样。我国是中国共产党领导下的人民民主国家。党的正确领导是国家治理的政治和组织保障，党的领导是通过正确的理论、纲领、路线、政策以及各级党组织的先锋组织作用和党员的模范带头作用来实现的。在民族地区地方治理中，既需要民族先进典范，也需要社会示范榜样，更需要共产党员的模范带头作用。

需要指出的是，民族地区地方治理的社会调控机制是一个有机的整体，上述调控机制必须保持一致和统一，才能使民族地区地方治理呈现出多元性、综合性、系统性和科学性，才能有效地推进民族地区地方治理现代化。

（作者李伟，宁夏大学副校长、教授；常海波，宁夏大学教务处副处长、讲师、博士。银川市贺兰山西路489号宁夏大学校本部 A 区　750021）

中国西部边疆研究若干重大问题思考

罗中枢

摘　要：中国西部边疆的一系列问题，都是涉及国家核心利益并为中央高度关切的重大问题。在新的形势下，应以西部边疆安全与发展为主线，围绕反分裂、反暴恐、反极端宗教势力的相关问题，以及周边国家关系、可持续发展、民生保障等重大问题，开展多学科、多单位、跨部门、跨地区的协同研究，逐步形成一批稳藏、安疆、治边、睦邻的智库和高质量成果，为中央相关决策提供有效的智力支持。

关键词：西部边疆　安全　发展　治理

历史经验一再表明，边疆稳则国家安，边疆强则国力盛。中国西部边疆的一系列问题，都是涉及国家核心利益并为中央高度关切的重大问题，关系到国家统一、尊严和安全，关系到改革开放发展的梯次推进、重大战略资源的开发利用和国际政治经济新秩序的有效建构，关系到"两个一百年"目标的实现和中华民族的伟大复兴。探讨中国西部边疆研究的重大战略意义、重点研究方向和协同创新机制具有重要的理论价值和实践需要。

一　中国西部边疆研究的重大战略意义

"边疆"是一个非常复杂的概念，既是地理学意义上的平面化概念，也是包含政治、民族、社会、文化等维度的多层次、复合型概念，涉及国家形态、历史演变、族群关系、文化形貌、治理理念等诸多因素。

边疆首先是一个地理概念，指"靠近国界的领土"①。"中国西部边疆"，指我国与中亚、南亚、东南亚等国家接壤的新疆、西藏、云南、广西等区域组成的主边疆带，以及与主边疆带毗邻并对其安全和发展产生直接影响的四川、青海、甘肃等部分区域（次边疆带）。在中国西部边疆，新疆和云南分别是西部开发的两大增长极、向西和向西南开放的两大桥头堡，青藏高原是南亚和东南亚通向中亚的要冲、南亚进入中国内地的天然"锁链"。

中国西部边疆是民族宗教文化多样性突出的大国利益交汇区域，疆线绵长，邻国繁多，地域辽阔、资源富集、文化独特，从安全、规模、资源、战略、影响力等方面，"既拱卫着国家的核心区域，为其提供安全屏障和战略纵深，也是国家进一步发展的地理空间，对国家的发展和稳定具有根本性的影响"②。它是我国打击暴力恐怖势力、民族分裂势力、宗教极端势力的前沿阵地，是维护民族和睦、生态安全、资源安全、文化安全的复杂地带，是"丝绸之路经济带""亚欧大陆桥""上合组织""东盟共同体""南亚区域合作联盟"等的战略要地，在中央统筹国内国际两个大局中具有重要的战略地位。

随着科技的进步、时代的发展和认识的深入，人们对边疆的认识越来越丰富，从陆疆逐渐扩展到海疆、空疆、天疆，以及经济边疆、信息边疆、文化边疆、利益边疆等无形的边疆，确立起"战略边疆"意识和全方位、多向度、立体化的边疆观念。同时，人们对安全、发展及其关系的理解也越来越深入。西部边疆安全，首先是指中国西部边疆的领土完整、社会稳定与秩序和谐状态，但又不限于此。它既涉及军事、政治和外交等传统安全问题，也涉及跨国犯罪、恐怖主义、走私贩毒、非法移民以及经济、生态、资源、能源、信息、文化、公共卫生等具有跨国性、不确定性、转化性特征的非传统安全问题。

发展是安全的基础，安全是发展的条件。没有安全，发展无从谈起；没有发展，安全不会长久。因此，中国西部边疆治理必须把握好安全与发

---

① 中国社会科学院语言研究所词典编辑室编：《现代汉语词典》，商务印书馆1978年版。
② 周平：《国家视阈里的中国边疆观念》，《政治学研究》2012年第2期。

展的关系，既要避免"只谈安全、忽视发展"的倾向，也要避免陷入"用经济解决一切"的误区。中国西部边疆发展，当下最紧迫的就是西部边疆地区通过经济建设、劳动力就业、社会保障、公共卫生、教育文化等方面的进步，全面建成小康社会，与东部沿海地区和内地共同实现中华民族伟大复兴的中国梦。

20世纪90年代以来，世界一些多民族国家在社会转型阶段饱受民族关系危机的困扰，苏联、南斯拉夫和捷克斯洛伐克等因民族问题而解体。2010年，中东和北非地区发生"阿拉伯之春"以后，西方敌对势力利用民族和宗教问题加紧对我国进行分化活动。"东突""疆独""藏独"等势力不断制造事端，加之西部边疆地区老、少、边、穷叠加，外部复杂，文化多元，社会敏感，在新的国内外形势下出现了一系列新矛盾、新问题，"生存安全问题和发展安全问题、传统安全威胁和非传统安全威胁相互交织"①。

2013年10月中央首次专门召开周边外交工作座谈会，习近平总书记在会上发表重要讲话，强调要更加奋发有为地推进周边外交，为中国发展争取良好周边环境。②

2014年国家安全委员会的成立，标志着中国西部边疆安全、发展与治理进入新的阶段。4月15日习近平总书记主持召开中央国家安全委员会第一次会议并阐述国家安全观，首次系统地提出了政治安全、国土安全、军事安全、经济安全、文化安全、社会安全、科技安全、信息安全、生态安全、资源安全、核安全十一种安全，强调"必须坚持总体国家安全观，以人民安全为宗旨，以政治安全为根本，以经济安全为基础，以军事、文化、社会安全为保障，以促进国际安全为依托，走出一条中国特色国家安全道路"③。

贯彻落实总体国家安全观，必须既重视外部安全，又重视内部安全；既重视国土安全，又重视国民安全；既重视传统安全，又重视非传统安

---

① 《胡锦涛在中国共产党第十八次全国代表大会上的报告》，2012年11月17日，中央政府网（http://www.gov.cn/ldhd/2012-11/17/content_2268826.htm）。
② 习近平：《让命运共同体意识在周边国家落地生根》，2013年10月25日，新华网（http://news.xinhuanet.com/2013-10/25/c_117878944.htm）。
③ 习近平：《坚持总体国家安全观 走中国特色国家安全道路》，2014年4月15日，新华网（http://news.xinhuanet.com/politics/2014-04/15/c_1110253910.htm）。

全；既重视自身安全，又重视共同安全；既重视安全问题，又重视发展问题。无论是安全还是发展，无论是稳藏、安疆，还是固边、治边，都必须在以人为本和全面、协调、可持续发展的国家战略及兴边富民的国家大计中推进。

二 当前中国西部边疆研究的重点方向和问题

当前，西部边疆的重大问题主要集中在安全、稳定、发展、治理和周边国家关系等方面。西部边疆研究迫切需要以问题为导向，聚焦反分裂、反暴恐、反极端宗教势力、维护民族团结、构建新型周边国家关系、推进可持续发展和切实保障民生等重大现实问题。

（一）反分裂与"稳藏"研究

西藏及相邻的四川、甘肃、青海、云南四省藏区是我国边疆少数民族地区，总面积224万平方公里，约占全国总面积的23%，西藏南边和西部与缅甸、印度、不丹、尼泊尔等国接壤，国境线长达4000多公里。[①] 进入21世纪，国内外、境内外分裂主义组织相互勾连，藏区逐渐成为其制造社会骚乱的主要目标。2008年拉萨发生"3·14"重大事件，此后几个月间在西藏和四省藏区发生了超过400起大小事件，近来又出现了120多起藏人自焚恶性事件。

藏区稳定涉及国家安全与发展的核心利益，也涉及民族、宗教、文化、生态等相关问题。习近平总书记在高度概括和提炼边疆治理特别是西藏工作在党和国家全局工作中的重要地位的基础上，做出了"治国必治边，治边先稳藏"[②] 的正确论断。如何实现依法治藏、长期建藏、争取人心、夯实基础，引导干部群众认清十四世达赖集团"中间道路""高度自治"的本质和危害，加快西藏和四省藏区的经济发展，切实改善民生，

[①] 参见《西藏概况》，2009年9月7日，光明网（http://www.gmw.cn/content/2009-09/07/content_976735.htm）。

[②] 续文辉、万金鹏、靳海波：《治边稳藏战略思想的理论意蕴》，《西藏日报》2013年8月17日第3版。

保持西藏全面发展与长治久安,是当前中央关注的焦点。①

反分裂与"稳藏"研究可重点从以下两方面展开:一是"稳藏"与治边、治国关系研究。围绕西藏和四省藏区特征、主要矛盾、特殊矛盾以及这一区域的安全与发展战略,研究中央"稳藏"方略的目标指向和对策举措、依法治藏与长期建藏的途径、争取民心和做好基层基础工作的对策等,包括藏区发展战略、藏区政治生态、促进藏区与内地融合发展、藏传佛教寺院管理、藏区民生改善等问题,为稳藏、治藏提出可操作性的思路和方案。二是"海外藏独分裂活动"研究,包括十四世达赖及"西藏流亡政府"的动向和走向及对境内藏区渗透的路径、与海外其他民族分裂势力的合流、西方国家的涉藏政策及我国涉藏外交外宣战略策略等。

(二) 反暴恐与"安疆"研究

新疆总面积166万平方公里,占中国陆地总面积的六分之一,陆地边境线5600多公里,共有47个民族。②进入21世纪,国内外、境内外分裂主义组织相互勾连,新疆地区逐渐成为其暴力恐怖犯罪的主要目标区域。从1990年"巴仁乡暴乱"开始,新疆"三股势力"与境外组织勾结,参与、制造了一系列恶性恐怖事件。2009年乌鲁木齐"7·5"事件以来,新疆暴力恐怖活动发展速度明显加快,发生频率、破坏程度、波及范围与负面影响显著增强。2013年吐鲁番"6·26"、天安门"10·28"及2014年昆明"3·01"等案件显示,暴恐活动不断升级,显现出扩散性、组织性增强和图谋制造社会恐慌的发展态势。

新疆周边国际环境复杂多变,接壤国际恐怖主义活动频繁、地缘政治格局变化剧烈、世界文明交融对峙的中亚地区。2014年年底美军撤出阿富汗,客观上形成了国际恐怖主义与毒品贸易"祸水东引"的现实危险。在新的形势下,第二次中央新疆工作座谈会明确提出了"三个事关"③

---

① 参见《俞正声参加西藏代表团审议时要求牢记"治国必治边、治边先稳藏"》,2014年3月10日,新华网(http://news.xinhuanet.com/politics/2014-03/10/c_119698945.htm)。

② 参见《2012年新疆维吾尔自治区概况》,新疆维吾尔自治区人民政府网(http://cgov.xinjiang.gov.cn/xjgk/xjgk/2012/207070.htm)。

③ "三个事关",即新疆局势事关全国改革发展稳定大局,事关祖国统一、民族团结、国家安全,事关实现"两个一百年"奋斗目标和中华民族伟大复兴。

"四个定位"①"三个看清"②和"一个战略考虑"③,把新疆工作提到了前所未有的高度。

反暴恐犯罪与"安疆"研究可重点从以下两方面展开:一是反暴恐犯罪研究。以暴恐活动规律研判和民族冲突防范机制为重点,研究有效打击、遏制暴恐犯罪问题,包括暴力恐怖势力、民族分裂势力、宗教极端势力的演化与发展趋势,新疆暴恐犯罪活动的一般规律,地缘政治视野下的中亚及其对新疆的影响,中亚伊斯兰极端主义对中国西部地区安全的影响,国际反恐机制的构建,新时期兵团维稳戍边职能等。二是新疆长治久安研究。这涉及民族关系、文化与意识形态、外交关系、发展利益、资源安全等诸多非传统安全因素,包括主要少数民族社会发育状态与走势,新疆文化意识形态安全,多民族地区社会冲突的预警、防范与化解机制,加快南疆地区经济发展与民生改善等。

(三) 新型周边国家关系与区域合作研究

中国与14个国家陆地接壤,陆地疆界2.2万多公里,是世界上陆地边界最长、陆上邻国最多、边界问题最复杂的国家之一。新疆、西藏、云南、广西是中国进入中亚、中东和印度洋的前沿地区、西部崛起的依托带和稳定与发展的联动区,对中国青海、甘肃、宁夏、四川等地的稳定与发展具有重要影响。

我国与周边国家的关系一直处于不断变迁过程之中,分别经历了古代时期的中国中心模式、近代时期西方列强中心模式和"二战"以后美苏两极中心模式。冷战结束后,中国与周边国家关系进入一个新的历史时期。④ 西部边疆与中亚、南亚和东南亚地区存在复杂的利益关联,其中既有历史问题,也有现实问题,更有未来必须面对的问题。2013

---

① "四个定位",即新疆是我国西北的战略屏障,是实施西部大开发战略的重点地区,是我国向西开放的重要门户,是全国重要的能源基地和运输通道。

② "三个看清",即看清新疆发展大势,看清做好新疆工作对全党全国大局的影响,看清新疆工作在统筹国内国际两个大局中的地位。

③ "一个战略考虑",即在维护国家统一和安全这盘大棋局中,必须把稳定新疆作为先手棋来下,稳住西北,以利经略东南。

④ 参见张小明《中国与周边国家关系的历史演变:模式与过程》,《国际政治研究》2006年第1期。

年，习近平主席出访中亚国家时，提出共同建设"丝绸之路经济带"的重要战略构想。2013年10月，习近平主席出访东盟国家时提出，中国愿同东盟国家加强海上合作，共同建设"21世纪海上丝绸之路"。2014年3月"两会"期间，李克强总理在《政府工作报告》中指出："抓紧规划建设丝绸之路经济带、21世纪海上丝绸之路，推进孟中印缅、中巴经济走廊建设，推出一批重大支撑项目，加快基础设施互联互通，拓展国际经济技术合作新空间。"[1]"一带一路"等国家战略，正成为扩大中国西部"内陆沿边开放"战略实施的最为重要的路径选择。

在中国和平崛起进程加速的同时，如何进一步拓展"西进南向"发展的战略空间，致力于形成中国与中亚、南亚、东南亚的有效合作机制和"东西齐飞、海陆并重"的战略格局，如何以立体、多元、跨越时空的视角开展周边外交，如何以更加灵活的方式促进"上合组织"的发展并加强与"南亚区域合作联盟"和"东盟共同体"的联系，如何促使中国西部周边国际环境从局部对抗向睦邻、富邻、友邻转变，如何既构筑新型的大国关系也构筑新型的周边关系，使中国的周边切实服从和服务于实现"两个一百年"奋斗目标，这一切都需要从战略高度加以分析思考，并研究提出可操作的对策和方案。

这方面的研究重点可从以下三方面展开：一是地缘政治研究。包括美、俄、印等国家研究及大国关系研究，世界或地区范围的战略形势和有关国家的政治行为分析，美俄在中亚的博弈，地区性大国对中亚地缘政治格局的影响等。二是中国西部周边国家关系研究。需要全方位研究外部势力对中国西部边疆安全与发展产生的重大影响，包括西部周边安全形势的变化、中亚地缘政治格局走势对中国的影响、周边冲突热点对我国的影响、中亚国家的社会政治转型、印度对华外交政策、区域纠纷解决机制等。三是跨境区域合作战略研究。主要研究"一带一路""孟中印缅经济走廊"和"中巴经济走廊"跨境区域合作中的重大理论与现实问题，包括跨境区域合作的战略目标、战略定位、模式选择和国际分工形态，中国

---

[1] 李克强：《政府工作报告——2014年3月5日在第十二届全国人民代表大会第二次会议上》，2014年3月14日，新华网（http://news.xinhuanet.com/2014-03/14/c_119779247_3.htm）。

西部地区沿边开放战略实施的路径,跨境区域合作中的非传统安全问题(反恐、能源与贸易通道安全、边境走私与毒品泛滥、人口拐卖与偷渡、跨境水资源争端等),境内各省区参与"一带一路"区域合作的相关问题等。

(四) 西部边疆治理体系与治理能力现代化研究

随着国际地缘政治格局的变化和我国现代化发展新阶段的到来,以往的边疆治理观、治理模式和方法已有很大的局限性,迫切需要在准确把握西部边疆面临的新情况和新问题基础上,推进西部边疆治理体系和治理能力现代化。

这方面的研究可重点从以下三方面展开:一是中央与边疆地方政府关系研究。包括如何坚持和完善民族区域自治制度,民族自治地区行政区划问题,国家政策与区域发展政策的最优配合,民族自治地方和谐政治文化建设等。二是西部边疆基层政权与干部队伍建设研究。包括西部边疆基层政权的组织体系、职能职责、资源配置和运行机制,符合西部边疆地区实际的干部选拔、培养、考核、管理方式,西部边疆地区干部队伍的激励保障机制,援边(援藏、援疆)干部政策与民族地区干部政策等。三是边疆治理战略创新研究。包括研究边疆政治学基础理论及边疆治理理论与实践,典型国家边疆治理战略及其实施的经验教训,多民族发展中国家政治整合的路径选择,周边国家治边政策对我国边疆治理带来的挑战,国家边界安全空间演变与政策实践,西部边疆治理战略的基本框架与绩效评估,西部边疆治理战略创新的路径与实施的优先顺序选择等。

(五) 西部边疆民生保障与依法治边研究

中国西部贫困和脱贫问题由来已久,随着国家农村贫困标准线的提高,西部边疆贫困尤其是连片地区贫困问题和少数民族贫困问题愈加突出。同时,西部边疆社会已经迈入"高风险期",公共安全突发事件呈现出明显的地域特征,迫切需要推进依法治边建设,运用法治手段维护社会稳定;迫切需要更加重视西部边疆的民生保障、争取人心和发展社会事业;迫切需要加强网络管理及社会舆情监测与管理。

这方面的研究可重点从以下三方面展开:一是西部边疆反贫困与民生

保障研究。包括西部边疆扶贫战略研究，社会组织和民间力量介入扶贫的策略研究，民族地区集中连片特困问题，藏疆专项扶贫政策效用，边疆少数民族的保护性扶贫开发路径，西部边疆社会发展指数（西部边疆民生"两不愁三保障"、公民意识和社会安全感指数）等。二是依法治边方略研究。包括研究西部边疆地区社会矛盾的现状与特点，影响社会稳定的各种因素与发展趋势，多级公共事件预警信息发布系统、多民族地区基层社会矛盾和社会冲突化解机制，提升各级政府和领导干部运用法治手段维护社会稳定和进行社会治理的水平等。三是西部边疆社会舆情研究。围绕核心议题进行西部边疆调查、搜集、研判和引导的对策研究，包括西部边疆基层社会舆情的调查和分析，网络媒体在新疆边境地区跨界民族中的使用现状及影响，国际新媒体涉华舆论领袖特征、机制及应对策略，民族宗教问题网络舆情危险辨识与引导机制，执政方式现代化视野下的新媒体政治传播策略，边疆地方政府网络传播力和舆论引导力提升，建立科学、系统的舆论统筹战略并将其逐步机制化等。

（六）生态安全屏障建设与经济可持续发展研究

西部边疆地处青藏高原和云贵高原及新疆盆地、沙漠和高原山地，为森林、草原、湿地和湖泊集中分布区，提供全国三分之二以上的生态服务价值，其中青藏高原是我国大江大河的源头，为"亚洲水塔""三江之源"。

随着全球化和市场化的深入推进，西部边疆成为我国全面建成小康社会的决战之域。如果不能有效地推动科学发展，保障和改善民生，将直接制约并拖累全国的改革发展大局和小康社会全面建成，最终影响中华民族的伟大复兴。因此，西部边疆地区必须紧扣"特色经济""科学发展"和"新型城镇化"，实施资源合理有效开发与可持续经济发展战略，建设国家重要能源、战略资源接续地和特色产业集聚区，发展特色农业、旅游等优势产业，走出具有自身特色的沿边开放、特色经济与新型城镇化之路。

这方面的研究可重点从以下两方面展开：一是探讨新时期西部边疆生态安全屏障建设及其实施路径。包括西部边疆生态资源的开发、利用、保护、修复的经济机制，重大生态安全风险监控体系构建，全域型防灾减灾新体系建设，民族地区生态移民的经济绩效评价，喜马拉雅区域、三江源以及祁连山生态脆弱区等重点区域的生态安全风险防治，青藏高原生态环境保护法治化，三江源退牧还草与生态移民，西部边疆重大生态安全问题应对的双边、多边合作机制等。二是西部边疆经济可持续发展研究。包括西部沿边重点口岸、边境城市、经济合作区发展体制机制创新，基于民族和谐与社会稳定的适度人口结构、新型城镇化发展战略，沿边开放背景下西部边境民族地区小城镇集群建设，建立和完善促进农牧民增收的长效机制，西部边疆文化旅游业、特色种养业、园区产业、商贸、交通、能源、通信等重大项目的论证等。

（七）民族宗教和谐与国家认同研究

中华民族是在几千年的历史过程中形成的多元一体的伟大民族。[①] 在全球化、现代化和城镇化影响下，传统的民族、民族关系和宗教格局正发生深刻变化，民族宗教问题往往与各种社会问题和社会矛盾交织在一起，被境外敌对势力所利用，形成民族性、宗教性、社会性三位一体的西部边疆社会矛盾。"处理好民族问题、做好民族工作，是关系祖国统一和边疆巩固的大事，是关系民族团结和社会稳定的大事，是关系国家长治久安和中华民族繁荣昌盛的大事。"[②] 在尊重各民族发展的独创性和文化的多样性，保护、传承和建设民族特色文化的同时，搞好民族团结，加强各民族交往交流交融，以新的理念增进中华民族的内聚力，让各民族在中华民族大家庭中手足相亲、守望相助，是建设人文边疆的重大任务。

这方面的研究可重点从以下方面重点展开：一是西部边疆民族关系新特点、新趋势与民族团结研究。包括研究中华民族多元起源及其不断向中原地区汇聚再向四周辐射的历史过程，21世纪西部民族关系的新变化、新特点和新趋势，西部边疆各民族人口分布格局、宗教信仰格局形成的动态过程，国内外多民族国家文化安全的理论与实践，民族宗教格局对民族团结和社会稳定的影响，改善民族关系的相关制度和政策，民族地区文

---

① 费孝通：《中华民族的多元一体格局》，《北京大学学报》（哲学社会科学版）1989 年第 4 期。
② 《中央民族工作会议暨国务院第六次全国民族团结进步表彰大会在北京举行》，2014 年 9 月 30 日，人民网（http://politics.people.com.cn/n/2014/0930/c1024 - 25763359.html，2014 年 10 月 20 日）。

化、教育对国家认同的影响,增强各族人民"四个认同"[①] 的对策等,为国家建立统一的政治价值体系、形成以中华民族多元一体为核心的国家认同提供对策方案。二是西部边疆宗教与社会主义社会相适应研究。包括藏传佛教、伊斯兰教等宗教的特点、作用和趋势,西部宗教非正常传播的现状、预测和对策,地缘政治视域下新疆清真寺的社会功能,当代天主教在滇藏川交界区的组织传播及其影响,边疆民族地区多元宗教共处模式及调适机制,引导和规范边疆民族地区宗教生活的对策,加强和改进宗教事务管理的长效机制等。

历史是一个相因不绝的过程,今天的中国由历史的中国发展而来,今天的边疆也是历史边疆的延续与发展。上述各方面的研究,离不开西部边疆史地文献资料的收集、整理和研究。

这方面工作的重点,一是历代中央政权治理西部边疆的情况和西部边疆地理演变历史资料的搜集整理。包括西部边疆统一的政权机构的设立过程,历代中央政府的边疆与民族政策,中国历代地理疆域范围及演变,中央政府管辖西部边疆的举措与建制,历代政治整合的成就与影响,历代中央政权对西部边疆经济文化的开发建设与交流,历代各民族反对分裂、维护统一的历史,历代政府开发西部边疆区域的历史及现代启示,历代西部边疆的交通建设对整合西部边疆、维护祖国统一的作用与意义,历代西部边疆移民与民族融合,西部边疆禁毒史,西部边疆社会生活史,西部边疆政区沿革,历代政府西部勘界与维护祖国主权领土的研究等。二是海外中国边疆与民族问题研究资料库建设。包括明清以来西方传教士及学者对西部边疆的考察,当代海外学者对中国西部边疆、民族问题的研究成果,外国政府涉及中国西部边疆、民族问题的政策、文件、法律和官方声明,海外智库涉及中国边疆和民族问题的报告,以及海外媒体对中国边疆、民族政策的评论和报道等。三是西部边疆安全与发展数据库建设。包括西部边疆民族、方志、地方档案、人口信息、宗教文化、社会发展评估、当代边疆安全与发展研究成果等数据库。

---

① "四个认同",即对伟大祖国的认同、对中华民族的认同、对中华民族文化的认同、对中国特色社会主义道路的认同。

三 中国西部边疆研究的协同创新机制探索

边疆治理是十分复杂的系统工程，边疆学是新兴交叉学科，西部边疆研究具有全局性、综合性、国际性等特点。从地域上看，既包括西藏、新疆等地所组成的主边疆带，又包括相邻诸国关系及大国关系，还包括向内地延伸并对主边疆带形成影响的四川、甘肃、青海等部分地区；从问题上看，既有现实问题又有历史问题，既有应急性、对策性问题又有长远性、根本性问题，既有国内问题也有国际问题，既有敌我矛盾又有人民内部矛盾，既有安全、稳定问题又有发展、治理问题；从学科上看，既涉及政治、经济、社会、法律、管理、军事、国际关系等社会学科，又涉及历史、民族、宗教、伦理、语言等人文学科，还涉及生态、传播等自然科学和社会科学之间的新兴、交叉、边缘学科；从方式上看，既有理论研究、战略设计、学科建设，又有资政服务、舆论引导、社会服务。

中国西部边疆安全与发展形势日趋严峻，任何单一部门或院校都难以取得全面、系统、深入的研究成果，因此，迫切需要整合相关力量，聚焦西部边疆的关键性、战略性、前瞻性问题，探索一种既不同于沿海也不同于内地的、符合西部边疆实际并切实可行的安全与发展新战略、新模式、新路子。

我国现行科研和管理体制存在诸多问题，严重制约着西部边疆研究的协同创新。一是山头林立，力量分散，尚未建立起区域性或全国性学术交流平台，缺少跨学科、跨领域、跨部门的综合性研究和前瞻性研究；二是边疆学学科体系的独立设置尚未实现，相关学科受限于传统的学科标准体系，未能建立起比较系统的理论体系和知识框架，制约了研究的广度、深度和成效；三是科研组织化程度低，行政壁垒加学科壁垒使得学科交叉研究能力、系统集成能力、协作攻关能力偏低，供求分离，应用转化渠道狭窄，条块分割、资源分散、单兵作战，点题式、个体性、权宜性决策咨询居多，资政服务尚不能将党和国家的重大战略部署"落地生根"；四是战略规划能力不足，经费投入渠道多元，缺乏统一规划和统筹安排，导致投入分散、重复设项、多头申请和重大项目无法汇集资源等问题；五是问题导向的政策引导不够，研究人员注重文献研究、学理研究，对实践中特别需要突破的重大问题、难点课题、焦点话题回应较少，结合中国实际进行理论创新不够，理论的前瞻性、指导性作用欠缺；六是人才流动和激励机制僵化，人才培养体系单一、封闭，专业人员少，缺乏既有国际视野、战略眼光又熟悉边疆实务、了解社情民意的治理人才和中青年研究人才，且无法随科研任务而进行快速灵活的组建和解散；七是评价机制上重数量、轻质量，重学术、轻应用，重投入、轻产出，创新文化缺乏保障，科研人员考核机制、科研项目遴选机制、科研成果评选机制不利于协同创新；八是国际合作起步较晚，研究视野相对较窄，对国外智库成果的相关研究欠缺，远不能做到"知己知彼"。总之，目前的状况难以就西部边疆重大突出事件、反恐与维稳问题以及安全与发展战略提供及时有效的综合应对之策，不能适应党和国家重大战略部署的迫切需要，也不能与西方国家的相关智库进行智力较量。

针对上述问题，亟须突破单一、封闭、分割的机制体制束缚，开展多学科、多方向、多层级的合作研究和跨单位、跨部门、跨区域的协同创新，在大型综合研究平台建设、边疆学交叉学科建设、科研团队和组织建设、科研项目规划、科研考评体系建设、创新成果转化通道建设、人才培养和人才使用机制建设等方面大胆改革创新，形成西部边疆研究的聚合、集成、融通和协同效应。

正是基于上述背景，2012年四川大学牵头，与云南大学、新疆大学、西藏大学、国家民委民族政策理论研究室、国务院发展研究中心民族发展研究所共同组建了中国西部边疆安全与发展协同创新中心，积极探索在中国共产党长期执政条件下西部边疆长治久安和可持续发展之策。该中心成立以来，创新主体构成方面，改变个体、封闭、分割的状态，逐步向协同、开放、流动转变；创新组织方式方面，超越单一学科导向，逐步向现实需求导向为主转变；创新要素与资源配置机制方面，突破条块分割、部门所有、资源分散、供求分离的机制制约，逐步向创新要素与资源集成、融合、优化方向转变，初步形成了动态开放、多元协作、资源共享、风险分担的运作机制。

在不到两年时间中，该中心承担了西部边疆安全与发展的一系列重大课题，完成了数十份稳藏、安疆、治边、睦邻方面的决策咨询报告，编撰了《西藏经济社会发展报告》《南亚地区发展报告》和《大湄公河次区域合作发展报告》，出版了《中印关系研究》丛书和《中国西南地理丛刊》

等成果，主办了《华西边疆要报》《华西边疆评论》《西部发展评论》《西部发展研究》等刊物，目前正在建设种类齐全、内容丰富、服务完备的西部边疆安全与发展数据库，联合培养边疆学博士、硕士研究生，构建"西部边疆论坛"等国内外学术交流平台和网络，努力为兴边富民、强国睦邻和国家长治久安提供智力支持。

[本文是在多位专家共同讨论的基础上形成的，特此致谢。原载《四川大学学报》（哲学社会科学版）2015年第1期。作者罗中枢，四川大学党委常务副书记、教授。四川省成都市一环路南一段24号 610065]

国家治理现代化与基层治理形式多样化

——基于广东农村基层治理创新的思考

毛 晓

摘 要：以治理体系现代化和治理能力现代化为核心内容的国家治理现代化是新时期中国改革发展的重大战略目标，国家治理现代化是现代国家建构的应有之义。在国家治理现代化的背景下，广东涌现出南海模式、清远模式、云浮模式等具有代表性的基层治理创新实践形式。经验表明，国家治理现代化一方面需要实现国家治理的一体化，同时需要实现基层治理形式的多样化，国家治理一体化同基层治理形式多样化并行不悖、相辅相成。国家治理的一体化需要地方和基层治理多样化来有效维系，在国家治理一体化的基本框架下，地方和基层治理多样化是总体意义上国家治理体制和治理能力现代化的活力之源。未来中国的基层治理仍需在国家治理现代化所要求的制度化、民主化、法治化、可持续化的要求下，进行因地制宜的探索和创新，以多样化的实践形式上下联动推动整个国家治理的转型升级。

关键词：国家治理现代化 基层治理形式 基层治理创新

党的十八届三中全会通过的《中共中央关于全面深化改革若干重大问题的决定》明确提出："全面深化改革的总目标是完善和发展中国特色社会主义制度，推进国家治理体系和治理能力现代化。"这意味着国家治理体系和治理能力现代化即"国家治理现代化"，成为党和国家进行更深层次改革的一个总的战略目标和任务，有学者将这一现代化目标称为"第五个现代化"①。这一目标的提出，意味着国家治理形态将从"管理、管治"向"治理"转变。

在这一国家治理转型的背景下，基层治理创新也得到了政策的鼓励和倡导。2014年初出台的中央一号文件提出基层可以"探索不同情况下村民自治的有效实现形式"。在这一政策的推动下，农村基层治理创新将可能呈现出更加多样化的局面。那么，国家治理现代化对基层治理创新有何要求？国家治理现代化与基层治理形式多样化之间有何内在关系？这是我们在治理结构出现新变化的情况下需要从理论上进行思考和探讨的重要问题。对此，本文将从广东农村基层已先后涌现出的南海模式、清远模式以及云浮模式等治理创新实践形式入手，通过实证分析与理论总结，探讨国家治理现代化与基层治理形式多样化的内在关系。

一 国家治理现代化的理论内涵与现实意义

（一）国家治理现代化是现代国家建构的应有之义

要深刻理解国家治理现代化的理论内涵与现实意义，必须将其放置在现代国家建构的背景之下。徐勇教授认为，现代国家具有两个基本特性：一是民族—国家，它是现代国家的组织形式，以主权为核心；一是民主—国家，它是现代国家的制度体系，以主权在民为合法性基础。② 另有学者指出，现代国家构建应该是民族—国家、民主—国家和民生—国家三者的均衡性，形成三足鼎立、相互影响、相互制约的局面。其中，民生—国家

---

① "第五个现代化"最先是由全国政协社会和法制委员会副主任施芝鸿提出的，他在接受《经济日报》的记者关于"全面深化改革的总目标有哪些特点和亮点？如何推进国家治理体系和治理能力现代化？"问题的采访时提到，"可以把推进国家治理体系和治理能力现代化，看成是工业、农业、国防、科技'四个现代化'之后的'第五个现代化'"。参阅赵登华《努力实现"第五个现代化"——访全国政协社会和法制委员会副主任施芝鸿》，《经济日报》2013年12月2日第1版。清华大学公共管理学院政府研究所所长于安教授在接受21世纪经济报道采访时也表示，国家治理体系和国家能力的现代化，可以叫作第五个现代化或者第五个文明。王尔德、刘一鸣：《清华大学公共管理学院政府研究所所长于安：国家的现代化是第五个现代化》，《21世纪经济报道》2013年12月30日第18版。

② 徐勇：《"回归国家"与现代国家的建构》，《东南学术》2006年第4期。

是以现代经济为基础，承担发展经济并解决民生公共品和促进民众福祉为重任的国家。①

以上关于现代国家建构的观点表明，在构建现代国家的过程中，国家既要有保持自主独立行动的能力，即满足国家治理能力的现代化；又要建构起合理全面的制度体系，处理好国家与社会、市场之间的关系，即满足国家治理体系现代化的要求。党的十八届三中全会提出的"推进国家治理体系和治理能力现代化"，可以说是中国现代国家建构任务的继续，并且将其推到前所未有之高度。因此，当今中国追求现代国家建构的过程，实际上也是国家实现治理现代化的过程。

（二）国家治理体系现代化

国家治理体系是在党领导下管理国家的制度体系，包括经济、政治、文化、社会、生态文明和党的建设等各领域体制机制、法律法规安排，也就是一整套紧密相连、相互协调的国家制度。② 国家治理体系的现代化，实际上就是国家制度体系的现代化。陈家刚指出，现代国家治理体系是一个有机的、协调的、动态的和整体的制度运行系统。③ 俞可平认为，衡量一个国家的治理体系是否现代化，至少有五个标准，包括公共权力运行的制度化和规范化、民主化、法治、效率以及协调。其中，民主是现代国家治理体系的本质特征，是区别于传统国家治理体系的根本所在。因而现代国家治理也被称为民主治理。④ 何增科在分析了国家治理体系框架及其运行流程后主张，国家治理体系现代化的衡量标准至少包括国家治理的民主化、法治化、文明化和科学化。⑤ 竹立家也指出，在当今全球化和信息化时代，一个现代化的国家治理体系的三个最重要的特征是实现国家"权力体系"的现代化、"依法治国"体系的现代化和"民主治理"体系的现

---

① 叶本乾：《现代国家构建中的均衡性分析：三维视角》，《东南学术》2006年第4期。
② 习近平：《切实把思想统一到党的十八届三中全会精神上来》，《人民日报》2014年1月1日第2版。
③ 陈家刚：《推动国家治理现代化是当代中国民主政治发展的必然要求》，《理论研究》2014年第1期。
④ 俞可平：《治理和善治：一种新的政治分析框架》，《前线》2001年第9期。
⑤ 何增科：《理解国家治理及其现代化》，《马克思主义与现实》2014年第1期。

代化。① 可见，国家治理体系现代化在内容上是指政府治理、市场治理和社会治理三个方面的制度体系的现代化，在特性上是指满足规范化、民主化、法治化、协调、科学、有效、可持续化等原则的现代化。

（三）国家治理能力现代化

国家治理能力则是运用国家制度管理社会各方面事务的能力，包括改革发展稳定、内政外交国防、治党治国治军等各个方面。国家治理体系和治理能力是一个有机整体，相辅相成，有了好的国家治理体系才能提高治理能力，提高国家治理能力才能充分发挥国家治理体系的效能。② 因而，国家治理能力现代化是使现代化制度体系能够在治理国家实践中充分发挥作用和功能的能力。何增科将国家治理能力现代化与国家治理体系的现代化看作一个政治过程的两个方面，他认为，要实现国家治理能力现代化至少要做到国家治理的民主化、法治化、文明化和科学化。③ 陈朋提出，从政治学的角度看，精良的制度、合理的结构和充分的绩效是国家治理能力现代化的主要标示。④ 而李放也强调了国家治理能力现代化中国家、社会与市场三大主体的作用，认为构建国家、市场、社会三者之间的多元共治模式，是中国国家治理能力现代化的战略选择。⑤ 总之，国家治理能力现代化要求需以现代化制度体系为基础，充分激发和释放国家、社会和市场三个领域各自的活力和功效，实现各个领域治理的制度化、法治化、民主化、科学、有效性、可持续化的和谐共治局面。国家治理能力现代化，既包含宏观层面国家最高政权机构以及执政党治理能力的现代化，也包含地方和基层治理能力的现代化。地方和基层治理能力现代化不仅是国家治理能力现代化的具体体现，而且是国家治理能力现代化的基础。

---

① 竹立家：《国家治理体系重构与治理能力现代化》，《中共杭州市委党校学报》2014年第1期。
② 习近平：《切实把思想统一到党的十八届三中全会精神上来》，《人民日报》2014年1月1日第2版。
③ 何增科：《理解国家治理及其现代化》，《马克思主义与现实》2014年第1期。
④ 陈朋：《决定国家治理能力高低的三要素》，《学习时报》2014年3月10日第6版。
⑤ 李放：《现代国家制度建设：中国国家治理能力现代化的战略选择》，《新疆师范大学学报》（哲学社会科学版）2014年第4期。

(四) 国家治理现代化的意义

国家治理体系和治理能力的现代化是中国共产党从革命党转向执政党的重要理论标志。[①] 面对改革新阶段存在的更多更大的困难，国家的改革不再是单纯强调一个领域或几个领域的埋头挺进，而是所有领域改革的同步挺进。这就要求国家的治理需要从宏观角度上考虑深层次完善国家治理体系和治理能力，实现国家治理现代化。对此，习近平指出，我们在国家治理体系和治理能力方面还有许多不足，有许多亟待改进的地方。真正实现社会和谐稳定、国家长治久安，还是要靠制度，靠我们在国家治理上的高超能力，靠高素质干部队伍。我们要更好发挥中国特色社会主义制度的优越性，必须从各个领域推进国家治理体系和治理能力现代化。[②]

国家治理现代化的意义，不仅在于更深更好地推进改革进程，这一目标同党的十五大提出的社会主义法治国家和十六大提出的社会主义政治文明一脉相承。国家治理现代化既是区别于以往所讲的其他现代化的更深层次的现代化，又是与其他四个现代化紧密相连的必不可少的现代化。实现国家治理现代化，将有利于使中国在建构现代国家过程中保证政道与治道现代化的并驾齐驱，实现国家发展的可持续性和民族复兴的稳妥性。对此，俞可平指出，以前讲工业、农业、国防、科技的现代化其实都是器物层面的现代化，器物层面的现代化离不开制度层面的现代化，制度层面即上层建筑层面的现代化才是最重要的。制度层面的现代化势在必行。国家治理现代化可以说是政治现代化的关键。政治现代化，对中华民族复兴至关重要。[③]

二 国家治理现代化背景下基层治理创新的广东实践

(一) 国家治理现代化对基层治理创新的基本要求

国家治理现代化要求国家治理体系和国家治理能力的现代化。对于基

[①] 俞可平：《国家治理现代化的若干问题（上）》，《福建日报》2014年6月8日第7版。
[②] 习近平：《切实把思想统一到党的十八届二中全会精神上来》，《人民日报》2014年1月1日第2版。
[③] 俞可平：《国家治理现代化的若干问题（上）》，《福建日报》2014年6月8日第7版。

层治理创新而言，这就要求基层治理创新也需要注重制度建设和能力建设，不能偏离治理现代化的基本目标。在制度建设方面，基层治理创新首先需要树立制度化的思维模式，构建一个内容协调、程序严密、配套完备、有效管用的制度体系。此外，制度建构不能偏离民主化、法治化、有效化、规范化的方向；在能力建设方面，在已构建的制度体系框架下，基层政府和其他组织发挥其治理的最大功效，通过政府、自治组织和其他社会组织的有效协调共治，通过治理创新提升基层治理绩效，特别是要增强基层治理的有效性、回应性和可持续性，最大程度地满足基层民众的生存需求、参与需求、发展需求等其他多方面的需求。国家治理现代化下的基层治理创新应结合基层政府外力保障、支持以及基层社会内力生发、主导两股力量进行创新，在国家与社会力量和谐共处中提升治理能力，使基层民主制度真正落到实处并取得实际治理绩效。

（二）广东基层治理创新实践形式的多样化

基层治理作为国家治理的关键环节，近些年来涌现出了各种不同的创新实践形式，以广东农村基层为例，近些年来受到关注的创新实践形式有南海模式、清远模式和云浮模式等，这些模式都是地方政府根据各地的实际逐渐尝试探索出来的，显示出了国家治理转型背景下基层治理创新实践形式多样化的趋势。

南海模式 南海模式主要是指广东省佛山市南海区探索出来的以"政经分离"为核心的基层治理创新实践形式。以南海区丹灶镇石联社区及其社区内的南丰村小组为例。2011年4月15日，丹灶石联社区进行农村自治组织的居委会与村集体经济组织的经联社的分离运作，居委会主任不得兼任经联社社长。此外，改革还配套了组织和制度方面的保障措施。通过改革，石联社区自治职能与经济职能的运行相分离，居委会主任专门负责石联社区自治和服务等事项，石联经联社社长则专门负责石联集体经济的运营和管理该社区，形成党组织进行全盘统筹、协调，村党（总）支部书记、村委会主任和经联社社长不再"一肩挑"。[①] 由此，该社区内

---

① 雷辉、盛正挺：《南海力推"政经分离"给基层"松绑"》，《南方日报》2012年4月26日 A06 版。

的矛盾逐渐减少，社区治理更加稳定有序，社区治理能力进一步提升。[①]2011年3月6日，石联社区内的南丰村小组进行了"政经分离"改革，使村组长和经济社社长得以分工合作，有足够的精力和时间在各自的岗位上为村民服务，促进村民的生活水平的提高和村容村貌的改善。[②]

目前，南海各村（居）均已实行"政经分离"，形成村（居）党组织、自治组织和集体经济组织"三驾马车"齐驱的局面。从国家治理现代化要求看来，南海治理创新模式发挥了自治组织的自治功能，满足了村民的发展和参与需求，增强了基层政府治理的有效性、回应性，提升了其现代化治理能力。但同时，"政经分离"的治理创新实践形式，其可持续化、制度化和法治化程度仍有待进一步增强，其治理能力现代性、治理体系现代性以及两者之间的协调性仍需进一步提升。

清远模式 清远模式主要是指广东省清远市佛冈县新农村建设试验区推行的以"自治重心下移"为核心特点的创新实践形式。2011年11月24日，在时任中央政治局委员、广东省委书记汪洋同志"完善方案、可以试验"的批示精神的基础上，广东省政府正式批复《广东省社会主义新农村建设试验区（佛冈）框架方案》。2011年12月9日，新农村建设试验区正式启动，由广东省农业厅、国开行广东分行、清远市政府、佛冈县政府四方共建，是广东省唯一的省级新农村建设试验区。该试验区面积112平方公里，辖6个行政村，人口1.86万人。是原来的一个建制镇，在2004年撤立的时候并入了县乡镇，建立的一个纯农业的一个地区。其旨在寻求新农村建设的动力机制，探寻农村社会发展与基层治理的创新机制、创新载体，进而走出一条社会主义新农村建设的新路径，为全省乃至全国新农村建设创造可借鉴、可复制、可推广的经验。以佛冈县石角镇及其下辖的龙南片区里水村大田村民小组为例，该镇社区在自治重心下移过程中将原有的"乡镇—村（行政村）—村民小组"按照"乡镇—片区—村（村民小组）"模式进行改革后，原有17个村委会调整为17个片区，成立17个党总支部与党政公共服务站，片区下设106个村民委员会，实

[①] 赵进、盛正挺：《破解四个难题：南海农村改革大调研》，《南方日报》2012年9月10日A06版。

[②] 雷辉、盛正挺：《南海力推"政经分离"给基层"松绑"》，《南方日报》2012年4月26日A06版。

施村民自治。① 作为原行政村的片区，其组织机构由"村委会"转变为党政公共服务站，党支部改为了"党总支"（自然村一级的党组织成为"党支部"），其职能转变为以承办上级组织交办的工作、开展公共服务和为群众提供代办服务的乡镇派出机构。②

在龙南片区之下的大田村民小组，原属里水村（原行政村）管理，改革后则成为一个单独的自治单位。大田村沿袭人民公社时期生产小队管理机构"队委"的名称，由村民小组长、副组长以及村里的老党员、老队长等关心公益事业的人组成了具有全新内涵的草根自治组织"队委"，负责大田自然村内的公共事务。2013 年，大田村申请成为了名村建设示范点，并在"队委"的基础上成立了村民理事会。在村民理事会、③ 党支部④和农民合作组织⑤的分工组织管理下，大田村组通过集约、流转土地创新了农业经营体制，发展了现代生态农业，促进了组内经济的发展。同时，通过自筹自建文化室、杂物房等改善了生活环境。

当前，佛冈改革经验在当地政府推动下愈加引人注目。从国家治理现代化要求看来，清远治理创新模式一方面发挥了群众和自治组织的自治作用，满足了村民的发展需求、参与需求，增强了基层政府治理的有效性、回应性，提升了其治理能力现代化的程度；另一方面，村民自治的空间范围缩小，民主自治程度的提升即治理体系现代性的提升值得关注。此外，佛冈的"自治重心下移"的改革，其法治化、制度化和可持续性程度有待进一步增强，即其治理能力现代性、治理体系现代性以及两者之间的协调性仍需进一步提升。

云浮模式 云浮模式主要是指广东省云浮市推行以"组为基础，三级联动"为核心的基层治理创新实践形式。⑥ 以云浮市云安县为例，云安县率先在组（自然村）一级建立村民理事会。村民理事会理事由有威望、

---

① 徐勇等：《探索村民自治有效实现形式高端研讨会论文集》，2014 年，第 147 页。

② 胡平江：《自治重心下移：缘起、过程与启示——基于广东省佛冈县的调查与研究》，《社会主义研究》2014 年第 2 期。

③ 徐勇等：《佛冈试验：可持续的新农村建设——广东省社会主义新农村建设试验区》，载《探索村民自治有效实现形式高端研讨会论文集》，2014 年，第 197 页。

④ 同上。

⑤ 同上。

⑥ 徐勇、周青年：《"组为基础，三级联动"：村民自治运行的长效机制——广东省云浮市探索的背景与价值》，《河北学刊》2011 年第 5 期。

有能力的老党员、老教师、老模范、老干部以及村民代表、复员退伍军人、经济能人、外出乡贤等有影响的人员组成,采用"三议、三公开"的方式进行民主议事。村民通过村民理事会这一平台进行自我管理、自我教育和自我服务。同时,云安县又在除组外的村、乡(镇)两级建立理事会,形成三级联动机制。这一模式使各项事务在不同层级处理,一方面可以通过多方有效参与、分工合作管理公共事务来改善农村面貌,通过三级理事会共同讨论议决与村民利益相关的事务;另一方面,这种农村治理模式也实现政府行政管理与基层群众自治的良性互动,将大量矛盾化解在基层。云安县近年来实现"零上访",其中一个重要原因就是哪个层级发生的矛盾在同层级理事会化解。[①] 为了促进理事会的有效运转,云安县还推行了以奖代补等方式来激励村民参与。[②]

云浮改革经验在广东基层治理创新中兴起较早且独树一帜。在国家治理现代化要求看来,云浮治理创新模式充分发挥了政府、自治组织、村民等多方力量的参与作用,增强了基层政府治理的有效性、回应性,但同时也还存在着治理可持续性存疑、缺乏制度协调性与法律保障等方面的问题,即其治理能力现代性、治理体系现代性以及两者之间的协调性仍需进一步提升。

总的来看,广东基层治理创新的三个代表性案例,都从不同侧面体现了治理现代化的要求。南海模式侧重从传统农村社区治理转向城市社区治理,以城市化来保障基层治理的有效性;清远模式侧重小共同体范围内村民的信任与互惠关系网络,以本土化社会资本来保障基层治理的有效性;云浮模式则侧重三级理事会的良性合作,以多元合作、多主体参与来保障基层治理的有效性。应当说,城市化、社会资本和多元合作参与都是通向现代治理的路径,因而都具有其合理性。

(三) 为什么基层治理会出现实践形式多样化?

通过梳理广东基层治理创新中出现的南海模式、清远模式与云浮模

[①] 徐勇、周青年:《"组为基础,三级联动":村民自治运行的长效机制——广东省云浮市探索的背景与价值》,《河北学刊》2011 年第 5 期。

[②] 参阅陈之经《组为基础,三级联动:打造自然村乡贤理事会》,2014 年 5 月 17 日,中国农村研究网 (http://www.ccrs.org.cn/html/2014/05/19386.html)。

式，可以发现，基层治理实践形式多样化有其深刻的原因。

首先，指导基层治理的有关制度缺乏明确、统一的规定，给地方政府进行制度设计、实践创新留下较大空间，各地根据理解和需要选择实践形式，最终导致其多样化。例如同农村基层治理实践最直接相关的《中华人民共和国村民委员会组织法》中的有关规定，都只是较笼统宏大的原则性规定而非具体详细的操作细则，甚至有些规定还存在内在的价值冲突，这给基层治理实践提供了可资选择的制度弹性。①

其次，在压力型体制、发展型政府约束和国家有关政策鼓励下，基层政府具有较大的治理创新冲动，导致基层治理新实践形式层出不穷。广东基层治理创新的三个案例表明，治理新模式的出现往往都是因为原来的治理模式导致基层不稳定、村庄经济发展落后等问题，基层政府为维稳和发展，以及化解自上而下政治压力的需要，就需要重新考虑如何改善原有的治理模式，探索开发新的治理模式。同时，在国家治理转型的背景下，党和国家越来越倾向于鼓励地方政府的治理创新和社会管理创新。因而，在基层和国家内生外动的力量推动下，地方政府对基层治理创新具有较大的重视和冲动心理，这催生了基层治理创新实践形式的多样化。另外，随着更多的社会力量参与到社会治理中来，民间的自主创造精神和实践智慧得以展现，也加速形成了多样化的基层治理模式。②

最后，地方和基层经济社会发展的差距与差异导致各地实际情况本身具有多样化，这也从客观上导致了基层治理创新实践形式的多样化。从广东的情况来看，珠江三角洲地区、粤东、粤西和粤北地区发展差异很大，基本上可以说是中国经济社会发展地区差异的缩影。因此，从更大的视野来看，我国每个地方的实际情况由于地理、历史、文化等客观因素的限制千差万别，各地基层政府因地制宜地进行治理创新，最终必然导致基层治理实践形式的多样化。

---

① 邹静琴、王金红：《村民自治中的民主决策：实践形式与理论反思》，《福建论坛》（人文社会科学版）2009 年第 1 期。

② 林尚立：《基层民主：国家建构民主的中国实践》，《江苏行政学院学报》2010 年第 4 期。

三 基层治理形式多样化同国家治理现代化的内在关系

从"二战"结束后亚非拉国家政治现代化和现代国家建构的历史经验来看，一个现代民族国家的建立，固然需要建立一套新的制度、新的规范和新的文化，需要通过政治一体化来保障现代国家的成长，同时需要告别陈旧、落后的制度、体制、机制以及与之相适应的政治文化；但是，这并不意味着从中央到地方乃至基层，治理的形式、手段与路径都是简单化一、一成不变的，而是需要根据不同地方的具体情况，寻求适合新的制度、规范和文化生存发展的条件，为国家治理现代化奠定深厚的基础。因此，国家治理现代化同基层治理形式多样化的关系问题，是发展中国家政治现代化进程中必须深入思考的一个基础性问题。

（一）国家治理现代化同基层治理形式多样化相辅相成

基层治理作为国家治理的重要一环，其与国家治理存在着相依相存的关系，国家治理现代化与基层治理形式多样化是相辅相成的。一方面，基层治理形式的多样化离不开国家治理体系现代化和治理能力现代化。国家治理体系的现代化，即构建民主化、法治化、高效、协调可持续的制度体系。这个制度体系的核心价值在于民主，根本合法性在于"人民当家做主"。这就意味着在通往现代化治理的道路上，制度建设需要为民间大众汇集而成的社会力量参与国家治理提供制度基础和保障。有利于鼓励民间自主创造精神和实践智慧的制度体系的形成，最终也将促进基层治理形式的多样化。国家治理现代化还需要治理能力现代化的同步进行。为了追求国家治理能力的现代性，政府必须改变"一元化"的治理方式，形成多中心治理的模式。政府必须合理界定自己与社会、市场之间的界限，并把社会、市场的力量合理吸纳到治理轨道上来，让社会、市场能最大限度地发挥其治理功效。这就需要政府在转变职能的同时，发现和发散民间力量参与治理的热情和智慧，帮助各地民众开发探索各种有利于化解矛盾、增益民生的创新实践形式，增强政府治理的回应性、有效性和民主性。换言之，国家治理能力现代化也能在实践中推进基层治理形式的多样化。

另一方面，国家治理现代化也离不开基层治理形式多样化。基层治理是国家治理系统中最关键、最基础的一环。当前的基层治理中仍然存在不少的问题，面临较大的困境，为了解决这些问题、破解这些困境，为了基层治理能够有效运转，现有的基层治理需要进行从"管治"到"治理"的现代化改革，需要通过发挥民众智慧进行治理创新对基层治理系统进行升级换血，而基层治理为有效运转而因地制宜进行的改革创新，最终将形成基层治理形式多样化的局面。"基础不牢，地动山摇"，基层治理的有效运转可以为国家治理的有效运转奠定基础。同时，基层治理创新形式多样化所蕴含的多中心治理的经验，升华为创新制度而被推广实践时，将可以通过自下而上的路径推动整个国家治理现代化的顶层设计和良性实践。

（二）国家治理现代化需要打破基层治理单一化

国家治理现代化与基层治理形式多样化的内在关系决定了基层治理单一化需要被打破。经过三十多年的改革开放，中国特色社会主义现代化事业进入了"深水区"和攻坚阶段。当前，必须变革过去那种以单位为主体、以行政权力和资源垄断为依托、依靠自上而下的动员和命令来开展活动的传统基层治理方式，以推进基层治理现代化为突破口，为国家治理体系现代化奠定良好的基础。[1] 对此，基层治理既需要构建现代化的治理体系，创新治理理念和治理制度，又需要基层政府提升其现代化治理能力，创新治理方法和思路，把民众更好地组织起来，在民主化、法治化、有效化、可持续化的框架内通过多方合作形成合力解决问题和矛盾。在这一过程中，由于各地实际不一，基层政府动员民众力量参与多中心治理的方式方法也将不尽相同，在这一改革方向下的基层治理形式单一化的局面也终将被打破。总之，国家治理现代化采用治理思维，因势利导，保证执政为民，就需要完善民主制度，建立和拓展民意沟通的渠道，让老百姓的诉求反映出来，创新出更多治理方式使老百姓能够参与治理。[2] 广东的三个案例表明，打破基层治理单一化，探索多样化基层治理形式，能为国家治理现代化增加新的活力。

---

[1] 陈雨田：《基层治理是国家治理的重要一环》，《南方日报》2014年4月5日第2版。
[2] 景跃进等：《专家圆桌："第五个现代化"启程》，《人民论坛》2014年第9期。

(三) 基层治理形式多样化为国家治理现代化提供动力

基层治理形式多样化可以为国家治理能力现代化提供基础和动力，多样化并且有效的基层治理形式对国家治理能力提出自上而下的适应性要求和自下而上的倒逼效应，促进国家治理体系的更新换代和国家治理能力的提升。

首先，从改革开放三十多年的实践来看，大多成功的制度创新，都是由基层群众在实践中摸索创造出来的。[①] 在国家治理转型的背景下，国家治理体系的更新换代更需要保持和激发基层民众参与治理创新的热情，创造更多机会让广大民众可以参与到政府、市场、社会力量多元互动的治理格局中，不断在实践中完善旧制度、创造新制度以促进整个国家制度体系向现代化方向的升级换代，为中国国家治理的顶层设计提供某种启迪和思路。换言之，基层治理形式多样化可以为国家治理体系现代化创造动力。

其次，国家治理现代化不仅要关注顶层设计，更不能忽视地方基层创新。国家治理现代化集中体现为基层治理多元化，基层治理根据各地实际探索出来的创新实践形式，可以为中国国家治理走向良治探路，引导整个国家完善和提升治理能力。因此，赋予基层更多的自主权，激励基层更多地进行治理创新的探索，促进基层治理形式多样化可以推动国家治理能力现代化。[②]

具体来说，基层治理形式多样化对国家治理现代化的推动作用体现在以下几个方面。

第一，基层治理形式多样化通过在基层建立健全多种形式的基层自治和民主管理制度，实现群众依法自我管理、自我服务、自我教育，既降低政府治理成本，也能更有效地贯彻党和国家的意志，从而提升国家治理的法治化、有效化程度。

第二，在基层多样化治理形式下，基层民众可依法直接对自己身边的经济、政治、文化和社会生活等各项事务进行参与、管理和监督，这样他们既能享受充分而真实的当家做主权利，也可培养自己的民主自治精神和能力，从而提升国家治理的民主化程度。

---

① 陈雨田：《基层治理是国家治理的重要一环》，《南方日报》2014年4月5日第2版。
② 景跃进等：《专家圆桌："第五个现代化"启程》，《人民论坛》2014年第9期。

第三，基层治理形式多样化通过民众各具特色的方式有效参与公共事务治理，使许多难以解决的问题得到妥善处理，将大量矛盾和不稳定因素化解在萌芽状态，这不仅避免了矛盾的扩大和问题的激化，降低治理成本，而且培养和增强了民众的理性表达意识、协商意识和合作意识，从而增强基层的稳定和谐，提升国家治理的回应性和可持续性。[①] 总之，基层治理形式多样化也可以为国家治理能力现代化提供动力。

结　语

改革开放三十多年来，基层治理创新为国家治理转型注入了新鲜的活力。广东农村基层治理创新实践的三个案例表明，随着国家治理现代化战略的推进，我国基层治理形式将愈加多样化。在当前国家治理转型的新背景下，我们需要进一步思考和研究基层治理多样化与国家治理现代化的内在关系。国家治理现代化与基层治理形式多样化是相辅相成的关系，国家治理现代化必然要求基层治理形式多样化，而基层治理形式多样化又能为国家治理现代化提供基础和动力。未来中国基层治理仍需在国家治理现代化所要求的制度化、民主化、法治化、协调、有效、可持续化的要求下，进行因地制宜的探索和创新，以多样化的实践形式上下联动推动整个国家治理的转型升级。

（作者王晓，广东省社会科学界联合会党组书记、主席。广州市黄华路4号之二广东省社会科学界联合会　510050）

[①] 杨雪冬：《走向以基层治理为重点的政府创新——2010年政府创新综述》，《行政管理改革》2011年第9期。

创新社会治理体制的探索

——广州市推进社会工作服务机构发展的实践

郭 凡

摘 要：文章通过对2010年以来广州实施的社会工作服务机构承接政府购买家庭综合服务中心服务项目实践的考察，研究和分析广州市在创新社会治理体制方面的经验和做法。根据对"广州社工服务网"公布的家庭综合服务中心以及承接其服务项目的社会工作服务机构的资料的分析，从政策因素、多元化特点、发展实力、服务质量、信息披露、经营模式等方面归纳总结了广州社工机构发展的一些现状、特点和不足，并在此基础上提出几点认识和思考。

关键词：广州市 社会治理体制 社会工作服务机构

党的十八届三中全会《中共中央关于全面深化改革若干重大问题的决定》（以下简称《决定》）提出"推进国家治理体系和治理能力现代化"的重大战略部署，作为这一体系的重要组成部分，还提出要创新社会治理体制、改进社会治理方式，推进社会治理制度体系建设。中央的顶层设计是在基层社会改革实践和学术界多年理论探索的基础上提出的，具有很强的针对性和指导性。多年来，广州市在推动社会组织管理创新、培育社会组织发展、发挥社会组织作用方面进行了多方面的改革探索，取得了显著成效，其中一项重要举措就是通过政府购买社会服务促进民办非企业的社会工作服务机构（以下称社工机构）的发展。本文主要通过对近年来广州实施的社工机构承接政府购买家庭综合服务中心（以下称家综中心）服务项目实践的考察，研究和分析广州市在创新社会治理体制方面的经验和做法。

一 政策背景和广州的改革举措

关于社会建设和管理方面的改革，从中央到地方在认识上有一个逐步深化的过程。早在 2003 年，党的十六届三中全会就提出了完善政府社会管理和公共服务职能，之后的历届党代会和多次中央全会上继续提出并且表述不断完善，包括社会建设和管理、社会管理体制创新、党委领导、政府负责、社会协同、公众参与、法治保障等概念。2013 年 11 月，十八届三中全会在社会管理概念的基础上，进一步提出社会治理的新思想、新理念。

广东关于创新社会组织管理、发挥社会组织作用、增强社会自治功能的社会体制改革思路始于 2008 年。当年底，国务院批准《珠江三角洲地区改革发展规划纲要》，赋予广东"探索发展模式试验区、深化改革先行区"的重要任务，内容包括创建现代行业协会体系、推进社会组织民间化、推进政府向社会组织转移职能和购买服务制度、制定扶持社会组织发展政策措施、促进社会组织依法参政议政、创新社会组织管理制度、创新社会组织党建管理体制七项目标和具体任务。[1] 2011 年，广东省委、省政府出台《关于加强社会建设的决定》以及 7 个配套文件；2012 年又出台《关于进一步培育发展和规范管理社会组织的方案》等文件，提出创新社会组织管理体制一系列重大改革措施。

遵照中央和省的改革精神，广州市委、市政府加大了社会建设和管理方面的改革力度。一是先后出台了《关于促进行业协会商会改革发展的意见》《关于学习借鉴香港先进经验推进社会管理改革先行先试的意见》《关于发展和规范我市社会组织的实施意见》《关于创新社会管理加强社会建设的实施意见》等一系列文件。二是改革社会组织的登记管理制度。

---

[1] 国家民间组织管理局调研组：《广东省社会组织改革创新观察点 2008 年取得新进展》，《社团管理研究》2009 年第 7 期。

在社会组织降低准入门槛、简化登记程序、减轻登记负担、提高工作效率四方面均有所突破。三是政府职能转移和购买服务不断扩大。2006年以来，启动市行业协会承接政府职能的改革试点工作，制定了《广州市具备承接政府职能转移和购买服务资质社会组织目录管理办法》。建立了政府购买服务制度，将原来由政府部门承担的若干职能通过政府购买服务方式交由社会组织承担。尤其是在购买民办社工服务方面，制定实施了购买社会工作服务考核评估等办法，建立了政府购买社会工作服务评估专家库以及相关工作规范和标准。四是建立了市级和区、街一级的社会组织培育基地。五是加强了对社会组织的管理监督工作。六是建立了市级社会组织数据库，公共服务信息系统运转良好。七是社会组织党建工作顺利推进。[1]

在上述各项改革措施中，政府在全市各街镇建立家综中心并以购买服务的方式由民办社工机构进行营运的做法，成为广州市推进社会服务管理改革创新，培育发展社会组织，推进社区服务社会化、专业化方面的重要举措。家综中心是一个政府购买社区服务的平台，"政府将原来由政府直接举办的、为社会发展和人民日常生活提供服务的事项交给有资质的社会组织来完成，并根据社会组织提供服务的数量和质量，按照一定的标准进行评估后支付费用，是一种'政府承担、定项委托、合同管理、评估兑现'的新型政府提供公共服务方式"[2]。根据社区服务需求的实际情况，家综中心以家庭、青少年、残障人士、长者等重点群体的服务为核心设置服务项目，面向社区居民提供专业、综合、优质的社会服务。

广州市开展家综中心建设经过了试点和全面铺开两个阶段。2010年广州在全市各区（县级市）共确定20个街道作为家庭综合服务中心的试点单位。政府通过招投标方式确定一批中标的社工机构承接家综中心的打包服务。社工机构以家综中心为平台，整合社区资源，发挥专业社工作用，提供专业综合服务。按照每个家综中心每年投入200万元计，这一年市、区两级财政共投入4000万元。根据市政府的工作部署，2012年上半年要求在试点的基础上全市每个街道至少要建一个家综中心，到2013年

---

[1] 广州市政协：《关于培育发展我市社会组织的建议案》，2013年1月7日，广州市政协网（http://www.gzzx.gov.cn/jyxc/cwhyjya/201301/68765.html）。

[2] 彭浩：《借鉴发达国家经验推进政府购买公共服务》，《财政研究》2010年第7期。

底已建立150个家综中心，市、区两级财政投入约2.77亿元。[1]

二 政策推动下广州社工机构的发展及其特点

广州地处改革开放的前沿，受到港澳地区影响，社会服务工作开展比较早。1985年3月成立的广州仁爱社会服务中心是广州市最早的，也是首次引入香港社会服务理念和社会工作方法的非营利民办社会福利团体。1997年，荔湾区逢源街与香港国际社会服务社合作设立了穗港及海外婚姻家庭辅导中心，首开穗港合作举办社会工作服务机构的先河。此外，一些历史悠久的宗教团体如广州基督教青年会（成立于1909年）、广州基督教女青年会（成立于1912年），也于21世纪初加入社会工作服务的行列。广州市第一家专业的社工机构则是2008年初以中山大学社会工作专业教师为班底成立的启创社会工作发展协会，并且以"政府购买服务"的方式承接了三条街道和两所学校的青少年社会工作服务项目，拉开了广州政府向民间社会工作机构购买服务的序幕。[2]

2010年广州市开始进行以政府购买社会服务为模式的家综中心建设试点。在此政策的推动之下，广州的社工机构发展迅速，截至2013年底，在市、区两级民政部门登记注册的民办社工机构已达217家，约占全省总数的54.3%和全国总数的17.4%，居全国各城市之首。[3]

本文以2010年以来承接政府购买家综服务的社工机构为分析研究的对象，主要包括2010年承接20个试点街道家综服务的社工机构和承接2012—2013年度街道家综服务项目的社工机构。这些社工机构的名单和机构简介及其所承接的家综服务资料（包括项目中标公示、项目评估、资金使用情况以及满意度调查情况等）均在"广州社工服务网"（http://www.96909.gd.cn/）上予以公布，便于分析研究。以上两类社工

---

[1] 李拉：《广州市政府七年来购买社工服务累计花费11亿》，《南方都市报》2014年7月23日第GA09版。

[2] 张晓琴：《广州社区综合服务中心的发展及经验探析》，《广州市城市职业学院学报》2011年第4期。

[3] 广州社工服务网公布数为84家，其中3家没有承接服务项目，故未列入。

机构共81家①，占全部217家社工机构的37.33%。这些社工机构共承接家综服务项目238个。此外，本文还依据社工机构的网站信息或通过网络发布信息作为补充资料。

基于研究资料所反映的问题，本文将从机构成立时间、机构成立背景、信息披露情况、项目承担情况、项目评估结果以及机构经营模式等方面对81家社工机构进行初步分析，以期探寻其发展中的一些规律、特点和问题。

（一）政策导向是社工机构发展的关键因素

从时间纵轴上来看，社工机构数量的增长与政府购买服务的政策推行过程密切相关。为了便于分析，笔者把81家社工机构成立的时间分成三个时间段：一是在广州市明确推出社会服务管理政策之前的2008年以及更早，二是在2009—2010年家综服务中心试点前后，三是2011—2012年全面推广家综服务中心前后。由于项目招标时间主要在2012年已经完成，只有少数家综中心的招标工作延至2013年之后，因此，本文中2013年以后成立的社工机构很少，虽然这一时间段社工机构还处于快速发展期。

从数量上看，2008年之前成立的机构仅有8家，2009—2010年成立的机构增至24家，到了2011—2012年更是快速增长到42家，显示出社工机构在这一时期超常的发展速度。具体分析其构成特点，2008年之前，开办社工机构的要么是个别宗教团体，要么是传统的社会福利机构与香港社工机构开展的跨境合作，要么是高校社会工作专业以教学实践为主要目的的社工机构，发起人比较单一。由于其经验比较丰富和专业性较强，因此承接项目较多，服务质量比较高，8家机构共承接家综服务项目34项，平均每个机构承接4.25项。从家综服务项目评估结果来看，全部项目均合格，其中5项获得优秀，占全部34项的14.7%。比较而言，2009—2010年成立的社工机构成立背景呈现多元化趋势，包括大学社工专业、社会人士、社会组织、企业、街道办事处以及宗教团体，均成立社工机构参与到承接家综服务项目的竞争之中。这一阶段的特点是企业、街道和社会组织开始介入社会服务工作。24家社工机构共承接家综服务项目109项，平均每个机构承接4.54项。从项目评估结果看，服务质量出现优劣

---

① 李强：《穗累计投7.7亿买社工服务》，《南方日报》2014年3月23日第A05版。

差异，其中7项优秀，占全部109项的6.4%，还有3项基本合格和不合格。这一阶段一些社工机构开始出现连锁式经营。2011—2012年是社工机构大发展之年，其成立背景继续呈现多元发展的态势，除高校社工专业和社会人士继续参与外，企业、街道和社会组织创办社工机构的积极性更加高涨，其机构数成倍增长。此外，与境外社工组织的合作明显增加，包括新加坡社工机构的进入。42家社工机构承接项目85项，平均每个机构2.02项，承接量明显少于成立时间较早的机构。在服务质量方面，通过评估获得优秀的有6项，占全部85项的7.1%，另有3项不合格或基本合格。社工机构连锁式经营模式继续扩大。

概括其特点：一是社工机构数量的发展受政策因素的影响很大，直接催生因素是政府购买公共服务政策的出台；二是创办社工机构的发起者呈多元化态势；三是成立时间较长的社工机构积累较厚、实力较强，因此承接的服务项目较多、提供的服务质量较高。成立时间较短的社工机构服务质量则出现两极化现象；四是后期成立的社工机构在经营模式上更加灵活多样，如采取连锁式经营模式。

（二）成立背景的差异体现了社工机构发展的多元化

本文把研究对象成立的背景分为五类：一是以高校机构名义成立的社工机构；二是以个人或合伙人名义成立的社工机构（包括高校教师、社工专业毕业生、社会工作志愿者以及其他热心人士）；三是社会组织（包括宗教团体）成立的社工机构；四是企业背景的社工机构；五是街道社区背景的社工机构。分析内容包括各类机构的项目承接情况、项目评估情况、建立网站情况等。

高校背景的社工机构有19家，承担家综服务项目70项，平均每个机构3.68项。在这些项目中，期末评估获得优秀的有7项，占10%，其余均为合格或良好。建立自己网站的12家，占63.2%。

个人或合伙成立的社工机构有29家，承担家综服务项目78项，平均每个机构2.69项。期末评估获得优秀的项目有3项，占3.85%，基本合格或不合格项目3项，表明服务质量参差不齐。14家机构建立了网站，占48.28%。

社会组织背景（包括民间组织、宗教团体、境外社工机构、半官方社会组织所建）的社工机构有13家，承接项目28项，平均每个机构2.2

项。有 2 项被评为优秀，2 项基本合格和不合格。其中 8 家建立网站，占 62%。

企业背景的有 12 家，承接项目 41 项，平均每个机构 3.42 项。在承接的 41 个项目中有 4 项获评优秀，占 9.76%，其余均评估为合格或良好。其中 8 家建立网站，占 66.67%。

街道社区背景的有 7 家，承接项目 19 项，平均每个机构 2.71 项。在承接的 19 个项目中有 2 项获评优秀，占 10.05%，基本合格的项目 1 项。其中 3 家建立网站，占 42.9%。

不同背景的社工机构各有其特点，以高校社工专业为发起单位的社工机构具有较好的专业基础和理论素养，是以实习大学生为主体的志愿者团体，因此，整体业绩比较好；以企业为背景的社工机构在管理经验和资金运作等方面具有优势，业绩也比较好；以街道为背景的社工机构最大的优势就是得到行政资源的配合与支持，这类机构不多，评估业绩还好，但被认为行政色彩过浓；以个人或合伙以及社会组织为背景的社工机构差异性较大，其中一些社工机构存在资质不足的情况，因此，业绩评估不合格。

（三）信息披露不透明是目前广州社工机构的短板

作为非营利组织的社工机构的信息披露是组织信息的透明度问题，是提高组织的社会公信力，促进组织健康发展、持续发展的制度选择。本文所考察的对象作为承接政府购买公共服务的主体，更有义务向社会公开机构自身情况以及所承担项目的各类信息，本文对此进行了专门考察。

信息披露分为两个部分：一是社工机构承接政府购买服务项目的具体信息资料的公开；二是社工机构自身情况的公开。披露途径，一是通过纸质媒体对外发布、到有关机构查询以及电话咨询等传统方法，二是通过网站进行发布的现代方法。本文主要考察社工机构采用第二种方法的情况。

第一部分项目信息主要是在市民政局社区服务中心的"广州社工服务网"上公布。该网站通过"最新动态"栏公布家综服务中心的工作信息；"项目公示"栏公布政府购买服务项目的招标、中标、流标情况，以及项目评估、财政投入和资金使用情况、项目满意度调查等内容；"专项服务"栏公布政府购买专项服务信息；"综合服务"栏公布每个家综服务中心情况；"社会服务机构"栏公布社工机构的简介和中标项目；此外还有"社工招聘""医疗救助服务""资源下载""市民信箱"等栏目。通过该网站能够比较全面系统地了解广州市家庭综合服务中心开展的工作，尤其是关于各个家综中心的期末评估、资金使用情况以及满意度调查三份报告的公布，对于社工机构加强和改进工作起到很好的推动作用，也有利于社会的监督。不足之处是对社工机构自身的资质和信息的披露比较少，有一些甚至连机构的简介都缺少。

第二部分社工机构信息主要是通过该机构建立的网站进行了解。在现代社会，互联网的影响已经深入人们社会生活和工作的方方面面，因此，建立并运营好自己的网站成为非营利组织最好的营销方式之一。笔者就此专门查找所研究的社工机构网站建设情况，结果是：在全部81家社工机构中，建立网站的有46家，占56.8%；没有自己网站的为35家，占43.2%。建立网站的社工机构通过网站发布的内容主要是机构介绍、新闻动态，服务项目，活动预告，社工、义工资讯，招聘以及联系方式等涉及业务开展的栏目，对于机构自身的信息公布比较有限，或语焉不详。大约三分之一的机构公布了骨干成员或专家团队的信息，个别机构刊出了机构章程、资质荣誉等信息，最主要的是，有两家机构开设财务信息公开栏目，不仅公开承接家综服务项目的审计报告，而且把多年来本机构的审计报告以及社会捐赠情况予以公布，因此是最符合国际惯例的现代非营利组织。要想获得那些没有网站的社工机构的咨询，或是通过网上的零星信息，或是通过电话、电子信箱等方式进行联系。笔者在研究过程中，部分社工机构都无法在网上找到其基本信息，通过电话与机构负责人联系，个别人还以不宜公开为由予以拒绝。可见现阶段社工队伍对于非营利组织性质的了解是非常有限的。

根据已有资料，笔者对有无网站的两类社工机构做了比较分析：建有网站的46家机构共承担项目168项，平均3.65项。其中仅承担1项的机构有12家，占46家的26.09%；而承担5个项目以上的机构也有12家，占26.09%。业务拓展比较广泛，有9家机构属于连锁式经营模式。没有建立网站的35家机构共承担项目70项，平均承担2项。其中60%的社工机构仅承担1个项目；承担5个项目以上的机构仅有4家，占11.4%。由此可见，建立了自己的网站的社工机构一般业务都开展得比较好、规模比较大、社会影响也比较大；相反，没有建立网站的社工机构大多数规模较小、业务量少、基本没有社会影响力。

（四）家综服务项目评估反映出社工机构服务质量的差距

在公布的资料当中有对 81 个社工机构承接的 238 个服务项目的年末评估报告。由于承担评估任务的机构有多家，在评估报告的行文表述上不尽相同，尤其在评估结论方面，一些评估机构采用优秀、良好、合格、不合格的定性语言，一些机构则采用百分制的方法。在评价尺度的把握上各评估机构的松紧程度也不一致。本文所定义的优秀和不合格包括评估机构明确评定的优秀和不合格项目，也包括百分制评估结论超过 80 分和低于 60 分的项目，以及个别评估机构采用的基本合格评价，分别列为优秀档次和不合格档次。

评估的结果是：优秀项目 18 项，占全部项目的 7.6%。获得优秀项目的社工机构 15 家，占全部机构的 18.5%。均为 2008—2011 年成立的机构，以高校背景的社工机构居多，占 7 项；其次是企业背景的社工机构，占 4 项；再次是个人或合伙人为背景的社工机构，占 3 项；街道和跨境合作背景的社工机构各 2 项。评估结果较差的有 6 项，包括基本合格 3 项和不合格 3 项。其中属于个人或合伙人背景的社工机构 3 项，社会组织背景的 2 项、街道背景的 1 项。

以上评估结果表明，社工机构的成长有一定的规律，需要一定的时间来学习提高和实践积累，短期内为了获得项目而组建的社工机构很可能带来伪劣服务；社工机构所提供的服务有其专业和管理要求，如果忽略了这一点，机构的生存发展就会出现问题。

（五）承接项目的多少反映出社工机构的整体实力

承接家综服务项目的多少可以反映一个社工机构的业务能力。在 81 个社工机构中，承接 1 个项目的社工机构比例较大，有 34 家，占 42%；承接 2—4 项的有 31 家，占 38.3%；承接 5 项以上的有 16 家，占 19.7%，其中一家机构承接项目最多达 13 项。

初步分析承接 5 项以上家综服务的这 16 家社工机构，有以下一些特点：一是 16 家机构共承接 128 个项目，平均每家机构 8 项。二是在 16 家机构中有 8 家机构获评 10 项优秀，占机构数的 50%，但从优秀项目数占其总项目数的 7.8% 来看，其比例与全部优秀项目占全部项目百分比相近；但从项目负面评估来看，只有一家社工机构的 2 个项目被评为不合格和基本合格,大大低于承接项目少的机构的比例。三是建立网站的比例高。16家机构有12家建立网站,占75%。四是其成立背景以高校、个人或合伙人为背景的社工机构为主,分别有6家和5家,此外还有企业背景的2家,街道、社会组织和跨境合作背景的各1家。五是在经营模式上有3家属于连锁式经营机构。

总的来说,整体实力较强的16家社工机构主要来自高校、个人或合伙(这类社工机构数量最多)、企业背景,它们承接了更多的家综服务项目,获评优秀项目的机构比例较高,大多数机构建立了网站,其中几家机构采取连锁式经营方式。

(六) 规模化经营模式是社工机构未来发展的选择

2009年以后,由于业务的拓展,一些社工机构需要跨地域开展业务工作,但是受制于"民办非企业单位不得设立分支机构"[1]的政策限制,只能在各区分别注册,但使用同一字号并冠以地域名称。这类带有连锁性质的社工机构分为几类:一是跨越广州市域甚至省域,如广州大同社会工作服务中心的业务遍布珠江三角洲及湖南和四川等地,在"大同社工"旗号下建立了12个社工机构。广州启创社工、风向标社工也属于此类。二是社工机构的业务在广州市内的不同区注册同一字号的机构,如"广爱""普爱""悦和"等社工机构。三是广州市供销社及其各区供销社作为一个系统加入社工队伍而形成的"恒福"字号的社会工作服务社。这些同一字号的机构彼此之间的关系也有所不同,有的相对松散独立,有的则比较紧密,形成上下级关系。[2]

有学者就民办非企业单位设立分支机构的合法性进行了探讨。[3] 就目前的政策而言,跨地域开展业务的社工机构关键是需要在当地进行注册,至于注册之后这些机构的经营模式是合作式、集团式还是连锁式并无限制,而且法人代表也可以一人兼任。虽然从广州的情况来说,注册一家民办非企业机构并非难事,但终究不利于民非机构的整体发展。无论是从民

---

[1] 《民办非企业单位登记管理暂行条例》,国务院令第251号,1998年10月25日。
[2] 刘静林:《关于民办社会工作机构的三点辨析》,载广州民间组织管理局《广州社会组织建设实践与探索》(内部准印),2014年。
[3] 胡跃忠、郭霞:《民办非企业单位设立分支机构的合法性探讨》,《中国民政》2008年第8期。

非组织的权利来说，还是从民非组织的未来发展来说，调整"民办非企业单位不得设立分支机构"的政策都是必要的。这样可以鼓励一些运作良好的社工机构为实现自身发展和服务社会的双赢目标，通过设立分支机构形成规模经营、连锁经营、集团化经营、品牌经营，使机构做大做强。

三 关于广州社工机构发展的认识与思考

通过政府购买家庭综合服务中心项目来看广州社工机构的发展现状，虽然不是全面的考察，也没有具体到个案的调查，只是基于一些统计数据的分析，也还是在一定程度上反映了客观现实。总的认识是广州市社工机构的发展势头很好，但在发展过程中也存在一些问题。

其一，社工机构在广州的社会治理中的角色和作用非常重要。所谓社会治理，其基本含义按照十八届三中全会《决定》的精神，可以概述为通过党的领导、政府主导、社会各界参与，实现政府治理和社会自我调节、居民自治良性互动的一种系统治理。学术界从多角度展开讨论，有学者认为社会治理的创新之处在于"多元主体、民主协商、依法办事、以人为本"四个特点，核心是实现公共权力回归社会。[1] 有学者从国家治理体系的高度来理解社会治理的功能定位，认为加强社会建设、促进社会协同发展是国家治理体系现代化的基础和核心。[2] 或是把社会治理作为国家治理现代化的突破口。[3] 还有学者把社会治理的视角向下深入基层社区，认为社区治理属于地域性基层社会治理范畴，应当成为国家治理的基础。[4] 而服务于基层社区的社会工作则在社会治理体系中起到一种基础性和服务型的作用。[5] 一句话，无论是国家治理还是社会治理、社区治理，都是紧密联系的有机整体，社区治理是社会治理乃至国家治理的基础，社

---

[1] 龚伟斌：《社会治理是社会管理的升级版》，《理论视野》2014年第1期。
[2] 姜晓萍：《国家治理现代化进程中的社会治理体系创新》，《中国行政管理》2014年第2期。
[3] 杨雪冬：《社会治理是国家治理现代化的突破口》，《决策》2014年第1期。
[4] 唐忠新：《社区治理是国家治理的基础性工程》，《光明日报》2014年4月4日第11版。
[5] 王思斌：《社会工作在创新社会治理体系中的地位和作用——一种基础—服务型社会治理》，《社会工作》2014年第1期。

会工作又是社区治理体系中的基础。广州市正是把社区服务管理创新作为社会治理创新的突破口,通过政府购买社区服务,引入民办社会机构,推进家庭综合服务中心建设,形成了独具特色的社区治理模式。

其二,政府的培育和引导是社工机构快速发展的动力。在广州,民办非企业单位的数量不少,2012年已经超过3000家,但是大多数是教育培训类机构,而与市民大众日常生活密切相关的社会服务类机构则仅占4.4%。[1] 因此,政府通过政策引导,培育和发展民办社工机构是非常必要的。所以我们看到,广州在2008年之前一直处于低迷状态的社工机构在2009年以后开始逐步步入发展的快车道,并处于全国领先地位。但是,政府在推动和扶持的过程中,还必须遵循事物的客观发展规律,不可揠苗助长。如前所见,一些短期内成立的社工机构专业能力不足,难以提供合格的社会服务,政府在招标过程中应当严格限制其进入,同时还应当加强日常的监管。

其三,社工机构的多元发展是社会广泛参与的结果。关于社工机构成立的背景,有多位学者进行了专门研究,[2] 虽然表述有所不同,但是基本分类还是一致的,即高校背景、企业背景、街道社区背景是三种主要类型。此外,有的分类强调街道参与方式是直接还是间接,有的强调社工机构是本地的还是外来的,有的更细分社工机构是原有还是新成立的。各位学者指出不同背景的社工机构存在的优长之处和不足之处,同时对基层行政力量直接介入社工服务持负面看法。本文资料也显示,高校的专业背景、企业的资金优势和经营理念、街道间接参与和支持社工机构、社会人士的热心公益,都是办好家综服务中心的优势条件,而高校的教学与实践的关系处理、企业的营利观念、街道的行政思维、社会人士的良莠不齐等都有可能成为各自的短板。社工机构的多元化发展有利于社会的广泛参

---

[1] 广州市政协:《关于培育发展我市社会组织的建议案》,2013年1月7日,广州市政协网(http://www.gzzx.gov.cn/jyxc/cwhyjya/201301/68765.html)。

[2] 姚迈新:《政社关系视角下社会组织提供公共服务问题研究——以广州市政府购买社区家庭综合服务为例》,《岭南学刊》2013年第3期;黎熙元、徐盈艳:《政府购买公共服务与社区管理的制度冲突》,载何艳玲《回归社会:中国社会建设之路》,人民出版社2013年版;朱健刚、陈安娜:《社工机构的NGO:专业化的另一种思路》,《华南理工大学学报》(社会科学版)2014年第1期;朱静君:《政府购买公共服务的问题与着力点》,《广东工业大学学报》(社会科学版)2013年第6期。

与，关键在于要逐步形成一套制度化的规则并通过行业自律加以贯彻落实。

其四，信息披露制度的建立是非营利社工机构健康发展的必然选择。从目前广州市社工机构的信息披露情况看，由于承接政府购买服务项目有明确的信息公开要求，并且由市民间组织管理局统一公布，因此信息是比较透明的。但是，具体到社工机构自身的信息，如领取薪酬的主要负责人的信息、财务收支报告、年度审计报告、资质证明文件、年度工作报告等重要信息，绝大多数机构没有公开。值得高兴的是，已经有2—3家机构能够在网上主动公开机构的关键信息，具有很好的示范作用。但是，要真正做到这一点还需要制度的保障，即通过制定法规要求社会组织增加透明度：一方面政府建立数据平台，以资查阅；另一方面要求社会组织按照规定主动公开必要的信息，以增加社会的信任度。信息不透明的社会组织将没有资格参与政府购买服务。根据广州市信用体系建设的目标，将要建设包括社会组织信用信息库在内的公共信用信息数据库。该数据库以民政部门的信息为基础，以其他相关部门业务数据库为扩展，建设以组织机构代码为唯一识别码的全市社会组织信用信息数据库，实现全市社会组织信用信息资源的标准化管理。[①] 这将是社会组织信息披露的重要基础。

其五，社工机构需要走规模化和品牌化经营之路。目前，广州的社工机构大多数发展历史还很短暂，业务单一、规模有限、效益不高，长此以往将难以持续。因此，未来的发展应当走规模化、品牌化的道路，使机构做大做强。模式可以是集团化或连锁式经营。通过规模化经营，有利于专业人才的聚集、资源的高效配置、社会品牌形象的树立，等等。目前虽然受到"民办非企业单位不能开办分支机构"的政策限制，但是通过异地注册还是有变通的办法。相信通过社会组织逐步发展成熟，有关政策也会进一步开放。

（作者郭凡，广州市社会科学院院长、副研究员。广州市新市街云安路119号 510410）

[①] 《广州市公共信用信息管理系统建设方案》，穗信用办［2014］1号。

加强大学科学决策 提升大学治理水平

杨 忠 陈 哲

摘 要：社会的转型发展、高校自身的多元化发展以及高校教师主体意识的不断增强，都对中国高校加强科学决策提出了较高的要求。目前我国高校决策仍存在行政决策与学术决策边界模糊、决策权力过于集中于学校层面、决策方法不够合理完善、决策执行力不足、决策主体能力相对有限等问题。为提升大学治理水平、建设有中国特色的世界一流大学，高校要注意正确协调好党委领导和校长负责的关系，区分行政决策和学术决策，注重顶层设计和基层创新，区分程序化决策与非程序化决策，提高决策主体的决策制定和决策实施的能力。

关键词：大学决策 大学治理

当前，国家和社会对高水平大学的期待和要求日益提高，扎根中国大地建设世界一流大学是中国高水平大学的重要使命。如何在特定的时期和一定的办学条件下做好学校的改革和发展工作、高校决策问题需要我们做认真的思考和研究。

一 科学决策是高水平大学的紧迫需求

第一，社会转型期要求高校具备科学的决策能力。当前中国正经历着经济社会的重大转型，高等学校的发展理念、高校的功能、高校内部的体制机制等各个方面也随之产生转变。中国社会转型中"市场"因素的进一步凸显，不断影响着高校人才培养的多样性、科学研究的创新性和社会服务的深刻性；社会转型中政府职能的转变，促进了高校自主办学、民主管理的深化，促进了社会力量参与高校公共治理、评估评价的深入；社会转型中信息、科技、经济等各领域的变化步伐不断加快，高校应对和解决各种问题的时间愈加有限，决策时间和决策成本都成为影响决策的重要因素。同时，随着人类对社会的干预范围和深度不断扩大，现代社会进入"风险社会"的发展阶段，每个国家、每一个人，都可能会受到不可预测的风险的影响。决策和行为成为风险的主要来源，安全与风险需要持续不断的调适。面对这样的社会发展阶段，高校也应当树立风险意识，提高决策能力和治理能力，增强健康发展的内生动力。

第二，"多元化巨型大学"的发展趋势对大学的决策提出更大的挑战。美国当代教育家克拉克·克尔在《大学之用》一书中提出了"多元化巨型大学"的概念。[①] 这一概念总结了"二战"后美国高等教育的一种发展和变化形态。"多元化巨型大学"的特点，一是大学由若干个社群组成，二是大学有多个目标，三是大学有若干个权力中心，四是大学有多个服务对象，五是大学是一种松散的组织结构。美国高等教育在"二战"后由于政府导向、社会压力、教育民主化发展以及大学治理体制变革等各方面的原因，导致了"多元化巨型大学"的形成。当前，我国高校在转型时期也呈现出"多元化巨型大学"的特征，大学的功能、目标、服务对象更加多元化，要在大学复杂的运作中实现高效的管理，使不同的权力中心达成相对统一，让不同社群形成文化融合，从而促进教师、学生、学科、科研等各方面的发展与进步，都是高校决策面临的巨大挑战。

第三，高校教师主体意识的增强对完善高校决策体制提出新的要求。

---

① "巨型大学是一个不一致的机构。它并不是一个群体，而是若干个群体——本科生群体与研究生群体；人文学者群体，社会科学家群体，科学家群体，各专业学院群体；所有非学术人员群体；行政管理者群体。""作为一个机构，它并非内在地始终如一，但它却始终如一地富有成效。它因变革而四分五裂，但有稳定的自由。虽然它没有一个属于自身的单一灵魂，但它的成员献身于真理。""我用这个词的意思是现代大学是一种'多元的'机构——在若干意义上的多元：有若干目标而不是一个目标，有若干权力中心而不是一个权力中心，服务于若干客户群而不是一群客户。它不崇敬单一上帝，它不构成单一的、统一的共同体，它没有分别界定的一些客户群。它标志着许多真、善、美的视野，以及达到这些视野的道路；它标志着权力斗争；它标志着服务于许多市场和关注许多公众。"

大学是自由、民主的捍卫者，大学教师是自由、民主的引领者。参与决策的程度是衡量民主政治发展的尺度之一。中国改革开放以来，随着经济体制和政治体制改革的不断深入，经济发展水平迅速提升，民主政治不断发展，人们参政议政的意识和主动性不断增强。大学是学术共同体，从维护知情权到捍卫监督权，从参与决策咨询到进入决策程序，教师作为利益相关者，对于分享高校决策产生了更高的需求。虽然教师参与高校决策已经在理论上得到认可，但是在现实中，教师在高校重大事务的决策上仍处于弱势地位，如何增进教师对高校决策的参与成为大学内部治理改革必须回应的重要课题。

二 目前我国高校决策存在的问题

第一，行政决策与学术决策边界模糊。高校决策系统最大的特征是存在学术权力与行政权力两种基本的权力形式。这两种权力在价值观、性质、实现方式等方面存在着差异。由于中国长期存在着教育行政化的倾向，导致在高校内部存在行政权力与学术权力不平衡的问题，存在行政决策与学术决策边界模糊的问题。学校的学术委员会、教学委员会、学位委员会等作为体现学术权力的机构，往往被定性为学校在学术上的"咨询参谋机构"，在被邀请的情况下参与学校管理、决策的咨询工作，对人才培养、科学研究、学科建设、队伍建设等方面提出意见，或者是履行学校决策前的一定程序，但并不拥有最终的决策权力。同时，学术委员会的组成人员中存在较多的行政管理人员，他们虽然拥有一定的学术背景和一定的学术身份，但是他们是因着某一层级的行政身份进入学术性质的机构的，因此，实际上学术权力被挤压，行政决策与学术决策边界变得模糊。

第二，决策权力过于集中于学校层面。高校内部管理层级可以分为学校、学院和系科三级。目前，高校普遍存在决策权力过于集中在学校层面的现象，院系对教学、科研等学术活动的决策权较小，影响了院系发挥参与大学治理的积极性，也不利于形成民主监督、权力制衡的机制。决策权力的过于集中也导致学校领导和行政部门忙于具体、琐碎、繁重的行政管理事务，难以集中精力考虑涉及大学长远发展的重大问题；与此同时，院系层面的决策程序和决策组织则较为松散和无序，这反过来也制约了院系更规范、更有效地行使决策权力。

第三，决策方法不够合理、完善。高水平大学注重决策程序的合法化、注重决策的集体性、注重在理论的指导下处理决策问题，但是仍然存在相对依赖经验、决策咨询系统非常态化、决策反馈机制不健全等问题，特别是对现代科学决策的具体方法和技术重视不够。例如，随着科学技术快速发展和各种信息手段日臻完善，我们可以充分利用各种现代化的手段进行调查，运用媒体、网络、问卷等一切间接手段获取材料，运用经济学、法学、政治学、社会学、统计学等学科的理论和方法分析问题、做出决策。但现实中，高校决策常常对"干与不干"这样的定性决策比较重视，而对具体该"如何干"这样的定量分析方法却不够重视；在决策过程中，创新思维能力和战略决策能力不高。近年来，与汹涌的师生意见表达热潮相对应，高校的决策回应依然滞缓，例如决策过程中没有政务公开和决策公示，政策出台后没有决策回应，决策失误没有责任追究，政策执行越轨没有监督和纠偏。

第四，决策执行力不足。目前高校普遍存在决策执行力不足的现象，这也直接影响了大学决策的成效。对一个决策结果的评价，从决策者个人的角度看，重要的是决策形成的过程，而从学校的角度看，更为重要的是结果而非过程，过程应该服从于结果的需要。决策制定中强调的是平等与民主，决策执行中强调的是等级与服从，但在高校的管理中存在将这两种价值取向混淆的倾向，导致决策执行力不足。另外，在决策执行过程中往往将执行归结为中层和基层的任务，而忽视高层的执行责任，这也是决策执行力不足的重要原因。

第五，决策主体能力相对有限。科学决策虽然需要尽可能采用先进的技术和方法，但科学决策仍然依靠决策者的主体素质。随着高校决策内容的日益广泛和决策环境的日益复杂，决策者把握信息和处理问题的能力也日益显得有限。同时，高水平大学从事的是高深问题的研究，其中的学生社群、学者社群、管理者社群等，都有较高的专业能力和水平，也有较强的民主意识和思想。面对这样的决策对象，个体决策者的能力相对而言一定是非常有限的。

三　从体现中国特色和完善治理的高度做好高校决策

习近平总书记强调："办好中国的世界一流大学，必须有中国特色。没有特色，跟在他人后面亦步亦趋，依样画葫芦，是不可能办成功的。"① 我们必须站在"办好中国的世界一流大学必须有中国特色"的高度，从完善学校内部治理结构的角度来考察我国高校的决策问题，以战略思维来深化决策体系改革，构建重大问题决策的支撑体系。

第一，注重高校决策的不同性质，正确协调好党委领导和校长负责的关系。一般而言，政治是国家意志的表达，而行政则是国家意志的执行。我国高校要办出中国特色，最根本的就是要坚持政治方向，做好党委决策。在高校做好党委决策，最根本的就是要坚持党的领导，既坚持党对高校工作的领导不动摇，又要加强和改善党对高校工作的领导，不断提高党领导高校工作的能力和水平，具体而言就是坚持党委领导下的校长负责制。党委领导下的校长负责制是我国基本国情和高等教育办学宗旨所决定的，体现了党的领导和遵循教育规律的协调统一，是我们建设现代大学制度的基本前提。关于党委的职权，《中华人民共和国高等教育法》（以下简称《高等教育法》）规定，中国共产党高等学校基层委员会按照中国共产党章程和有关规定，统一领导学校工作，支持校长独立负责行使职权。关于校长的职权，《高等教育法》指出，高等学校的校长全面负责本学校的教学、科学研究和其他行政管理工作。因此，做好高校决策，首先就是按照《高等教育法》的有关原则规定，协调好党委领导和校长负责的关系、处理好集体领导和分工负责的关系、把握好党委书记和校长的角色定位、健全党政议事规则和决策程序、依法落实党委职责和校长职权，使这一制度的优越性充分彰显出来。在这里，最为关键的是要贯彻民主集中制。民主集中制是民主基础上的集中和集中指导下的民主相结合的制度。学校领导干部特别是主要负责同志要在坚持和健全民主集中制上起表率作用，关键是"一把手"要带头发扬民主作风，坚持集体领导，严格按程

---

① 习近平：《青年要自觉践行社会主义核心价值观——在北京大学师生座谈会上的讲话》，《人民日报》2014年5月5日。

序办事、按规则办事、按集体意志办事，在充分发扬民主的基础上实行正确的集中。此外，还要注重优化决策机构来发扬民主集中制的制度优势。决策机构是民主决策机制的载体，决策原则需要依托这个载体才能体现，决策程序需要依托这个载体才能运作。当前，要在提高党代表大会的权威、发挥全委会的决策作用、完善决策机构成员的产生方式等方面用功着力，把握好民主基础上的集中和集中指导下的民主的关系。

第二，注重高校决策的不同类型，区分行政决策和学术决策。高校决策之所以不同于政府和企业，其基本原因就是，高校本质上是一个学术组织，是一个追求真理、创新知识的地方。它鲜明地呈现出行政权力和学术权力同存并重的特点。因此，在高校做好科学决策的关键就是要区分决策类型，实现行政权力和学术权力各就其位、各司其责，行政决策和学术决策相互配合、相互协调。首先，对行政决策，要提高其规范性。高校行政决策要完善重大行政决策听取意见制度。高校及其部门要建立健全师生参与重大行政决策的规则和程序，完善行政决策信息和智力支持系统，增强行政决策透明度和公众参与度。围绕学校中长期发展规划的问题、事关发展全局的重大问题、改革发展中的热点难点问题，设立重点研究课题，从全局视野和专业视角开展可行性研究，提高决策的前瞻性、预见性。要建立重大行政决策的合法性审查和风险评估制度。高校及其部门做出重大行政决策前要交由学校法制机构或者组织有关专家进行合法性审查，未经合法性审查或者经审查不合法的，不得做出决策；同时要在建立、完善落实重大项目、重大决策风险评估机制上取得实质性进展。要建立重大行政决策实施情况后的反馈评价制度。做出的重大行政决策实施后，要通过抽样检查、跟踪调查、评估等方式，及时发现并纠正决策中存在的问题，减少决策失误造成的损失。此外，还应建立行政决策责任追究制度。其次，对学术决策，要尊重其独立性。高等学校学术委员会在学术建设和学术发展中具有重要的作用，也是高校内部治理结构的重要主体。要确立学术委员会在学校内部最高学术机构的地位，落实学术委员会职权，促进学术权力与行政权力的相对分离、相互配合，为在高校内部实现教授治学，形成鼓励教师专注学术、发展学术，构建以学术为中心的评价机制，提供制度保障。当前，高校要依据《高等学校学术委员会规程》，尽快对现有学术委员会的组成、职责等进行调整，从实践上明确学术委员会具有审议（决策）、评定、咨询及学术纠纷裁定处理四类职权，从制度上保证学术委员会具有对学校学术事务的统筹权。在充分发挥学术委员会作用的同时,还要坚持保障普通教师的主体地位,落实教师的知情权、参与权、监督权,充分发挥教师在高校民主决策中的积极作用。最后,要做好行政决策和学术决策的协同性。在高校治理中要清晰界定哪些属于学术权力,哪些属于行政权力,然后制定明确完备的制度和流程,保证两者各自权力的有效实施,并处理好两者之间的协调与监督关系。但同时,行政决策和学术决策不是泾渭分明、截然不同的,许多都是相互融合、你中有我的。因此,要加强二者的协同决策,一方面避免行政对学术的无端甚至是野蛮的干预;另一方面,也要避免个别学者利用其在学术界的众多追随者及影响力,反过来影响干预行政决策。总之,要做到综合平衡、具体分析、科学决策。

第三,注重高校决策的不同层次,注重顶层设计和基层创新。根据有关研究,大学和学院属于典型的"有组织的无政府"模式。[①] 因此,做好这种组织的决策,就是要发挥不同决策主体的作用,也就是说要在学校统一领导的基础上,实现决策重心下移,发挥不同院系的决策主体作用。实践证明,坚持学校顶层设计与基层创新辩证统一,是高校决策方法论上的创新。高校顶层实际就是要深入研究学校改革发展的办学目标和战略规划,明确提出改革发展的总体方案、路线图、时间表,坚持全局和局部相配套、治本和治标相结合、渐进和突破相促进。同时,顶层设计不是无源之水,更不能闭门造车,而是要和院系实践和师生诉求密切相连,主要是实现办学权力下放、决策权力下移。对高校而言,教学科研是学校的中心工作,基层学术组织是大学的基本组成单位。美国著名高等教育专家伯顿·克拉克认为:"那些用全面综合的形式阐述目的或概括高等教育特点的人,是典型的、重复地从错误的端点出发的人。他们从系统的顶端开始,而高等教育中最佳的端点是基层。"[②] 反观当前,我国大部分高校都实行了学院制,但权力分配还是集中于学校层次。对此,大学应注重院系的主体性,减少管理环节和信息流动的障碍,实现管理层次和管理幅度的优化,由直接行政管理转变为目标管理。总体而言,学校要将大量学术活

[①] "这个模式是科恩和马奇在《领导与模糊》一书中提出来的,该书是为卡内基高等教育审议会撰写的研究报告。他们把高等教育治理称为'有组织的无政府状态'。"(克拉克·克尔、玛丽安·盖德:《大学校长的多重生活》,广西师范大学出版社2008年版,第109页)

[②] 伯顿·克拉克:《高等教育系统——学术组织的跨国研究》,杭州大学出版社1994年版,第25页。

动下放到院系，大学的基层管理应以学术为主导，以增加创新的活力，减少行政的官僚色彩和权力寻租现象。要对学校内部院系一级的管理制度、模式进行重大调整，开展改革试点。可以在院系一级设立教授会，作为院系重大问题的决策机构。院系党组织负责执行党的路线、方针、政策，领导院系的思想政治工作和德育工作。以院长或系主任为首的行政体系，负责院系的正常运转，执行学校的指示和教授会的决策，即既要执行行政决策，也要执行学术决策。可以淡化院长、系主任的行政级别，实行教授会推举、校长批准制。在教师招聘、教师晋升以及预算等工作中，都要充分尊重教授、院系的意见。

第四，注重高校决策的不同方法，区分程序化决策与非程序化决策。决策是一个提出问题、分析问题、解决问题的过程。科学严密的程序是正确决策的重要前提，正是程序决定了法治与人治之间的基本区别。决策程序化，顾名思义，就是必须按照一定的程序进行决策，一般包括三个方面的内容：一是程序的正当性原则。所有行为都要于法有据、程序正当，不仅要按照法定权限办事，还要按照法定程序办事。二是对象的非特定性。并非针对某些人、某些决策，而是任何人、任何决策都不能例外，把程序化决策作为刚性约束，不搞例外。三是程序的运用带有强制性。决策方案的形成，应由专业的、独立的并且有着强烈意愿的人组成决策小组，在决策者的指导下拟定出具有创造性、能够解决决策问题的方案，而非决策者自己或者下属行政部门直接提出方案。凡重大决策都必须经过科学论证和民主程序，广泛听取各方面的意见，保证决策的正确性和科学性。对涉及高校发展全局的重大问题，应当遵循科学、民主和合法的原则，遵循师生参与、专家咨询、风险评估、合法性审查和集体决定相结合的行政决策机制。值得重视的是，高校决策资源众多，拥有多学科的天然优势，一定要统筹使用决策的"软"方法和"硬"方法。前者是指依靠大量专家的知识、经验、智慧，运用管理学、行政学、社会学、心理学的理论，着重定性分析；后者是指借助于运筹学、系统分析和计算机的知识，注重定量分析。非程序化决策是针对那些不常发生的或例外的非结构化问题而进行的决策。随着高等教育外部环境的变化以及科学技术的突飞猛进，高校行政决策面临的不确定性增大，因而非程序化行政决策的数量和重要性也都在逐步提高。在此，必须明确，"非程序化决策"并不就是"不是程序化决策"，"拍脑袋"决策只能说是长官意志或政绩冲动。"摸着石头过河"是一种典型的非程序化决策模式。在改革开放、市场经济和全球化背景下,中国特色大学制度到底应该怎么构建,没有现成模式可以照抄照搬,只能是摸着石头过河。"摸着石头过河"就是摸中国特色下的教育规律,从教育实践中获得真知,它与高校改革发展的顶层设计和总体规划不矛盾,用现代科学的语境理解,它其实是一种科学的方法论,也是加快建设中国特色现代大学制度的科学方法。高校在决策时,应该将程序化决策与非程序化决策这两种方法结合起来,结合实际探索出一套科学而适用的决策方法、程序和体制。

第五,提高决策主体的决策制定和决策实施的能力。大学决策者长期在教学科研领域工作,没有受过作为决策者的专业训练,决策中往往表现出自己并不知道的缺陷或者非理性。作为一个决策者,要注意避免决策中的非理性因素的影响。要避免过于自信,要交替进行证伪验证和证实验证,要注意沉没成本心理、损失规避心理、比例偏见、后视偏见、共识偏见等对决策的影响,要规避不一致的决策、小团体意识、集体决策中的盲从和集体决策中偏好折中方案等问题对决策的影响,优化判断问题、评价方案和选择方案等整个决策过程,从而提高决策的质量和决策的成效。决策制定后,决策制定者要着重提升决策执行中的控制和管理能力。一系列推进改革发展的具体思路、政策和措施出台后,关键就在于落实,必须雷厉风行、不折不扣一抓到底,抓出成效,决策者要尽好执行的义务,要加强对决策的评估、反馈和反思,及时做好纠偏工作。总之,高校的最高决策团队要遵循教育规律,倡导教育家、教育管理家办学,树立现代决策理念,掌握和运用现代决策方法,提高科学决策、民主决策、依法决策的水平;同时,要遴选好人员,注重推荐思想品德好、公道正派、有事业心和责任感、有宽广视野和大局观念、有较高学术水平和群众威望、有较强议事能力的教职工参加到各类组织中。

(作者杨忠,南京大学党委副书记、教授;陈哲,南京大学纪委办公室主任、助理研究员。江苏省南京市汉口路22号南京大学党委办公室　210093)

中国大学治理现代化的路径选择及其实现

——基于中国特色现代大学制度建设的思考

杜向民　黎开谊

摘　要：实现教育治理体系和治理能力现代化，是推进国家治理体系和治理能力现代化的重要组成部分。建设现代大学制度是完善大学治理体系、提高大学治理能力的基础和保障。建设现代大学制度是推进教育改革发展的必然要求，是教育法律法规规定的重要任务，是高等教育科学发展的现实需要。建立中国特色的现代大学制度必须正确处理高校与政府的关系、高校与社会的关系、高校内部的关系、权利与义务的关系，在此基础上，需要重点关注和解决优化教育改革环境、借鉴西方大学制度、推进大学章程建设等问题。

关键词：大学制度　治理体系　治理能力　现代化

党的十八届三中全会提出："全面深化改革的总目标是完善和发展中国特色社会主义制度，推进国家治理体系和治理能力现代化。"[①] 将推进国家治理体系和治理能力现代化作为全面深化改革的总目标，是坚持和发展中国特色社会主义的必然要求，也是实现社会主义现代化的应有之义。高等教育既是整个国家事业的一部分，也是国家治理体系的组成部分，而

---

① 《中国共产党十八届三中全会公报发布》，2013 年 11 月 14 日，新华网（http://news.xinhuanet.com/house/tj/2013 - 11 - 14/c_ 118121513. htm）。

且教育在国民经济和社会发展中处于基础和先导地位,推进国家治理体系现代化的一项重要任务就是推进教育治理体系的现代化。在2014年全国教育工作会议上,教育部部长袁贵仁强调,要建立科学规范的治理体系,形成高水平的治理能力,提出教育治理体系和治理能力现代化的重大课题。[1]当然,这自然包括高等教育治理体系的现代化。大学是高等教育的微观基础,推进高等教育治理的现代化,具体落实就是推进大学治理的现代化。

建设现代大学制度是完善大学治理体系、提高大学治理能力的重大举措。建设现代大学制度既是一个需要深入探讨的重要学术问题,又是一个亟须实践探索的重大现实问题。2010年党中央、国务院颁布的《国家中长期教育改革和发展规划纲要(2010—2020年)》(以下简称《教育规划纲要》)正式提出现代大学制度的概念,并明确提出建设中国特色现代大学制度的要求,这关涉"办什么样的大学、怎样办大学"的根本命题,标志着我国高等学校改革发展进入新的历史阶段。

一 建立中国特色现代大学制度的现实依据

(一)建立中国特色现代大学制度是推进教育改革发展的必然要求

大学制度是国家基本制度之一。我国创办现代意义上的大学已有一百多年历史。新中国成立后,我国一直在探索社会主义条件下的大学怎么办、如何管等问题,大学治理结构一直在探索变迁和发展完善之中。在计划经济体制下,大学参照国家行政机构的等级模式建立了科层式治理结构,政府集举办者、管理者、办学者为一体,掌管学校教学、科研、后勤等所有方面,权力过于集中,学校管得过严,大学成了政府的下属单位和附属机构。大学治理结构是一种垂直的、单向的管制模式。

改革开放以后,我国大力推进教育管理体制改革,进行了卓有成效的探索。1985年中共中央颁布了《中共中央关于教育体制改革的决定》,提出改革教育管理体制的任务是"在加强宏观管理的同时,坚决实行简政

---

[1] 参见《教育部部长袁贵仁在2014年全国教育工作会议上的讲话》,2014年2月13日,中国教育信息化网(http://www.ict.edu.cn/news/n2/n20140213_7767.shtml)。

放权,扩大学校的办学自主权"①。1993年《中国教育改革与发展纲要》明确指出:"在政府与学校的关系上,要按照政事分开的原则,通过立法,明确高等学校的权利和义务,使高等学校真正成为面向社会自主办学的法人实体。"② 在这两个规范性文件的指导下,高等教育进行了以扩大高校办学自主权为主要内容的改革。1998年开始了以学生扩招、后勤社会化、高校合并重组为主要内容的第三轮高等教育改革。改革开放以来的教育体制改革,涵盖政府的教育管理改革、考试招生制度改革、人事分配制度改革和后勤社会化改革等,对大学治理结构进行了不懈探索,积累了有益经验,为大学治理结构的发展完善奠定了基础。当前,党和政府提出推进国家治理体系和治理能力现代化的改革总目标,建立现代大学制度,推进教育治理体系和治理能力现代化理应成为教育改革的重要目标和必然要求。

(二) 建立中国特色现代大学制度是教育法律法规规定的重要任务

我国法律明确了高等学校的法人地位,奠定了中国特色现代大学制度的法律基础。1995年颁布的《中华人民共和国教育法》第31条规定"学校及其他教育机构具备法人条件的,自批准设立或者登记注册之日起取得法人资格",这是我国第一次在国家法律中明确学校的法人地位。1998年颁布的《中华人民共和国高等教育法》规定,高等学校应当面向社会自主办学,高等学校自批准之日起取得法人资格,并界定了高等学校的七个方面的自主权。确立大学独立法人地位,是我国高等教育改革发展迈出的重大步伐。既然高校是独立法人,那就依法享有民事权利,承担民事义务,大学的治理结构应该确保大学的独立法人地位,应该确保大学能够独立自主地参与民事活动,行使民事权利,承担民事义务。

2010年颁布的《教育规划纲要》是在新的历史起点上深入推进中国教育改革发展的纲领性文件,对完善中国特色现代大学制度进行了顶层设计,对大学制度试点提出明确的目标和任务。《教育规划纲要》规定,改革的目标是要"建设依法办学、自主管理、民主监督、社会参与的现代

---

① 《中共中央关于教育体制改革的决定》,2009年9月9日,中国教育新闻网(http://www.jyb.cn/china/zhbd/200909/t20090909_309252.html)。

② 孙霄兵:《中国特色现代大学制度建设研究》,教育科学出版社2012年版,第177页。

学校制度"；改革的内容是"完善治理结构"，"加强章程建设"，"扩大社会合作"，"推进专业评价"；改革的方式是"推进政校分开、管办分离"，"转变政府职能和简政放权"；改革的重点是"落实和扩大学校办学自主权"。①《教育规划纲要》明确提出"治理结构"概念，是大学改革发展过程中的一个重要突破。

（三）建立中国特色现代大学制度是高等教育科学发展的现实需要

科学发展观是中国特色社会主义理论体系的重要组成部分，也是新时期指导高等教育事业发展的理论旗帜和价值准则。改革开放以来，我国高等教育取得了跨越式发展，高校数量增长迅速，学生规模跃居世界首位，进入了国际公认的教育大众化阶段，成为高等教育大国。但是在高等教育规模扩大的同时，大而不强的问题日益突出。具体表现在：高校人才培养模式较为单一，不能适应经济社会快速发展的需求；同质化倾向比较严重，缺乏办学特色；布局结构不够合理，地区发展差距拉大；自主创新能力不强，产学研结合比较薄弱；高等教育国际竞争力不强，与高等教育强国的差距明显等。②《教育规划纲要》指出，国家实施科教兴国战略和人才强国战略，优先发展教育，办好人民满意的教育，建设人力资源强国。《教育规划纲要》同时强调，提高质量是高等教育发展的核心任务，是建设高等教育强国的基本要求，要建成一批国际知名、有特色的高水平高等学校。建设高水平大学就必须有一个优良的制度作为支撑和保障。因此，要通过中国特色现代大学制度建设，解决制约高等教育发展的体制机制问题，推动高等教育科学发展，服务于建设高等教育强国的目标。

从高校自身管理来看，经过20世纪90年代以来的跨越式发展，高校的办学规模、固定资产、运行经费等呈几何级数增长，动辄几万师生、几千亩土地的办学规模，几亿甚至是几十亿的运行经费，高校的产权、财权、人权、事权都很大，而且，随着国家行政管理体制改革的深入推进，进一步减少行政审批事项，高校的办学自主权还将进一步扩大。在大学自主权日益扩大的形势下，大学的决策责任增加，决策风险也随之出现。有

---

① 《国家中长期教育改革和发展规划纲要（2010—2020年）》，2010年7月29日，中国政府网（http://www.gov.cn/jrzg/2010-07/29/content_1667143.htm）。

② 孙霄兵：《中国特色现代大学制度建设研究》，教育科学出版社2012年版，第130页。

权力就必须要有与之相适应的制约，要把权力关进制度的笼子，这是现代法治的必然要求。因此，政府下放权力、学校权力增大以后，就必须构建科学的大学治理结构，健全高校各项权力的运行机制，完善监督制约机制，确保大学依法办学、自我约束，确保高校健康可持续发展，这也是建立现代大学制度的题中应有之义。

二 建立中国特色现代大学制度需要正确处理四个关系

建立现代大学制度需要构建一个科学合理、相互契合、运转高效的多元治理结构，需要清晰界定多元治理主体的权力边界和义务范畴，需要妥善处理学校外部与学校内部关系，这涉及政府、高校和社会三个方面。

（一）正确处理高校与政府的关系

处理好高校与政府的关系是建立现代大学制度的前提。《教育规划纲要》明确提出，要推进政校分开、管办分离。我国高等教育以公办高校为主，政府是投资主体和管理主体，计划经济时代将大学作为政府的下属单位，形成了高校依附于政府的局面，中央部委和地方高校都是如此。经过多年的教育改革发展，这种局面虽然已被打破，但把大学作为政府附属单位的观念和管理方式仍然存在，有时还比较突出。《教育规划纲要》提出，要建设依法办学、自主管理、民主监督、社会参与的现代学校制度。同时，也要做到管办分离。大学是一个拥有自主权的学术专门机构，是一个独立的法人组织。大学要与政府分开，二者进行有效切割和恰当区分是现实之需。政府只限于管理法律授权的事情，法律未规定的或法律授权给学校的事情，应由学校自主管理，要充分保障学校的办学自主权。即便是政府要行使教育管理权，也要更多地通过推动立法、制订规划、考核评估等间接方式进行，而不是仅仅通过行政命令、行政审批和下发文件的直接方式进行。

（二）正确处理高校与社会的关系

高校与社会的关系主要体现在两个方面，一是社会对高校的支持与监督，二是高校对社会的服务与贡献，二者是双向互动的。公办高校主要是政府出资兴办，资金来源是国家税收，国家税收则来源于社会。此外，高校办学经费来源日益多元化，社会捐赠、企业赞助、银行贷款等在高校经费结构中的比重不断提高。这使得高校的社会基础日益广泛，社会关注度日益提高，政府、高校、校友、家长、企业、社会公众都是"利益相关者"，都与高校的生存和发展存在多种关系，都具有参与高校重要决策和监督咨询的动力与需求。这对大学治理结构提出新的要求。

《教育规划纲要》提出，要扩大社会合作，探索建立高等学校理事会或董事会，健全社会支持和监督学校发展的长效机制，探索高等学校与行业、企业密切合作共建的模式，形成协调合作的有效机制，提高服务经济建设和社会发展的能力。同时，要推进专业评价，鼓励专门机构和社会中介机构对高校学科、专业、课程等水平和质量进行评估。

（三）正确处理高校的内部关系

高校内部管理是一个自主运行的系统，涉及几组重要关系，学校系统与子系统之间、各子系统之间只有妥当设置、有效衔接、高效运转，才能发挥学校整体的最大功能。

处理好学校内部的领导关系。我国高校的领导体制是党委领导下的校长负责制。这是我国教育法律明确规定的权力运行体制，也是总结改革开放以来高等教育改革的经验教训得出的必然结论。我国高校的社会主义办学性质、培养社会主义建设者和接班人的使命，也决定了高校必须实行这一领导体制。高校实际运行中，如何既能确保"党委领导"，又能确保"校长负责"，是一个需要进一步深入研究的现实问题。

处理好学术权力与行政权力的关系。学术权力与行政权力是保障高校正常运转必不可少的两种权力，两者相互衔接，又有所区别。当前高校存在的行政化倾向广受社会及学校师生关注，行政权力干预甚至代替学术权力成为备受诟病的问题。建立现代大学制度，就要健全高校学术组织，落实学术权力，彰显学术权力。

处理好师生参与民主管理的关系。高校是一个"命运共同体"，干部、教师、职工、学生都是学校的管理主体，而在建立现代大学制度的过程中如何更好地保障、发挥他们的积极作用更具关键性意义。《教育规划纲要》提出，要加强教职工代表大会、学生代表大会建设，发挥群众团体的积极作用。

(四) 正确处理权力与义务的关系

依法治校是现代大学制度的基本特征。大学的治理，从法律层面而言就是权力的分配与制衡，亦即处理好权力与义务的关系。大学的办学权利是由法律法规规定和授予的。《中华人民共和国教育法》对各级各类学校权利做了具体规定。《中华人民共和国高等教育法》进一步明确了高等学校七个方面的自主办学权，包括：制订招生方案，自主调整系科招生比例；自主设置和调整学科专业；自主制订教学计划、选编教材、组织实施教学活动；自主开展科学研究、技术开发和社会服务；自主开展对外科学技术文化交流与合作；自主确定内部组织机构设置和人员配备，评聘职务，调整津贴工资；依法自主管理和使用学校财产。高等学校自主办学权，是保证高校实现其办学宗旨、履行大学职能的重要权利，是保证高校成为独立的办学主体、增强办学活力、提高水平的重要保证。

高校必须承担法定的义务。现代大学的一个重要特点就是自觉承担国家和政府赋予的职责，积极服务于国家发展战略和经济社会需要。高校承担社会公共义务，就是通过积极履行人才培养、科学研究、社会服务和文化传承创新四项职能，来满足社会成员接受高等教育的权利，提高国民文化素质，为社会输送源源不断的优秀人才和科技成果，传承发展文化，引领社会风尚，促进社会发展进步。

高校作为法人组织，可以依法开展民事活动，享受民事权利。高等学校民事权利的落实和实现，是高等学校权利的重要组成部分，也是构建中国特色现代大学制度的重要内容。同时，高等学校行使民事权利应当服从、服务于高等学校的社会公共组织性质，不能背离高等教育的公益属性。此外，高校在充分行使法律赋予的自主权的同时，必须将管理活动控制在法律法规许可的范围内。

三 推进中国特色现代大学制度建设应该重点关注三个问题

(一) 优化教育改革环境

强化改革共识，为建设中国特色现代大学制度提供良好的思想基础。

推进任何改革,思想认识是基础和先导。中国特色现代大学制度建设是一个复杂工程,也是利益格局重新调整的改革过程,肯定会有困难、阻力和风险。这就需要强化对于建设中国特色现代大学制度重要性的共识,强化顶层设计、系统推进、重点突破的共识,强化把现代大学制度作为学校重要工作的共识,强化以综合改革推进学校科学发展的共识。不仅是教育系统内部要强化共识,也需要政府管理机构、社会相关方和高校一起强化共识,增强改革的责任意识和担当意识。

加强教育法制建设,为建设中国特色现代大学制度提供重要的基础保障。依法治国是我国的基本方略,建设法治政府是政府管理体制改革的重要目标。中国特色现代大学制度建设,同样要体现依法治校、依规治教的要求。改革开放以来,我国不断加强教育立法,基本建成了中国特色的高等教育法律体系。但是应当看到,我国教育法律体系仍然不够完善,无法可依甚至有法不依的现象仍然存在。因此,需要进一步加强教育法制建设,完善教育立法,加强执法检查,营造良好的法律制度环境,保障高校办学自主权的有效落实和正确行使。

推进国家行政管理体制改革,为建设中国特色现代大学制度创造优良的外在环境。综合改革是时代的主旋律,国家正在稳步推进政治体制改革、行政体制改革和社会管理体制改革,在全社会营造进一步深化改革的大环境。2011年中共中央、国务院出台了《关于分类推进事业单位改革的指导意见》,国务院出台了分类推进事业单位改革的9个配套文件,强调要取消事业单位行政级别,提高行政效率,优化事业单位的组织结构,总体目标是建立起功能明确、治理完善、运行高效、监管有力的管理体制和运行机制。① 这与现代大学制度建设的方向是完全一致的。同时,教育部门也在不断推进教育系统内部改革的同时,配合国家行政管理体制改革的整体部署,加强和其他部门的沟通协调,共同推进学校机构编制管理、人事和社会保障制度、教育投入制度等外部管理体制的改革,为现代大学制度建设营造良好的制度环境。

---

① 《中共中央国务院关于分类推进事业单位改革的指导意见》,2012年4月16日,新华网(http://news.xinhuanet.com/politics/2012 - 04/16/c_ 111785805.htm)。

(二) 借鉴西方大学制度

现代化从西方发端，又在西方最先实现。西方的现代化包括了教育的现代化，从世界上第一所大学建立开始，西方经过几百年漫长的实践探索，已经形成成熟的现代大学制度。中国高等教育的发展创新一直面临着"现代化"与"本土化"的双重问题，国际性与本土化的结合正是建设现代大学制度的必由之路，它们的相互依存与并行不悖才是大学健康发展的最佳生态。实际上，自从改革开放以来，我国教育体制的改革与变迁，一方面在向西方学习借鉴，另一方面则结合本土实际探索创新。正因为如此，我国高等教育才获得了前所未有的发展，取得了举世公认的成绩。

建立中国特色现代大学制度要学习借鉴西方的现代大学制度，体现"现代化"与"国际化"。大学作为学术文化机构，世界各国有其共通特质之处，大学理念、大学精神、大学原则都应该为所有大学所共同拥有，例如学术自由、大学自治这些属于"世界大学通例"的原则。现代大学制度国际化特征要求我们必须老老实实学习"西方"，承认世界著名大学制度的长处。对优秀大学的制度进行学习与借鉴，主要在宏观和微观两个层面上进行。宏观层面关键就是解决大学与政府关系方面，按照大学自治原则，政府要把大学办学自主权"归还"给大学，建立法律关系，减少行政命令，真正把大学作为学术性组织来建设。在高等教育管理体制方面，根据我国高等教育区域布局与经济社会发展情况，按照管办分离原则，中央政府把绝大部分管理权下放到省级政府，省级政府把绝大部分办学权还给大学，大学把绝大部分学术权交给学术团体去履行。简言之，要使大学制度契合世界著名大学制度的合理内核，借鉴世界著名大学的制度标准进行大学制度建设。

建立中国特色现代大学制度要基于中国国情进行探索创新，体现"中国特色"与"大学传统"。毋庸置疑，任何国家的大学制度都依赖于本国的政治体制、经济制度和文化传统，大学制度的建设也同样遵循这一原则。曾任美国哈佛大学校长达 40 年之久的查尔斯·艾略特说过："美国的大学在成立之初就绝不是外国体制的翻版，它是在美国的社会和政治环境中自然缓慢地成长起来的。"[1] 这就是为什么同是市场经济国家，欧洲

---

[1] 《北京大学人事体制改革争论综述》，《读书》2003 年第 8 期。

大陆部分国家实行的是集权的高等教育制度，而美国等国家实行的是分权的高等教育制度，即便同是欧洲国家的法国、德国与英国，其大学制度也不尽相同，这是不同国情与发展历史使然。我国的政治制度与文化传统、经济社会发展阶段与高等教育的发展水平都决定了建设现代大学制度必须基于本土，坚持"中国特色"。在借鉴西方大学制度的同时，必须充分考虑我国历史发展和大学现实情况，例如：政治体制与行政体制因素，学术自由、大学自治的文化基因缺乏，大学办学历史较短，区域发展水平差异很大，管理大学水平参差不齐，必须采取分类指导、循序渐进等方式。"中国特色"之处恐怕就在这些条件中发展、衍生出来。坚持本土化，就是要把外来的优秀的大学制度融入本国制度文化，实现与大学自身制度优势的高度融合。基于这样的认识，我们要克服认识障碍和思想干扰，积极借鉴西方的大学设计，并结合我们民族文化的特点，进行大胆探索和创造。

（三）推进大学章程建设

制定大学章程是推进现代大学制度建设的一项首要工作，也是中国特色现代大学制度的重要突破。大学章程是大学治理的"宪章"，上承国家法律法规，下启学校规章制度。

加快推进大学章程制定进程。创办大学先立章程是国际惯例，这一规则也推进了国外高等教育发展和高水平大学建设。《中华人民共和国高等教育法》等法律法规明确要求，"申请设立高等学校的，应当向审批机关提交章程"，并对章程应规定事项做了明确说明。也就是说，要先制定章程，后创办学校。但由于各种原因，我国大学章程建设工作并没有依法全面展开，不少学校仍处在"无章办学"的状态。2010年国务院办公厅印发了《关于开展国家教育体制改革试点的通知》，把改革高等教育管理方式、建设现代大学制度作为单独的试点项目，2011年，教育部颁布了《高等学校章程制定暂行办法》，北京大学、清华大学、复旦大学、天津大学、四川大学、长安大学等20多所高校积极开展推进大学章程、完善学校内部治理结构的试点工作，并取得了阶段性成果，一批部属高校的章程相继通过教育部的审定，并向社会陆续公布。

章程制定要体现核心理念。首先，明确章程在学校制度体系中的奠基地位和"宪法权威"。章程要界定政府、社会和学校的关系，体现国家法律法规精神和要求，明晰学校的管理体制与运行机制，规范学校内部权力的运作，明确社会力量参与大学治理的方式和程序，使之成为高校教学、科研、管理、服务等一切活动的准绳，成为学校接受外部监督、实施自我监督的依据，成为完善大学治理结构的制度根基。其次，章程要切实体现学校的历史传统、办学理念和发展愿景，融入学校的文化血脉和价值基因，彰显学校个性化特色，避免成为国家政策、法规的压缩版，避免千校一面、"你有我有大家有"的局面，解决共性太多、个性不足的问题。最后，用章程审定学校的制度体系，章程通过后，要以章程为标尺，对学校的制度体系进行审视和梳理，进行制度的废、改、立，加强制度之间的衔接性、互补性和系统性，维护章程的权威。

理念的变迁和制度的革新是一个嬗变的过程，一个好的制度定型成熟往往需要几十年甚至上百年时间。中国特色现代大学制度建设是一个系统工程，具有复杂性、艰巨性、长期性特点，不可能一蹴而就，更不可能是一个短期追求的结果，需要随着认识的深化和实践的发展，稳步推进，逐步完善，形成特色，逐渐定型。

（作者杜向民，长安大学党委书记、教授；黎开谊，长安大学党委宣传部部长、教授。陕西省西安市南二环路中段长安大学党委宣传部　710064）

现代大学治理：转型期国家与社会的互动与重塑

胡钦太

摘　要：现代大学兼具国家属性和社会属性，是国家与社会互嵌交错和有机互动的重要空间和公共平台。大学治理本质上是国家与社会在大学这一平台上的互动演绎，并在国家与社会的转型消长中不断变革发展。转型期中国"强国家—强社会"的实践走向，既需要国家与社会关系的收缩与调适，更需要回归大学之道，在国家、社会与大学之间重构和塑造一个全新的逻辑与实践道路。

关键词：大学治理　国家与社会　转型期

党的十八届三中全会强调，"全面深化改革的总目标是完善和发展中国特色社会主义制度，推进国家治理体系和治理能力现代化"。大学治理既是国家治理的重要组成部分，也是国家治理现代化的重要实践领地；因此，现时代中国大学治理研究既是生动反映国家与社会转型的极佳镜面，也是构建中国特色现代大学制度的基本视角。

一　国家与社会：大学治理研究的新视界

欧洲中世纪大学脱胎于宗教组织，早于世俗国家力量的崛起。从诞生之初，本质上就是一种小规模、远离社会的教师和学生行会组织，遵循行会组织的传统规则实施自我约束和管理，并在与教会、世俗国家的抗争中发展壮大，逐渐成为独立于教会和世俗政权的"第三种力量"。近代以来，特别是德国教育家威廉·洪堡创办柏林大学时所提倡的大学科学研究功能，以及之后兴起的赠地学院和"威斯康辛理念"所倡导的大学社会服务功能，都极大丰富了大学的功能，推动大学摆脱传统单纯以教学为中心、远离社会的地位，逐步突破"象牙塔"的范围，从社会的边缘迈入社会的中心；更重要的是还推动了包含大学理念、治理模式以及精神文化在内的全面革新，从而奠定了现代大学的基本内涵，实现向现代大学的转型。与大学功能增长相伴随的是大学规模与结构的日益扩张和细化、大学社会地位和影响的不断提高，以及大学与外部社会环境密切互动，这些最终逐渐形塑了现代大学独特的组织体系和运行模式，以及崇尚学术自由、追求独立自治的内在属性。从这个角度来看，现代大学既不同于政治国家层面的严格的科层组织，也不同于一般社会领域广泛存在的各类松散的组织形态；既不隶属于教会组织，也不从属于世俗政权，是一个独特的"社会领地"。

伴随着14—15世纪教会的分裂和教会势力的衰落，世俗政权逐步崛起，欧洲现代国家开始奠基。与此紧密相伴的是，世俗政权力量越来越渗透到大学之中，国家对大学的干预越来越强劲有力。这种趋势在19—20世纪愈加明显并不断加速，特别是20世纪中叶以来，伴随着世界经济社会的快速发展尤其是信息革命的兴起，作为第一科技生产力和第一人力资源的结合点，大学以其独有的智力、人才及科技创新优势，逐渐成为经济社会发展的重要支撑，越来越深入地融入国家和区域经济社会发展之中，国家、企业和社会各个方面都对大学赋予越来越多的关注，不同程度地参与到大学的改革与发展之中。大学逐步成为国家政治权力进行干预和规制的重要对象，现代大学在功能、结构与活动等各个方面呈现出越来越多的国家属性，成为政治国家的重要组成部分。

但是，大学毕竟不等同于国家政权机构，作为一个以知识传承创新为核心使命的特殊组织，大学一方面具有独立于政治国家的"社会属性"，另一方面又具有不同于单纯社会组织的"国家属性"。从大学治理的外部关系来看，现代大学的治理体系主要体现在最重要的几组关系之中：第一是国家与大学之间的关系；第二是社会与大学之间的关系；第三是大学内部的各种权力要素之间的关系。其中，大学内部的各种权力关系又是前两种关系在大学的投射和反映，是前两组关系的衍生和构造。因此，从这个意义来说，真正发挥主导决定性作用的是国家与大学的关系和社会与大学的关系，以及在此之上的国家与社会的关系。而一个良好的大学治理结构的建立实际上就是按照知识传播与创造本身的要求逐步理顺上述诸种关系的过程。从大学治理的内部结构看，在西方的大学治理结构中，其权力配置一般以大学自治权统摄行政管理权和学术自由权两种权力。其中学术自由权居于主导性地位，主要促成自治功能。行政管理权居于辅助性地位，主要促成效率功能。因此三个概念之间形成了一种非等腰三角形的结构。虽然，当前中国现有的大学治理结构和国家颁布的教育法制中没有采用大学自治权的概念而是采用自主权的概念，这种办学自主权不等同于西方传统的大学自治权，它的提出有特定的时代背景和特定的内涵，但是，不管是办学自主权还是大学自治权的概念，都是为了协调处理好大学与国家、社会的关系，在不同国情所特有的国家与社会关系中合理划分和勘定明确大学与国家、社会的边界。总的来看，办学自主权和大学自治权"两者在功能和精神上都存在着一种内在的一致性。它们的演化过程呈现相向而行的态势，目的都是寻求一个合理的'度'，从而使得政府与高校及社会的关系协调与平衡"[①]。

事实上，从中世纪以来的历史看，现代大学既受国家的干预、管控与整合，同时又保有自身的自主、自治与自律；既是国家与社会力量交汇的场所，也是政府与社会分离对立、互嵌交错和有机互动的一个"公共空间"和"治理平台"。现代大学本质上是国家与社会的一个互动平台，大学治理本质上是国家与社会在大学这个特殊领地的互动和演绎。现代国家中的大学治理，本质上就是国家与社会关系在大学治理领域的铺陈与展开。因此，作为政治权力主导的国家与作为学术特性依托的大学之间的复杂关系始终是现代大学治理领域最为基础和至关重要的问题。在这种背景下，讨论国家治理与大学治理之间的关系自然成为颇有意义与价值的课题，而国家与社会的关系也自然成为大学治理研究最为恰当的研究视角和理论基础。

[①] 韩春晖等：《大学章程：我国大学治理模式变革的呼唤》，《中国高等教育》2011 年第 9 期。

二 转型与互动：国家、社会与大学的治理变革

历史性地考察国家与社会的关系可以发现，国家与社会的关系从来都是变动不居的，从传统的专制国家到现代民族国家，再到民主国家的转变，深层次反映出来的是国家与社会关系从吞噬，到分离，再到平衡的发展过程，是两者关系不断冲突对抗到调适合作的过程。但是即便是到了20世纪二三十年代，现代国家依然在经济危机、社会危机的冲击下再次介入并压倒社会，国家力量再度崛起。从"罗斯福新政"、欧洲福利国家建设，到凯恩斯主义大行其道，西方国家的政府职能和政府规模在20世纪成倍地扩大。与传统国家相比，现代国家不仅完全垄断了其统辖范围内的暴力或强制力量，而且借助于其系统化的监控、干预、规训能力，能够将其强制力量延伸到领土范围内的各个部分，渗透到社会生活的各个环节。正如吉登斯所描述的："现代民族国家的产生，其目标是要造就一个有明确边界、社会控制严密、国家行政力量对社会全面渗透的社会；它的形成基础是国家对社区的全面监控。"①

这种趋势在中国得到更加完整的体现。特别是新中国成立后，由于现代民族国家的政治整合需求，增强国家能力的需求更加急迫。新中国的成立标志着具有强大政治整合能力、能够有效克服近代中国一盘散沙局面的现代国家的诞生。但是，由于治理主体的一元性，无所不能、无所不包成为了当时国家职能最主要的特征，高度集中的计划经济体制与高度集权的政治体制的耦合，使国家权力空前膨胀，国家因此成为真正意义上凌驾于社会之上的全能国家，其通过垄断社会资源，将权力触角伸向社会生活各个角落，建立起了一个国家权力统摄一切的"全能主义"政治结构。因此，1949—1978年改革开放前的30年，中国国家与社会关系的一个基本路径是：由一个高度组织化的政党引领，围绕以计划经济为核心特征，政党和国家权力全方位地渗透到社会各个领域、各个层面的"全能主义国家"。全能主义国家反映的是一种特殊的国家与社会关系，即国家可以按

---

① 吉登斯：《民族——国家与暴力》，胡宗泽等译，生活·读书·新知三联书店1998年版，第146—147页。

照自己的意志进入社会生活各个领域、各个角落，可以直接取代市场、管制社会。在这种国家全面控制社会的背景下，国家迅速完成了对大学的接管、接办，并按照新生国家对专业人才培养的需求进行大规模的院系调整，开展对包括大学教师在内的知识分子思想改造运动，从多个维度形成了国家对大学的强力介入、强势干预甚至全面管控，形成中国大学治理"大一统"的体制。

但是，从另一方面看，大转型不仅是卡尔·波兰尼所讨论的欧洲从前工业化时代到工业化社会的历史巨变，[①] 毫无疑问也是中国百年来社会变迁的历史主题。特别是1978年改革开放以后，一方面是全能主义国家的逐步解体，另一方面是社会组织的日渐活跃与社会空间的扩展。在改革开放重启的现代化进程中，工业化、城镇化、市场化、国际化、信息化并举的发展境遇，以及政府主导的赶超型发展战略，既使中国经济实现了超常规的增长，也使中国的社会"大转型"，无论是社会变革的深刻程度还是剧烈程度，都远远超过了发达国家当年的经历。市场经济的发展和社会空间的开放使转型期的中国在某种程度上出现了类似西方工业革命之后的变化，国家进入以经济建设为中心的发展型国家治理时期，国家与市场在治理过程中共同发挥重要作用，经济迅速发展成为这一时期的主要特点。在这一过程中，国家治理面临的重大挑战，虽然有着中国特定的体制背景，但其内在逻辑依然是社会秩序的革命性变迁提出的国家治理结构的整体性创新要求，其本质就是在承认国家与社会功能分殊基础上，探寻国家与社会之间的一种良性的互动关系。"国家治理实现重大转型，从全能国家一元治理逐渐演进到市场、国家与社会多元并治，并形成各个治理主体之间不断调整、协调互动和综合平衡的过程。"[②]

正是在这样的背景下，一方面，中央放权于地方，发挥地方积极性和创造性；政党放权于政府，适度区分党政职能，发挥国家行政部门的作用与功能；政府放权于社会，释放农村、城市、企业、学校以及科技文化战线等各行各业建设现代化的活力；另一方面，社会力量的兴起与生长，对政府与社会关系进行了新中国成立以来最大规模、最广领域和最深层次的

---

① 卡尔·波兰尼：《巨变：当代政治与经济的起源》，黄树民译，社会科学文献出版社2013年版，"序言"第3页。
② 陈春常：《转型中的中国国家治理研究》，博士学位论文，华东师范大学，2011年。

反思与调整，对政府、社会与大学的关系进行了全方位和深层次的调整与重塑。① 具体到大学治理领域，大学进入一个恢复、调整和发展期，特别是1998年《中华人民共和国高等教育法》的颁布，赋予大学以独立的法人身份，以法律形式规定了大学自主办学和民主管理的权利，推动了国家与大学关系的变革，开启了新的大学治理模式。但是，国家并未放松对大学的控制，而且通过"985工程""211工程""质量工程"以及重点学科建设等一系列建设项目形式，以政策和资源引导和刺激大学向国家靠拢、为国家服务。大学的自主办学空间以及社会参与大学治理的力量依然有限。这样，国家一方面继续保持对大学强有力的控制，另一方面又希望大学拥有适度自治发展的空间，大学自主办学、自我发展的空间也得到越来越大的拓展。虽然在特定历史时期曾有一度的反复，但总体上国家适度放权、推动大学自主发展、调整国家与社会治理关系这一改革的总体方向清晰可见。

三 回归大学之道：国家与社会的收缩与调适

在欧美等西方早期发达国家理论语境中，社会特别是公民社会、市民社会往往扮演着政府权力的抵抗者与制衡者的角色，"弱国家—强社会"和"小政府—大社会"往往是理论上的基本预设和实践上的传统惯例。值得注意的是，无论是"弱国家—强社会""强国家—弱社会"，还是"弱国家—弱社会"的状态，这三种模式一个共同的理论预设就是国家与社会的对立，国家与社会是此消彼长、非此即彼的二元对立关系，国家与社会处于竞争状态，是一种零和博弈的格局。正如彼得·埃文斯批评米格代尔"强社会—弱国家"观点时所阐述的那样，只看到国家和社会间冲突的一面（零和博弈），没能看到二者在一定条件下能够互相促进、形成双赢局面。② 事实上，虽然国家与社会之间的确存在着对立的一面，但实

---

① 美国学者沈大伟敏锐地洞悉和把握了这一阶段中国政党—国家与社会力量的互动形态，在其《中国共产党：收缩与调适》一书中做了细腻的论述和精妙的阐述。参见[美]沈大伟《中国共产党：收缩与调适》，中央编译出版社2011年版。

② 乔尔·S.米格·代尔：《强社会与弱国家——第三世界的国家社会关系及国家能力》，凤凰出版传媒集团2009年版，"译者的话"第3页。

际上它们又是互为条件、互相依存的，国家和社会都不是固定的实体，在相互作用的过程中，它们的结构、目标、支持者、规则和社会控制都会发生变化，它们在不断地适应当中，互相转换和互相构造。因此，国家与社会两者之间是一种高度辩证统一的关系，要在国家与社会之间划出一道截然分殊的鸿沟显然是一件不可能的事情。

与西方国家不同，中国正处于一个由传统农业社会向现代工业社会的现代化转型期。作为后发外生型现代化国家，无论是国家建设还是经济社会发展等各个领域都面临全面追赶的急迫形势和任务，中国的现代化进程需要国家力量的强力推动，以中国为代表的后发国家在国家与社会关系上呈现出与众不同的理论形态和实践趋势。这就是国家和政府并不作为必然的"恶"的形象出现，相反，无论是基于几千年传统历史文化的接续，还是基于现时代赶超型现代化的迫切需求，国家和政府往往是一种积极而值得信赖和依靠的力量，可以对不发达公民社会缺陷和市场竞争机制进行必要的修复、填补和建构。因此，在未来可预见的一段时间内，中国国家与社会关系似乎更倾向呈现出基于合作主义精神之"强国家—强社会"的逻辑走向。当然，考虑到中国总体上还是政府力量远远强大于社会力量的历史现实，就当下的实践而言，改革的重点就是在保持政党和国家有力规制的前提下，积极开展社会建设，这既包括国家与社会的有效分化，也包括国家对于社会自治的有效资源与制度供给，其最终的目的是要促使社会自身进入高度建构、形成高度组织的状态。只有这样，"强国家—强社会"的理想形态才能真正形成，国家与社会之间的力量均衡和有机互动也能够真正实现。

具体到中国现代大学治理而言，这种"强国家—强社会"的实践走向，既需要国家与社会关系的收缩与调适，更需要回归大学之道，在国家、社会与大学重构一个全新的逻辑组合关系，各自谨守权力边界，不断探索和调适关系，形成政府宏观引导、社会有效参与、大学自主管理的良性机制和运行格局。

具体到国家而言，其实践的重点应该集中在以下四个方面。

一是创造公平竞争环境。毫无疑问，世界各国的大学经常被划分为一流大学、二流大学、三流大学，或者界定为研究型大学、教学研究型大学、教学型大学，或者被称为综合性大学、多科性大学和单科性大学。但是，这些划分和界定，大多是社会组织根据大学自由竞争发展结果的评估行为,而非政府部门所为。与此同时,市场经济发达国家重点支持高等教育的发展战略,大多也是采取资源投入和自由竞争相结合的方式,而非直接由政府以行政方式确定一批重点建设的大学的方式。这就提示我们,即便是面临后发赶超的任务,政府究竟是致力于创造一个良好环境,进而激发每一所大学自主发展的活力,还是直接进行干预,用强大行政力量直接"合并"和"造就"若干"世界一流大学"和一批"高水平大学",二者最终目的虽属一致,但介入手法却有天壤之别,究竟哪种方式更为有效,更符合现代国家治理走向,显然值得斟酌和商榷。

二是弥补自由竞争不足。众所周知,我国已经确立坚持和完善社会主义市场经济的改革路径,市场已经而且将更加积极地在包括高等教育的各个领域发挥更大作用。但是,经济学领域的研究已经反复证明,市场竞争的重大缺陷,就是"扶强不扶弱""弱肉强食""适者生存"。高等教育的公益性、教育的公平性以及中国地域的广幅性,在一定程度上限制了这种完全市场竞争体制在高等教育领域的全面铺展。基于维护不同地区高等教育资源的相对均衡性,从而在诸如大学入学机会、享受优质教育等方面保持基本甚至起码的公平,政府应该在这些市场缺陷以及市场所不能及的领域积极发挥自身作用。

三是规范学校办学行为。高等教育的公共性以及政府对包括大学在内的社会的普遍约束,决定了政府必须介入大学的治理,监督学校行为的规范性。特别是在国家赋予大学更多自主空间和自治权力的时候,政府理应承担起对学校自主办学规范性的监督和约束。但是,这种监督和约束,必须是建立在制度化的平台上,朝着依法治校的方向迈进,同时还要特别注意引入社会力量参与监督,而不是政府部门依靠行政力量"一竿子插到底"。

四是提供优质信息服务。一些发达国家的中央教育行政部门并不直接承担过多的管理任务,更多将精力投入全国教育事业的统筹规划、办学引导和信息服务之中,致力于引导和帮助大学进行合作,帮助社会公众获得关于具体大学的更多、更充分和更准确的信息,进而通过社会公众"用脚投票"形成对大学自主、自治和自律的压力,调动大学推动改革发展的积极性。现阶段,由于太多信息不公开、不透明、不准确,导致公众对大学知之甚少,无从做出理性的判断和选择。我们认为,让公众最大限度与最大便利地获得国家高等教育信息是现代政府的一项基本职责和义务,与其让公众通过非正式渠道零星获取"碎片式"信息，不如由政府建立制度化渠道，督促高等学校提供规范、完整和丰富的信息，确保社会公众的知情权。

就大学自身而言，其实践的逻辑重点应该集中在功能重组和使命聚焦上。总体来看，当代中国大学还没有脱离"单位体制"的束缚，除作为学术共同体肩负人才培养、科学研究、社会服务使命以外，还承担着诸如政治组织、经济实体和生活社区等繁重的附加任务。大学作为单位社会基层组织"不仅具有专业功能，而且还具有经济、政治、社会等多方面的功能，起着政府的作用"[1]。这样的大学其实是一个功能齐全的"小社会"，大学员工从生到死，抚幼养老、子女教育就业、医疗、集贸市场等一切生活所需，都可以在大学这个单位里得到满足。但是，正是这样，却使得中国的大学因为承载了包括经济、政治、社会等过多过重的功能任务而造成"生命不能承受之重"的现实尴尬。这就决定了未来大学治理的一个重要改革进路就是去除附着在大学这一母体身上多余的功能承载，把大学从计划体制下的"单位社会"中解放出来，剥离大学的经济实体、养老保障等额外负担，真正使大学回归到人才培养、科学研究和社会服务的基本功能，聚焦于知识传承与创新的根本任务，承担起作为学术共同体的核心使命。事实上，功能转换与使命聚焦是中国现代大学治理的首要问题，它内在地契合政府与社会之间的功能区分，适应社会组织力量成长和大学自治能力彰显的改革趋势，因而具有理论上的自洽性和实践上的正当性。

中国国家与社会的有限互动已为大学治理的更深层次变革打开了一道缝隙，并且这一有效的空间正在逐步走向更加良性的秩序扩展。在此背景下，大学治理显然应该在观照其国家属性和社会属性以外，更多观照其学术属性，回归大学崇尚学术的精神追求，回归大学之道。

参考文献：

[1] 邓正来：《国家与市民社会：中国视角》，格致出版社、上海人民出版社2011年版。

---

[1] 揭爱花：《单位：一种特殊的生活空间》，《浙江大学学报》（人文社科版）2000年第5期。

［2］俞可平:《中国公民社会的兴起与治理的变迁》,社会科学文献出版社 2002 年版。

［3］刘建军:《单位中国——社会调控体系重构中的个人、组织与国家》,天津人民出版社 2000 年版。

［4］毕宪顺:《权力整合与体制创新——中国高等学校内部管理体制改革研究》,教育科学出版社 2006 年版。

［5］李福华:《大学治理的理论基础与组织架构》,教育科学出版社 2008 年版。

［6］董宝良:《中国近现代高等教育史》,华中科技大学出版社 2007 年版。

［7］潘懋元:《中国高等教育百年》,广东高等教育出版社 2003 年版。

［8］张斌贤:《大学:自由、自治与控制》,北京师范大学出版社 2005 年版。

［9］广西真:《国家的限度:"制度化"学校的社会逻辑》,南京师范大学出版社 2006 年版。

(作者胡钦太,华南师范大学副校长、教授。广州市中山大道西 55 号华南师范大学　510631)

社会转型期大学内部治理结构优化

郭 杰

摘 要：如何优化大学内部治理结构以适应社会转型，已成为大学面临的现实问题。文章在厘清大学内部治理结构相关内涵前提下，在对社会转型期我国大学内部治理结构的现状及特点进行认真研究的基础上，找出制约我国大学发展的关于内部治理结构方面的不协调因素，提出社会转型期我国大学内部治理结构的优化策略。

关键词：大学内部治理结构　社会转型

一　前言

改革开放以来特别是进入21世纪以来，随着社会主义市场经济体制的建立和完善，我国高等教育在改革发展中深入推进，政府与高校之间的关系逐步理顺，办学自主权持续扩大，我国高等教育取得了历史性成就，支撑起国家的现代化进程。然而，当今世界，科技进步日新月异，知识经济方兴未艾，国力竞争日趋激烈，处于转型期的中国社会，每一个领域都正在经历改革的深水区，面临着新的矛盾和问题。在这一大背景下，我国大学作为高等教育系统的重要组成部分，在社会转型过程中其内部治理机构也逐渐凸显诸多问题，国家、社会以及高等教育自身的发展都要求大学提高人才培养、科学研究、社会服务的效率和质量。

2010年，教育部在《国家中长期教育改革和发展规划纲要（2010—2020年）》中正式提出了完善中国特色现代大学制度的要求，并把完善大学内部治理结构作为重要任务。刘延东在出席教育部直属高校工作咨询委员会第二十次会议时也指出："要建设中国特色现代大学制度，形成新型的高校内部治理关系。要在坚持和完善党委领导下的校长负责制的基础上，探索高校理事会制度和内部治理结构改革，建立高校自我发展、自我管理、自我激励、自我约束相结合的管理和运行机制。要探索教授治学的有效形式，推进高校科学民主决策。"[①] 2013年，党的十八大对我国教育事业的发展提出了新的更高的要求，如"全面实施素质教育，深化教育领域综合改革，着力提高教育质量"，要"深化教育领域的综合改革"，其中就包括改革高等教育管理方式，建设现代大学制度。而构建健全而合理的大学内部治理结构是建立现代大学制度的基础，是政府部门转变职能、有效调控的必要前提。紧接着，十八届三中全会明确提出，"完善和发展中国特色社会主义制度，推进国家治理体系和治理能力现代化"，并将其作为"全面深化改革的总目标"。可见，建设高等教育强国，高校要实现可持续发展，必须更加注重加强现代大学制度建设，不断健全完善内部治理结构，推动依法自主办学走向规范化、制度化。党的十八大和十八届三中全会以来，党和国家高等教育改革发展的工作重心之一就是深化教育领域的综合改革，优化大学内部治理结构，建立现代大学制度体系。如何优化大学内部的治理结构以适应社会的转型，已成为大学面临的现实问题。

高等教育作为创新型国家的基础和引领力量，高等学校作为人才汇聚的战略高地、知识创新的重要基地，如何落实上述新要求，办好人民满意的高等教育是高等学校管理工作者必须深入思考的重要论题。本文是在厘清大学内部治理结构相关内涵前提下，在对社会转型期我国大学内部治理结构的现状及特点进行认真研究的基础上，找出制约我国大学发展的关于内部治理结构方面的不协调因素，提出社会转型期我国大学内部治理结构的优化策略。

---

① 刘延东：《加快建设中国特色现代高等教育努力实现高等教育的历史性跨越》，《中国高等教育》2010年第18期。

二 大学内部治理结构相关概念的内涵界定

我国有关大学治理的研究是从 21 世纪初开始的，近些年来，这一问题在高等教育界中得到越来越多的关注。尤其是在《国家中长期教育改革和发展规划纲要（2010—2012）》出台后，建立现代大学制度，构建和完善大学内部治理结构成为高教界学者们研究的热点。深入探讨大学内部治理结构问题，首先要厘清大学内部治理结构几个相关概念的内涵。

（一）大学治理与大学管理

1. 大学治理的概念

英语中大学治理（University Governance）一词来自美国，是美国学者科尔森在其著作《大学和学院的治理》中首先提出的。随后各机构和学者分别从不同的角度对大学治理进行了界定，如卡耐基高等教育委员会提出："大学治理是'作决策的结构和过程，区别于行政和管理'。"美国著名学者伯恩鲍姆从大学内部权力角度入手，认为大学治理是"平衡两种不同的但都具有合法性的组织控制力和影响力的结构和过程，一种是董事会和行政机构拥有的基于法定的权力，另一种是教师拥有的权力，它以专业权力为基础"[1]。而 ASHE 系列丛书 21 世纪大学治理的讨论文集中提出了一个比较简洁的定义："大学内外利益相关者参与大学重大事务决策的结构和过程。"从上述各种关于大学治理的定义中，我们发现大学治理主要是围绕大学内部事务，着重解决决策权力在各个主体（利益相关者）之间的配置及使用问题的结构和过程。

本文认为，高等教育语境下的大学治理是大学的利益相关者，通过一定的机制共同参与大学管理，以使各利益相关者的权、责、利达到平衡的结构和过程。

2. 大学治理与大学管理的关系

大学治理与大学管理既有联系又相互区别。在对大学权力的配置和行

---

[1] 王春梅：《权力视野中政府与大学的关系研究——基于南方科技大学的案例》，《复旦教育论坛》2012 年第 3 期。

使中，治理在于合理配置主体决策权力，而管理在于主体如何有效行使决策权力，两者相互联系、相互作用，其目的都是最大化地实现组织的最终目标。

(二) 大学治理结构与大学内部治理结构

1. 大学治理结构概念

大学是一个利益相关者组织，根据不同的标准，可以将大学治理结构划分为不同的类型。如果根据大学与政府、社会的关系标准，大学治理结构分为外部治理结构和内部治理结构。如果依据组织的层级结构来划分，大学治理结构包括横向治理结构和纵向治理结构。所谓的大学治理结构就其形式而言，它是大学内外利益相关者参与学校重大事务决策的结构，其体现为一种对大学进行管理和控制的体系，而从实质上来看，它则是大学决策权力的制度安排问题，既表现为大学内部权力的分配、协调与行使的制度，也表现为大学与外部环境，如政府和社会等其他利益相关群体相互作用的规则。本文主要探究的是大学内部治理结构。

2. 大学内部治理结构概念

我国学者们根据不同的研究重点分别从利益相关者、制度安排、权力关系三个角度对大学内部治理结构的概念进行了界定。本文认为，大学内部治理结构是合理分配大学内部各利益相关者权、责、利的一系列制度安排，而通过一定的机制使各利益相关者正确行使权力、履行责任、获得利益则是大学内部治理结构合理的具体体现。

从大学内部治理结构的概念出发，其主要包括治理主体、治理客体和治理机制三大要素。第一，治理主体，即大学由谁治理，谁参与治理的问题。第二，治理客体，就是治理的对象，即大学治理主体作用其上的受体，主要问题就是要解决利益相关者之间的责、权、利关系。第三，治理机制，即如何治理，通过什么样的程序和机构，才能使大学法人治理结构合理安排各利益相关者的责、权、利关系。

大学内部治理结构主要是指大学内部的各种管理权力的结合。一般认为我国高校内部权力体系主要存在四种权力：政治权力、行政权力、学术权力和民主权力。与四种权力对应的是当前我国高校内部治理结构中存在的四种主要组织结构，即中国共产党基层组织、行政组织、学术组织、社群组织。我国大学内部治理结构如图1所示。

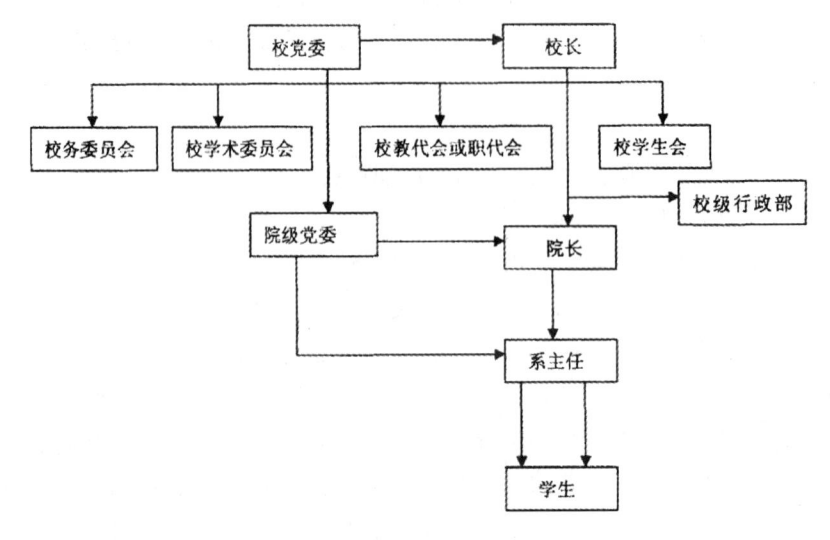

图1 我国大学内部治理结构

(三) 社会转型期

转型属于生物学范畴,之后该词经历了词义扩展,被引用到社会学领域,成为一个社会学术语,意指社会的变迁。社会转型期是一个特殊的历史时期,它是指从一种社会之型转变到另一种社会之型往往有一个过渡时期,这个过渡时期就是社会转型时期。[1]

中国的社会转型已是"一场全面的整体性的社会结构变革,它不仅是一场经济领域的变革,而且是一场全社会、全民族的思想、文化、政治、心理等各方面的革命"[2]。从狭义上理解的社会转型,具体只是指一些社会整体性变动或结构性变迁。广义上的社会转型应该是泛指一切社会形态的飞跃,是囊括社会经济、政治、文化等各个领域的全方位的变革。

三 转型期我国大学的内部治理结构的现状

大学内部治理结构的核心是权力结构,大学内部治理结构改革的实质

---

[1] 兰久富:《社会转型时期的价值观念》,北京师范大学出版社1999年版,第28页。
[2] 李钢:《社会转型代价论》,山西教育出版社(太原)1999年版,第22页。

是对大学内部权力的重新安排和分配。我国大学内部治理结构是随着政治、经济体制的变革而不断进行调整和改革的，在不同的历史时期，大学内部治理结构的改革都呈现不同的特色。本文研究的主要是社会转型期（1993年至今）尤其是近几年来的大学内部治理结构改革。

1992年，在中共十四大明确提出建立社会主义市场经济体制改革的目标后，我国开始由计划经济体制向社会主义市场经济体制转型。在这一转型期中，政府、市场以及高校自身都需要高校建立与社会主义市场经济体制相适应的高等教育管理体制和运行机制。在1993年中共中央、国务院颁发了《中国教育改革和发展纲要》，在纲要中提出，要使高校真正成为面向社会依法办学的法人实体，并建立起主动适应经济建设和社会发展需要的自我发展、自我约束的运行机制。1994年，原国家教委在《关于国家教委直属高校积极推行办学与管理体制改革的意见》中明确提出，高校应积极组织包括地方政府、企业集体、科研单位及社会各界在内的校、院级董事会。纵观社会转型期以来的大学内部治理结构改革的历程，我国一直在完善大学内部治理结构的道路上不断进行探索和试验，我国现行的高校内部治理结构是经多次改革、反复探索后逐渐形成的。但就目前高校内部治理主体权力分配及运行现状而言，改革举措的最终成效并不理想，随着高等教育体制改革的不断深化，在实际运行中却仍然暴露出下列问题。

（一）党委与校长责权界限不明确

根据《中华人民共和国高等教育法》（以下简称《高等教育法》）规定，党委统一领导学校工作，校长全面负责本校的教学、科研和其他行政管理工作。我国高校实行党委领导下的校长负责制，在实践中取得了良好的成效，这种领导体制表明政治权力、行政权力是我国高校内部客观存在的两种力量，但对如何处理党委统一领导和校长全面负责的关系没有做出更具体、更明确的规定。从理论上分析，两者的根本目标和任务是一致的，但由于各高校内部环境的不同，两者在高校管理实践中容易导致矛盾，产生冲突，容易出现党政不分或党政职权混淆的情况。

（二）学术权力与行政权力不平衡

大学内部主要存在着两种权力：学术权力与行政权力。根据大学的本质和目标而言，学术权力应是基本权力，也是最为主要的权力，行政权力则是为了保障学术活动的开展而实行的。改革开放以后，特别是20世纪80年代以来，学术权力在大学的地位有所上升，作用得到一些发挥，但在体制上没有给学术权力和行政权力定位。因此，从总体上说新中国成立后我国高等学校内部在学校管理上普遍存在着学术权力弱化的现象。从大学的内部治理结构来看，大学对政府的一定依赖，使大学的内部治理结构呈现出行政本位的现象。此种结构虽然有利于管理效率的提升，但与大学学术为本的主旨和学术自由的内在要求不可避免地存在着冲突。

（三）教工、学生民主参与途径不顺畅

就现阶段我国高校管理的实际情况来看，当谈到高校的学生与学校的关系时，我们通常谈到的是行政关系。虽然各高校都设有学生会，让学生代表有机会就某些重要的学生事务进行表决，但表决的结果是否实施或是否全部实施最终还是取决于学校相关行政部门的决定。

美国哈佛大学文理学院前院长罗索夫斯基曾提出，高校的利益相关者按其重要程度可分为四个群体层次，第一个层次就是教师、行政主管和学生，他们是大学最重要的群体。在我国高校的实际运行中，教师和学生作为大学内部民主权力的主体，在大学事务中的作用还远远没有发挥出来。总体来看，教职工、学生表达利益诉求、参与民主监督的渠道还不够畅通。

四 转型期我国大学内部治理结构的优化策略

上述问题一定程度上导致大学难以遵循其自身的发展规律，影响了高校办学的整体效率。只有进一步完善内部治理结构、优化权力配置、协调各主体的利益关系，才有望突破高校内部管理体制中的障碍。正如前言所述，近几年来，尤其是2010年《国家中长期教育改革和发展规划纲要（2010—2020年）》正式提出了完善中国特色现代大学制度的要求，并把完善大学内部治理结构作为重要任务。十八届三中全会既提出"全面深化改革的总目标"，又直面近年来全社会最关注的教育热点难点问题，提出了"深化教育领域综合改革"的新任务，对进一步加强大学制度建设、

完善大学内部治理结构提出了更高的要求。毋庸置疑,在新的形势下,我国现代大学面对社会经济、政治、文化的巨大变化和高等教育自身转型所带来的挑战与机遇,其内部治理结构必须优化、创新。

(一) 落实办学自主权,构建政府与大学的新型关系

大学内部治理结构优化核心问题是协调学术权力与行政权力的关系,但由于现行教育管理体制,大学内部治理结构的完善还需要政府与社会的参与,通过具有法律效力的大学章程的制定与实施,确保大学履行使命、健康发展。英国学者埃里克·阿什比(Eric Ashby)认为,"任何类型的大学都是遗传和环境的产物",要改革大学治理结构,必须改革高等教育的整个制度体系。各级政府,尤其是中央政府必须承担起在完善高校治理结构中的责任与使命,因为政府是公立大学的举办者和管理者,掌控着基本的办学经费与办学资源,政府的管理模式直接影响着高校的体制与管理。要实现高校系统的价值,完善高校治理结构,前提是完善政府与大学的关系,落实大学办学自主权,这是高校独立性与对政府依附性之间的矛盾统一关系,是价值性与功利性之间的冲突选择关系,涉及高校的本质属性、功能、方向及其运作等问题,即学术自由、学术自治与政府控制、管理的平衡,它由高校人才培养、发展科学、为社会服务的职能和宗旨所决定,是高校求得自身生存与发展的需要。当然这种"完善"并不是简单的放权,而是形成高校与政府之间新的契约型关系。

(二) 平衡大学内部政治力、行政力和学术力的关系

治理结构是以一定的制度和体制规定为前提的。党委领导下的校长负责制,是中国特色社会主义高等教育的基本制度,也是中国社会主义大学管理体制的基本特征。坚持党的领导,实行党委领导下的校长负责制,是完善大学内部治理结构必须坚持的前提和方向。构建"党委领导、校长负责、教授治学、民主管理、科学决策、依法治校"的内部治理结构,是我们追求的理想目标。大学内部的政治力、行政力和学术力三种权力的存在都有自身的合理性,当下需要解决的问题是协调三者的关系,使三种权力始终围绕学校的学术发展目标各司其职、相互配合,保证内部管理顺畅、高效和有序,最终形成党委领导、行政负责、教授治学三权合力的体制。

第一，重视学术力量回归，协调学术权力和行政权力的关系。学术权力与行政权力是大学发展不可获取的两种权力，它们的整合与配置问题是大学内部治理结构改革的核心问题。在进行大学治理时，应将学术权力与行政权力有机地结合起来。正确认识学术权力在大学发展中的地位，充分尊重学者与学术组织在学术事务决策中的作用，确立学术权力在学术管理活动中的主导地位。大学是学术机构，大学的声誉主要取决于学术水平的高低和人才培养的质量。大学的职能和属性决定了学术权力是行政权力的基础，行政权力是为学术权力服务的，其职能是为教学科研创造良好的外部条件，没有行政权力大学同样难以正常运转。行政权力主要实施学校教学、科研和其他行政管理工作；学术权力对学校有关学术的重大问题拥有决策权和审议权。因此，大学管理应以学术为本、育人为中心，树立"管理就是服务"的理念，消除官本位思想。[①]

第二，保障学术民主，强化学术地位。大学的生命力和活力在于学术的繁荣发展。现代大学要回归学术权力的地位必须加强学术民主制度建设，要充分保证大学的学术价值追求，克服行政权力对学术权力的干预和大学学术权力的行政化倾向，明确学术委员会的职责与权限。要保障学术自由，强调管理的学术导向，根据教学、研究等学术活动的基本特征来进行有效的计划、组织、协调与控制；学术事务是复杂多样的管理活动，既有普遍性与共同性，又有差异性和特殊性，要建立健全专业委员会及学科委员会。[②] 充分认识学术委员会、教授委员会等学术组织制度对加强学术权力的重要作用，切实重视起建立、健全及实行其职能，以确保学术权力的发挥和学术权力的提高。

第三，摆正位置，行使有限行政。从大学自身特性看，行政权力在大学中的地位和作用是有限的，大学应摆正行政权力位置。建立决策、执行、监督相统一的模式，实现由行政管理为主导向行政管理与学术管理相结合的方式转变。[③]

[①] 张德祥：《高等学校的学术权力与行政权力》，南京师范大学出版社2002年版，第265—269页。

[②] 李福华：《大学治理结构的理论基础与组织构架》，教育科学出版社2008年版，第24页。

[③] 黄畅：《新公共管理视野下的大学治理结构研究》，硕士学位论文，湖南师范大学，2008年。

（三）平衡决策权、执行权与监督权的关系

从国外大学的经验来看，其在本质上是决策层、执行层和监督层相分离。这不仅避免了"议行合一"，增强决策的民主性、科学性，还能推进行政执行的高效化和专业化。高校行政权力和学术权力的适当分离，将形成行政管理和学术管理互相依存、互相补充、互相促进的良好局面，使高校行政管理以及学术管理的组织结构处于动态平衡中。而内部系统应该主动适应学术组织变迁的形势，根据学校不断发展的要求，进行管理体制与运行机制的创新，从而拥有服务于学术研究的灵活柔化的行政管理系统，具备发挥独立性作用、切实提高高校水平和地位的学术评价体系。

大学的内部治理结构至少包括两个方面，一是领导机制，即决策机制；二是管理权限，即管理幅度。实现管理的优化与完善，取决于各级管理层的和谐共处、协同作战。一方面是保证正确的办学方向，发挥集体智慧，提高决策的准确性、科学性、系统性；另一方面要抓好学校的教学、科研和管理等工作，界定行政管理权力范围，给学术权力以空间，调动教师从事教学研究、学术研究的积极性和主动性。在高校行政系统适当分权的基础上，给予横向职能部门和纵向二级单位充分的办学与管理自主权，实现组织运行的畅通、体制机制的创新，最终形成内部治理结构的科学与和谐。进一步扩大师生员工的知情权、参与权、申诉权，发挥教职工代表大会及其常设主席团在民主管理、民主监督、维护教职工权益等方面的作用。进一步完善学校发展建设中重大决策的听证、论证、公示制度，保证民主决策、科学决策。

（四）构建大学内部治理结构的科学民主的保障机制

第一，制定和完善大学章程。依法治校是我国高校管理改革的必然趋势，是高校管理走向科学化、规范化、民主化的必由之路，也是大学内部治理结构的内在要求和必然机制。大学章程是规范和指导学校建设与发展的纲领性文件，是高校得以设立以及保障其正常运转的"根本大法"，是大学管理与运行的规则体系。按照教育发展规划纲要，关于加强学校章程建设的要求，"依法制定章程，依照章程规定管理学校"，是完善大学治理结构的重要任务。根据《高等教育法》和其他有关法律、法规的规定和要求，学校按照法定程序着手研究制定学校章程，进一步以成文的形式

对学校的办学性质、办学宗旨、发展目标、培养目标、学校内部管理体制及运行机制、校内申诉与调解、学校决策程序等重大问题做出全面规范，明确学校相关主题的权利与义务，合理划分学校内部机构权限与职责，做到相互配合、权责统一、依法办事。

第二，建立健全学校各项管理规章制度。对学校的各项管理制度进行制定、修订和完善，及时修改或废止与法律、法规不一致或已失效的、与学校发展不相符的有关管理制度与规定，并在逐步完善管理和运行机制的基础上，不断调整机构设置，使之逐步形成结构合理、配置优化、人员精简、运转高效的机构布局。进一步健全聘任制度和岗位管理制度、学生管理制度、科学的学术考核评价和激励机制、监督检查和责任追究制度、重大事项公示和听证制度、校务公开制度，等等。通过建立健全和具体实施这些管理制度，凸现大学内部治理结构中的高质量和高效率。

第三，健全议事规则与决策程序，保证重大决策的科学化、民主化。大学作为权利主体，对外要维护自身的合法权益，对内要维护学生及全体教职员工的权益。涉及重大人事信息变动的均实行公示制度，确保教职工利益方面的知情权、监督权和及时申诉的权利。要重点完善党委会、校长办公会等各负职责和职权的议事规则和决策程序，规范领导决策行为，减少权力失控和行为失范，增强决策的民主性、规范性和科学性。应明确规定党委会、校长办公会、学术委员会、教职工代表大会等的职能定位、职权范围、决策程序、监督督办程序等项制度，做到有章可循、有法可依，筑牢大学治理结构的制度化和规范化的基础。

建立中国特色大学内部治理机构需要不断实践和探索。应在科学发展观的统领下，构建并完善"党委领导、校长负责、教授治学、民主管理、科学决策、依法治校"的高校内部管理体制，使行政权力与学术权力有机结合，实现校内公共管理权力的制约与平衡；坚持以育人为本，以学生为主体；以人才为本，以教师为主体的办学理念，在制度实施上，体现依法治校与人文关怀的统一，使高校走上内涵式发展的道路，从而推动高校全面协调可持续发展。

（作者郭杰，华南师范大学副校长、教授。广州石牌华南师范大学党办校办　510631）

社会转型期高校学术生态文明之构建

王铭玉

摘　要：高校学术生态是从生态学视角对学术主体、学术载体和学术环境组成的特殊社会结构进行研究的一个概念。在社会转型期，高校学术生态不仅制约高校内部的繁荣与发展，而且影响到整个社会的科学技术创新能力与创新水平。然而，学术行政化、学术市场化和学术快餐化等原因导致的学术失衡打破了高校学术生态系统的不平衡，严重危及高校学术生态的稳定。为此，我们需要探寻和分析影响与制约高校生态系统演进的核心因素，探究其中的成因，提出相应的制度保障体系，构建一个良性发展的高校学术生态文明系统。

关键词：高校学术生态　学术生态主体　学术生态载体　学术生态环境

目前，我国处于社会转型的关键时期，这场深刻的社会变革所带来的价值冲突与文明发展，正在强有力地冲击和调整着社会领域内所有生态系统中的原有结构与转型发展目标不相适应的资源配置，并重新构建新的系统平衡。换言之，当代中国社会转型是"中国的社会生活和组织模式从传统走向现代、迈向更加现代和更新现代的过程"[①]。社会转型必然包含

[①] 郑杭生：《改革开放三十年：社会发展理论和社会转型理论》，《中国社会科学》2009年第3期。

文化转型,因为文化转型是社会转型的精神动力。① 作为文化的主要创造领域,高校必然要适应社会转型的全面性与总体性的内在要求,在可持续发展的总体目标下完成社会转型所赋予的历史使命。

学术是大学的立根之本和发展之源。以学术为中心,由学术主体、学术载体和学术环境构成的高校学术生态不仅制约高校内部的繁荣与发展,而且影响到整个社会的科学技术创新能力与创新水平。在中国社会转型的大背景下,反思高校学术生态出现的生态失衡问题,探究构建良性发展的高校学术生态文明,对于实现党的十八大报告提出的"深入贯彻落实科学发展观的基本要求,全面落实经济建设、政治建设、文化建设、社会建设、生态文明建设五位一体总体布局"的宏伟蓝图,无疑具有极其重要的理论和现实意义。

一 高校学术生态:概念阐释与逻辑解构

(一) 概念阐释

生态学发展到对人和自然普遍的相互作用问题进行研究的层次时,就已经具有了哲学的性质和资格,它已经形成人们认识世界的理论视野和思维方式,具有世界观、道德观和价值观的性质。②

学术生态是运用生态学的思维方式与研究方法对学术活动进行研究而诞生的一个概念。所谓生态学的思维方式,是指在包括人、社会和自然相互关联的领域在内的一切与生命现象相关的领域,运用生态学的主要观点——生态系统各构成部分普遍联系且相互作用的整体性观点、生态系统物质不断循环转化的观点、生态系统物质输入和输出平衡的观点,说明与生命紧密相关的现象及其发展变化,揭示各种现象的联系和规律,进而认识和解决有关的各种问题。③ 与生态学思维方式相适应,生态学的研究方法始终体现出层次观、整体观、系统观、综合观、进化观等方面。④ 按照

---

① 庞景君:《社会转型的动力和标志》,《社会科学辑刊》1995 年第 4 期。
② 佘正荣:《生态智慧学》,中国社会科学出版社 1996 年版,第 41 页。
③ 耿益群:《自由与和谐——大学教师学术生态研究》,知识产权出版社 2011 年版,第 31 页。
④ 林文雄:《生态学》,科学出版社 2007 年版,第 1 页。

生态学的思维方式，任何一个社会系统，只要有人类活动，就会构成人与周围事物的关系，从而形成一种特定的生态。以生态学观点分析和生命有关的社会现象、社会问题，已经越来越受到学术界的重视。[①] 学术活动是一种社会活动，其所涉及的学术主体（学术人员）、学术载体（承载学术思想的事物和活动）以及依托的学术环境（软硬件因素）就构成了特殊的社会生态系统。因此，学术生态的概念可以相应地定义为"由学术主体、学术载体以及依托的学术环境等元素构成的一个相互联系、相互影响和相互制约的学术系统"。

在学术生态系统中，学术活动主体因研究对象与身处环境的差异而结成一定的群体，最终形成不同的学术生态群落。高校就是最重要的学术生态群落之一。高校学术生态是指"一个以知识分子为主体、处于高等学校这样一个特殊环境、为了达到学术创新的目的而进行复杂的学问探究和科学实验等活动的生态系统"[②]。这里的学术生态主体，专指高等院校的知识分子，即高校教师、专门研究人员以及研究生群体；学术生态载体则是指承载学术思想的事物和活动，包括学术课题与科研活动等；学术生态环境包括自然环境、社会环境、人文环境和心理环境等。高校学术生态正是将高校学术活动纳入生态学的分析框架内，以生态学的理论与分析视角对其进行研究，探求其基本特征与发展规律。要正确把握高校学术生态的概念，需要我们正确理解其内涵与外延两个方面。从内涵来看，高校学术生态具有静态和动态的双重特性：静态是指它是由学术组织和学术人员按照学术制度和学术规则构成的一种结构关系系统；动态则是指它是以学术研究为核心形成的人与人、人与组织、人与制度、人与其他环境之间的行为关系系统。高校学术生态的双重特性使其具有了客观性、稳定性、渗透性、可塑性和开放性等特征。[③] 从外延来看，高校学术生态的学术群落是由众多生态因子错综交叉而构成的复杂系统，其所处生态环境可进一步分解成高校内部学术生态环境和高校外部学术生态环境。前者指的是高校内部或高校之间的学术个体、学术群落之间及其与高校内部环境之间的生态

---

① 余谋昌：《生态文化论》，河北教育出版社2001年版，第83页。
② 杨移贻：《知识经济时代的高校学术生态》，《深圳大学学报》（人文社会科学版）2001年第6期。
③ 司林波、乔花云：《学术生态、学术民主与学术问责制》，《现代教育管理》2013年第6期。

依赖关系；后者指的是高校学术生态环境往往受到外部因素包括社会、经济、政治、文化等的影响与限制。因此，高校学术生态是在内部各种生态因子相互依赖、相互影响的基础上，在外部各种生态因子的制约作用下塑造和演进，最终形成一定时期内相对稳定且趋于进化的动态平衡系统。

（二）逻辑解构

英国哲学家艾尔弗雷德·诺思·怀特海曾说过："一切事物都与其他事物勾连在一起——不是像机器内部那样表面上机械地联系在一起，而是从本质上融为一体，如同人身体内各部分一样。只有通过重新认识这种相关性的深度，科学才能恢复其公正。"① 根据这一表述，生态思想的核心应被界定为生态系统观、整体观和联系观，判断一个生态系统是否处于良性发展状态的标准应该是平衡、稳定和整体利益三个指标体系。学术生态的概念依据社会生态学和教育生态学而建，因此学术生态也遵从生态学的基本原则。作为一个整体的生态系统，高校学术生态由诸多生态因子相互作用而成，其中任何一个生态因子发生变化，都势必影响到整个生态系统的变化。当生态因子相互作用导致的结果超过了系统的负荷，就会导致整个生态系统崩溃。要维持生态系统处于和谐状态，就必须保持其生态因子始终处于可持续发展状态，从而也保证整个生态系统处于可持续发展状态。因此，可持续发展观构成了研究高校学术生态的逻辑起点。

高校学术生态是不断发展变化的生态系统，以可持续发展观作为研究的逻辑起点，对高校学术生态的研究必须建立在以下几个基本维度之上：

第一，平衡与适应。生态系统的演进路线是"平衡—不平衡—平衡"。"平衡"既是一种状态，也是一种关系。当生态系统的结构、功能等属性处于平衡状态，而物质、能量和信息等要素处于平衡关系时，该生态系统就形成动态平衡状态。② 生态系统从本质上讲是一种远离平衡的开放系统和发达的自耗散结构，通过持续地与外部环境进行能量、物质交换，克服混乱无序的状态，使系统内部维持高度有序的低熵状态，保持系统的稳定性。由于会不断受到外部压力的干扰，生态系统内部固有的调节

---

① 转引自唐纳德·沃斯特：《自然的经济体系——生态思想史》，侯文蕙译，商务印书馆1999年版，第370页。
② 李枭鹰：《生态学视野中的大学学科发展观》，《学位与研究生教育》2005年第7期。

能力会把外部压力控制在本身的耐受范围之内，在形成相对平衡状态之后，其结构将对新的变化和新的环境逐步适应。因此，要构建良性发展的高校学术生态，就要分析高校内外各种因素，提升高校学术生态的抗干扰能力，保证其达到相对平衡的状态。学术人员要坚持以发展的眼光看待问题，要坚持学术自由和学术民主，要坚持优良的学术传统和学术创新，以保证高校学术生态与时俱进。

第二，共生与协作。生态学意义上的共生是指两种或两种以上不同生物之间任何形式的共同生活，不同种族由于共享同一生存空间而形成不同形式的种群间相互作用或竞争，这种共生关系在共生互利的情形下可以增加彼此的适合度。"互利共生是两个相互作用的物种最强的和有力的作用方式。"[1] 互利共生有助于生物之间相互适应，增强抗击外部干扰的能力，从而提升个体或种群之间的协作能力。在高校学术生态的发展过程中，既要鼓励学术人员之间的协作，又要培养良性的竞争氛围，促进高校学术生态向着共生与协作的方向发展。与此同时，根据生态学的理论，不同生态系统之间也可以产生相互影响与协作，导致生态系统之间出现共生效应。因此，在构建良性高校学术生态时，鼓励这种跨学科、跨课题组乃至跨校的共生与协作同样极其重要。同校之间、校校之间搭建学术交流与合作的科研平台，创造不同层次的共生协作的学术氛围，有助于提升高校的创新能力，最终促进良性高校学术生态的形成。

第三，多样性与开放性。任何有机体的生存都离不开周围环境，都要与外界进行物质、能量与信息的交换。多样性导致稳定性是生态学的基本原理，由多数物种组成的复杂生态系统的稳定性要远远高于由少数物种组成的简单生态系统。复杂生态系统中多种不同的物种相互依存而体现出的多样性能够保证本系统最大限度地对抗外界干扰，保证本系统基本的稳定状态并不断演进。同理，高校学术生态要维持良性发展，必须要保证本身的多样性特征。在搭建高校学术平台时，学术人员的年龄、种族、学历、职称等因素都要进行合理搭配，建立合理的层次有别的学术队伍。为避免封闭导致的学术生态系统失衡，高校应积极鼓励特点不同的学术人员之间进行交流与协作，鼓励学术人员跨校甚至跨国合作，强化高校学术生态系统的开放性特征。

---

[1] E. P. 奥德姆：《生态学基础》，孙儒泳等译，人民教育出版社1981年版，第206页。

二 高校学术生态：弊端剖析及成因探究

（一）弊端剖析

社会转型本身是一个漫长而复杂的过程，优先顺序不同、新旧结构因素并存且相互制约等导致制度变迁的速率并不一致，进而产生各种与预期规范相左的失范行为。失范行为本身既是社会转型中无法避免的"阵痛"历程，又是对导致失范行为产生的因素进行约束从而走向规范的新的起点。以学术失范为主要表现形式的学术生态失衡即属于典型的失范行为。

生态失衡与生态平衡是描述生态系统状态的一组相对的概念，生态系统的发展过程始终处于"平衡—不平衡—平衡"的动态变化之中。生态系统的自身调节能力在一定的时间内和相对条件下可以使其结构与功能达到一种稳定的状态，即生态平衡状态。当生态系统遭受的外来干扰超过其阈值，其自身调节能力无法恢复先前相对稳定的状态，就会导致生态系统结构与功能失调，即出现生态失衡现象。

高校学术生态系统的发展过程同样遵循由平衡到失衡再到平衡的规律。当外界干扰超出高校学术生态系统的自身调节能力，系统无法通过自身调节恢复到平衡状态，学术生态失衡现象就会出现，严重时甚至出现毁灭性的学术生态危机。当前，高校学术生态失衡现象主要集中在三个方面：

第一，学术行政化。高校内部出现权力错位，行政权力绑架学术权力，导致学术研究的核心价值——学术自由、学术自治和学术中立流于空谈。学术团体行政化、学术载体行政化和学术管理行政化正日益侵蚀高校学术生态系统，不断冲击其自我调节能力，生态系统原有的平衡被打破。

第二，学术市场化。由于学术评价体系本身存在问题，市场因素大量渗入学术生态系统。职称评审与科研绩效考核重量不重质、学术期刊按版面收费、科研项目评审花钱跑关系，导致学术人员功利主义思想严重，把市场行为带入学术活动，导致学术生态严重失衡。

第三，学术快餐化。由于高校科研考核机制的缺陷，很多科研人员不注重科学研究工作本身，把大量时间用于撰写论文、专著，选择"短、平、快"的科研项目，过于追逐时髦的热点问题而忽视基础问题研究，导致大量的学术垃圾产生。更有甚者，冒学界之大忌，以学术不端行为谋取一己之利，严重危及整个生态系统的平衡。

学术是大学发展的根源、动力和目标，学术生态系统的失衡对大学本身及其社会功能都带来致命的破坏作用。首先，高校学术生态失衡助长了学术研究的功利主义与浮躁之风。学术人员为追逐名利，学术道德淡漠，追求数量忽视质量，东抄西凑，不求实证，这样产生的学术成果必然经不起时间和真理的检验。根据 SCI 所收录的论文统计，1998—2008 年我国科技人员共发表论文 57 万篇，居世界第 5 位，而论文被引用仅为 265 万次，平均每篇论文被引用 4.61 次，居世界第 10 位，所有学科的 SCI 篇平均被引用次数均低于世界平均水平。[①] 其次，高校学术生态失衡影响大学社会功能发挥。在培养人才层面，生态失衡影响创新型人才的培养；在探究学问层面，生态失衡导致我国重大科技成果相对匮乏，而低水平重复的学术垃圾却大量存在；在服务社会层面，我国高校科技成果数量巨大而能付诸生产实践的却很少。这一事实，说明高校学术生态失衡已经严重危及到了高校向社会提供服务的功能。再次，高校学术生态失衡阻碍科技兴国战略实施。高校是科技创新的主要阵地，肩负实现人才战略和落实科教兴国的重要历史使命。然而，高校学术生态失衡却造就了论文总数增长而科技竞争力滞后的后果。瑞士洛桑国际管理开发研究院《国际竞争力年度报告》的数据分析指出，中国的科技竞争力从 1999 年 47 个国家中排名第 25 位下降到 2003 年 51 个国家排名第 32 位。学术成果数量的增加并未带来科技竞争力的相应上升，表明高校学术生态失衡对我国科技创新战略和人才强国战略都产生了严重的负面影响。

（二）成因探究

一是学术权力与行政权力错位。构建和谐高校学术生态的关键在于从根本上解决学术权力与行政权力之间的对立矛盾。大学的本质是学术机构，学术的真正目的在于实现学术自由。学术自由是学术权力的合理性基础，学术权力必须尊重学术自由。学术自由是一种相对自由、轻松的氛围，学术人员在这种氛围下能超越现实压力而冷静、自由地思考问题和发表观点。而高校在学术方面行政权力的异化恰恰为创造这种氛围设置了人

---

① 科学技术部发展计划司：《科技统计报告》2008 年第 18 期。

为的障碍，使高校学术陷入了学术权力屈从于行政权力、学术权力受制于市场行为、学术权力沦陷于快餐式研究的非正常境地。正确理顺行政权力与学术权力的关系，建立行政权力为学术权力服务、学术权力为行政权力创造正确行使的环境，才能使构建可持续发展的高校学术生态获得根本性的保障。

二是学术成果数量与质量失衡。以专利为例，在过去10年，国家知识产权局受理的专利申请一直呈大幅增长态势，年均增幅达到22.6%。2012年年底，世界知识产权组织（WIPO）发布《2012年世界知识产权指标》报告显示，2011年，中国国家知识产权局受理来自国内外发明专利申请52.6412万件。继2010年超过日本后，2011年又超过美国（美国为50.3582万件），中国成为全球第一大发明专利申请国。但这是否意味着我们的科技创新能力已经处于世界前列？2012年年底，汤森路透集团基于专利数据公布了"2012全球创新企业百强"榜，共47家美国企业、32家亚洲企业、21家欧洲企业上榜，中国公司无一上榜，与专利申请大国的身份极不相称。对高等院校来说，情况更为不利，教育部2011年发布的《中国高校知识产权报告》统计数据显示，按照平均计算，高校的专利转化率只有5%。中国政法大学民商经济法学院知识产权法研究所所长来小鹏强调："这说明我们的专利运用能力、科技成果转化能力还有很大差距。专利的数量多不能说明什么，关键要看专利的商业化、产业化利用情况。"导致专利数量与质量失衡的主要原因在于：政绩指标成专利发展指挥棒，各地现在已经形成竞争之势，将专利数量作为地方科技创新的政绩来标榜；通过申请专利可以获取国家给予项目及企业的优惠条件，从而形成以谋补贴而大量出现的"注水专利"；同时，专利代理市场的肆无忌惮和过度膨胀也助推了专利申请者的急功近利。

三是学术目的与市场手段倒置。"目的"是行为主体预想达到的行为结果，学术的目的在于发现、分析并解决问题；"手段"是行为主体为实现行为的目的所采取的方法和途径，市场的手段在于为获得利益而寻求的方式与路径。学术与市场有关，可更多的时候二者彼此相离，因为学术更需要"清静"，不能被市场手段左右。但是，市场因素侵蚀学术生态的情况并不少见，"论文发表交纳版面费"就是典型一例。首先，此类现象的形成是有因的：从体制层面来看，高校、科研院所的职称评审和绩效考核助推了这些群体的诉求，而杂志社要在市场经济的体制下运作，"版面费"成为刊物谋生的手段之一；从机制层面来看，市场动作是需要动力的，虽然大家都懂得"学术研究需要有一个积累和思考的过程"的道理，但"有限的时间内发表一定数量和质量的论文"需求逼迫不少人用花钱的方式来淡化要求、提速达标，于是这就成了市场经济下的杂志社收取版面费机制的运作动力。同时，我们必须看到这种以市场倒逼学术研究的趋势是非常危险的。学术研究与市场运作本质是不同的：前者是对真理的追求，是全人类共同的事业；而市场要发展，效益是基础。更为重要的是，扎实的学术研究必须要把功利性放在其次，首要的是静下心来踏踏实实搞研究，在一种急功近利和浮躁的氛围下很难让人能够安心搞学问。于是营造一个良好的学术氛围，让学者们真正有一方心灵的净土，就显得尤为可贵。当然，我们也要挖掘并有效地运用市场机制来推动学术的发展，但切记市场仅仅是手段，是"桥梁"，最终的目的是推动人类文化的进步，不能留恋在"桥"上而忘记了目的，更不能以市场经济作为借口以致降低了学术的品位与格调。

四是个体理性与集体理性失控。这和理性选择理论所说的"经济人"观点相关，是一个被许多人忽视但又非常重要的问题。理性选择理论认为，个体是分析的基本单位，是被赋予理性的"经济人"。个体的行为过程是有选择的，目的在于根据其效用功能谋取收益最大化。个体在经济活动中会遵从理性的要求，即遵循"人人为己"的利己主义原则，按照成本—收益分析模式，力图以最小的经济代价博取自身最大的经济收益。作为拥有理性的"经济人"，学术主体中的个人会根据所处特定的学术环境，按照成本—收益计算方法，对其进行学术活动所付出的代价与获得的回报进行理性的分析和计算，设置备选方案并进行最优选择。由于选择的标准是"代价最小而获益最多"，最终的选择方案对于整个学术生态而言极有可能具有破坏性。学术主体中的个人在从事学术活动时如果采取了不当行为而获利，其外部性影响将招致他人群起效仿。由于代价为零，"经济人"在追求利益的过程中很容易采取"搭便车"战略。尽管理想的高校学术生态系统应该是学术主体中的个体理性（追逐自我利益）与集体理性（实现系统的最优配置）相一致，但由于学术环境的不健全（如制度缺失），个体理性与集体理性往往陷入对立冲突状态，出现"集体行动的困境"，致使学术生态系统失衡甚至崩溃。直白地讲，尽管所有学术个体都明白，按照学术发展规律进行学术活动能保证整个学术生态结构稳定，但是在利益的诱惑面前总有人因为付出与回报的悬殊对比而选择学术不端行为，其结果是对于个人而言最佳的理性选择导致了整个生态系统的非理性结果。

三 高校学术生态：制度体系与文明构建

（一）制度体系

构建和谐的高校学术生态，必须创设完整有效的制度体系来约束和维护学术生态系统内各主要生态因子及其相互作用，保证系统结构和功能处于可持续发展的良性状态，推进学术的健康发展。高校学术生态的制度体系必须围绕学术主体、学术载体和学术环境创设，既包括正式制度（硬法规范）以约束学术目标和学术行为，也包括非正式制度（软法规范）以重塑学术伦理和学术道德。高校学术生态构建所需的制度保障体系如图所示。

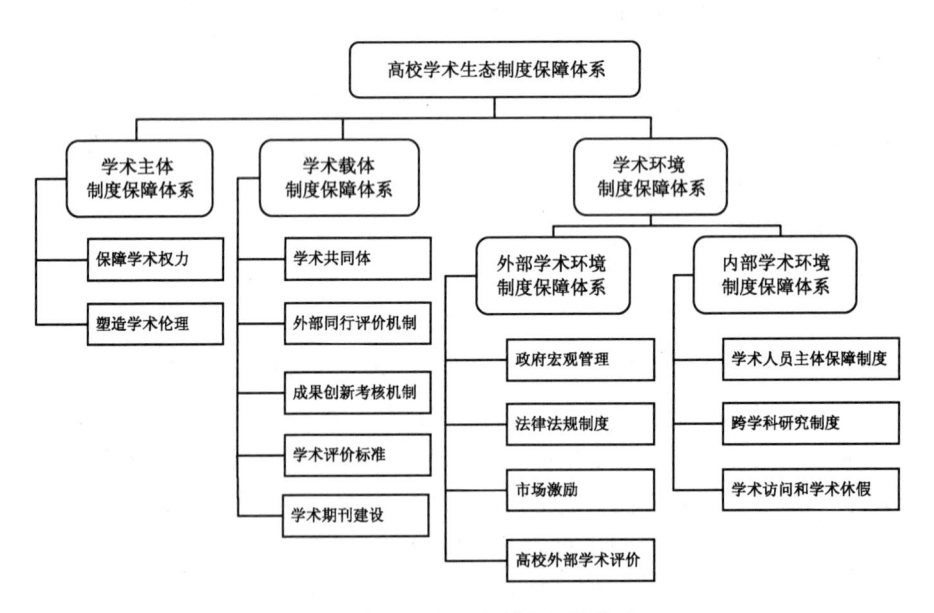

图 1 高校学术生态制度保障体系

（二）文明构建

社会转型是社会结构的整体性变迁和根本性变迁，是社会生活具体结构形式和发展形态的整体性变迁，不仅仅发生在"经济和物质层面"，而且还发生在"政治、社会和文化，以及人们的思维方式、生活方式和行为方式等各个层面"[①]。在变迁的诸多要素中，制度变迁是首要的，高校学术生态的改善必须从制度体系入手，方能保障一个学术生态文明的局面出现。

第一，要建立学术主体的制度保障体系，保障学术权力，塑造学术伦理。要构建高校学术生态必须首先处理好学术权力与行政权力之间的关系。学术权力是由学术人员或学术组织所拥有的影响他人或组织行为的一种权能。行政权力是大学行政机构及行政人员依据国家法律、政府政策、学校规则的授权而拥有的影响和支配内部成员和机构的一种权力形式。[②] 大学在本质上是学术机构，开展学术和探究真理是其永恒使命。现代大学制度下可持续发展的高校学术生态中权力划分应以学术权力为主，行政权力为之服务，才能实现学术自由、学术自治和学术中立的核心价值。但由于学术权力形成与运行的逻辑路径是"自下而上"的，而行政权力形成与运行的逻辑路径是"自上而下"的，[③] 很多高校出现了学术权力与行政权力关系异化，导致学术行政化的非正常现象，严重挤压了学术人员的生态位空间。要改变这一现象，必须设置科学合理的制度对学术权力与行政权力进行分权（比如学术委员会和教授委员会的权威性），协调二者之间的关系，围绕学术权力中心重建行政权力。只有学术权力通过组织制度得到保障，学术权力制度才能真正发挥作用，才能不被行政权力制度影响和干涉，高校学术生态文明的构建才能得以成为可能。

学术伦理是学术活动的基本道德规范，遵循尊重真理和科学创新原则，是提高学术水平和科研能力的重要保证。然而，由于功利主义泛滥和市场化因素侵蚀，违背学术道德的学术失范、学术不端和学术腐败已经导致学术生态严重失衡。塑造学术伦理，一方面要靠学术主体自律，即提倡学术道德，接受社会舆论的监督；另一方面，必须建立系统的制度体系（包括非正式制度）对学术失范、学术不端和学术腐败行为进行事先预防

---

① 杜玉华：《社会转型的结构性特征及其在当代中国的表现》，《华东师范大学学报》（哲学社会科学版）2012年第5期。
② 周光礼：《重构高校治理：协调行政权力与学术权力》2005年第19期。
③ 易希平：《学术权力、行政权力和大学内部治理》，《黑龙江高教研究》2014年第7期。

和事后惩戒。对于后果严重的行为，行为者可以通过法律手段追究民事责任、行政责任直至刑事责任。[①]

第二，要建立学术载体的制度保障体系，坚持学术评价公平、公正原则。学术载体是学术生态生命力的根本保证，对于生态系统的平衡起着决定性作用，但行政干预、市场化因素侵扰和功利主义诱惑已经导致学术活动陷于不可持续的发展境地。因此，建立以质量为导向的科研评价制度体系，对科研成果进行科学有效的评价，可以优化科研资源配置，调动学术主体的主观能动性，从而促进科研质量提升。质量导向的科研评价制度体系的建设和实施需要从以下几个方面进行：一是建设和维护高校学术生态的学术共同体，发挥学术权威的监督与评价作用；二是引入外部同行评价机制，通过匿名评审等公开性较强的方式强化科研评价的客观性和公正性；三是重视科研成果的创新与突破，在科研评价体系中纳入学术声誉评价、代表作制度等考核机制，避免科研评价落入量化评价的误区；四是根据学校定位与学科特点，定制不同的学术评价标准。高校因定位有研究型与教学型之分，学科因本身特点各异，在确定评价标准时应根据具体情况而制定，切勿一概而论或照抄别人标准而导致评价体系不科学、不合理。

与此同时，发挥和加强学术期刊对学术成果的评价功能也是建设学术载体评价制度的不可或缺的内容。在学术生态系统中，学术期刊既是发表最新、最前沿科研成果的载体与平台，又承担着维护学术研究的纯洁性和活力的社会责任。[②] 学术期刊对学术成果的评价作用主要体现为引导学术方向、弘扬学术道德和匡正学术评价。[③] 学术期刊要引领学术发展和发挥学术评价功能，就必须要不断提高办刊水平，建立严格的编审流程和匿名评审制度，以学术质量取信于学界；要破除国际化的误区，建立有中国特色的学术评价体系；要提倡优良学风，营造风清气正的学术生态环境。[④]

第三，要建立学术环境的制度保障体系，为高校学术生态提供良性发

---

① 胡焕武：《高校学术生态危机的法律矫正》，《前沿》2009年第12期。
② 李桃：《学术生态建设背景下学术期刊功能及编辑责任思考》，《河南社会科学》2013年第10期。
③ 陈翔云：《学术生态危机与学术期刊的使命》，《中国社会科学报》2013年4月3日第B04版。
④ 王广禄：《学术期刊要肩负起引领和评价学术的责任》，《中国社会科学报》2013年12月2日第A01版。

展的环境氛围。高校学术生态是一个开放的生态系统，受到外部环境和内部环境的制约与控制。因此，建立学术环境的制度保障体系就包含了两层含义——建立外部学术环境制度体系和内部学术环境制度体系。

建立外部学术环境制度保障体系需要以制度来实现高校学术生态系统外部的政府、市场、民间组织、文化传统和自然环境等生态因子的最优资源配置。首先，发挥政府的宏观管理作用，理顺政府和大学之间的关系。按照现代大学制度理念，政府应从高校的直接管理者转变为平等的合作伙伴，从微观事务管理转为宏观管理，在立法、规划、拨款和监督四个方面发挥更大作用。[①] 其次，加强和完善相关法律制度建设，规范和约束学术活动。法律机制缺失是当前学术生态失衡的重要原因，对学术不端行为惩治不力、对滥用科研资金监管不力都严重影响了学术环境。规范和约束学术活动，仅依靠道德层面的惩戒和自我约束无法保证学术环境的纯洁，必须依靠强有力的法律机制对之加以约束。再次，发挥市场的正确激励作用，避免以市场为导向的学术倾向。由于学科之间存在差异，某些研究领域因经济回报丰厚招致学术人员趋之若鹜，而其他学科因无法直接或短期内无法兑现经济利益而导致少人或无人问津。一切学术的最终目的都是促进人类的全面发展。只有所有学科和研究领域共同发展，人类才能在探究真理和可持续发展的道路上不断进步。要达到这一目的，市场化因素需要激励所有研究领域，尤其是激励那些基础学科的研究。最后，规范高校外部学术评价制度，避免功利主义导致学术生态失衡。学术评价制度应遵循"默顿范式"所强调的"普遍主义、公有主义、无私利主义、有条理的怀疑主义"原则。然而，当前学术评价不管是官方学术评价还是民间组织的学术评价，大多凭借期刊等级、影响因子、转载率等人为设置的标准来对学术成果进行评估，无法保证学术评价的合理性、科学性和有效性。因此，合理规范高校外部学术评价制度，既是学术良性发展的根本需要，也是高校学术生态良性发展的需要。

建立内部学术环境制度保障体系需要以制度来实现高校学术生态系统内部环境的和谐发展。首先，以制度保证发挥学术人员在构建良性高校学术生态过程中的主体作用。人位于生态系统的最高点，不仅要适应自然的

---

① 徐辉、毛雪非：《论现阶段我国政府、社会与高校的关系》，《高等教育研究》1994年第2期。

客观规律,还要以自身特有的智慧和行动改进人与自然的关系,能动地反作用于世界,这种反作用只有符合了自然的客观规律才可能导致系统的和谐、良性发展。① 因此,建立教师代表大会等相关制度,确保高校教师真正地参与院校管理,才能体现其学术生态主体作用,促进高校学术生态的良性发展。其次,建立跨学科研究制度,推进不同领域之间的知识整合和创新。跨学科研究就是将不同领域的研究人员纳入协同创新的学术环境中,通过共同的目标和职责,实现知识创新和技术创新。跨学科研究制度就像"住在房间里的人在房门紧闭的情况下,从敞开的窗户里探出身去,与周围邻居愉快地交谈"②。在这种环境下,学术人员在思维和研究方法上更容易获得突破,推动科学研究创新。再次,建立稳定的学术访问和学术休假制度,为高校学术人员提供对外交流的机会和反思教学与科研的时间。学术访问制度能够使平时忙于教学等例行性工作的高校教师获得足够的时间与国内外同行就科研问题进行交流,开拓视野,提升自身学术储备,为进一步的科研工作奠定良好的基础。学术休假制度可以给予高校教师充足的时间反思教学工作和集中精力进行科研创新,为营造良好的高校学术生态创造良好的条件。

学术乃大学立命之本,学术只有在一个生态文明的环境中才能欣欣向荣,大学才能永续发展。省思过去方能把握未来。我们唯有不断发现和总结高校学术生态存在的问题,寻找科学的解决途径,促进高校学术生态文明建设,才能把中国的高校学术水平不断推向更高水平。马克思关于"科学技术是第一生产力"的科学论断启示我们:当今世界综合国力之争在很大程度上体现为科技水平之争,而科技水平之争在很大程度上又体现为大学学术水平之争。我们是否也可以说:学术强,则大学强;大学强,则国家强?

(作者王铭玉,天津外国语大学副校长、教授。天津市河西区马场道117号 300204)

---

① 马歆静:《生态化与可持续发展——现代教育发展的必然》,《教育理论与发展》1998年第5期。
② 朱丽·汤普森·克莱恩:《跨越边界:知识、学科、学科互涉》,姜智芹译,南京大学出版社2005年版,第23页。

人力资源强国目标下教育发展战略重点的三次转型[*]

楼世洲　薛孟开

摘　要：提高劳动者整体素质，使我国从人口大国转变为人力资源强国，是实现经济社会可持续发展的根本保证。围绕着建设人力资源强国的发展目标，从20世纪末，我国教育发展战略重点经历了两次转型：大力发展高等教育，全面提升劳动者的教育水平；优化高等教育结构，促进劳动者素质的全面提升。而第三次战略重点的转型，是建立科技与教育创新体制，以科技创新主导经济的转型发展，从教育先行于经济发展向教育主导经济发展的转型。建立创新体系是当前教育发展战略的重点，高素质的人力资源是国家竞争力的核心，而高质量的人力资源包含量的意义、质的意义和制度的意义，教育发展的三次战略转型正一步步实现这些意义的统一。

关键词：人力资源强国　教育发展战略

建设人力资源强国是新的历史阶段为进一步实施科教兴国战略提出的重大战略目标，是一项复杂的系统工程和长期的历史任务，它赋予了我国教育改革发展以崭新的重要使命。[①] 教育发展战略是针对教育问题所做的

---

[*] 本文系楼世洲主持的2013年国家社科基金教育学重大招标项目"人力资源强国评价指标体系与实践路径研究"（AGA130002）阶段研究成果。

[①] 李化树、黄媛媛：《论建设人力资源强国的教育使命》，《教育与人才》2009年第2期。

教育发展的全局性、宏观性、指导性的决策和政策，致力于解决长期性和根本性的问题。

建设人力资源强国必须以现代化的教育体系为基础，1985年5月，《中共中央关于教育体制改革的决定》中提出以教育体制改革为突破口，确立我国教育事业改革发展的重大战略方针。1993年2月，中共中央、国务院颁发《中国教育改革和发展纲要》，提出了建设人力资源强国的目标和任务，绘制20世纪90年代到21世纪初叶我国教育事业改革发展的蓝图。20世纪90年代末，我国进入实现现代化建设第二个战略目标期，越来越认识到"人才强国"的战略意义。人作为最重要、最活跃的生产要素，如何挖掘其潜力，促进社会总体生产力的发展成为焦点问题之一。以建设人力资源强国为目标的第一次战略转型的重点就是确立教育优先发展的战略地位。

2005年后，随着九年制义务教育的全面实施和高等教育在规模上大发展，我国的教育发展进入了一个以质图强的新阶段。"要实现人力资源强国的目标，首先要按照科学发展观的要求，以提高教育质量为核心，统筹好教育发展的规模、质量、结构、效益"。[1] 随着《国家中长期教育改革和发展规划纲要》的制定和实施，教育发展战略在不断的完善和优化教育体系、提高办学质量过程中提出了以"以质图强"的第二次转型的重点任务。[2]

到2015年，我国成为名副其实的"经济大国"和"世界工厂"。如何实现从"中国制造"到"中国创造"、从"经济大国"向"经济强国"的发展，实现我国经济的可持续发展，是我们面临的战略机遇和挑战。因此，建立国家创新体制是实现经济转型的根本保证，高素质的人力资源是国家竞争力的核心。如何通过深化教育体制改革、建立培养创新人才的新体系、构建科技创新的新机制是当前教育发展战略的重点，也是实现第三次战略转型的目标。

---

[1] 周济：《优先发展 科学发展——在教育部党组2008年务虚会上的讲话》，2008年8月14日。

[2] 翟博：《绘制人力资源的宏伟蓝图——〈国家中长期教育改革和发展规划纲要〉诞生记》，《中国教育报》2010年7月31日第1版。

一　人力资源强国目标下教育发展战略的两次转型

1985年，我国在教育体制改革的决定中提出了建设人力资源强国的目标和任务，并着手研究面向21世纪中国教育发展战略问题，根据我国经济、社会和教育事业未来发展的客观要求，探讨教育发展的战略地位和发展策略。在1993年的《中国教育改革与发展规划纲要》中，确定了教育优先发展的战略地位和普及九年制义务教育、大力发展职业技术教育、构建终身教育体系的战略决策。①党的十六大提出："人才竞争，是我国面临的一个十分严峻的挑战。人是生产力中最活跃的因素，人力资源是第一资源。"提出要实施科教兴国的发展战略，尊重知识、尊重人才，优先发展科学教育事业，推动整体性人力资源开发。中国仍是发展中国家，人力资源开发水平与世界先进水平相比还有很大差距，以教育为基础的人力资源开发具有战略性的意义。2003年，由上海教科院主持的"从人力资源大国迈向人力资源强国"的课题报告，扉页上写着"创建世界最大的全民学习、终身学习的学习型社会"，体现了在知识经济的世界浪潮下，面向21世纪教育发展战略的目标和方向。②认为在21世纪前20年，既是我国经济发展千载难逢的重要战略机遇期，也是我国教育与人力资源开发非常难得的重大战略机遇期。2001—2020年，是我国实现经济崛起或者经济追赶的最重要时期。从这个意义上讲，这一时期也是我国教育发展的战略机遇期。课题组提出了我国教育与人力资源开发的战略思路和目标：实现从教育大国到教育强国的"三步跨越"和从人口大国迈向人力资源强国的"两次提升"。

教育发展战略的三步跨越：第一步是2002—2010年，这一阶段教育发展的战略重点是在普及九年制义务教育的基础上，将高中阶段毛入学率从40%左右提高到70%左右，高等教育毛入学率从13%左右提高到20%

---

① 郝克明、谈松华：《面向21世纪我国教育发展战略若干问题》，《教育研究》1998年第3期。

② 中国教育与人力资源问题报告课题组：《从人口大国迈向人力资源强国》，高等教育出版社2003年版，第71—115页。

以上，实现从教育欠发达国家到教育中等发达国家的跨越；第二阶段是2011—2020年，我国九年义务教育要在进一步发展的基础上达到世界先进水平，高中阶段毛入学率达到85%左右，基本普及高中阶段教育，高等教育毛入学率超过40%，实现从教育中等发达国家向教育较发达国家的跨越；第三阶段是2021—2050年，这一阶段我国将高标准、高质量普及12年基础教育，高等教育毛入学率达到50%以上，进入高等教育普及化阶段，实现从追赶到超越的战略转变，跨入教育发达国家行列，成为世界教育强国。

而实现人力资源强国目标的两次提升，其核心思想是实现从重视经济物质基础到重视教育与人力资源开发的转变，从现行教育与传统工业化阶段需求相吻合的人才培养体系到针对未来基本实现现代化发展目标的人才培养体系的转变，从以教育者为主体到以学习者为主体的转变，从学历本位到能力本位的转变，最终创建一个"学习型社会"，构建现代国民教育体系和终身教育体系。课题组提出要实现教育与人力资源开发的战略构想，制度创新至关重要，针对制度创新，提出了创新的方向和十大重要举措。制度创新应旨在重构教育与人力资源开发的公共治理环境、构建现代公共教育财政制度、建立和完善教育与人力资源开发的法律法规保障体系、建立现代学校制度、培育社会参与和市场导向机制以及建设学习型社会的支持保障体系等。[①]

第二次战略转型是在2006年后，随着我国《国家中长期科学和技术发展规划纲要（2006—2020年）》《国家中长期人才发展规划纲要（2010—2020年）》和《国家中长期教育改革和发展规划纲要（2010—2020年）》三个国家中长期发展规划纲要的颁布，确定了"基本实现教育现代化，基本形成学习型社会，进入人力资源强国行列"的总体战略目标，成为指导未来10年中国教育改革和发展的纲领性文献。提出要在确立教育先行发展的基础上，坚持科学发展观，转变以规模增长、扩大教育机会为主的发展理念、发展思路和发展模式，确立和实施以提高教育质量、人才培养质量和国民素质为核心的新的发展战略。这一时期的发展战略可用四个字概括，即"以质图强"，就是指要实现教育发展模式的转变，以提高教

---

① 中国教育与人力资源问题报告课题组：《从人口大国迈向人力资源强国》，高等教育出版社2003年版，第71—115页。

育质量和提高人的整体素质为核心，以提高民族整体素质为根本，实现从以量求大，到以质图强的战略转移，不断增强国家的综合实力和竞争能力，实现教育大国向教育强国的转变。采用"以质图强"战略的价值取向体现在两个方面：一是教育发展重点从以关注规模增长和教育机会供给为重点，向更加关注教育质量和人的培养质量转变；二是在教育质量上，在重视国家统一的质量标准的同时，更加关注特色、优质和多样化学校的建设，建立统一与多元结合，多样化与个性化相统一的教育发展模式。[1] 教育发展战略进入了协调发展阶段，这一阶段的教育发展战略的关键词是公平、均衡、质量、竞争力、国际化。

与第一阶段的战略转型相比，这一阶段的发展战略突出了由量向质的转型。就是从注重人力资源存量向注重人力资源质量的转型，提出转变经济发展方式必须从转变人才培养方式入手，改变长期形成的结构性矛盾和粗放型增长方式所造成的劳动生产率低下等问题。也正是由于第二、第三产业发展滞后和不合理，我国人力资源的优势难以得到有效的开发，无法将人力资源转化为人才资源。把经济增长转变到依靠科技进步和提高劳动者素质轨道的任务已经提出了十多年，至今仍未实现转变的根本原因是尚未形成高质量、创新型的人才队伍以保证实现这种转变。尤其是面对全球经济危机的新挑战，加速这种战略性转变更是迫在眉睫，因此，建设高质量教育，培养高素质人才，已经成为实现国家发展战略目标的关键性因素。[2]

二 当前建设人力资源强国面临的机遇与挑战

到"十二五"末，我国的经济总量和制造业总量都将进入世界前列，成为名副其实的"经济大国"和"制造业大国"，但是我国还不是"制造业强国"，更不是"经济强国"。在各种发展要素的制约下，我国经济在

---

[1] 谈松华、高书国：《以质图强：21世纪我国教育发展的战略选择》，《教育发展研究》2009年第21期。

[2] 郝克明、季明明：《建设学习型社会是全面小康的重大战略决策》，《中国教育报》2013年1月11日第6版。

经历几十年高速增长后将进入中低速增长的新常态。同时我国的发展已经从以满足温饱为目标的生存型发展阶段,跨入以人的自身发展为重要目标的发展型新阶段,使我国走向公平可持续发展面临前所未有的严峻挑战。①

经济和社会可持续发展最为关键的要素是自主创新,如何在经济全球化背景下,建立国家自主创新体系,大力推进理论创新、制度创新、科技创新,是实现由"中国制造"向"中国创造"转型的根本保证。人力资源建设是国家科技创新、经济繁荣和社会和谐的基石,人力资本的积蓄、开发和利用是一个国家发展处于领先优势和竞争处于不败地位的关键。如何把增强自主创新能力作为国家战略,培养高水平创新人才、培育创新型的人才梯队、建立科技创新的新体制,注重人的自由而全面的发展,促进人力资源由"人口红利"向"人才红利"转变,是当前建设人力资源强国的首要目标和任务。

第一,科技创新是经济发展的主导,依靠科技创新体系才能够建立企业的创新体系,一方面实现产业结构的转型升级,以国民经济结构中高附加值、高技术产业不断替代低附加值、低技术产业,从而实现产业结构协调发展并逐步向更高水平演进的过程;另一方面实现产业价值链的转型升级,促进产业由低技术水平、低附加值状态向高技术水平、高附加值状态演变的过程。企业创新需要创新型人才,而我国转型升级面临的最大困难正是技术落后和人才短缺。最核心的技术无法靠引进获得,自主创新往往受到人才、环境等条件的限制。人才引进和培养需要一个长期过程,转型升级和创新创业需要一个良好的、积极的制度环境。②

发达国家的经济增长 80% 是依靠科技进步,我国还不到 40%。世界经济论坛 2014 年 9 月发布的《2014—2015 年度全球竞争力报告》显示中国的排名列第 28 位,但其中与人相关的科技竞争力排名仅列第 83 位,说明我国仍然是非创新强国(innovation powerhouse)。在我国的人才结构中,一是高层次创新型人才、一流科学家、科技领军人物的严重短缺;二是人才结构性短缺,尤其是第二产业中高技能人才缺口巨大。我国人力资本对经济增长的贡献率约为 26%,而发达国家则达到了 70%。在一定时

---

① 赵白鸽:《人力资源强国战略》,学习出版社 2012 年版,第 5—9 页。
② 金碚:《中国经济的转型升级》,《中国工业经济》2011 年第 7 期。

间和条件下，经济增长的规模、速度与人才资源开发的规模、速度是协调适应的。经济增长对人才的要求，不同时期、不同地区有不同的特点和需求。它包括对人才数量的不同需求，对人才质量、人才专业类型以及人才数量增加速度的不同要求等。创新体制下对人力资源效能的考察（主要指收益），包括两个维度，一是利用维度，二是产出维度。后者应包括三个方面的指标：（1）社会从人力资源利用中获得的收益，如某地区人力资源对经济增长的贡献率、该地区的技术贸易额和高新技术总产值等指标；（2）人力资源本身创造经济价值的能力；（3）人力资源所表现出来的科学、文化、技术能力。

第二，增强教育对区域经济社会发展的服务贡献能力，促进经济增长从主要依靠劳动力成本优势向劳动力价值创造优势转变。将教育看作是主导经济发展的内驱力，关键是将一般的劳动力资源转变成具有科技创新能力的人才资源，形成从工艺、技术、科技等多方面创新的立体的、多层次的人才梯队，注重人力资源的质量、结构和层次，教育尤其是高等教育和职业教育要成为科技创新和技术工艺创新的主体力量，从而实现由投资拉动经济发展到科技创新推动经济发展的转变。建立人力资源强国必须建立立体、多层次的人才观。根据瑞士管理学院"国家竞争力"报告，我国"合格工程师"的数量和整体质量，在2010年参与排名的55个主要国家中位列第48位。这与我国的教育体系中职业技术教育长期处于低层次，没有形成真正意义上"双轨制"分类教育体系密切相关。在我国的人才队伍概念中，过度关注高学历的学术型人才，而忽略了高技能的应用型人才，这就导致了人才队伍结构的失衡。高技能人才是指通过学习掌握了必要的理论以及实践知识，在生产和服务领域中能有效的操作现代设备，完成中低级技能人才难以完成的职业任务，并具有一定创新意识及能力的高素质劳动者。"高"字主要体现在实践操作技术高、手脑和谐程度高、创新技能意识高、行业适应力高和职业素养高五个方面。

第三，在以人的自身发展为重要目标的发展型新阶段，教育是国计也是民生。[①]人力资源发展的根本是"人的发展"，即所有发展，都是"应人而发展，依人而发展，为人而发展"。其基本指向就是"人的全面发展"，即社会中的每个成员都能够得到自由而全面的发展。或者说，一个

---

① 张力：《教育强国战略》，学习出版社2012年版，第5页。

高度"发展"的社会,其基本标志就是,每个社会成员都有平等的人权,为维持主体生存、实现独立自主和获得精神自由而得以不断增进其人力资源能力及人力资本价值,这是所谓的"人本理念"。回顾改革开放30多年的改革和发展历程,中国在市场化的制度创新方面取得了大的成就,但在教育、医疗等直接涉及人力资源能力建设领域的改革,虽然也根据市场化改革的外部条件做了一些调整,但整体看来并未"伤筋动骨",中国未来人力资源能力建设面临的最大挑战,与其说是穷国办大教育、大医疗等造成的"发展难题",倒不如说是教育、医疗卫生等领域的体制改革严重滞后而导致的"制度困境"。在人力资源强国的框架内,人力资源是经济发展的基础,而经济发展的目标是提高人民的生活水平,建设小康社会。也就是说以人为本的社会发展指标同样是人力资源发展的重要指标,这体现了国家教育发展战略的落脚点由"国"到"民",兼顾"国""民"共同发展的转变。

三 人力资源强国目标下教育战略转型的目标和任务

人力资源的形成决定于教育发展水平,人力资源效能决定于经济发展水平,人力资源发展还与社会环境息息相关。针对当前教育与社会和产业等发展未形成有机互动,人力资源大国难以转化为人力资源强国的社会现实,如何将人力资源强国的发展指标纳入教育、经济和社会发展规划,使人力资源开发最大限度助推经济振兴、经济振兴推动教育发展形成彼此协调的联动共生机制,这既是当前发展的重点,也是发展的难点。

当前,人力资源强国目标下的教育发展的首要目标和任务是通过创新人才培养体制和科技创新体制的建设,使教育成为经济结构转型与发展的主导性要素。

第一,要实现教育引领科技创新,促进经济结构的转型和可持续发展,其关键是建立国家的创新体制与机制,建立产学研一体科技创新与技术转移的科研协同创新体系,以及在创新实践中培养一流科技人才的高等教育体系。其核心任务包括两个方面:一是通过实施产学研合作培养创新人才。包括教学、科研、实践紧密结合,学校、校企、科研机构以及中外合作等联合的人才培养方式,通过大力发展企业博士后流动站和实践基地建立产学研联合的"双导师制""人才+项目"的培养模式等。二是通过推行企业产权制度创新、建立企业 R&D 投入和研发机制。通过推行"孵化器"制度鼓励创业投资,形成创新成果终端转化的企业主体"导向"科技创新体制。[①] 通过深入实施"2011 计划",充分利用产学研战略联盟共建科技协同创新平台,依托国家重大人才计划以及重大科研、工程、产业攻关、国际科技合作等项目,推动高等学校面向科学前沿、面向文化传承创新、面向行业产业、面向区域发展实施创新能力提升计划。

第二,要把建立现代职业教育体系,建立高素质应用型人才的培养与成长体系,作为实现从人力资源大国转化为人力资源强国的重要举措。职业技术教育体系创新的关键是深化产教融合的协同育人封闭式。一是建立政府主导下的校企一体的人才培养体制,二是优化高等教育的结构、提升职业技术教育层次。产业转型升级需要许多新兴产业、先导产业所对应的高技能人才,高技能人才培养目标定位中的"高"并非是简单的技能等级证书之高,其更倾向于技术技能创新发展等综合素质之高且具有较强职业竞争力高技能人才,这也正是高等职业技术教育的人才培养目标。这就必须建立"教、学、做、工"的高技能人才培养模式,以职业能力培养为主线,将"工作"要素融合渗透到"教、学、做"等环节中,鼓励企业积极参与人才培养工作,努力培养造就一支门类齐全、技艺精湛的技能人才队伍。

工艺技术创新是提升中国制造的产品质量和品牌优势的核心要素之一,而工程技术人才职业化、国际化水平较低,已经成为制约我国制造业转型升级的重要因素。根据瑞士管理学院"国家竞争力"报告,我国"合格工程师"的数量和整体质量,在 2010 年参与排名的 55 个主要国家中位列第 48 位。这与我国的教育体系中职业技术教育长期处于低层次、没有形成真正意义上的"双轨制"分类教育体系密切相关。要树立"服务发展、人才优先、以用为本、创新机制、高端引领、整体开发"的指导思想。为适应新型工业化道路和产业结构优化升级的需要,实施国家技能人才振兴计划,要以高等教育和职业技术教育的整合为起点,探讨适合我国的人才增值之路,着力培养广大劳动者基本职业道德、专业技术技能和就业创业能力,最大限度适应发展方式转变和经济结构调整要求,构建

---

① 于敏等:《科技创新人才战略》,东南大学出版社 2011 年版,第 17 页。

协调发展的现代职业技术教育体系。

第三,我国从改革开放至今,经济方面已经取得了备受世人瞩目的成绩,但是伴随经济增长而带来的环境、社会及管理等问题却越来越多。人力资本理论把每个人的健康状况都当作是一种资本的储备,即健康资本,包括医疗、保健、闲暇、锻炼四个方面。2020年,中国能否从工业大国走向服务业大国,应对转型与改革的历史任务和重大挑战,从生存型消费向发展型消费升级,从物质消费向服务消费升级,从传统消费向新型消费的升级,在很大程度上决定了经济结构、利益结构、城乡结构调整的进程。因此,现代农业和服务业是引领和推动经济结构转型升级,从而促进稳增长、调结构的源动力(迟福林,2014)。发展现代农业和服务业、推动城镇化进程对我国高等教育的专业结构优化提出了新的目标和任务。必须加大力度培养教师、医生和农业技术人员等农村发展急需人才,鼓励和引导各类人才向农村流动。通过深化农林医学等学科专业领域人才培养机制改革,开展职业院校养老服务业、健康服务业、民族文化传承与创新示范专业点建设,大力培养农村实用人才队伍,全面提高农村实用人才的科技素质、职业技能和经营能力。

以发达国家的现代化为目标的人力资源强国建设,是半个世纪以来发展中国家人力资源发展战略演化的基本轨迹,我国的前两次战略转型也同样遵循国际人力资源强国的发展模式,这是世界现代化进程中的基本国际竞争法则的体现,也是中国未来崛起战略的必然选择。但这种发展模式存在一定的局限性:一是作为发展中国家,每一个国家的国情不同,"人口多,素质低"是中国人力资源强国建设面临的基本矛盾,这是许多发达国家所无需面临的。二是中国现行国民教育体系即具有显著的封闭性和应试性,[①] 体制上的"大一统"和技术上的"标准化"使中国教育体制更加趋于保守,这种境况下,中国的"人口红利"优势难以得到发挥,"人口负债"的挑战却日益严峻。随着中国老龄化问题的逐渐逼近和剩余劳动力问题的突显,中国经济要真正实现长期可持续发展,必须走出"低水平陷阱",在有效控制人口规模膨胀的前提下,将战略重点始终放在大力实施人力资源开发、全面提高劳动力素质,积极调整和优化经济结构,

---

① 杨颖东:《失衡与反拨——我国学校教育价值取向的偏差反思和调整》,硕士论文,华东师范大学,2014年,第160页。

不断促进产业结构转型与提升，走一条新型工业化和内涵式的发展道路。① 这就是教育发展战略第三次转型的目标和任务，如下表。

人力资源强国目标下三次教育战略的转型发展

战略转型	战略主题	重点方向
第一次战略转型	教育优先发展、全民学习、终身学习、制度创新	从学习范围的广度和学习时间的长度强调建设"学习型社会"，从人口大国向人力资源强国的转型
第二次战略转型	以质图强、注重存量到注重质量	实现从以量求大到以质图强的战略转移，从注重人力资源存量向注重人力资源质量的转型
第三次战略转型	人本战略、科技创新拉动经济发展、制度创新、自主创新	创新体制与全方位的人才观；"人本理念"，体现教育的最终目的；从注重教育先行于经济发展向教育主导经济发展的转型

总之，三次教育发展战略的转型之间，有可区别之处，也有互为补充的内容，每一次都是在前一阶段发展战略基础上的完善和提高。虽然每次转型都有其独特的新目标和新任务出现，但无一例外都在"建设人力资源强国"目标的指导下，探索适合我国国情的社会主义现代化建设的教育发展之路。"十三五"是我国经济转型升级的关键五年，能不能通过形成国家创新体系，实现产业与经济结构转型，对中国未来10—20年的发展至关重要。创新人才的培养对于一个国家人力资源能力建设具有重大的战略主导意义，这必然是未来中国教育发展战略的实施重点。

（作者楼世洲，浙江师范大学副校长、教授；薛孟开，浙江师范大学教师教育学院教育经济与管理2013级研究生。浙江省金华市迎宾大道688号　321004）

---

① 李宝元：《现代化、国际竞争力与人本方略》，《财经问题研究》2003年第12期。

大数据时代社会科学研究面临的机遇与挑战

李后强　李贤彬　李单晶

摘　要： 移动互联网突破了人类交往的空间约束；社交网络将人类的群体行为展现得淋漓尽致；大数据刻画了人类行为的轨迹，记录了从量变到质变的过程；云计算则保证了上述行为的技术实现。大数据给以研究人类交往、群体行为为己任的社会科学研究带来了机遇、挑战和紧迫感，将改变社会科学工作者的思维方式、研究战略与研究手段。研究对象的可感知性、研究工具的透视创新、研究思路的全域性、研究结果的实战性为社会科学研究的跨越式发展带来了巨大机遇。但社会科学研究领域也必须正视大数据意识缺失、社科大数据资源不足、社科数据处理能力匮缺等多方面的挑战。面对大数据时代的机遇与挑战，社会科学研究领域需采纳大数据行动方案加以应对：引导并倡导大数据语境、构建全域社科大数据资源、加强社科大数据处理能力建设。

关键词： 大数据　社会科学研究　第四范式

一　引言

受制于研究手段的单一与数据资料的缺乏，传统社会科学的研究方法仅仅是分析实验现象或者调查访问，目的是刻画研究对象的平均现象或者分析历史遗存，这些方法不能有效解释在同一时点上人类所有的心理活动都在运行的真实社会的复杂性，同时也会错过描述人们交互的真实细节，以及同样重要的市场力量与社会阶层结构。而社会现象由个体之间十亿数量级的微小交易组合而成，人们之间不仅仅是交易物品与货币，更为重要的是交换信息与主意，或者仅仅是流言蜚语。

现实生活中存在一定的社会微观模式，将个人事务演化为群体事件，比如金融崩溃与"阿拉伯之春"。为加强社会管理的有效性，人类需要理解这些微观模式，因为微观模式的演化不会仅仅按照传统方式理解社会而得出均衡的结果。

因此传统的研究手段与数据资料收集方式已难以满足研究成果受众的现实需求，而近年来逐渐进入大众生活、商业应用与科学研究的大数据技术通过对数十亿量级人人交互网络的研究给人类提供了观察社会全域复杂性的一种创新思维工具。

通过对大数据及社会科学研究的深入分析，本文归纳总结了大数据时代社会科学研究面临的机遇与挑战，并给出了社会科学研究领域的大数据行动方案。大数据时代社会科学研究面临四个机遇：研究对象的可感知性、研究工具的透视创新、研究思路的全域性、研究结果的实战性。大数据时代社会科学研究面临三个挑战：大数据意识的缺失、社科大数据资源的不足、社科数据处理能力的或缺。社会科学研究领域大数据行动方案包括：引导并倡导大数据语境、构建全域社科大数据资源、社科大数据处理能力建设。

一 文献综述

（一）"大数据"作为科学术语的产生

1998 年美国硅图公司（Silicon Graphics Inc.）前首席科学家 John Mashey 在题为 "Big Data and the Next Wave of Infra Stress" 的幻灯片中首次提出了 "大数据" 这一科学术语。而在这之前硅图公司多次在 *Black Enterprise*（1996 年 3 月）、*Info World*（1997 年 11 月）、*CIO*（1998 年 2 月）等杂志投放的广告中使用了大数据这一词组。

1998 年美国新泽西州立罗格斯大学计算机科学系的 Weiss 教授与澳大利亚悉尼大学的 Indurkhya 教授首次在计算机科学领域以学术著作的形式

对大数据进行了阐述。① 2000 年宾夕法尼亚大学经济系教授 Diebold 首次在统计与计量经济学领域对大数据进行了开创性的研究。② 2001 年来自美国 Gartner 公司的 Douglas Laney 在一篇未公开发表的研究笔记中丰富了大数据的概念,③ 给出了大数据的"3V"特征:数量(Volume)、类别(Variety)、速度(Velocity)。目前大数据的特征已呈现"5V"特征,即数量(Volume)、类别(Variety)、速度(Velocity)、真实(Veracity)、价值(Value)。

因此"大数据"这一科学术语的形成应该归功于 Mashey、Weiss 与 Indurkhya、Diebold 及 Laney 等人的独特贡献。

(二)大数据学术研究进展

Nature 2008 年 9 月于 Google 公司成立 10 周年之际出版了一期专刊专门讨论未来大数据处理相关的一系列技术问题和挑战。④ 计算社区联盟(Computing Community Consortium)2008 年发表了题为"Big Data Computing: Creating Revolutionary Breakthroughs in Commerce, Science, and Society"的报告,⑤ 该报告阐述了在数据驱动的研究背景下,解决大数据问题所需的技术以及面临的一些挑战。*Science* 2011 年 2 月推出专刊"Dealing with Data"围绕着科学研究中大数据问题展开讨论,⑥ 指出大数据对于科学研究的重要性。

麦肯锡 2011 年 6 月发布了题为"Big Data: The Next Frontier for Innovation, Competition and Productivity"的报告,⑦ 该报告对大数据的影响、

---

① Weiss, S. M. and N. Indurkhya, *Predictive Data Mining: A Practical Guide*, Morgan Kaufmann Publishers, Inc., 1998.

② Diebold, F. X., *Big Data Dynamic Factor Models for Macroeconomic Measurement and Forecasting*, Discussion Read to the Eighth World Congress of the Econometric Society, Seattle, August 2000.

③ Laney, D., *3 - D Data Management: Controlling Data Volume, Velocity and Variety*, META Group Research Note, February 6, 2001.

④ Nature, *Big Data*, 455 (2008), Published online, 3 September 2008.

⑤ Bryant R. E., Katz R. H., Lazowska E. D., *Big Data Computing: Creating Revolutionary Breakthroughs in Commerce, Science, and Society*, Computing Community Consortium, 2008.

⑥ Science, *Dealing with Data*, 2011.

⑦ Manyika J., Chui M., Brown B., et al, *Big Data: The Next Frontier for Innovation, Competition and Productivity*, 2011.

关键技术和应用领域等方面都进行了详细的分析。

2011年11月到2012年2月间美国21位数据管理领域的知名专家从专业研究的角度联合发布了一份白皮书"Challenges and Opportunities with Big Data",① 该白皮书从学术的角度分析了大数据的产生、大数据的流程，并提出了大数据面临的机遇与各种挑战。

2012年1月达沃斯世界经济论坛将大数据作为主题之一，还特别发布了报告"Big Data, Big Impact: New Possibilities for International Development",② 探讨了在新的数据产生方式下，如何利用数据来产生良好的社会效益。该报告重点关注了个人产生的移动数据与其他数据的融合与利用。

2012年3月美国奥巴马政府发布了 *Big Data Research and Development Initiative*,③ 拟投资2亿美元正式启动大数据发展计划，计划在科学研究、环境、生物医学等领域利用大数据进行突破。这一计划被视为美国政府继"信息高速公路"计划以后在信息科学领域的又一重要举措。

2012年5月联合国以"Global Pulse"倡议项目的名义发布了报告"Big Data for Development: Challenges & Opportunities",④ 该报告主要阐述了大数据时代各国特别是发展中国家在面临数据洪流的情况下所面临的机遇与挑战，同时还对大数据的应用进行了初步的解读。

2012年10月《纽约时报》的文章"The Age of Big Data"则通过主流媒体的宣传使普通民众开始意识到大数据的存在,⑤ 以及大数据对人们日常生活的影响。

2013年6月 *Nature* 发表了题为"The Big Challenges of Big Data"的报告,⑥ 该报告指出面对日益增长的海量数据，生物学家与计算机科学家联手打通了新的"瓶颈"。2013年爱尔兰梅努斯国立大学Rob Kitchin研究

---

① Agrawal D., Bernstein P., et al, *Challenges and Opportunities with Big Data—A Community White Paper Developed by Leading Researchers across the United States*, 2012.

② World Economic Forum, *Big Data, Big Impact: New Possibilities for International Development*, 2012.

③ *Big Data Across the Federal Government*, 2012.

④ UN Global Pulse, *Big Data for Development: Challenges & Opportunities*, 2012.

⑤ Times N. Y., *The Age of Big Data*, 2012.

⑥ Vivien Marx, "The Big Challenges of Big Data", Nature, *Vol* 498, 255-260, 2013.

了大数据助力智慧城市的建设,[①] 指出实施智慧城市需要关注技术官员管制与城市发展、城市治理的公司化与技术锁定、全景城市等三方面的问题。

2013年孟小峰、慈祥研究了大数据的管理,[②] 就大数据的概念、技术与挑战进行了分析。2014年耿直就统计学在大数据时代面临的机遇与挑战进行了分析。[③]

2014年5月美国白宫发布了大数据白皮书"Big Data：Seizing Opportunities, Preserving Values",[④] 该白皮书旨在鼓励使用数据以推动社会进步,特别是在市场与现有的机构并未以其他方式来支持推动进步的领域,与此同时,也需要相应的框架、结构与研究,来帮助保护美国的核心价值。

(三) 社会科学研究领域的大数据意识

2004年以来国内学者王飞跃率先提出了社会计算理论框架,[⑤] 主要是将社会和心理学理论与计算机和信息技术充分融合,研究大数据环境下个人、组织和社会的交往方式与相互关系,及其对人类社会不同文化群体和社会结构所造成的影响。

2009年2月,美国哈佛大学的David Lazer等15位学者在 *Science* 上联合发表题为"计算社会科学"（Computational Social Science）的论文,[⑥] 由此宣告这一学科的诞生。

计算社会科学是一门理、工、管、文相结合的交叉学科,其研究范围十分广泛。目前,计算社会科学有三条研究主线：一是研究人,从点到面,从对个人兴趣的分析到社会关系分析,直至社会网络分析；二是研究

---

① Rob Kitchin, "The Real-Time City? Big Data and Smart Urbanism", Paper presented at the *Smart Urbanism：Utopian Vision or False Dawn* workshop at the University of Durham, 20 – 21, June 2013.

② 孟小峰、慈祥:《大数据管理：概念、技术与挑战》,《计算机研究与发展》2013年第1期。

③ 耿直:《大数据时代统计学面临的机遇与挑战》,《统计研究》2014年第1期。

④ Executive Office of the President, *Big Data：Seizing Opportunities, Preserving Values*, 2014.

⑤ CODATA中国全国委员会编著:《大数据时代的科研活动》,科学出版社2014年版,第91页。

⑥ Lazer, D., A. Pentland, L. Adamic, et al, "Life in the Network：The Coming Age of Computational Social Science", *Science*, No. 323 (5915), February 2009, 721 – 723.

信息，从对信息内容的解析到话题发现和话题传播；三是研究人和信息的属性，其中包括倾向性、可信度和影响力。亦即计算社会学致力于研究大数据环境下个人、组织和社会的交往方式和相互关系，及其对人文社会不同文化群体和社会机构所造成的影响。

计算社会科学为社会科学提供了一条革命性的计算之路，其研究成果对于社会管理与社会生活都将产生重大影响。目前，国际诸多研究动态表明，计算社会科学已成为继科学计算和生物生命计算之后的新的国际理论前沿和应用方向。

2011年微软研究院Danah Boyd与新南威尔士大学Kate Crawford在牛津大学互联网研究所主办的国际会议上做了"Six Provocations for Big Data"的报告，[①] 该报告就自动化研究、客观与准确性、大并非好、数据的等价性、数据获取与道德伦理、大数据受限访问带来的数字鸿沟六个方面的问题进行了阐述。

2012年美国图书馆与信息资源委员会发布了报告"One Culture：Computationally Intensive Research in the Humanities and Social Sciences"，[②] 该报告阐述了数据密集型科学研究时代人文与社会科学研究面临的挑战与发展方向。

2012年中国工程院李国杰院士综述了大数据研究的科学价值，[③] 其中重点阐述了社会科学中的大数据。2013年沈浩等从传播学的角度分析了大数据对社会科学研究的促进作用，[④] 亦就大数据与社会科学的关系进行了阐述，具体分析了大数据在新闻传播学研究中的应用。

2013年华盛顿大学法学教授Neil M. Richards等在《斯坦福法律评论》上发表了题为"Three Paradoxes of Big Data"的文章，[⑤] 该文就大数据

---

① Danah Boyd, Kate Crawford, *Six Provocation for Big Data*, Paper to be presented at Oxford International Institute's "A Decade in Internet Time: Symposium on the Dynamics of the Internet and Society" on September 21, 2011.

② Council on Library and Information Resources, *One Culture: Computationally Intensive Research in the Humanities and Social Sciences*, 2012.

③ 李国杰:《大数据研究的科学价值》,《中国计算机学会通讯》2012年第9期。

④ 沈浩、黄晓兰:《大数据助力社会科学研究：挑战与创新》,《现代传播》2013年第8期。

⑤ Neil M. Richards & Jonathan H. King, *Three Paradoxes of Big Data*, 66 STAN. L. REV. ONLINE 41, 42–43, 2013.

面临的三个悖论（透明度悖论、身份悖论、能力悖论）进行了阐释。2013 年普林斯顿大学教授 Zeynep Tufekci 发布了题为"Big Data：Pitfalls, Methods and Concepts for an Emergent Field"的报告,① 该报告就大数据这一新兴社会科学研究领域相关方法与概念层面面临的挑战、概念相关问题等进行了分析与阐述。

2013 年时任牛津大学互联网研究所教授的 Gonzalez-Bailon 发布了"Social Science in the Era of Big Data"研究报告,② 该报告做了三个方面的工作：在大数据为基础的环境中理论对于揭示数据内涵仍然有效；阐释了社会科学家如何利用新技术与新方法去揭示古老的社会科学问题；考虑大数据研究如何改变政策制定，提高政策相关领域的沟通与治理。

2013 年加州大学伯克利分校 Kesheng Wu 等用大数据方法分析了金融市场的波动性,③ 该文运用大数据方法实现参数组合，对期货合约因流动性导致的波动性预测精度从 80% 提高到了 93%。

2013 年纽约大学法学院 Ira S. Rubinstein 教授发表了题为"Big Data：The End of Privacy or a New Beginning？"的文章,④ 该文以欧盟隐私保护法案修订与大数据的影响为基础讨论了隐私保护与数据公开之间的辩证关系。

2013 年 UN ECLAC 的 Martin Hilbert 博士发布了题为"Big Data for Development：From information-to Knowledge Societies"的报告,⑤ 该报告从区域发展的视角分析了大数据发展的前提条件、机遇与挑战，指出大数据带来的几个影响：其一是社会发展从"信息时代"向"知识时代"进化；其二是大数据产生的"数字鸿沟"致使区域发展不平衡；其三是需谨记大数据并非"万应灵药"。

---

① Zeynep Tufekci, *Big Data：Pitfalls, Methods and Concepts for an Emergent Field*, SSRN, 2013.

② Gonzalez-Bailon S, "Social Science in the Era of Big Data", *Policy & Internet*, Vol. 5, No. 2, 147 - 160, 2013.

③ Kesheng Wu, E. Wes Bethela, Ming Gub, David Leinwebera, and Oliver Rübela, *A Big Data Approach to Analyzing Market Volatility*, Algorithmic Finance 2, 241 - 267, 2013.

④ Ira S. Rubinstein, "Big Data：The End of Privacy or a New Beginning？" *International Data Privacy Law*, 1 - 14, 2013.

⑤ Martin Hilbert, *Big Data for Development：From information-to Knowledge Societies*, SSRN, 2013.

2014年纽约大学斯特恩商学院教授 Prasanna Tambe 分析了大数据领域关于投资、技能与企业价值的相关关系,① 该文指出具备数据资源优势的企业在大数据技术领域的劳动力投入能使企业产出增长率提升3%,而对成熟技术的投入不会产生额外的效用。

2014年华盛顿大学法学教授 Neil M. Richards 等发布了报告"Big Data Ethics",② 该报告从大数据革命、大数据伦理、保护大数据伦理等方面分析了大数据技术与隐私保护之间的利弊权衡。

2014年南得克萨斯大学法学院教授 Dru Stevenson 等发布了报告"Bargaining in The Shadow of Big Data",③ 该报告就律师行业面临大数据的挑战与机遇进行了分析,特别指出律师利用案例数据(大数据)平台的预测功能有助于其从业绩效的提升。

2014年5月美国总统行政办公室与总统科学技术顾问委员会联合向美国总统递交了题为"Big Data and Privacy: A Technological Perspective"的报告,④ 该报告从技术视角分析了大数据与隐私保护之间的辩证关系,指出大数据在增加社会福利的同时因为数据收集的全面性与分析技术的深入性而使大数据对人类隐私的触及远超人类预期,强调单靠技术手段不能有效保护民众隐私,政府政策必须在隐私保护方面约束相关技术的应用方向,建议政府政策制定的过程中主要约束可能涉及隐私的特殊信息使用方向,同时建议政策主要关注结果"是什么"而不仅仅是"怎么做"以避免因技术进步导致政策失效。

美国麻省理工学院人类动态实验室主任 Alex Pentland 于2014年出版的专著《社会物理学:好的思想如何传播——新科学的一堂课》(*Social Physics: How Good Ideas Spread—The Lessons from a New Science*),⑤ 该书全面阐述了大数据与社会科学相遇时的成果,指出当社会科学与大数据相遇

---

① Prasanna Tambe, "Big Data Investment, Skills, and Firm Value, Forthcoming", *Management Science*, 2014.
② Neil M. Richards, Jonathan H. King, "Big Data Ethics", *Wake Forest Law Review*, Vol. 49: 393-432, 2014.
③ Dru Stevenson, Nicholas J. Wagoner, *Bargaining in The Shadow of Big Data*, SSRN, 2014.
④ Executive Office of the President & President's Council of Advisors on Science and Technology, *Big Data and Privacy: A Technological Perspective*, 2014.
⑤ Pentlan, A., *Social Physics: How Good Ideas Spread—The Lessons from a New Science*, the Penguin Press, 2014.

时，社会物理学家就能够掌握足够的数据为人的行为建立数学模型。

2014年7月《光明日报》发表了国家社科基金专刊第79期，[①] 国家社科基金项目专家许正中、孙建军等分别就大数据与中国的战略选择、利用大数据技术创新社会治理、大数据时代人文社会科学的发展三个方面的主题进行了分析论述。

三 社会科学研究与大数据

社会科学研究自然和社会环境中人的行为的现象和规律，已经确认的学科包括心理学、社会学、社会人类学和其他类型的学科。以大数据为表征的数据科学研究数据的现象和规律。社会科学研究面对日益丰富的数据资源需要创新研究手段、思维模式乃至研究范式，数据科学的发展需要借助社会科学研究的应用环境与发展空间。

大数据研究的目的是将数据转化为知识，探索数据的产生机制，进行预测和政策制定。大数据的核心是预测，其对人类行为以及社会问题的预测为人们津津乐道，而大数据预测系统之所以能够成功，关键在于它们是建立在海量数据基础之上的。

传统的经验性社会研究使用的是随机抽样的属性数据。这种现状受制于社会科学的实证研究方法，也受制于采集关系数据的巨大成本和不可操作性。但在大数据时代，社会化媒体使得基于社会网络的关系数据唾手可得。

在社会科学研究领域，以社会计算、复杂网络分析、大规模数据分析为特征的研究方法逐渐被采纳，社会科学研究的科学性显著增强。

来自互联网的大数据及对它们的分析和使用更是撼动了社会科学，2007年雅虎首席科学家Watts在Nature发表的文章"A Twenty-first Century Science"中称：[②] 个人的活动得到了前所未有的记录，为社会科学的

[①] 国家社科基金专刊第79期：《国家社科基金项目专家：大数据时代的机遇与挑战》，《光明日报》2014年7月7日第11版。

[②] D. J. Watts, "A Twenty-first Century Science", Nature, Vol. 445, No. 7127, 489–489, February 2007.

定量分析提供了极为丰富的数据。由于能够测得更准、计算得更加精确，社会科学正因此脱下"准科学"的外衣，将在 21 世纪全面迈进科学的殿堂。

（一）大数据是什么

数据信息计量的最小基本单位是 Byte，按信息量从小到大顺序的单位包括：bit、Byte、KB、MB、GB、TB、PB、EB、ZB、YB、BB、NB、DB，除了 1Byte = 8bit 而外，后续的计量单位均按照进率 1024（2 的十次方）来计算。大数据的"大"没有精确的定义，不同的时代对应着不同的大数据规模，当前大数据的数据规模在 GB、TB、PB、EB、ZB 这几个规模尺度上。

大数据有多种定义，其差别在于研究人员所在的行业领域，多数定义都反映了那种不断增长的捕捉、聚合与处理数据的技术能力，而这个数据集在数量、速率与种类上随时间演化而持续扩大。

维基百科对大数据的定义为：大数据意指一个超大、难以用现有常规的数据库管理技术和工具处理的数据集。

互联网数据中心（IDC）报告对大数据的定义为：大数据技术描述了一种新一代技术和构架，用于以很经济的方式，以高速的捕获、发现和分析技术，从各种超大规模的数据中提取价值。

美国 NSF 给出的定义是：大数据集是"庞大的、多样化的、复杂的、纵深的或分布式的，由各类仪器设备、传感器、网上交易、电子邮件、视频、点击流，以及现在与未来所有可以利用的其他数字化信号源产生的数据集合"。

百度百科对大数据的定义是：大数据或称巨量资料，是指所涉及的资料量规模巨大，以致无法通过现有主流软件工具在合理时间内撷取、管理、处理并整理成为帮助企业或机构达致经营决策或管理运用目的的资讯。

（二）社会科学研究创新范式

大数据已开启了社会科学研究方法的重大变革，2007 年已故图灵奖得主 Jim Gray 在他最后一次演讲中描绘了继实验观察、理论分析和计算机模拟之后，出现了被称为"数据密集型科学"的第四种研究范式。[①] 这一范式的特点是以数据为中心来思考、设计和实施社会科学研究，科学发现依赖于海量数据采集、存储、管理和分析处理的能力。社会科学研究范式的演化路径见表1。

表1　　　　　　　　社会科学研究范式演化路径

科学范式	时间区间	方法
经验范式	几千年以前	描述自然现象
理论范式	过去数百年	利用模型和归纳
计算范式	过去数十年	对复杂现象进行模拟
数据范式	现在	仪器采集或模拟数据、软件处理、硬件储存、科学分析

大数据时代社会科学将面临研究方法的转变：即由"猜测、推理、观测、验证"的研究模式向"观测、计算、挖掘、分析、验证"的创新研究范式转变。因此基于研究范式的演化，社会科学研究将可以开辟更多的研究领域，如网络经济学、网络心理学、社会媒体学等，从而深入理解新时代中社会结构和人们活动方式的变更。

目前政治学、经济管理、考古学、古籍整理、法律等大量学科和领域均已成为"数据密集型学科"，这些学科都正在从大数据技术中获益。

（三）社会科学研究时空尺度

彭特兰（Alex Pentland）于2014年提出了社会科学研究的时空图谱，[②] 该图谱给出了社会科学研究时间、空间尺度的演化路径。社会科学研究时空图谱见图1。

社会科学研究时空图谱对应的横轴代表科学实验的观察期限，纵轴代表每个观察对象被观察的频度。随着研究手段及研究方法的进步，社会科

[①] Tony Hey, Stewart Tansley, Kristin Tolle, *The Fourth Paradigm: Data-Intensive Scientific Discovery*, Microsoft Corporation, 2009.

[②] Pentland, A., *Social Physics: How Good Ideas Spread—The Lessons from a New Science*, the Penguin Press, 2014.

学研究实验的观察期限逐渐延长、观察频度逐渐增密，实验所得数据量呈几何级数递增。世界走向（Where the world is headed）是社会科学实验发展的最高境界，目标是利用大数据技术实现时间尺度上可以持续观察人类社会、空间尺度上可以记录人类所有活动的数据密集型研究新范式。

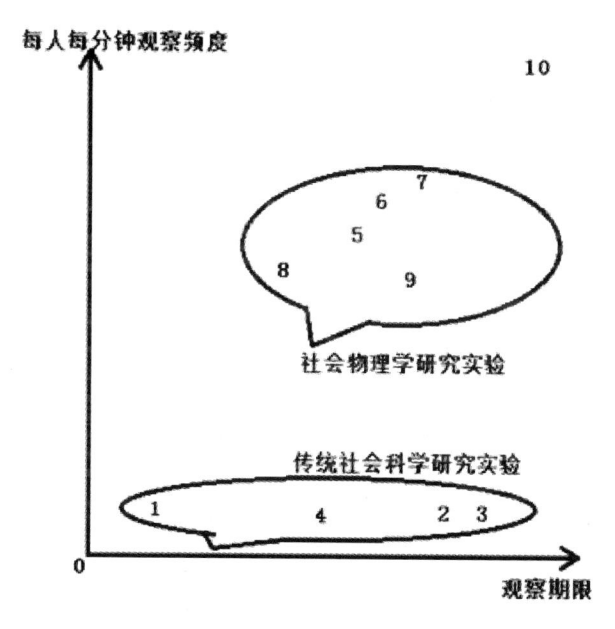

图 1　社会科学研究时空图谱

说明：1——大多数社会科学实验，2——美国中西部心理学现场研究所，3——弗雷明汉（Framingham）心脏研究，4——大尺度电话记录数据集，5——"现实挖掘"实验，6——"社会进化研究"实验，7——"朋友与家人"实验，8——"社交徽章"研究，9——发展数据集，10——世界走向。

四　大数据对社会科学研究带来的机遇

社会科学是从整体上研究人类社会起源、演变、范畴、本质及其发展规律的科学，它关心的是一群人集合在一起的时候的活动规律，关心人类活动的规律与功效。随着移动互联网与社交网络技术的发展，社会个体和群体的日常活动行为数据的爆炸为社会系统的实证研究带来了机遇。由于数据的海量性、多态性和复杂性等因素，传统的社会科学分析方法无法有效应对，大数据技术与分析方法的出现恰好因应了社会科学研究的现实需求。

大数据时代社会科学研究面临四个机遇：研究对象的可感知性、研究工具的透视创新、研究思路的全域性、研究结果的实战性。

（一）研究对象的可感知性

社会科学是以人类社会活动为研究对象的，其内涵是：以逻辑和观察为基础，探索人类社会的知识体系。即以经验方式，对人的行为、态度、关系以及由此形成的各种社会现象、社会后果进行的科学探究活动。那么社会科学研究的两大支柱就是：逻辑与观察，逻辑用于考究事物之间的联系，观察在于对客观世界的主观感知。传统的线下时代，人类社会活动很难被有效感知。

进入大数据时代，人类社会活动被以移动互联网、社交网络、自动感知设备等技术为基础的各种感知器、记录仪等仪器设备所感知并记录，这些感知与记录的表现形式包括：GPS或北斗位置定位信息、无线局域网络、加速度计、蓝牙、子信源身份验证、通话记录、短信发送记录、网页浏览记录、通讯录、运行的手机应用、安装的手机应用、视频状态、联网装置电池状态以及信用卡交易记录、支付信息、购物消费记录、线上活动记录等。基于此，大数据时代的人类社会活动已经实现全域可感知。

（二）研究工具的透视创新

传统社会科学研究方法包括问卷、访谈、观察、调查、统计，这些传统方法基于研究者与被研究对象的面对面、在设定时间内的有限互动而得到研究基础资料。社会科学研究缺乏工具资源，当前的社会科学研究使用的工具依然是基于纸和笔的社会调查、人类观察、倾向测试、实验室受控实验，这些研究工具得到的结果相对于研究对象的真实情况而言是有偏估计量的。大数据时代之前，社会科学研究几乎从来没有经历过研究工具的创新。

类似于生物学中的显微镜、天文学中的望远镜，社会科学研究中基于大数据等数据密集型学科的发展，犹如找到了社会科学研究的创新工具——社会透视镜。大数据使得人们能够通过数据观察分析乃至透视丰富的自然、经济、社会现象，借助互联网数据，可以及时了解疾病疫情、科学动态、社会动态等人类社会活动。

(三) 研究思路的全域性

社会科学研究的重点是变量间的关系，其理论与方法都围绕着变量关系而展开，变量之间的关系可以是相关关系，也可以是因果关系，但是传统社会科学主要研究因果关系，即某个变量的属性会造成、促进或改变或妨碍另一个变量的某个属性。这种只注重因果分析的思路是单通道、单向研究思路，由于社会现象的复杂性衍生而来的复杂的变量关系导致多因多果的解释困境。大数据语境下社会科学研究将注重相关分析，这一研究思路体现了立体、多维、全域的相关关系思路。

人类将事物之间的联系分因果与相关两个维度，但相关是一切的前提。相关独立于因果而存在，因为除因果关系相关之外，还存在简单相关和时序相关。大数据是人、事、物之间的多重耦合，复杂程度超出人类以往的经验、直觉。

通过找到一个观察现象的良好的关联物，相关关系可以帮助研究人员捕捉现在和预测未来。大数据的相关关系分析法更准确、更快，而且不易受偏见的影响。建立在相关关系分析法基础上的预测是大数据的核心。大数据时代社会科学研究将不再将中心放在探讨难以捉摸的因果关系之上，而是转向关注事物的相关关系。

通过大数据去探求"是什么"而不是传统分析研究的"为什么"，相关关系帮助研究人员更好地理解人类社会。总之，因果关系是单一的线性思维，相关关系是全域的非线性思维，因此大数据时代为社会科学研究提供了全域化的研究思路。

(四) 研究成果的实战性

传统社会科学研究的五大基本功能分别是：探索、描述、解释、预测、干预，研究结果主要用于决策建议或者解释性说明，而与商业或政府政策制定所需的决策要求尚有一定的距离。然而大数据语境下基于相关分析而得到的预测结果可直接用于商业及政府政策制定决策方案，即大数据语境下社会科学研究成果直接以操作方案体现，研究成果的实战性得以充分体现。

面对越来越复杂的人类社会系统，大数据帮助社会科学研究者感知研究对象、创新研究工具、拓展全域化的研究思路，进而建立新的思考框架、获取以前无法获得的知识、洞察以往无人能发现的相关性，从而推导出更具实战性的科学决策和科学行动方案，推动社会科学研究成果全面改变人类社会思考、决策和行动的模式，让人类生活得更加智慧。

五 社会科学研究面对大数据带来的挑战

随着移动互联网、社交网络对人类社会活动的深入渗透，社会科学研究对象的丰富性与复杂性日渐增强。大数据技术在社会科学中的应用导致研究对象的全域可感知，社会科学大数据由数十亿人在生活与交往等个体和群体行为中产生并积累，从事社会科学研究的学者需要从这些看似杂乱无章的数据中寻找有价值的蛛丝马迹。而社会科学大数据有许多不同于自然科学实验数据的特点，包括多源异构、交互性、时效性、社会性、突发性和高噪声等，不但非结构化、半结构化数据多，而且数据的实时性强，大量数据都是随机动态产生的。因此，科研资料总量的快速增加给社会科学研究带来了巨大的挑战。社会科学研究领域面临大量资料的处理，这些文献资料的量级远远超过了传统阅读能力所能处理的范畴，必须借助计算机及网络技术手段更新研究方法和研究工具，亦即社会科学研究面临"百万图书的挑战（Million Books Challenge）"。

研究对象的全域可感知导致研究基础资料的数字化，这一数字化过程将改变传统社会科学研究的资料类型，数字资源的采集、加工和处理对研究结果的获得起到了至关重要的作用。

有鉴于此，社会科学研究领域在大数据时代面临着巨大的挑战，主要的挑战在于：大数据意识的缺失、初始大数据资源的不足、大数据处理能力的或缺。

（一）社会科学研究界对大数据研究意识的缺失

传统社会科学研究定性分析居多，少有的定量研究也主张采用是非论断，采纳或拒绝某一特定假设，是采用确定性、因果关系的研究思维或研究意识。在大数据环境下，社会科学研究者需增强计算分析思维，加大对相关命题进行趋势分析的力度。社会科学研究需更加注重片段数据、海量数据、非结构化数据的采集、清洗与分析，通过碎片化重组，深度揭示传统分析方法难以处理或无法预知的社会科学问题。传统社会科学研究成果的表现形式为最终成果，再利用效益有限，基本局限于文献引用、转述和评论等途径，而大数据支撑下的社会科学研究将可记录研究的完成过程，资源化的原始数据、中间成果得以立体化、可视化展现和应用，成果再利用水平显著增强。

（二）社会科学研究界掌握初始大数据资源的不足

自然科学各分支学科大量配置的探测及实验设备，获取了海量的大数据，亦即自然科学界基本将各自领域的大数据掌握在自己手里，便于研究、交流和保存。

高能物理研究领域的北京谱仪、欧洲粒子物理研究中心的大型强子对撞机（LHC）每年将分别产生3PB、15PB的海量原始实验数据；天文学领域的大口径综合巡天望远镜（LSST）、地基广角相机阵（GWAC）和"天籁计划"每年将产生数百PB的海量观测数据；空间科学领域的美国"空间天气计划""日地探测计划"，加拿大"地球空间监测计划"，欧洲空间局空间科学卫星任务，中国"子午工程"、中国空间科学卫星计划，国际合作"与日同在计划"形成了PB量级的观测数据；对地观测科学领域通过航天航空传感器技术、遥感应用技术、地理信息系统技术及数据地球技术获取了海量PB量级的观测数据；生物多样性研究领域中的物种名称数据、物种出现记录数据、文献数据、基因数据形成了海量的实验及观测数据；生物医学领域中的DNA测序数据、医学影像、健康档案、医学文献形成了PB量级的海量数据。[①]

科学实验是科技人员设计的，如何采集数据、处理数据事先都已经规划完备，不管是检索还是模式识别，都有一定的科学规律可循。因此，自然科学实验的大数据处理是整个实验的一个预定步骤，发现有价值的信息往往在预料之中。

但反观社会科学研究界，实验设备及探测仪器的缺乏，社会科学研究界缺乏初始或原始的大数据资源。大量的社会科学大数据资源掌握在互联

[①] CODATA中国全国委员会编著：《大数据时代的科研活动》，科学出版社2014年版，第22—89页。

网企业的手里，难以形成公开可用的基础研究资源。

(三) 社会科学研究界对大数据处理能力的或缺

网络数据的背后是相互联系的各种人群，社会科学大数据的处理能力直接关系到国家的信息空间安全和社会稳定。从心理学、经济学、信息科学等不同学科领域共同探讨网络数据的产生、扩散、涌现的基本规律，是建立安全和谐的网络环境的重要战略需求，是促进国家长治久安的大事。

社会科学研究所面临的数据量每年增长一倍，但计算能力按照摩尔定律每 18 个月增长一倍，I/O 带宽每年增长 10%。因此相对于数据量的急速增长，计算能力和 I/O 带宽的增长远远不能满足需求。在数据密集型环境下，社会科学研究所需的资源不但包括数据库、分布式数据，还需要高性能计算、分布式计算（网格和云计算等）、数据挖掘和知识发现工具、创新的可视化环境等。因此社会科学研究正面临海量社会数据存储、I/O 带宽、管理和分析等多方面的技术挑战。社会科学研究手段也面临着多方面的更新：分布式数据获取、高速数据传输、数字化模拟计算、大规模数据处理技术、多媒体信息表达等。

一般而言，社会科学的大数据分析，特别是根据互联网数据做经济形势、安全形势和社会群体事件的预测，比自然科学实验的数据分析更困难。

与社会科学相关的大数据问题（比如舆情分析、情感分析等）遇到许多传统社会科学研究没有考虑过的理论问题，社会科学研究领域在大数据处理能力上存在严重不足，需要数据科学与社会科学领域的学者通力合作，共同面临新的挑战。

社会科学研究领域大数据处理能力的或缺主要受制于两个因素：其一是社会科学研究机构在大数据领域内的硬软件设备投入不足；其二是大数据专业人才不足。

大数据技术的运用涉及数据采集、数据存储、数据传输、数据分析、数据可视化等众多环节，每一个环节均需要大量高度复杂的硬件设备、软件系统，目前社科领域在大数据相关硬软件方面的投入严重不足。

人才是大数据发展的核心环节，目前在全球范围内，具备理解数据背后所隐藏的巨大价值的思维及提取这种价值的技能的人才还太少，中国更是紧缺相匹配的思维方式和大量的"大数据"行业人才，现存从事大数据业务的人才的知识与能力结构也需要大幅度更新。

六　行动方案与初步结论

社会计算、网络社交等社会科学新兴学科的兴起，反映出科学数据的爆炸式增长已经成为众多社会科学领域的普通现象，大数据已经撼动了社会科学研究的范式，数据密集型科学研究会成为社会科学研究的普遍范式。大数据意味着大机遇，新的知识与洞见蕴含其中，但同时意味着与数据开发利用相关的技术、设施、政策和文化、机构和人才等方面面临巨大挑战。只有解决了社会科学研究的大数据意识、大数据基础资源、大数据处理能力等方面的挑战，才能有效抓住发展的机遇。重视大数据和数据密集型科学研究是未来社会科学研究不可避免的问题，我国急需从国家层面高度重视大数据对社会科学研究的影响，特别需要从引导并倡导大数据语境、构建全域社科大数据资源、社科大数据处理能力建设等方面给予强有力的支持，推动建立良好的社会科学数据开发利用环境。

本文在综述国内外大数据研究成果及其在社会科学研究领域的研究进展的基础上，综合分析了社会科学研究与大数据之间的相依性，阐述了大数据时代社会科学研究面临的机遇与挑战。

基于此，本文提出如下行动方案与初步结论。

（一）行动方案

1. 引导并倡导大数据语境

研究和制定与大数据时代配套的社会科学研究政策，在社科界引导并倡导大数据语境。研究和制定可提升社会科学自身的纠错能力、有利于数据共享和重用的社科数据政策，使开放科学和开放数据的原则被广泛接受，为社科数据价值的充分发挥、科研的良性竞争和持续进步提供有力支持。

2. 构建全域社科大数据资源

建设新型国家级社科数据基础设施，构建全域社科大数据资源。社科数据基础设施是实现国家社科研究繁荣所需的长期投资，目前我国社科领域数据基础设施极为落后。建议国家设立专项投资计划建设一批大型社科观测实验基地、引入与基地运行相匹配的社科实验设备，支持多学科研究和数据的跨学科转移、通过连接不同学科的数据集以支持创建开放链接的数据空间，以及支持社科数据与文献互操作的国家级社科数据基础设施。制定政策引导社会企业将涉及社科研究对象的大数据以合法合规的形式向社科界开放与共享，构建全域社科大数据资源库。

3. 社科大数据处理能力建设

发展社科大数据采集、存储、管理、分析和共享所需要的核心技术。为了增强从庞大而复杂的社科数据集中获取知识和洞见的能力，还需要在社科大数据采集、存储、管理、分析和共享所需要的核心技术上进行布局、提升和突破。

积极培养新的社科专业人才，支持数据科学的发展。为了有效利用现有和未来产生的海量社科数据和数据技术，必须培养与大数据时代相匹配的新型专业社科人才。

通过支持建立数据科学研究机构、开设数据科学相关专业和课程，促进社科数据基础理论的发展，促进有关数据存储、管理、分析、可视化技术的研究和开发。

引导相关学科对新的科研方法进行探索与利用。通过重点领域突破与应用示范相结合的方式，引导相关学科的科研人员对数据密集型科学研究方法进行探索和利用，加快社科相关学科领域科研模式的转变与更新。

（二）初步结论

1. 基于大数据的发展，社会科学研究的复杂性将与自然科学的复杂性相若

移动互联网、社交网络、物联网、可穿戴设备等与人类社会活动密切相关的信息技术手段的快速发展与普及应用，促进了社会科学研究对象的全域可感知，大数据技术与云计算在社会科学研究中的扩散式运用为社会科学研究思路、研究手段的更新提供了技术保证。基于人类社会活动的随机性、交互性的特征，社会科学研究从研究对象的复杂性与研究手段的科学性方面将与自然科学研究相若。因此，社会科学将不再是"软"科学，大数据将使社会科学研究转变为"硬"科学。

2. 社会科学与自然科学的交融更加明显，二者的鸿沟将被大数据填平

大数据时代由于人机互动设备、人与自然互动设备与技术的广泛而深

入的运用,自然科学研究领域将涉及众多人类社会活动的因素,社会科学研究领域也将触及更多自然发展规律并更加深入而全面地运用数据密集型科学研究范式。基于此,可以预计大数据时代自然科学与社会科学的鸿沟将逐渐被填平,进而衍生出融自然科学、工程技术、社会科学为一体的"大科学"。

3. 大数据背景下社会科学研究的学科体系将层出不穷、创新性更强

得益于大数据为社会科学带来的研究对象可感知、研究工具的创新、研究思路的全域性、研究结果的实战性等机遇,社会科学研究领域将建设大量的先进实验观测机构、引入大量先进的实验设备、获得与自然科学领域等量齐观的研究经费支持。伴随着大数据意识得以普及、社科大数据资源涌现、社科大数据处理能力的增强,可以预期社会科学研究的学科体系将层出不穷、创新性将更强,社会科学研究将迎来历史性的大繁荣。

4. 基于大数据的技术支撑,社会科学研究领域将更加宽泛、研究手段实验性更强、研究结果更加有效和及时

社会科学主要关注人本身、人与人、人与环境之间的关系,传统社会科学研究受实验手段的时空限制,研究领域局限在相对有限的时间、空间、实验对象范围内,随着大数据技术的发展,基于移动互联网、社交网络、自动感知技术的运用,社会科学研究领域将更加宽泛。随着研究对象的全域可感知、研究数据实时处理能力的增强,社会科学研究的实验性将更强,社会科学研究人员可以随时对研究对象进行跟踪、取值并进行计算机实景、仿真或模拟实验。

大数据技术推动社会科学研究工具的透视创新、研究思路的全域革新,促进社会科学研究成果解决实际问题的时效性更高、有效性更强。基于大数据带来社会科学研究成果的实战性,大数据将促进社会管理更加有效,大数据在犯罪线索挖掘、反腐败等领域将起到不可替代的巨大作用,基于大数据的社会透视功能,目前各级机构面对的"假数据"难题亦将无处遁形。

5. 借力大数据,为政府决策服务的智库建设将走向新阶段

党的十八大和十八届三中全会要求加强中国特色新型智库建设,建立健全决策咨询制度。大数据相关技术的发展和应用将为丰富智库内容和加强决策判断带来前所未有的机遇,通过多维度、多层次的数据以及关联度分析,大数据将助力智库机构找到社会课题的真实症结,挖掘事实真相,

从历史经验和发展趋势判断未来，堪称"结论即在数据中"，从而使决策建议更有针对性、实效性、前瞻性、可操作性。

为政府提供决策服务的智库机构将借力大数据，顺应当前社会领域发展的大趋势，正视挑战、抓住机遇、积极谋划、抢先发展，充分利用大数据资源和大数据分析技术的发展和应用，从"快、专、新"三个方面对智库产品及生产流程进行升级优化，提升智库辅助党政机关决策、服务国家社会发展的水平。

（作者李后强，四川省社会科学院党委书记、教授；李贤彬，四川省社会科学院金融与财贸经济研究所副教授，成都市一环路西一段155号　610071；李单晶，电子科技大学马克思主义教育学院博士研究生，成都市高新区（西区）西源大道2006号　611731）

科研经费使用效率函数及其价值

——从"共输"到"共赢"

陈灿平 曾 明

摘 要：现行制度要求科研经费使用必须严格执行预算，但实际上，这种方式并非最有效率的。通过分析预算成本（n）、实际成本（m）、成果质量系数（q）三个参数与科研经费使用效率（F）的关系，可以建立科研经费使用效率函数 $F=qn/m$。此函数表明，科研经费使用效率与成果质量成正相关关系，与经费实际使用率（m/n）成负相关关系。科研经费使用效率函数具有理论、计算与管理三重价值，在理论上可以改变我们关于科研经费使用效率的观念，在计算上可提供一种便捷有效的使用效率计算公式，在管理上可改进科研经费管理方式，走向目标管理。

关键词：科研经费 效率 预算 目标管理

近年来，审计部门加强了对科研经费的审计。审计结果表明，按照现行科研经费使用规定，许多科研项目的经费使用都有不同程度违规行为，尤其是项目学者采取各种手段变相为自己谋利。这一结果让人思索：为什么大量项目都存在经费违规使用？难道大多数项目学者都不道德、不守规？除了项目学者自身的原因，相关制度是否也存在问题？本文试图反思现行科研管理制度，尤其是科研经费管理制度，并提出解决思路。①

现行科研管理制度认为，科研经费只有严格执行预算，才是最有效率的使用，但其实不然。因此，本文试图探讨的问题是：科研经费应如何使用才是更有效率的？本文准备利用数学手段来描述科研经费的使用效率，通过分析预算成本（n）、实际成本（m）、成果质量系数（q）三个参数与科研经费使用效率（F）的关系，可以建立科研经费使用效率函数：$F = qn/m$。此函数表明，科研经费使用效率与成果质量成正相关关系，与经费实际使用率（m/n）成负相关关系。科研经费使用效率函数具有理论、计算与管理三重价值，在理论上可以改变我们关于科研经费使用效率的观念，在计算上可提供一种便捷有效的使用效率计算公式，在管理上可改进科研经费管理方式，走向目标管理。

---

① 关于科研经费管理，目前的大多数研究都是在顺应现行科研管理体制的前提下，强调过程管理，监管经费的具体使用，防范学者从经费中谋利，如白波（2010），钱文藻（2010），叶茂林（2008）、李新荣（2008）、李小妹（2008）、申纪云（2008）、汪力（2008）、孙艳华（2007）、陈省平、李子和、刘涛（2007）、陈长喜（2007）、刘娟（2006）、杨力（2005）、郭传杰（2001）、吴建国（2011，博士论文）、王文岩（2005）、王凭慧等（2003）等。而黄浩涛、王延中（2009）对现行科研经费管理制度没有考虑项目学者的人力成本提出了反思和建议；夏国藩等（1987）则指出，科研具有诸多不可测因素，经费预算和管理皆要灵活，并且应贯彻按劳分配原则。现有研究存在五点不足：第一，没有区分额内劳动和超额劳动，故未从法理上充分认识到，项目学者所付劳动是超额劳动，按照按劳分配原则，应付予劳动报酬，从而没充分认识到当前科研经费配置方案的不足，未能在经费预算中体现项目学者的权利。第二，对一次结项（专家鉴定）后的二次管理的重要性、科学性和可行性缺乏研究。其实，二次管理是十分有效的，它以目标回溯的方式来管理过程，从而督促学者严谨从事科研。第三，对科研管理的信息化、公众化重视不够，而二次管理与信息化、公众化相结合，是提高管理效率、降低管理成本、扩大成果社会效益的最佳手段。第四，对将目标管理与经费管理相结合的研究不够，而目标管理（尤其是二次管理加信息化、公众化）是督促经费有效使用的最佳手段。第五，对失败项目的管理缺乏研究。另外，检索发现，国内关于科研经费管理的论文非常多，专著也不少，但国外的相关资料多是一些具体的管理方案，专门研究并不多，近期研究尤其少。这说明什么？这说明在国外根本不是问题的科研经费使用和管理问题，在中国却是很麻烦的问题，因为中国的制度不合理，继而导致难以执行。于是，一些管理者和学者便想方设法来解决几乎无法有效执行的制度的执行问题，从而产生大量无效的学术成果（国外的研究，略可参见 Charles A. Goldman & T. Williams, *Paying for University Research Facilities and Administration*, Washington, D. C.：RAND Corporation, 2000；Borje O. Saxberg & John W. Slocum Jr., "The Management of Scientific Manpower", *Management Science*, Vol. 14, No. 8, April 1968；Thomas R. Dyckman, "Management Implementation of Scientific Research：An Attitudinal Study", *Management Science*, Vol. 13, No. 10, 1967）。

一 当前科研管理制度的特点、缺陷及其提出的效率问题

(一) 当前科研管理制度不承认项目学者的超额劳动与相应利益及其导致的问题

项目学者是否应从科研项目中谋利？这是当前科研经费管理中最核心的问题，解决此问题是解决科研经费管理中诸多问题的必要条件。

在现代学术体系下，学术资源所有者（以下称为"资助方"，如国家、公司、社会团体等）为了利用和激励学者的研究能力，主要采用项目制来管理学者。[①] 某些学者在完成基本教学科研工作之余，可以申请科研项目。承担科研项目的学者，即为项目学者，包括项目主持人和成员，而主持人具有核心地位。

在申请项目时，项目学者除了提出项目目标、论证项目价值和可行性、设计项目规划、证明完成项目的基础条件，还要提出项目经费预算。但是，中国的科研经费预算很少得到严格执行。这是因为：第一，由于中国的科研经费预算没有考虑项目学者的利益，所以，几乎所有项目学者都会刻意规避预算限制，想方设法从经费中谋利。第二，由于科学研究的特殊性，使得科研经费很难准确预算，因而预算很难被严格执行。两相结合，科研经费预算很难被严格执行。下面，分别阐述这两个原因。

关于第一个原因。中国的科研经费预算完全没有体现项目学者的利益，是项目学者刻意规避预算的根本原因。具体说来，有以下几点。

1. 明确项目劳动的类型：额内劳动与超额劳动的区分是判断项目学者劳动类型及项目学者是否应从项目中谋利的唯一角度

有人认为，学者拿了工资、岗位津贴，是该搞科研的，不应在项目经费中谋利。但是，这一说法似是而非，完全不能自圆其说，既不合逻辑，也与我国现行法律法规相违背，其根本缺陷是没有区分额内劳动和超额劳动。

的确，大多数项目学者都来自公立大学或公立科研机构，他们享受财政拨付的工资及岗位津贴（为简便起见，下文说的"工资"包括一切财

[①] 黄浩涛、王延中：《课题制研究》，社会科学文献出版社2009年版，第1页。

政支付的收入)。但是,这并不意味着工资就能买断学者所有的劳动。所有公职人员(包括公务员)都有基本工作量(或固定工作时间),而多数高校和研究院所也为学者厘定了基本工作量。在理论上,若以一年为周期,基本工作量就是每日八个工作时乘以全年工作日得出的工作时(厘定的误差又当别论)。有些职业的基本工作量,很难用固定的每日八小时来厘定,也很难要求劳动者像政府机关那样每日坐班八小时,于是采用了其他厘定方式。例如,教师通常是以课时量来度量基本工作量(为简便起见,下文把基本工作量称为"额内劳动")。超过额内劳动的劳动就属于超额劳动。在事业机关单位,公职人员在规定时间外加班,付出了超额劳动,单位要支付加班费;在学校,教师教学工作量超过了额内劳动,学校要支付超工作量津贴。关于科研工作量,虽然一部分学校(和科研机构)对科研工作有一定的量化要求,但额内劳动中科研工作量是很少的,且并不必须有科研项目。所以,学者在科研项目中付出的劳动,主要不是额内劳动,而主要是额外的人力成本,即超额劳动。

科研项目中的劳动属于超额劳动的基本理论依据是:额内劳动是指派性的,而科研项目是竞标性的,如果科研项目属于额内劳动,它就不应该竞标,而应该指派,并且当以均摊为基本指派方法,这就意味着科研项目不是额内劳动,而是超额劳动。同时,额内劳动完不成,基本收入(如工资)会受到损失,但不争取科研项目或项目完不成,基本收入不受损失,这也说明科研项目不是额内劳动。[1]

明确科研项目劳动的类型,是判断项目学者是否应从项目中谋利的唯一角度。如果不能明确项目劳动的类型,则无法判断项目学者是否应从项目中谋利。如果项目劳动是额内劳动,那么项目学者的报酬在工资中,则他们不应再从科研项目中谋利;如果项目劳动属于超额劳动,则他们应该从项目中谋利。

既然学者在科研项目中付出了超额劳动,那么,他们就应该获得相应的劳动报酬。就社会主义劳动关系理念看,超额劳动应获得相应劳动报

---

[1] 一方面,如果把科研项目作为所有大学教师(及科研人员)的额内劳动的必要内容,那么,就全国范围看,可以肯定,绝大多数教师(及科研人员)都无法完成基本工作量。这意味着,将科研项目作为额内劳动是不可行的。另一方面,如果项目大致平均分配,让绝大多数大学教师(及科研人员)都有项目,则不但导致项目经费被严重稀释,并且导致许多没有研究能力的人员被迫从事科研,则根本无法进行有效研究,从而导致更多的经费白白投入。

酬，是其必要内涵，是社会主义按劳分配原则的贯彻和实现；就法理看，超额劳动应获得相应劳动报酬，是公民的基本权利，要受法律保护。《劳动法》(1994年7月5日第八届全国人民代表大会常务委员会第八次会议通过)第46条规定："工资分配应当遵循按劳分配原则，实行同工同酬"；第44条第1款规定："安排劳动者延长工作时间的，支付不低于工资的百分之一百五十的工资报酬"；第91条规定："用人单位有下列侵害劳动者合法权益情形之一的，由劳动行政部门责令支付劳动者的工资报酬、经济补偿，并可以责令支付赔偿金"，本条第2款规定的情形是："拒不支付劳动者延长工作时间工资报酬的"。

2. 不能混淆科研奖励与劳动报酬，不能用科研奖励取代劳动报酬

基于额内劳动与超额劳动的区分，则有劳动报酬与科研奖励的区分。

有人试图用科研奖励来支付项目学者付出的劳动，这是将劳动报酬与科研奖励混为一谈。劳动报酬与科研奖励不是一回事。劳动报酬是对项目学者付出的正常劳动的报酬，属于正常报酬（或加班工资），而科研奖励是对正常劳动中的优质劳动进行的选拔性奖励，与各种评奖中的奖金属于同一性质，不属于常规报酬。所以，不能用科研奖励取代劳动报酬。

3. 明确财产所有权的归属和转移问题

有人认为，科研经费属于公有财产，是公款，不能挪作私用，但这一看法也似是而非。的确，在使用前，科研经费本身属于资助方的财产（如纵向项目经费来自国有财产）。但是，财产的归属权是可以通过某些合法形式（如劳动、交易）转移的。例如，公职人员的工资本身也属于国有财产（纳税人的钱），但这种公有财产可以通过公职人员的劳动而转化为其私人财产。因此，准确地说，公职人员的工资是来自国有财产。再如，企业（无论是公有企业还是私有企业）承包国家财政支付的项目，其项目款项来自国有财产，但这部分财产不但可以通过企业行为转化为企业员工的工资，还可以转化为利润，甚至是私人财产。通过转化后，原来的国有财产就不再是国有财产。同理，科研经费虽来自资助方，但经过项目学者的劳动以及购买、消耗后，就不再属于资助方。

4. 科研劳动与项目学者利益的关系

在科研项目中，人力成本在整个项目成本中占很大比重。甚至，在许多人文社科项目中，人力成本占了整个项目成本的大部分（超过一半）。这意味着，在真正科学合理的项目预算中，人力成本应该被作为重要预算

科目。并且，学者的人力是高度复杂的脑力劳动加体力劳动，其单价要比普通劳动者高出许多。

但是，现行科研经费预算的最大缺陷是完全没有体现出对项目学者所付出的超额劳动的正常报酬。因此，现行的科研经费的预算、使用和管理所体现的劳动关系，既与社会主义劳动关系理念（按劳分配是其基本原则）不一致，也与《劳动法》不一致。例如，《国家社会科学基金项目申请书》（2013版）的预算表共有如下十一个科目：（1）资料费；（2）数据采集费；（3）差旅费；（4）会议费；（5）国际合作与交流费；（6）设备费；（7）专家咨询费；（8）劳务费；（9）印刷费；（10）管理费；（11）其他费用。这是一个无法自圆其说的预算表。在这11个科目中，没有一项体现了项目学者的利益。其中，第11项其他费用，不但限额很少，且根本不是为项目学者利益保留的预算。反倒是第（7）（8）两项体现了项目学者之外的人员的利益。专家咨询费，乃是项目学者之外的专家的超额劳动报酬；劳务费，是项目学者之外的其他人员为项目付出超额劳动的报酬。为什么项目学者之外的相关人员付出的超额劳动有报酬，而参与项目的学者付出的超额劳动反而没有呢？再则，第（10）项"管理费"，体现的乃是管理部门的利益。管理人员也有工资。如果管理人员对项目的管理是超额劳动，因而他们可以从项目中谋利来补偿其劳动，那么，项目学者也应该从项目中谋利来补偿其劳动。如果管理人员付出的是额内劳动，而他们可以从项目中谋利，那么，项目学者的超额劳动显然更应该从项目中谋利。所以，项目经费预算对管理人员和项目学者的不同等待遇，在逻辑上显然不一致。当然，这里不是说管理人员不应该谋利，而是说，既然管理人员该谋利，那么，项目学者也该谋利。但是，这并不意味着，如果管理人员不从项目经费中谋利，项目学者就不能谋利。无论管理人员是否谋利，都不改变项目学者所付劳动是超额劳动这一事实，因而项目学者应该从项目经费中谋利，而管理人员可以谋利只是强化了项目学者应该谋利的理由。综上，《国家社会科学基金项目申请书》的预算表体现出来的是，资助方没有为项目学者提供任何利益，它只是单方面要求项目学者付出超额劳动，进行科研，该《申请书》作为一份劳动合同，并没有体现出责任与权利的统一，既不合理，亦不合法。由此，项目学者怎么会自觉地严格执行预算，毫不谋利呢？①

学者是以其科研能力为谋生手段的，学者的生存状况决定了项目学者通过项目谋利是合法合理合情的。因为，第一，现代学术体系与古代不同，古代学者大多为贵族或富人，他们本身就掌握着充分的学术资源（含生活资源），基本上不以学术为谋生手段。而在现代学术体系中，学术资源与学者是分离的，学者不掌握学术资源，他们必须以学术为谋生手段。概言之，古代学术主要是贵族学术，现代学术主要是平民学术。② 这是大的历史背景，中国和西方皆是如此，并且西方更早经历这一历史变迁（马克思、恩格斯③、韦伯④、希尔斯⑤及哈佛大学当代学者雷

---

① 或许有人会问：既然《国家社会科学基金项目申请书》是一个单方面的合同，对学者很不利，为什么还有那么多学者热衷于申请呢？这是一个合理的问题。这里的简单回答是：因为目前管理部门虽然明知项目经费预算没有被严格执行，但也没有严格监管、督促执行，从而使项目学者还有利可图。如果真要严格执行，学者就不会热衷了，就会导致共输。关于此问题，下文有讨论。

② 邓曦泽：《现代学术的异化及其匡正》，《学术月刊》2011年第12期。

③ 马克思、恩格斯在《共产党宣言》中指出："资产阶级抹去了一切向来受人尊崇和令人敬畏的职业的神圣光环。它把医生、律师、教士、诗人和学者变成了它出钱招雇的雇佣劳动者。"（参见《马克思恩格斯选集》第1卷，人民出版社1995年版，第275页）

④ 1919年，韦伯也指出："最近，我们可以清楚地看到，在学术的许多领域里，德国也有和美国大学同样的发展趋势。大型的医学或自然科学的研究机构，犹如'国家资本主义形态'的企业；如果没有大量经费，这些机构就会难以维持。这里也出现了一切资本主义企业成熟之后都会产生的现象：'工人与生产资料的分离。'工人，即相当于大学或研究所的助教，完全依赖国家交给他使用的工具；于是，他依赖机构的负责人，就如同工厂工人依赖雇主一般。机构负责人也从心底认为这机构是'他的'，必须由他的方式去管理。因而助教的地位，经常和'无产阶级'或美国助理教授的职位一样，朝不保夕。"韦伯明确使用了"工人与生产资料的分离"这一表述，并运用了雇佣关系来描述20世纪初的学术生态。（参见马克斯·韦伯《以学术为志业》，载《韦伯论大学》，江苏人民出版社2006年版，第92页）

⑤ 二战后，希尔斯强烈呼吁，"政府当局应该支持高等教育，并同时允许学校有相当程度的自治"，但是，"事实表明学术界的领导者为了得到经费愿意接受相当程度的问责制"，政府财政对大学的支持增加了，但同时，"随着经费的增长，政府也增强了与大学事务的利害关系……在美国，政府已经插手人员的任用。它们首先是增加了大学里任务导向的（mission-oriented）研究的比重。这种插手的情况在所有国家的表现并不完全相同。但不管怎样，政府在大学中的势力变得比过去更为坚固了"。这导致在学术中，"更多的研究由资助者规定。即使'谁掏钱，谁做主'这一格言没有完全变成现实，一个很明显的趋势是要听从掏钱的人"。（参见爱德华·希尔斯：《学术的秩序——当代大学论文集》，商务印书馆2007年版，导言第13页，正文73—74、98页）

蒙德·塞维尔[①]等都谈到了这一变迁)。第二,项目学者付出了超额劳动,他们应该获得相应劳动报酬及相关利益。并且,学者的学术能力是劳动技能,不是公共权力,不存在以权谋私的问题。学者利用科研谋利或致富,属于劳动谋利,属于"共赢"的谋利。此点是关键。

因此,对于项目学者而言,目前的科研经费预算制度(以及管理制度),都只强调项目学者的责任,而没有贯彻责、权、利的统一,完全没有体现出对法治的贯彻,对知识、劳动的尊重,因而这一制度是不科学的。原科技部副部长刘燕华指出,"人是科研活动中最主要的要素,国外课题费中70%都是人头费。而我国现行科技计划中很多不允许开支人员费,即使可以列支,但课题结题后不允许提取奖酬金,研究人员在经费上受到很大的限制。课题制则可名正言顺地列上人员费,使'人'被大大地重视起来。课题制在管理上,遵循公开、透明的原则,有利于信息快速传递,避免重复,从而推动科技计划更好地实施"。[②] 所以,一些学者也呼吁,要考虑学者的劳动投入,要考虑按劳分配。[③] 但是,由于这些学者没有明确区分额内劳动和超额劳动,故未把项目学者所付劳动归为超额劳动,因而无法为项目学者合法合理合情的利益提出有效的理由和论证。

项目学者难免想从项目中谋利的现实与严禁学者谋利的管理思路之间的矛盾,势必导致科研经费预算不可能严格执行,造成科研经费的巨大管理成本,并使现行制度是"共输"的制度(关于"共输",详见下文)。

关于第二个原因。严格执行预算的前提是预算完全准确,如果预算完全准确,预算即决算,根本不再需要决算了。但实际上,许多预算都很难做到准确。科研属于创造性劳动,创造性意味着,在许多时候,科研工作具有不可预期性,科研人员经常不知道未来会出现多少变数,而创造性的一个重要体现就是用有效的方法去处理变数。这进一步意味着,科研经费

---

① 雷蒙德·塞维尔指出,"在今天的美国,失去了联邦政府的巨额资金支持,科学家们要想有所作为几乎是不可能的"。(参见阎光才《韦伯之后的学术与政治》,《读书》2010 年第 10 期)但同时,联邦政府失去了科学家们的合作,其科技发展战略也不可能实现。所以,一般而言,资助方与学者应建立共赢的合作关系,才能有效、永续地推动科学和生产的发展。

② 《科技部副部长刘燕华详释课题制》,《科技日报》2002 年 2 月 12 日。

③ 黄浩涛、王延中:《课题制研究》,社会科学文献出版社 2009 年版,第 42 页;夏国藩等编著:《实用科研管理》,航空工业出版社 1987 年版,第 170 页。

预算很难准确。其实，连建筑工程造价预算都常有不小误差，何况远比建筑工程预算更复杂的科研经费预算？要求项目学者作出准确预算，显然是强人所难，也是违背科学研究自身性质和规律的。所以，有学者认为，科研预算不宜完全采用定额制，而宜采用更灵活的方法，并要注重经费节约。[1] 当然，这并非否定预算，预算是必要的，因为预算大致可估量，它可以帮助资助方衡量项目是否值得资助，资助额度是否大体合理，同时也可以帮助项目学者和管理者在事后回溯当初预算的准确性，从而提高预算的准确性，继而可以为资助方（尤其是政府）做宏观科研预算提供更合理的参考数据。

上述两个原因中的任何一者都是预算得不到严格执行的充分条件，两个条件合起来，则使预算更无法严格执行，决算与预算的偏离更大。

（二）严格执行科研预算的观念误区

严格执行科研预算，意味着既不准浪费，也不准节约。不准浪费，当然应该，但不准节约就有点荒唐了。

或许，有人会这样为严格执行预算辩护：严格执行预算是为了防止项目学者偷工减料，做出不合格的科研成果。这个辩护的合理性在于：它强调了科学研究的关键在于目标，是做出优秀或合格的成果，而防范不合格成果。但是，这个辩护的不合理在于：（1）它假定了严格执行预算是防范项目学者作出不合格成果的有效手段，因而应采取严格执行预算这种过程管理方式，但这一假定是不成立的，实际上，防范项目学者作出不合格成果的最有效手段是目标管理。（2）它假定了项目学者应该和能够完全准确地预算项目经费，但如上所论，这一假定也是不成立的。（3）它还不准项目学者进行更有创造性的研究，节约成本，这显然也不成立。总之，这个辩护没有认识到科学研究的创造性、复杂性、特殊性和不可预见性，尤其是没有考虑到科学研究的一个重要方面就是要努力探索更节约的研究方法，创造更节约的成果或产品。现代科学是一种高成本的活动，资助方（如国家、公司、社会团体等）理应期望项目学者做出更经济的科研成果。只要承认项目学者的合法合理合情的利益，他们便会努力做出更节约的成果，这无论是对学者自己还是对资助方都大有好处，都是"共

---

[1] 夏国藩等编著：《实用科研管理》，航空工业出版社1987年版，第170—171页。

赢"（详见下文）。但是，目前的科研经费预算制度根本不鼓励节约，而鼓励100%消耗。这种制度是庸向激励制度，即鼓励平庸的成果，却打压更优、更经济的成果。

关于科研经费预算，还有两点也须指出。第一，由于科学研究具有很强的不可预见性，如果不是限额预算，所有项目学者在做预算时，都会以不少于（或略高于）的方式预算经费，因为如果预算不足，让学者自己掏钱来补足，显然是不可能的。对于项目学者这种略略偏高的预算，既是合理的，也是无法查证的，只有学者自己知道。第二，目前中国的许多科研项目都是限额预算，经费预算的可控空间很小，学者只能在狭小的空间内调整，这使得项目学者无法根据实际情况进行预算。以国家社科基金而论，科研项目的资助总额，只有类别（重点项目、一般项目、青年项目）的差别，没有学科、选题的差别，而类别的差别主要跟申报人的资质相关。所以，在申报项目时，预算总额已经预定，申请人无法根据自己的学科、选题的具体特点和实际情况来确定。申请人能做的就是将资助总额作适当的分布，他所做的预算乃是"被动预算"。所以，强求这种"预算"严格执行，显然是强人所难。

因此，我们应该走出科研经费预算必须严格执行的观念误区，走向更有效率的科研经费使用理念。

那么，接下来的问题显然是：如何才能有效度量科研经费使用效率，进而改进管理？

二 科研经费使用效率函数

任何一种一定质量的产品，成本越低，产品越合算，即经济性越高。同时，这也意味着，对于同等质量的产品，成本越低，成本的使用效率越高。这是经济学、管理学的常识，也是日常生活的常识。我们可以从这一常识来研究度量科研经费使用效率所涉参数（条件）和参数之间的关系，并建立科研经费使用效率函数，进而改变管理理念，改进管理措施。

效率显然是由成本和收益决定的。科研经费使用效率涉及两个成本，一是预算成本，二是实际成本。收益就是项目成果的质量（此质量仅指功能，它区别于包括成本、价格等因素在内的综合质量。参见下文）。我们用 n 表示预算成本，m 表示实际成本，q 表示质量系数，以合格为标准量 1，用 F 表示科研经费使用效率，那么，自变量（预算成本、实际成本、质量系数）与因变量（科研经费使用效率）之间，则有如下一些关系。

（1）若预算成本和成果质量不变，实际耗费成本越少，则科研经费使用效率越高，这就是说，实际成本与经费使用效率成负相关关系。

（2）据（1），若质量不变，预算成本使用率（m/n，也是实际经费使用率）越低，则科研经费使用效率越高。由此可得，预算成本使用率与科研经费使用效率成负相关关系，即 m/n 的倒数与 F 成正相关关系。

（3）若预算成本和实际成本不变，成果质量越高（q 值越大），则科研经费使用效率越高，这就是说，成果质量与使用效率成正相关关系。

（4）由上述三个关系可得一个函数，此即"科研经费使用效率函数"——

$$F = qn/m$$

这个函数很简单，但它可以清楚地反映预算成本、实际成本、成果质量与科研经费使用效率之间的关系，它不但在理论上是自洽的，符合经济学、管理学原理，并且在经验上完全符合我们关于效率的常识和直觉，所以，它可以改变我们目前关于科研经费使用效率的基本观念。

在项目完成后，n、m 两个参数都是可以精确度量的。当然，可精确度量的是实物成本和按照平均工资或平均加班工资度量的项目学者的劳动投入，而项目学者实际付出的脑力和体力耗费是无法精确度量的。q 也能度量。在当前的评价体制下，专家鉴定能对项目成果作出大体准确的鉴定，既可以给出百分制的分数，也可以给出优、良、合格、不合格等等级。科研经费使用效率函数对 q 的准确程度要求可以不高于当前成果评价的准确程度，现行评价结果可以直接带入函数而进行科研经费使用效率计算。

q 的度量，有两种方案。

第一种方案，在现行成果质量鉴定方案的基础上略作修正。基于百分制，以 60 分为合格，即基数 1；再用实得分数除以 60，即为 q。在此方案中，q 的最大值为 1.67。此方案还有一种变形，即完全沿用现行方案，直接将实得分数作为 q，因为每个项目的质量系数都除以或不除以 60，通约后都是一样的。

第二种方案，以合格为基数1，鉴定专家在0.3—3打分。每个专家只要坚持统一标准即可。在理论上，此方案中，q可以低于0.3，甚至可以为负值，① 还可以高于3。但是，笔者不支持q值低于0.3。如果专家认为成果特别优秀，要给出超过3的质量系数，则应给出比较详细的理由。还可以规定，专家认为某项成果的质量系数高于2，则要予以专门说明。

笔者倾向于第二种方案。

三 科研经费使用效率函数的三重价值

科研经费使用效率函数有三重价值：理论价值、计算价值和管理价值，理论价值是计算价值和管理价值的基础，而理论价值和计算价值又是管理价值的基础。

（一）理论价值

科研经费使用效率函数的理论价值表现在：

第一，科研经费使用效率函数及其所蕴含的制度导向（目标管理制度），不但鼓励质量高的科研成果，更鼓励质量高且成本低的成果。但是，现行过程管理制度（因要求必须严格执行预算）只是鼓励质量高的成果，而不鼓励质量高且成本低的成果（这里的质量指功能，即单一质

---

① 负值意味着该项成果的价值为负的。一项科研成果的质量的负值是如何产生的呢？如果行为者可以自由选择，他面对解决同类问题即具有同类功能但具体功能不同的两项产品（广义），一个的价值/功能为a，另一个为b，b大于a，并只能选择一个，如果他选择了a而没有选择b，那么，他实际上不是获得了价值a，而是损失了b与a的差c。因为根据效用最大化原则，能够选择更优的，却选择了较劣的，则行为者实际上是蒙受了损失。在竞争中，如果两个产品是将投入商业运营的科研成果，而一个人选择a，另一人选择b，则前者肯定会落败，所以，前者损失了c。这个价值差作为损失c，看似机会成本，实际上不是。机会成本（Opportunity Cost）是指在多种方案中只选其一时，被舍弃选项中价值最高的选项，若a、b、c……n的价值无序排列，假定行为者选择b，而k为余下选项中价值最高者，则k是此次选择的机会成本。这里所论的价值差，不是这样的k，而是将选项按照价值高低排序为a、b、c……n，在可选择最优方案a的情况下，却选择了较劣方案k，从而损失了（a-k），而不是损失了剩余选项中的价值最大者b。机会成本是不可能避免的，但这一损失却是可以避免的。这一损失，可以称为劣向选择成本或劣向成本。

量，而非综合质量，详见下文第三点）。相对而言，科研经费使用效率函数体现的是优向激励思维，而现行制度体现的则是庸向激励思维（既不鼓励优秀，也不鼓励低劣）。

或许有人会问：质量高且成本低的成果如何可能？的确，质高价低的成果并不一定会产生，但可能会产生，因为科学研究的创造性不仅体现在提供优质的成果或产品（这里的优质是指单一质量），也体现在提供低廉的成果或产品。例如，青霉素就是一项质量高、成本低的科研成果。又如，当代通信工具的升级换代，提供了不少质量更高、成本更低的通信产品（可以与1980年代的"大哥大"相比较）。鼓励质高价低的成果的制度总比不鼓励质高价低的制度更能激励学者创造出质高价低成果（两种制度对质量不合格的成果都是否定的）。可以说，本文提出的"科研经费使用效率函数"就是一种质量高、成本低、易操作的科研成果，它不但可有效衡量科研经费使用效率和科研成果综合质量，还可以普遍化，可有效衡量一切产品成本使用效率和产品综合质量。

科研经费使用效率函数这一优点是自变量，它产生下一个优点。

第二，在制度层面看，科研经费使用效率函数所蕴含的目标管理制度是"共赢"的制度，而现行过程管理制度是"共输"的制度。

举例来说，甲、乙分别进行内容、目标大体相同的两个科研项目，并且经费预算都是100万元，并且两人的成果都差不多，都合格，但是，甲耗资100万元，乙由于在科研过程中有更多创新，只耗资60万元，这意味着，乙的科研成果是更优的，其成本只有甲的60%。对于乙节约的40万，该如何处理呢？如果收归资助方（国家、企业或其他），乙为什么要节约呢？于是，就出现了当前较为常见的为了完成预算而盲目支出的现象。如果乙节约的40万全部或部分（按比例）给乙，则乙会努力提高效率、提高质量，从而节约经费，这对乙和资助方都是好事，是"共赢"。其实，即便乙节约的40万全部归乙，资助方的回报也是更多而不是更少，因为，虽然甲自己没有得利，但他提供的是成本为100万元的科研成果，资助方就必须用100万元的单价来复制或推广该成果。虽然乙得利40万元，但乙提供的是成本只有60万元的科研成果（暂不考虑边际成本递减的情况），以后资助方就可能只需60万元的单价来复制或推广该成果，因此，甲的成果是合格的，乙的成果是优秀的。而两种情况下，资助方的成本都是100万元，所以，资助方从乙那里获得的回报更多，简言之，赚得更多。因此，鼓励乙这种情况而不是鼓励甲，才是科学的、合理的、高效的，才能有助于我国科研和产业的升级。但是，现行制度恰恰是鼓励甲而不是鼓励乙，导致现行制度在理论上是"共输"的制度。

一般而言，在现行制度下，如果项目学者100%执行预算，生产出质量系数为q的成果，他们得不到任何好处，同时，资助方获得的是成本为n的科研成果。因此，资助方可能以成本n来复制、运用和推广成果（暂不考虑边际成本递减）。若新制度规定，经费余额（n-m）按比例k（k不大于1）作为项目学者的利益，而项目学者通过努力（这种努力其实增加了学者的脑力及体力投入，这个成本无法完全体现在项目预算中），只花了实际成本m（m<n）就生产出了质量系数为q的成果，学者不但可以获得k（n-m）的收益，且能证明它具有较强的科研能力，而资助方也可能只需花m就可以复制、运用和推广成果。这显然是"共赢"。k越接近1，则项目学者的科研积极性越高，则项目学者投入科研的脑力和体力成本越高，则项目的实际成本越低（m的值越小），则项目学者获得的利益越多，且他的科研能力越强，而资助方则可能用更低的成本（m）来复制、运用和推广成果，因而越是互利互惠的共赢。也就是说，项目学者得的利益越多，资助方得的也越多，这显然是共赢度更高的合作。

那么，项目学者如何才能获得更多利益呢？项目学者只有投入更多的脑力和体力，才能降低成果的成本或提高成果质量。而项目学者投入多少脑力和体力，在相当程度上是可控的。只要他们创造出的成果是合格的，他们就可以在较大的空间内调控自己的脑力和体力投入，如在多大程度上节约成本，在多大程度上提高成果质量。如果一个科研管理制度不承认项目学者的合法利益，则项目学者越是以略高于并趋近合格水平的方式投入脑力和体力，以节约自己的成本。这大体可以解释，为什么我国有那么多科研项目结项，但科研水平的进步与科研经费投入明显不相称。一个好的科研管理制度，乃是能最大限度地调动科研积极性，激励学者最大限度地投入脑力和体力，从而创造出尽可能多的优秀成果的制度。因为科研水平是以最高水平而非以平均水平为标准的，一项优秀的科研成果的价值比十项甚至百项合格成果更大，而其可度量成本未必比一项合格成果多多少，甚至可能更少。这又因为，科研中的隐性成本（主要是学者超常规的脑力和体力投入）既取决于学者的自我调控，也很难度量。而项目学者多投入的脑力和体力,对于资助方来说,就是它赚的。只有多投入脑力和体力能给项目学者带来更多收益,项目学者才会更积极地投入脑力和体力。所以,只有承认项目学者在科研项目经费中的利益,将之合法化,并实行目标管理制度,才能最大限度地激励项目学者投入脑力和体力。所以,在承认项目学者在科研项目经费中的利益的前提下,科研经费使用效率函数所蕴含的制度,乃是"共赢"的制度。如果不承认项目学者的利益,即便基于科研经费使用效率函数而制定新制度,新制度也势必不会得到项目学者的自觉执行,项目学者势必不会积极投入脑力和体力。

因此,比较而言,现行制度在理论上就是"共输"的("在理论上"是指制度得到100%执行而蕴含的效果)。而在实际上("在实际上"是指制度的实际执行程度所产生的效果),目前的科研现状之所以不是"共输"的,还能通过科研项目促进科研,一定程度上是因为没有严格执行科研经费管理制度。[①]

但是,如果制度完全不执行,制度就会丧失公信力,有悖法治理念和法治国家建设的目标。如果制度只是部分执行,就很容易导致定向执法或选择性执法,这不但与建设法治国家的目标相违背,并且在实践层面,被惩罚的学者觉得冤枉、不服气,而未被惩罚的学者觉得侥幸。当执法成为定向执法或选择性执法时,执法者的裁量权就变得非常大,由此,学者势必会选择潜规则手段来规避惩罚,从而滋生了新的腐败。这不但一定会严重损害科研水平的提升,还会更严重浪费科研资源,并带来腐败所衍生的产生巨大的社会成本,学术界将越来越无规则和诚信可言。

虽然科研经费管理制度实际上并未严格执行,但财务审计风险毕竟存在,由此导致一种现象,即:有些具有实力的学者在评了教授、博导、学术带头人等头衔之后,为了规避财务审计风险,不愿申报纵向项目,而喜欢横向项目,因为横向项目钱多,且好报账。这种情况显然造成科研资源配置劣化,人才浪费,而这也是"共输"的一种表现。

第三,科研经费使用效率函数可以更有效地衡量科研成果的综合质

[①] 目前学者们积极申报课题,还跟许多单位将课题作为晋升职称的重要指标(有的单位还将之作为必要条件),但这种利益不是劳动报酬。并且,如果现行制度完全执行,学者因科研经费使用而很容易遭受惩罚,那么,他们宁可不晋升职称,也不敢申报课题。同时,他们也会抵制单位的职称条件,将职称与课题挂钩的做法势必不可持续。

量。现行的质量评价标准只是就成果质量而考察其质量,衡量的是单一质量,即功能,而未把成果质量与经费使用关联起来。如前所论,只要成果在合格水平以上,成果的成本越低,则成果的质量越高,且科研经费使用效率也越高。也就是说,只要成果在合格水平以上,成果质量与科研经费使用效率是相同的。为什么应该把质量评价与经费使用关联起来?有些科研成果之所以很难被复制、运用和推广,不是因为它们自身的质量不过关,而是因为成本(或造价)过高。所以,即便科研成果的 q 值很高,但如果 m 值过高,也不等于成果能大范围推广。例如,美国的 F22 战机质量较高,但成本也很高昂,所以,连美国军方也不敢大批量采购。再如,许多航天材料的质量很高,但民用产品很少采用,为什么呢?就是因为成本太高,无法广泛推广。也就是说,许多 q 值很高、m 值也很高的成果,除了满足一些不太考虑成本的特殊用途(如科研和军事),很难广泛运用,因此,此类成果的综合质量并不高。用通俗的话讲,此类成果性价比不高。因此,对于成果质量,综合衡量比单一衡量好。而科研经费使用效率函数为衡量科研成果的综合质量提供了有效的、易操作的、低廉的工具。广而言之,科研经费使用效率函数可以普遍化为产品成本使用效率函数或产品综合质量函数,成为综合衡量成本使用效率和产品综合质量的有效工具。

(二) 计算价值

科研经费使用效率函数的计算价值是显而易见的。在现行评价标准下,该函数即可用来计算具体成果的科研经费使用效率和具体成果的综合质量。运用科研经费使用效率函数来计算,简单易行,m、n 都容易衡量,q 可以根据专家鉴定的分数来衡量。通过此函数,可以便捷、有效地计算、统计和比较不同项目的经费使用效率和成果综合质量。

在运用该函数计算时,需要考虑 q 的定义域的差异带来的不同结果。必须将 q 的值区分为 ≥1(即合格以上)和 <1(即不合格)两种情况。当且仅当 q 的值 ≥1,F 的值才是有效值,才能用来衡量成果或产品的成本使用效率和综合质量。当且仅当 q 的值 <1,F 的值都是无效值,无论 F 多高,产品都是不合格的。这一区分是为了避免如下情况:如果 q 值只有 0.9(不合格),但预算成本使用率(m/n)只有 0.3,这种情况,F 的值可达 3,成本使用效率和产品综合质量看起来很高(类似通常所谓性价

比很高），但实际上，所投入的 m（=0.3n）完全是无效的。

据此，当对科研经费使用效率函数中 q 的定义域作以限制，则有：
$$F = qn/m \quad (q \geqslant 1)$$
科研经费使用效率函数的计算价值表现在以下三方面。

第一，可以作为计算科研成果及其他产品成本的绝对使用效率和产品的绝对综合质量的有效工具。这一功能，就是将 q、n、m 三个参数的值直接带入函数，得出 F 的值。

但是，F 值的高或低并不意味着该项目一定是优或劣的，只有在比较中才能知道项目的优劣。利用该函数，可以知道某个项目的比较价值。下面两种价值都是在比较/相对角度运用该函数的计算功能。

第二，可以作为对科研成果及其他产品的成本使用效率和产品综合质量进行纵向比较的有效工具。对于同一个项目，科研经费使用效率函数可以用来纵向比较实际结果（项目经费的实际使用效率、成果的实际综合质量）与预算的差异，而预算的值为标准值，即预期用 100% 预算经费，生产质量系数为 1 的成果（或产品）；还可以用来比较同一项目的不同方案之间的成本使用效率和产品综合质量。

第三，可以作为对科研成果及其他产品的成本使用效率和产品综合质量进行横向比较的有效工具。对于同类的不同项目，科研经费使用效率函数可以用来横向比较其成本使用效率和产品综合质量。

第二、三两项功能是科研经费使用效率函数的比较功能，有助于我们择优。

（三）管理价值

科研经费使用效率函数的理论价值和计算价值表现在管理实践中，就产生其管理价值。其管理价值主要表现为五个方面。

第一，强化目标管理，弱化过程管理。该函数告诉我们，只要成果质量合格，我们就只需要考虑 F 值的大小，F 值越大，则成果价值越高。当然，这样做的前提是，在制度层面认可项目学者在项目中的合法合理合情的利益。这样，项目学者就不会隐瞒经费支出情况，也不会乱用经费。

第二，可最大限度地激励项目学者合理配置、使用经费。（1）由于必须要求质量合格，所以，项目学者不会故意偷工减料。（2）由于结余的项目经费可以归项目学者（即包干使用了），则项目学者不会盲目支出，浪费经费，从而促使项目成本降到最低。如前所论，这种节约对资助方也是大有益处的，属于"共赢"。

第三，有助于建立简便易行的优秀成果奖励制度，激励项目学者作出优秀成果。科研经费使用效率函数可以很便捷、有效地衡量项目成果的综合质量，并遴选出优秀成果，建立很容易操作的优秀成果奖励制度，从而激励项目学者作出优秀成果。评奖的准入条件是，成果必须被专家鉴定为优。在评奖时，q的定义域还需进一步限定，在q的度量方案1中，q值不低于1.5；在方案2中，不低于2。但这种优只是单一质量的优，尚未与经费关联起来，所以，还需进一步遴选。下一步，再在获优的成果中评选出一等奖、二等奖、三等奖。评选方式很简单，就是看F值的大小。获奖的比例，可以这样厘定：获奖项目总额为具有准入条件的30%，其中，F值最大的5%为一等奖，F值最大的15%中除掉前5%后余下的为二等奖，F值最大的30%中除掉前15%后余下的为三等奖。由于准入条件是q值不低于1.5（或2），所以，评奖的基数并不大，获奖成果的总数更小。而奖励额度，不宜采取定额制，而宜采取比例制，即：以每个项目的预算经费的一定比例来奖励，一、二、三等奖分别奖励预算经费的30%、20%、10%（或者奖励15%、10%、5%）。比例制比定额制更优。因为，如果采用定额制，同一等级的大项目（预算经费很大）与小项目获得的奖励就相同，而大项目创造的总价值通常更大，所以，这不太公平。同时，F的值并不受项目大小的影响（误差是难免的），因为起作用的是科研经费实际使用率，而不是预算总额或实际使用总额，这就避免了大项目在评奖中占先机的问题。由于评奖考虑的是F值的大小，所以，项目学者会努力提高质量，增大q的值，从而有效激励项目学者努力提高成果质量。这一评奖机制再次验证了函数$F = qn/m$的有效性和经济性。

第四，可以有效激励项目学者如实对待科研经费的实际使用情况，并自觉进行经费管理和经费使用证据的保存。如果项目学者要评奖，必须提供经费使用明细，以核实该项目的m值。由于结项后，涉及成果转化（即复制、运用、推广），项目学者必须考虑项目成果的可重复性，不会故意少报实际使用经费。同时，由于多报实际使用经费会降低F的值，不利于评奖，所以，项目学者也不会多报。而对于不想参与评奖的项目学者来说,多报和少报实际使用经费,都毫无意义。所以,科研经费使用效率函数可以激励项目学者真实展示其实际使用经费。

第五,能最大限度地降低管理成本。显然,由上述几点尤其是第四点可以引申出,与目前的过程管理制度相比,引入科研经费使用效率函数后,课题管理成本会大大降低。

综上五点,科研经费使用效率函数可以促使项目学者严谨从事科研,努力全面地提高项目成果质量,从而提高科研经费使用效率和成果综合质量,继而实现资助方的目的。

四 科研管理中的其他问题

(一)转变管理理念

第一,承认项目学者的合理利益和权益,这是对法治的敬重和贯彻,对知识和劳动的尊重。

第二,管理重心不在于经费如何使用,而在于经费被使用后是否取得预期成果。许多人总是害怕学者谋了利,却不担心成果质量不佳。资助方(国家、企业等)投入科研经费,就是希望把科研经费有效地用出去,而不是要节约经费。即便项目学者把余下经费如数退回,没有谋取任何利益,但项目成果质量较差(q值小于1),也没有达到投入科研经费的目的。投入科研经费的目的,首先是要获得优秀的科研成果。

第三,应转变科研经费使用效率观念,促进"共赢"。本文已详论。

第四,提高经费使用效率的关键不在于经费和研究的过程管理,而在于目标管理,尤其是目标管理中的二次管理。关于此点,我们可以与1970年代末的农村改革相比较。改革前的集体生产属于过程管理,而改革后的家庭联产承包责任制就属于目标管理,而后者显然更有效。比较而言,科学研究则属于高技术和复杂性、创造性高(因而可预见性低)、管理者与被管理者的信息很不对称、生产周期很不确定且通常较长、成本较难准确衡量(因为有很难衡量的隐性成本)、劳动成果很难明确量化的活动。既然过程管理对农业生产都很难有效(表现在经常出现窝工、怠工现象;挪用集体财产或将集体财产化为己有的现象),何况对科学研究?用新制度经济学的话讲,若要对科研项目施行有效的过程管理,一定会产生庞大的交易成本（或管理成本），以至于没有任何人或单位（包括国家）能支付这一庞大成本。其实，当前项目制中出现的对科研并不真正投入，应付了事，类似于农业集体生产中的窝工、怠工；而不严格执行预算，挪用或将部分项目经费转化为个人利益，则类似于农业集体生产中挪用集体财产或将集体财产化为己有的现象。两者都是分配方式不合理引发的不良后果。而分配方式不合理又是因为对劳动关系中某方利益的过分肯定，从而损害了另一方（主要是劳动者，在科研中就是项目学者）的合理利益所致。分配方式决定了劳动者的态度，而合理的分配方式是促进劳动者积极性和创造性的最有效手段。而生产活动（不限于科研项目）之所以要采取过程管理，就是因为管理者（代表资源所有者）要防范劳动者违背管理规定而谋利（包括谋取少付出劳动之类的消极利益多获取收益之类的积极利益）。如果承认劳动者在该类生产中的合理利益，将之合法化，从而无需防范劳动者通过劳动而谋利，那么，需支付大量管理成本的过程管理也就不必要了。[①]

（二）走向目标管理，提高成果质量

在管理措施层面，科研经费使用效率函数最重要的导向就是强化目标管理。而在目标管理中，最重要的是对科研成果质量的鉴定。目前已有专家鉴定这一环节，这一环节是必要的，但还不够，还需要在专家鉴定后继续管理，即施行二次管理。

管理手段改进的核心是：以末端控制实现源头治理，将过程管理转向目标管理。目标管理分为两大阶段：一是一次结项（即专家鉴定，代表一次管理）。在时段上，虽然一次管理是从项目申报开始到专家鉴定（一次结项），再到将通过鉴定的项目的相关材料被上传至信息平台结束，但申报环节只是程序性的，专家评审环节不需要项目学者介入，立项后的研究过程和经费使用，也不需要管理部门专门管理，需要管理部门专门和着重管理的，是组织一次结项，所以，真正重要的是一次结项，它足以代表一次管理的核心内容。所以，这里以一次结项代表一次管理，不会引发误解。二是二次管理，包括公众监督、复审和二次结项三个方面。这样做的

[①] 当然，这并不意味着所有工作都不需要过程管理，某些工作必须实行过程管理，例如，对于公共权力的运行，就需要用各种程序来严加监管。

理由是：科研成果的质量鉴定远比物质产品复杂，周期很长，专业性很强，且有信息不对称问题，所以，除了专家鉴定（一次结项），更需要一种有效、低廉、永续的管理和评价机制，对项目成果进行二次管理，永续机制的作用比专家鉴定更大。但在传统技术时代，要建立永续机制，成本异常高昂，无法实现，而这种永续机制在信息时代可以很低廉地实现。

目标管理包括如下核心环节：

（1）建立科研管理信息平台。

每个科研项目发放单位（同时也是科研经费的直接资助方，如国家自然科学基金委员会、全国哲学社会科学规划办公室、教育部社科司等各级各类科研项目发放单位）既可以分别也可以统一建立科研成果管理信息平台。统一建立不影响独立建立，二者可以并行，将不涉密的结项成果公布在网上，供公众查阅、利用和监督。

（2）对不同级别的项目，制定二次管理的不同期限。

（3）若项目成果完成，首先进行一次结项（专家鉴定）。

（4）若专家鉴定通过，且项目负责人将项目的相关资料上传至信息平台，则一次结项通过，同时进入二次管理，同时拨付余款。

①涉密的除外，某些技术性成果可以对技术细节做防技术泄密处理。绝大多数成果力求发表，根本不存在保密问题。

②项目申请书论证部分必须上传。笔者倾向于剔除申请书中的身份证号码、电话号码和通讯地址，其余全部上传。

③阶段性成果（中期成果）如果有，也必须发布在平台上。这样，既实现了中期管理，也降低了管理成本。

④成果必须上传。

⑤申请项目时评审专家的意见和打分，也要上传。此项信息目前没有公开，也未向项目学者转达，应由管理部门在下达立项通知书时转达项目学者，再由项目学者在一次结项时上传。

⑥同理，一次结项时，鉴定专家的意见和打分，也要上传。

⑦一次结项后，可由项目学者向平台的管理人员发送结项成果及一系列相关材料的电子文本，由管理人员发布在平台上；亦可由项目学者注册，获得一定权限，在平台上发布成果及相关材料。后者为佳，既可减少专职人员，亦可减少发布产生的疏误。

⑧小结。将所有能公开的信息公开，更有利于通过末端控制实现源头治理。

（5）项目评审专家和项目成果鉴定专家有义务将所有评审项目的申请书（活页部分）和成果及其评审意见和打分都上传至平台，包括申请时被淘汰或结项时被鉴定为不合格的。材料按批次排列。

本项措施和（4.5）和（4.6）的作用是：有助于促进专家更认真、客观、公正地遴选项目或鉴定成果。这也是通过末端控制实现源头治理。

（6）项目负责人的基本信息必须公开。基本信息包括：姓名、申报学科、学历、学位、职称、单位。在现行制度中，除了学历、学位、职称，负责人的姓名、申报学科和单位在公布立项名单就已经公开。

（7）项目负责人有两套信息。上传材料和回应公众对自己材料的评论，负责人必须前台后台皆实名。同时，负责人还可以以公众的方式注册（见9）。

（8）专家（包括项目评审专家和成果鉴定专家）的身份信息是隐蔽的，可以以代号或网名的方式出现，但代号或网名必须能表明其专家身份。专家的真实信息由管理机关掌握，作为机密。如果公众指出项目评审严重失公，则可以组织其他专家对评审专家的评审工作进行复审。若评审专家确实严重失公，则可以取消其评审专家资格。同时，专家还可以以公众的方式注册。

（9）公众必须后台实名注册，前台可以以网名显示。由于对结项成果的评价具有相当的专业性，因此，即便在前台，某些与学术直接相关且不具有唯一性的信息也必须公开，从而减少恶意评价。这些信息主要是学历、职称、专业三项，这些信息可能变动，故允许修改，并且允许填写多个学历和多个专业。

（10）允许并鼓励其他学者、公众引用发布在平台上的科研成果，从而扩大成果的社会效应。

（11）要对结项学者的成果进行知识产权保护，结项学者享有《知识产权法》所赋予的权利。

例如，一旦公布在平台上，就算公开发表（可以不算等级），并可以另行发表。他人如果引用或利用平台上的成果，必须注明出处。发布在平台上的成果被引用或利用，应该视作项目成果的社会影响和社会效益。这对项目学者是有效的激励。

（12）每个项目下面，应设举报功能。

（13）每个项目下面，应设讨论区，公众可以评价，项目学者可以回应，进行讨论，促进学术交流。

（14）在二次管理中，如果项目成果被公众举报（由于公众是实名注册，乱举报的可能性很小），则组织专家进行复审，并根据处理细则进行处理。（另行制定处理细则）

（15）在二次管理中，增设优秀成果奖励制度。如果项目成果被专家鉴定为优秀，且在一次结项后一定周期内产生重要学术影响和社会效益，被再次认定为优质，则可以予以奖励。并且，即便只被专家鉴定为合格，而在结项后一定周期内产生重要学术影响和社会效益的项目，也可以获得奖励。当然，对这种情况的评奖程序应当更严格。（另行制定奖励细则）这样，不仅可以促进项目学者努力作出优秀科研成果，更有助于充分发现项目成果的优点和缺点。

上述环节，以目标为导向，可以构成从源头（从申报项目开始）到末端（一次结项后到二次结项）的全过程管理。并且，有了目标管理，也就没有管理学者的研究过程和科研经费使用情况，从而减少大量管理成本。

（三）失败项目的管理

其实，对科研失败项目的目标管理，也应是科研管理的重点，但鲜有人关注此问题。把过程管理重心集中在失败项目，对成功者则无须管理其过程，这样有的放矢，既有针对性，提高管理效率，也能降低管理成本。

对失败项目的管理是一种回溯管理，即在项目被视作失败后，再回溯其研究过程和科研经费使用情况。下面三种情况视作项目研究失败：第一，未取得预期成果；第二，无法通过一次结项；第三，在二次管理中发现严重问题，且在复审中无法通过二次结项。第一种情况可以申请撤项；第二种则被资助方中止项目。

对失败项目的处理方式为：第一，尚有余款者，不再拨付；第二，都要提供研究过程与经费使用清单；第二，负责人从撤项起若干年内不能申报同级项目；第四，对被认定为故意失败的项目，追回已转化为项目学者利益的经费。一个失败项目是不是故意失败，主要通过第二条来核实、断定。这四条处理措施可有效避免故意失败。这也是一种目标管理。由于科研可能失败,项目学者为了使研究过程和经费使用在科研失败后经得起审查,也会自觉记录、整理和保存研究过程和经费使用情况。通过失败管理来促进学者对经费使用进行自我管理,既能降低管理成本,也能提高管理效率。

(四) 目标管理制度的优点

与科研过程管理制度相比,科研目标管理制度有几大优点:

第一,能最大限度地降低管理成本。科研成果管理平台只需要很少的专职人员负责平台的管理和维护,因此,与目前的过程管理制度相比,成本会大大降低。

第二,能最大限度地提高管理效率。它更能督促项目学者在研究过程中严谨认真,提高研究质量。

第三,能最有效地防止项目学者滥用科研经费。由于公众监督,使项目学者不敢降低研究质量,所以,该投入的经费,项目学者不敢偷工减料。并且,在目标管理中,无需科研管理部门对科研经费使用进行专门管理,项目学者在科研目标的驱动下,能对经费进行自我控制,实现最优化配置。在这个意义,目标管理最有效地遏制了项目学者滥用科研经费。

第四,能最大限度地发挥项目成果的社会效益。

第五,操作性很强。

参考文献:

[1] 黄浩涛、王延中:《课题制研究》,社会科学文献出版社 2009 年版。

[2] 邓曦泽:《现代学术的异化及其匡正》,《学术月刊》2011 年第 12 期。

[3] 《马克思恩格斯选集》第一卷,人民出版社 1995 年版。

[4] 马克斯·韦伯:《以学术为志业》,载马克斯·韦伯《韦伯论大学》,江苏人民出版社 2006 年版。

[5] 爱德华·希尔斯:《学术的秩序——当代大学论文集》,商务印书馆 2007 年版。

[6] 阎光才:《韦伯之后的学术与政治》,《读书》2010 年第 10 期。

[7] 《科技部副部长刘燕华详释课题制》,《科技日报》2002 年 2 月 12 日。

[8] 夏国藩等编著:《实用科研管理》,航空工业出版社 1987 年版。

[9] Charles A. Goldman & T. Williams, *Paying for University Research Facilities and*

Administration, Washington D. C. : RAND Corporation, 2000.

[10] Borje O. Saxberg & John W. Slocum Jr., "The Management of Scientific Manpower," *Management Science*, Vol. 14, No. 8, April 1968.

[11] Thomas R. Dyckman, "Management Implementation of Scientific Research: An Attitudinal Study", *Management Science*, Vol. 13, No. 10, 1967.

(作者陈灿平，西南民族大学科技处副研究员；曾明，西南民族大学校长、教授。四川省成都市一环路南四段16号　610041)

关于精神产品生产的有关问题

杨路平

摘 要：精神产品生产是值得研究的重要问题。深入开展精神产品生产研究就要探讨精神产品生产的组织形式。精神产品生产的导向问题、管理问题、成果转化问题、学术话语体系问题、研究方法等诸多问题都需要我们认真研究。重视这些问题对于生产优秀的精神产品至关重要。

关键词：精神产品 生产要素

精神产品生产是值得研究的重要问题。目前研究得还不深入。这是一个全新的研究领域。

人类社会产品生产有三种形式：物质产品生产、精神产品生产、人类自身生产。在这三种生产形式当中，人们对物质产品生产规律已经有了成熟的认识，对物质产品生产的生产、流通、消费各个环节及投资、消费、外贸三大要素研究得很深很透。《资本论》既是一部研究物质产品规律的优秀代表作，又是一部优秀的精神产品。它详细剖析了物质产品的生产规律、生产模式，揭示了资本主义矛盾运动的内在规律，创立了剩余价值学说。

但是精神产品生产规律是什么？精神产品生产要素有哪些？如何组织精神产品生产？如何认识精神产品的生产形式问题、导向问题、管理问题、成果转化问题及精神产品价值认定问题，还需要我们深入思考，形成规律性认识，最终产生精神产品生产论。

何为精神产品？精神产品是以人的脑力劳动与体力劳动相结合而生产出来的固态形化的作品。它的产品形式包括小说、绘画、电影、诗歌、音乐、话剧、论文、著作、研究报告、教材、讲稿、咨询建议、动漫等等。这些不同形式的精神产品如何完美地展现在世人面前，实现成果转化，真正进入市场是很艰难的过程。这是体力劳动与脑力劳动相结合的过程，是复杂劳动和简单劳动同时存在的过程。在这个过程中脑力劳动可能更多一些。整个过程是艰难的枯燥无味的，需要坐冷板凳，面壁研究。这个过程也是快乐的，充满乐趣的。实现精神产品的价值最大化需要把握以下六个要素。

（一）要充分认识到精神产品生产的组织形式是以团队为主、个人为辅的生产形式，牢固树立团队意识、合作意识

我们对物质产品生产的组织形式非常熟悉。物质产品生产的生产形式一般是大工厂、手工业并存。体现在组织形式是大中小微企业和个体手工业者同时存在。这种形式历史悠久。人类历史已经证明，物质产品生产的这种形式为释放社会生产力活力，推动人类社会进步起到了巨大的推动作用。

精神产品生产形式与物质产品生产形式有较大区别。它不像物质产品生产那样有大工业的组织形式，需要有统一的生产车间、生产流程、生产工艺、生产标准，需要组织严密，纪律严明，管理精细。但它也需要合作，鼓励创新。其生产形式主要有以下三种：一是中央、地方有关部门统一组织的生产，如马克思主义理论研究和建设工程，教育部统一编写的教材，不同部门与单位统一组织编写的各类出版物，等等。二是团队合作形式，如立项课题、剧本创作、集体攻关等等。三是个体形式，精神产品生产个体形式最多，像文学作品创作、写小说、写文章、写讲稿等等。在这三种形式中，我们应该提倡合作生产，即提倡形成以团队形式为主，个人创作生产为辅的生产形式。建立这种生产形式有助于我们建立和谐向上的研究团队，有助于我们引进优秀的社科人才。作为社会科学工作者应该有团队意识、合作意识、集体攻关意识，应该善于独立思考，潜心研究，充分释放每个生产者的研究潜力。

（二）要充分认识到精神产品生产有重要的导向问题，牢固树立在宪法框架内从事生产的责任意识

导向问题是精神产品生产的重要要素。精神产品生产导向强调的是生产的发展方向，发展轨迹是否符合社会主流价值取向。

为什么要强调学术导向，强调学术研究的政治方向，强调学术研究无禁区，讲课宣传有纪律，道理就在于精神产品生产具有鲜明的意识形态属性。意识形态是国家核心政治利益，是牢固确立主流价值观的一项极端重要工作。在维护国家意识形态安全上不能有丝毫松懈。因此，生产精神产品必须在宪法框架内组织生产。生产的产品要符合党情国情省情市情。

生产精神产品是个创意过程、思考过程。创意者思考者的立足点、出发点是主流意识形态主导，还是西方价值观主导，这是不一样的。立足点不同得出的结论必然不同。有的生产者习惯讲西方学术话语体系，讲西方学术概念，用西方学者的学术思想体系、学术观点研究中国问题，这就偏离了国情，偏离了中国的国体与政体，偏离了宪法规定，自然得不出正确结论。有的精神生产者从学术概念到学术概念，所发表的文章别人看不懂，读起来费神费力。其主要原因都是偏离正确的学术导向。因此，我们研究问题要在宪法法律框架内来思考学术问题。不符合主流意识形态价值取向，不符合国家法律规定，必须予以制止。

2013年《求是》第20期发表了秋石的《巩固党和人民团结奋斗的共同思想基础》。文章针对意识形态领域有关问题做了深层次剖析。一些社会科学工作者片面地认为是学术"七不准"，这样的理解是不对的。新自由主义、公民社会、宪政民主从字面上看没有什么问题，但深入研究，我们就感到，这些提法是与西方价值观紧密联系在一起的，是西方意识形态向我们渗透的锐利攻击武器。其隐藏在背后的深层次问题是针对我们的政治制度。这些观点是与西方三权分立的体制相匹配的。如果顺着那样一个思路走下去，我们的国体政体就需要变化，随之就会指向中国共产党的执政地位，社会就会出现动乱。我们提倡建设中国特色社会主义民主政治，就是要体现在中国共产党领导下的多党合作政治制度。2013年8月19日，习近平总书记在全国宣传思想工作会议上讲得很深入，道理就在于此。我们批评历史虚无主义是有意义的。历史虚无主义实质是否定历史，否认自己的历史也是否认自己的主流价值观。苏联和东欧的教训是非常深刻的。否定斯大林，否定列宁，就等于把苏联历史全部给否定了，再加上苏共党内腐败，民生建设滞后，老百姓抛弃了苏共，必然导致苏联共产党垮台。这个教训十分深刻。因此，精神产品的导向问题我们绝不能忽视，忽视就要犯历史性错误。

（三）要充分认识到精神产品生产需要管理，不断提高生产者的自觉性、自律性

精神产品与物质产品一样，都需要管理。人们习惯接受物质产品管理，却不习惯接受精神产品管理。一谈精神产品管理就认为是压制学术自由，就是严管严控。这样理解是有偏差的。精神产品生产的学术自由、学术独立是相对的。偏离宪法、偏离政治方向的学术自由是不允许的。

一般意义上讲，学术研究往往是个体知识积累过程。在积累中创作，在积累中生产。这个过程是自由的。因此，我们鼓励个人独立思考，形成自成体系的学术思想、学术架构、学术话语体系。实践表明，个体独立生产的产品即可能是优质产品，也可能是无用产品，甚至是有害产品。解决这些问题就有一个引导问题，有一个管理的问题。可是，我们有些社会科学工作者不愿意被管理，不愿意在研究中被别人指手画脚，干预自己的学术研究。这种思想是错误的。

精神产品生产如同物质产品生产一样，都需要有管理环节。生产假冒伪劣的物质产品，坑人害人，法律必须制裁，从严处罚。从事社会科学研究也是如此。一些从事社会科学的生产者不愿意被管理，不愿意接受批评，把管理与自由对立起来，把管理与压制等同，甚至抗拒管理，这是不懂精神产品生产规律的一种行为。实践中这样的案例很多。现在经常有一些不符合主流价值观的另类学者抗拒管理。这些学者利用社会提供的舞台经常发表一些与主流价值观相对立的学术观点，误导学生，引发学生对党和政府不满。对这样的做法管理是完全必要的。我们必须看到，研究的过程是自由的，但一经生产出来，发表出来就需要融入管理因素。这种管理是不给错误思潮泛滥提供市场的管理。社会科学工作者要正确对待管理，不能因此产生敌对情绪，消极对待，必须要有一个接受管理的观念，增强接受管理的自觉性、自律性。

（四）要正确认识精神产品生产成果转化问题，推动更多的优秀精神产品体现自身价值

成果转化是精神产品实现自身价值的最佳体现。精神产品转化率越高，学术价值就越大，学术地位就越高，学术影响也就越广。重视成果转化已经是衡量精神产品产出的重要标准。

如何判断成果实现转化，如何认定成果有效转化，实践中有许多标准。一般情况下，人文社会科学领域的精神产品的转化形式各不相同。基础研究转化形式主要体现在公开发表文章，著书立说，传授教学，会议交流、获得各类学术奖项等；艺术研究主要体现在书画作品出版，创作剧本，制作电影、电视剧，包括微电影；应用研究成果转化主要体现在决策咨询、资政建议、科学普及、咨询服务以及艺术传播。不同领域的成果转化都体现了精神产品生产者自身价值的最大化。为此，大家都非常重视成果转化工作，把成果转化具体实现形式作为衡量学术水平的评价标准，形成了一系列学术成果转化指标评价体系。这体现了精神产品生产的最大追求。

什么样的精神产品是最有意义的转化，人们认识可能不尽相同。从马克思主义认识论出发，真正的成果转化应该是学术导向正确，学术架构科学，学术观点准确，学术逻辑严密，所表达的意愿简洁明了，易学易懂，能够为大多数人所接受，被大多数人认同。如果你的学术观点、思想体系，你生产的产品有相当多的认同者、追随者，你生产的产品必然是优秀产品，你也将被大家尊为学术大师，受到学术界尊重。

现在的成果转化中有一种倾向，有的生产者为了评职称，完成工作量，打快拳，短时间生产的精神产品质量不高，粗制滥造；一些著作印量少，影响小，没有市场份额；一些文章抄袭多，原创少。严格意义上讲，这是自娱自乐，自我欣赏，自欺欺人，不是真正意义上的成果转化。

必须指出，在一定范围内受欢迎的精神产品不一定是好产品。市场不是评价精神产品的唯一标准，有市场份额的产品未必是好产品，低级庸俗、格调不高、与主流价值观相背离的精神产品可能一时会有市场，但经不起历史检验。好的精神产品一定是符合主旋律的、大众化的、高雅的、健康的、受绝大多数人欢迎的作品。

精神产品的市场需要培育，需要引导。精神产品生产者责任重大。为此，我们鼓励社会科学工作者多生产有用的优秀的好作品，以此满足人民群众日益增长的精神文化需求。

（五）要充分认识到精神产品生产必须有符合历史文化传统、体现时代特征的中国学术话语体系，尽早改变在社会科学领域中存在的西强我弱的不平衡局面

构建中国学术话语体系，不仅是哲学社会科学界面临的一项重大战略任务，也是当代精神产品生产者的重大历史责任。党的十六大以来，我们党和国家高度重视这项工作。2004年，中共中央出台了《中共中央关于进一步繁荣发展哲学社会科学的意见》，提出了"努力建设面向现代化、面向世界、面向未来，具有中国特色的哲学社会科学"这样一个繁荣发展哲学社会科学的总体目标，并组织实施了马克思主义理论研究和建设工程。党的十七大报告提出了繁荣发展哲学社会科学，推进学科体系、学术观点、科研方法创新任务。党的十七届六中全会通过的《中共中央关于深化文化体制改革推动社会主义文化大发展大繁荣若干重大问题的决定》又强调建设具有中国特色、中国风格、中国气派的哲学社会科学。随后，李长春在2012年马克思主义理论研究和建设工程会议上明确提出要构建具有中国特色、中国风格、中国气派的哲学社会科学话语体系。党的十八大报告中再次重申建设哲学社会科学创新体系。由此可见，构建中国学术话语体系是一项战略任务。

重视这个问题，是因为我们的学术话语体系还不够强大，处在西强我弱的状态之中。主要表现在：一是高等学校本科生、硕士研究生、博士生所学的教材及参考书基本是西方话语体系，西方人文社会科学主导了中国哲学社会科学的教学与科研工作。二是在国际国内学术交流中，偏重于西方学术话语体系，缺乏中国学术的独立精神与独有风格，一些精神产品生产者无论写文章、讲学，还是学术研讨，言必西方，以引用西方学术观点为荣。三是热衷于西方的学术范式，论证公式西方化，引用学术观点西方化，研究方法西方化，考核标准西方化，以西方学术体系为理论依据写的文章晦涩难懂。一些生产者不善于将西方学术观点、思想体系转化为中国学术语言，往往存在用西方学术思想解答中国发展中的问题，往往做了无用功。特别在应用研究上抄袭西方的东西多，自主研究的少；引经据典的多，科学转化中国学术语言的少。目前，国内研究政治学、经济学、管理学、法学、社会学的理论基本源于西方。中国古往今来，在管理学上有许多建树，中国共产党的管理理论博大精深。中国特色社会主义民主政治中创造的协商民主概念，需要我们上升到学术层面加以总结提炼升华。

中国改革开放三十多年来，我们形成了中国特色社会主义理论体系，经济社会持续快速发展，其中的学术支撑是什么？学术界如何进行理论解释与学术阐述？我们应当在此基础上，构建中国的经济学、政治学、社会学、管理学，以此形成中国特色、中国风格、中国气派的哲学社会科学学术体系。

　　实现这个目标，必须掌握构建中国学术话语体系的方式方法。一要依托党的创新理论这一学术话语体系的原创资源，以中国的学术语言风格面向中国经济社会发展伟大实践，系统开展中国道路、中国制度、中国理论、中国价值观、中国改革开放史、中国民族政策、中国政治等系列重大问题研究。这些研究成果能够影响国际学者，形成学术共鸣。二要充分发挥中国学者的学术创造，在认真吸取当代世界各学科最前沿的学术成果过程中，在引进吸收西方人文社会科学学术体系、学术观点时，要注重体现中国历史文化传统，体现中华民族文化特征的语言风格，体现当代人文社会科学各学科发展规律，研究的成果即具有世界公认性，又能让老百姓能够看得懂，听得懂。不是孤芳自赏。三要从学术思想体系方面，依据马克思主义的辩证唯物主义和历史唯物主义，认真研究中国经济社会发展中提出的协商民主、发展是硬道理、和谐社会、以人为本、共同富裕、一国两制、正确政绩观等实践创造，在此基础上，总结提炼，上升为理性认识，形成具有中国学派特点的学术体系。四要科学规划，合理布局。各有关部门要在学科布局、学科体系构建、学术人才培养上要具有战略性、前瞻性、世界性。使中国学者在各领域的研究成果达到国际水平，处于领先地位。并且能实现中国的学术研究成果为国际学者引用传承，中国的学术话语成为世界学术话语。

（六）要充分认识到掌握正确的精神产品生产研究方法，直接关系到精神产品生产的效率与质量

　　研究方法对从事社会科学教学与研究的学者来说至关重要。成功的学者必是掌握科学研究方法的学者。但是我们有些学者没有把握好科学的研究方法，存在急功近利、浮躁之风，主要表现在以下几个方面：一是金钱主导学术，花钱买刊号出书，花钱发表文章，花钱评奖，人情风左右学科点、学位点的设置及职称评定。二是学术导向存在偏差，在职称评定、成果评奖、课题立项、成果评价等方面，学术透明度不够，公平正义不够。三是不尊重他人的劳动成果，不下苦工夫研究，习惯抄袭，走捷径，窃取他人研究成果。一些人的研究是从网上到网上，从别人的成果到别人的成果，从教科书到教科书，没有自己的独创性，没有独立的学术观点和学术研究。四是应用对策研究存在脱离实践的研究多，进入决策的成果少；低

水平重复研究多，高质量高水平具有创新性的研究成果少；西方的研究多，体现中国风格、中国气派、中国特色的学术体系研究少。

解决上述问题的根本办法是要在精神产品生产中掌握正确的研究方法。注意科学的研究方法要把握以下几点：一是要坚持正确的学术研究导向和学术活动导向，善于用马克思主义立场观点分析问题解决问题，善于正确认识与把握西方学术观点，善于用中国学术语言解释西方值得学习的先进文化。二是要具有十年磨一剑的研究精神，习惯坐冷板凳，习惯潜心研究，广泛占有各种资料，广泛了解前沿学术各种观点掌握学术动态，要做到边读书边思考，在思考中形成自己独立的学术观点、学术体系。三是要关注重大理论与现实问题的研究，为政策制定提供理论支持。关注重大理论与现实问题研究是社会科学工作者义不容辞的社会责任。将学术研究运用到实践层面即是国际惯例。一个成功的社会科学工作者应该是理论与实践结合的最好的学者。因此，精神产品生产者要主动融入社会。既要走进基层，走向社会，又要走进机关，了解大局。这样才能使我们的研究顶天立地，符合社会需求。

上述六个方面，还不足以概括精神产品生产的各种要素。精神产品生产的要素还有许多，如精神产品生产的动力、环境、投入问题，精神产品生产的市场开发、市场销售、市场流通问题，精神产品生产的保障机制、法制建设等问题，都还需要我们进一步深入研究、系统整理，使精神产品生产真正实现有理论框架支撑，有基本规律遵循。

参考文献：

［1］胡锦涛：《高举中国特色社会主义伟大旗帜　为夺取全面建设小康社会新胜利而奋斗——在中国共产党第十七次全国代表大会上的报告》，《人民日报》2007年10月25日。

［2］十七届六中全会通过的《中共中央关于深化文化体制改革推动社会主义文化大发展大繁荣若干重大问题的决定》。

［3］胡锦涛：《坚定不移沿着中国特色社会主义道路前进　为全面建成小康社会而奋斗——在中国共产党第十八次全国代表大会上作报告》，《人民日报》2012年11月18日。

［4］《中共中央关于全面深化改革若干重大问题的决定》，人民出版社2013年版。

［5］秋石：《巩固党和人民团结奋斗的共同思想基础》，《求是》2013年第20期。

[6]《习近平总书记在全国宣传思想工作会议上的讲话》,2013 年 8 月 19 日。

[7]《中共中央关于进一步繁荣发展哲学社会科学的意见》,2004 年。

[8]《李长春在马克思主义理论研究和建设工程工作会议上的讲话》,2012 年。

（本文原载《理论界》2014 年第 8 期。作者杨路平，辽宁省社科联党组书记、副主席、教授。沈阳市和平区和平南大街 45 号 110005）

传统价值理论的主要特点及建设经验

方光华

摘　要： 培育和弘扬社会主义核心价值观必须立足中华优秀传统文化。博大精深的中华优秀传统文化是我们在世界文化激荡中站稳脚跟的根基。在中华民族五千年的文明史中，积淀了许多独特的价值观念。其中天人合一、顺乎人性、和而不同构成了传统价值观念的理论框架，对中国文化的发展具有重要的支撑作用。传统价值观具有止于至善、重视内在力量的激发、突出意识形态的主导作用等特点，它的建立主要依托经典、依靠教化，重视知识分子和官僚队伍的示范作用。要使传统价值观与现代价值观发生有机联系，需要加强对经典的了解，保护民族文化遗存的独立性、丰富性和完整性，加强传统价值观与现代价值观念和世界价值观念的沟通。

关键词： 核心价值　传统价值理论　天人合一　顺乎人性　和而不同

一　价值观建设的时代课题

21世纪以来，核心价值体系的构建逐渐引起国民的关切。2006年10月，中国共产党十六届六中全会第一次提出"建设社会主义核心价值体系"重大命题。2007年10月，中国共产党的第十七次全国代表大会报告指出:"社会主义核心价值体系是社会主义意识形态的本质体现。"2012年11月,中国共产党的第十八次代表大会报告指出:"加强社会主义核心价值体系建设"是推进社会主义"文化强国"的首要内容,首次将社会主义核心价值观凝练为12个词:富强、民主、文明、和谐,自由、平等、公正、法治,爱国、敬业、诚信、友善,提出积极培育和践行"社会主义核心价值观"的战略任务。2013年12月,中共中央办公厅《关于培育和践行社会主义核心价值观的意见》对如何建设核心价值观作了具体部署。

社会主义核心价值观的建设,离不开与现实生活的对话,离不开与世界其他先进文化的沟通,也离不开对中国传统思想资源的发掘。熔铸在民族的生命力、创造力和凝聚力之中的价值理论和观念,是社会主义核心价值建设的重要思想源泉之一。2011年中国共产党十七届六中全会指出:文化是民族的血脉,是人民的精神家园。优秀传统文化凝聚着中华民族自强不息的精神追求和历久弥新的精神财富,是发展社会主义先进文化的深厚基础,是建设中华民族共有精神家园的重要支撑。2013年8月,中央召开全国宣传思想工作会议,习近平主席指出党和国家的宣传工作要做到四个讲清楚:讲清楚每个国家和民族的历史传统、文化积淀、基本国情不同,其发展道路必然有着自己的特色;讲清楚中华文化积淀着中华民族最深沉的精神追求,是中华民族生生不息、发展壮大的丰厚滋养;讲清楚中华优秀传统文化是中华民族的突出优势,是我们最深厚的文化软实力;讲清楚中国特色社会主义植根于中华文化沃土、反映中国人民意愿、适应中国和时代发展进步要求,有着深厚历史渊源和广泛现实基础。2013年9月26日,习近平主席在会见第四届全国道德模范及提名奖获得者时的讲话,指出:中华文明源远流长,孕育了中华民族的宝贵精神品格,培育了中国人民的崇高价值追求。自强不息、厚德载物的思想,支撑着中华民族生生不息、薪火相传,今天依然是我们推进改革开放和社会主义现代化建设的强大精神力量。2014年2月17日,习近平主席在省部级主要领导干部学习贯彻十八届三中全会精神全面深化改革专题研讨班开班式上的讲话,指出:推进国家治理体系和治理能力现代化,要大力培育和弘扬社会主义核心价值体系和核心价值观,加快构建充分反映中国特色、民族特性、时代特征的价值体系。坚守我们的价值体系,坚守我们的核心价值观,必须发挥文化的作用。2014年2月24日,习近平主席在中共中央政治局第十三次集体学习时的讲话,指出:培育和弘扬社会主义核心价值观必须立足中华优秀传统文化。牢固的核心价值观,都有其固有的根本。抛弃传统、丢掉根本,就等于割断了自己的精神命脉。博大精深的中华优秀传统文化是我们在世界文化激荡中站稳脚跟的根基。2014年3月28日,习近平主席在德国科尔伯基金会的演讲中提到:一个民族最深沉的精神追求,一定要在其薪火相传的民族精神中来进行基因测序。有着五千多年历史的中华文明,始终崇尚和平,和平、和睦、和谐的追求深深植根于中华民族的精神世界之中,深深溶化在中国人民的血脉之中。2014年4月1日,习近平主席在比利时布鲁日欧洲学院的演讲中提到:二千多年前,中国就出现了诸子百家的盛况,老子、孔子、墨子等思想家上究天文、下穷地理,广泛探讨人与人、人与社会、人与自然关系的真谛,提出了博大精深的思想体系。他们提出的很多理念,如孝悌忠信、礼义廉耻、仁者爱人、与人为善、天人合一、道法自然、自强不息等,至今仍然深深影响着中国人的生活。中国人看待世界、看待社会、看待人生,有自己独特的价值体系。中国人独特而悠久的精神世界,让中国人具有很强的民族自信心,也培育了以爱国主义为核心的民族精神。

在中华文明的发展历程中,到底有哪些独特的价值理念?这些价值理念是怎样提出来的?它又是如何建设的?对我们今天的价值观念建设有哪些参考价值?确实值得我们认真思考。

二 传统核心价值理论的主要内涵

在中华民族五千年的文明史中,积淀了许多独特的价值观念。其中天人合一、顺乎人性、和而不同构成了传统核心价值观念的理论框架,对中国文化的发展具有重要的支撑作用。

所谓天人合一,就是把人类置身于自然之中,从自然中汲取人生智慧。这种思想在中国远古就有萌芽。相传最早试图将自然与人类进行整体把握的是伏羲氏,他创作了乾、坤、震、巽、坎、离、艮、兑八卦。伏羲将所有自然界的一切现象归结到八卦,认为了解八卦就能了解自然和人类社会。八卦在相当长的时期内成为古人把握自然世界的一种工具。在夏、商时期,这种理论都有运用,而且有所深化,夏代八卦叫《连山》,商代八卦叫《归藏》。《连山》即兼山之艮，可见夏代八卦已经有重卦出现，商代甲骨文中也有重卦出现的充分证据。八卦复合关系的复杂化，说明古人对自然界和天人关系的思考不断走向深化。

除八卦以外，古人又发明有一种五行的理论，认为掌握了五行，也可以了解自然与社会。五行的出现可能比八卦要晚，因为对"金"的认识建立在青铜冶炼的认识上。古籍中有黄帝"作立五行"的说法，认为黄帝已经发明了五行。五行最早见诸文字记载的是《尚书·甘誓》："有虞氏威侮五行，怠弃三正。"但没有交代五行的具体内容。水火木金土的五行字样最先见于《尚书·洪范》，《洪范》由殷贵族箕子陈说，说是上天"锡禹《洪范》九畴"，其中第一条就是五行。《尚书·大禹谟》说，禹曰："於！帝念哉！德惟善政，政在养民，水、火、金、木、土、谷惟修；正德、利用、厚生惟和，九功惟叙，九叙惟歌。戒之用休，董之用威，劝之以九歌，俾勿坏。"可见大禹确实对五行有很深入的思考。五行曾经被广泛用来概括万物。《洪范》说：水曰润下，火曰炎上，木曰曲直，金曰从革，土曰稼穑。润下作咸，炎上作苦，曲直作酸，从革作辛，稼穑作甘。说明商代已经对五行的性质已经有很深入的了解。

西周初期，周文王、周公对八卦作了进一步发挥，形成了古代论述天人关系的经典性作品《周易》。《周易》对天道、地道、人道的内在贯通进行阐述，提出"与天地合其德，与日月合其明，与四时合其序"的经典命题，奠定了中国古代天人关系的基本框架，是历代思想家进一步阐述天人关系的主要依据。

春秋战国时期，天人问题得到新的探讨。孔子在谈论人道与天道关系问题时说："天生德于予"（《论语·述而》），"巍巍乎！唯天为大，唯尧则之"（《论语·泰伯》），认为人的德性是天赋予的，人道应当效法天道。思孟学派继之对人道与天道的关系作了进一步探索，并试图把人道的根源追溯到天道那里。不过，先秦儒家过多地关注于现实的人道，对人道与天道的关系特别是人道的形而上依据——天道的内涵并未作出充分论述。先秦道家则对宇宙本质的探索表现出了特别的兴趣，从宇宙本原——"道"的立场对天人关系特别是天道的内涵作了更多的论述，提出了"人法地，地法天，天法道，道法自然"（《老子·二十五章》）的理论命题。

关于如何效法天道，人们的认识并不一致。一种以儒家为代表。他们直接依托《周易》，形成《彖上》《彖下》《象上》《象下》《文言》《系辞上》《系辞下》《说卦》《序卦》《杂卦》十篇研究《周易》具有代表性作品。其中说"天行健,君子以自强不息","地势坤,君子以厚德载物",主张效法天道刚健有为、宽容包含的精神,自强不息,厚德载物,"裁成天地之道","辅相万物之宜"。这种观点成为中国古代天人关系思想的主导。另外一种以老子为代表。老子也主张从自然与人类社会相统一的角度去把握人类生活的准则。但他观察自然界运行法则的角度与常识不同,认识自然运行的法则一般都是从事物刚强的方面去加以把握,而老子说,在自然界实际起主导作用的并不是事物刚强的方面,而是事物柔弱的方面。他认为常人因为看不到事物柔弱、空虚的方面比刚强、肯定的方面更有力量,从而对自然运行的规则产生错误的认识。他把刚强的方面概括为"有",把柔弱的方面概括为"无",并认为:"天下万物皆生于有,有生于无"。也就是说,天道总是凭借它柔弱的方面生育万物,柔弱的方面包含着无限的可能性。他主张效法天道柔弱的属性,见素抱朴,知雄守雌,无为而治。这种观点成为中国古代天人关系补充性的思想,对中国文化的发展也发生过巨大作用。

所谓顺乎人性,就是尊重人内心最真实的情感,听从人内心最真实的呼唤。孟子认为只有发自内心的处理方式才是解决矛盾的最自然的方式,只有建立在人性基础上的政治才是最合理的政治。那么到底什么是人的本心?孟子曾经指出:"恻隐之心,仁之端也;羞恶之心,义之端也;辞让之心,礼之端也;是非之心,智之端也。人之有是四端也,犹其有四体也。"(《孟子·公孙丑上》)认为恻隐之心、羞恶之心、是非之心、辞让之心就是人的本心。所谓恻隐之心就是于心不忍的爱心,羞恶之心就是对自我的约束之心,辞让之心就是人对于社会秩序和安全的意识、是人处理事物的分寸感,是非之心就是对于事物正确与否的直觉与判断。人有恻隐之心、羞恶之心、恭敬之心、是非之心,说明人渴望"仁爱""尊严""秩序"和"理性"。人之所以要有社会交往和社会组织,是为了使自己的爱心更加丰富,使自己的尊严更加稳固,使自己的生存环境更加和谐,使自己的理性能力得到提升。

当然,我们内心的上述情感和理性有时也会出现一些矛盾,但情感和理性所引发的矛盾冲突最终都会得到合理的解决,而最自然、最恰当的解决方式必定是不掺杂个人情绪和主观计较的自觉行为。例如:仁爱与正义有时会发生矛盾。《孟子》书中就设想有这样的例子。当舜的父亲杀人犯法，作为天子的舜，到底是应该压制自己的敬父之心而尊重法律，还是蔑视法律而尽自己的敬父之心呢？孟子认为，如果发生了这样的情况，舜不蔑视社会公义，不会禁止法官将父亲治罪；另一方面，舜又不违背自己的孝敬之心，他会抛弃天子之位，偷偷地背父亲而逃走，沿着海边住下来，把曾经做过天子的事忘得一干二净。公义与私恩有时也会发生矛盾。《孟子·离娄下》还有这样的例子：郑人派善射的子濯孺子侵卫，卫国派善射的庾公之斯抵抗他。相遇时正值子濯孺子发病，拿不起弓来。庾公之斯说："小人学射于尹公之他，尹公之他学射于夫子。我不忍以夫子之道反害夫子。虽然，今日之事，君事也，我不敢废。"不敢废"君事"是公义，不能杀带病的师爷是"私恩"，怎么办呢？庾公之斯"抽矢扣轮，去其金，发乘矢而后反"——抽出箭来在车轮上敲打，把金属箭头敲掉，射出四支没有箭头的箭，转身离去。孟子认为，一般人之所以在复杂的矛盾冲突中找不到解决问题的办法，就是因为他们遗失了自己的本心，而圣人舜和常人庾公之斯之所以能够从心所欲不逾矩，就在于他们的处理方式都是由内心自发流出来的。

值得指出的是，对什么才是真正的人性，历史上的认识并不完全相同。庄子认为真正的人性不是道德情感，也不是理性能力，而是回归自然的超越情怀。佛教认为真正的人性是佛性，是众生超越生死轮回、追求理想佛国的品性。但这些超越性的情怀都被内化于孟子所揭示的人性范畴，认为对"仁爱""尊严""秩序"和"理性"的顺应是实现其他超越品性的基础。

所谓和而不同，就是在保持自己独立判断的同时，对事物的多样性抱有深刻的理解和宽容。和而不同的思想出现很早。东周时期，史伯认为"和"能使事物充满生机，而"同"不能使事物持久，"和实生物，同则不继"。春秋时期，孔子对和与同的概念进行了进一步丰富，他说君子有独立的思考和判断，不肯盲从附和，但善于倾听各种不同的声音，小人则相反。中国古代思想家对于事物的多样性有非常深刻的洞察。儒家认为，万物并育而不相害，道并行而不悖。道家认为事物的多样性往往会表现出极端对立的特点，但就是这种对立才显示出事物统一的深刻性，事物的多样性才使宇宙充满活力。如果摒弃了人类的自我中心论，就有可能以江河大地那样的胸怀包容各种事物。佛教认为，从缘起关系来看，任何事物都有相互依存，一即一切，一切即一，都是真如的显现，如果从平常心、欢喜心、慈悲心去观察，就会发现众生平等，圆融无碍。

中国文明的起源和中国文化的发展，都是靠"和而不同"，形成了一条独特的自然创新之路。中国文明起源是多元起源，不是一元起源。它有好多个源头，后来这些多元的文明，不断地相互发生关系，而主体是黄河和长江流域。春秋战国时期，儒家主张复活周礼的精神，说人是宇宙的价值中心，仁义道德是天地万物的普遍法则。而道家则反其道而行，认为最大的法则是自然法则，提出当时社会的前景应该是与周礼不同的新的可能性。对于当时所提出的这些理论上的创造，各派之间是比较了解的。儒家一方面批评道家"蔽于天而不知人"，另一方面也努力推进儒学的改造；道家也在批评儒家过分夸大了人的重要性的同时，也意识到儒家对人的认识的深刻性。最后的结果是，中国的理想社会应该是在继承上有创新，具体来说，就是要打破血缘关系，强调地缘因素，要将宗法制改造成为郡县制，这是中国文化"和而不同"的重要成果。再如魏晋南北朝时期，中国文化又面临一些新问题。当问题刚开始出现，有些思想家利用道家的思想对汉代政治展开批评，说自然主义政治是最理想的，但直到西晋末年，最后也没有搞出自然主义政治。在这种状况下，佛教开始传播。佛教思想不像儒学那样，追求对社会现实问题的具体解决思路，而是把改变人们的思想意识当作根本，认为这是解决一切社会现实问题的先决条件。它改变了思索社会问题的角度，丰富了思索社会问题的视野，同时也提高了反思中国固有文化资源的思想深度。而佛教文化自身也中国化了，连佛教自己也认为中国的佛教与印度佛教是有区别的。可见，和而不同既是中国文化得以发展的宝贵经验。

三 传统价值理论的主要特点和建设途径

传统价值理论有三个基本特点：

第一，追求"止于至善"。传统核心价值理论以修身、齐家、治国、平天下为根本目标，目的是建立人类理想的政治和社会生活方式。但它考虑人类社会的问题，没有把人的物质利益当为主要追求，也没有把与经济活动相关的权利和自由的实现当为主要目标，而是着眼于人的性灵成长、社会和谐、礼仪秩序。传统价值理论对自然世界的探讨也没有走上追求客观真理的分析之路。在中国传统核心价值理论中,不是因为对自然规则认识的深化而升华对人类自身的认识水平,相反,它主要是因为对人类自身的认识的升华而革新对自然世界的认识。

第二,重视内在力量的激发。传统核心价值理论注重激发人的内在力量,认为一旦内在的力量被唤醒,人便会发自内心地转向对善的追求。孟子说:当舜居深山之时,与木石为邻,与鹿豕嬉戏,和深山中的野人差不多。但是,一旦心中向善的力量被唤醒,舜便像江河一样,沛然而莫之能御。中国传统价值理论具有惊人的自我反思色彩,特别重视对"内在自我"的叩问,把感悟、体证当成展现核心价值的重要方式。中国传统思想中的"心斋""冥忘""主静""穷理尽性""格物致知""止观""定慧"等一系列范畴与此有密切关系。

第三,突出意识形态的主导作用。中国传统核心价值理论的基本框架比较稳定,但不同的时代有不同的表现方式,同一时代的不同阶段也有不同的理解。而各种表现方式和不同理解的调适主要依靠意识形态的主导。例如,孝在孔孟那里主要是对家族长辈的礼敬心理与行为,源于人的不忍之心。荀子和董仲舒意识到道义的客观规则有助于孝的恰当表达,东汉章帝时期的《白虎通义》中,孝被归结为主要因为帝王对于天道必然性的发现。孝除了继续被视为对家族长辈的礼敬以外,还被转化为对君主的忠诚。中国传统核心价值理论的各种纷争往往通过意识形态的主导而化解。

传统核心价值观的建立主要依托经典。中国传统核心价值观念的建立主要依托经典的注解与阐释。如老子和孔子即在对上古文献的解读过程中,形成关于文化发展方向的洞察,老子给上古文献特别是《周易》的天道注入了新的内涵,揭示出从事物柔弱方面观察天道的独特视角,提出"无"是"有"的根源、天道凭借柔弱,否定的方面生育万物的观点,从而使上古经典文献焕发出新的含义。孔子赋予对上古文献的人道思想以新的内涵,凝练出人的道德情感与理性能力是人道永恒的基础的明确判断。他们的诠释开启了重新释读中国上古文献的大门,并形成了经典诠释的高潮。魏晋时期,玄学即在对《论语》《老子》《庄子》《周易》的重新解读中,逐渐明确新的思想潮流的确切含义。以何晏、王弼为代表的玄学家们发现原来以为有绝对差异的孔子与老子的思想可以沟通,调和孔老成为当时经典诠释的重要理念。在《论语》和《周易》之中,玄学家发现了《老子》的思想内容,而在《老子》与《庄子》中,玄学家又领悟到

《论语》与《周易》的真知灼见。这种调和性的解读，使得无论是儒家原典还是道家原典都发生了变异。宋明理学更是如此，经典是理学们最坚实的思想渊源，同时也是理学家们重新阐释的对象。理学的集大成者朱熹毕其一生都在注释《大学》《中庸》《论语》《孟子》，直到临终之前还在推敲注释的准确性，《四书集注》被后人认为是最能反映朱熹理学思想的代表性作品，而被朱熹诠释的《论语》《孟子》与秦汉时人、魏晋时人所理解的《论语》《孟子》有一定联系，但更多的是差异，而这种差异乃是朱熹为代表的理学不同于汉代经学与魏晋玄学的特点。理学不但使《论语》《孟子》为代表的儒学经典体系焕发出的意蕴，同时也更新了对于《老子》《庄子》等道家经典的理解。明清时期的实学思潮的创建和发展，在很大程度上也是依赖于对经典的重新解释与阐发，即使是并不十分主张哲学创新的朴学，也力图将从朴学实践中得出的见解消融到经典的诠释之中，如戴震的《孟子字义疏证》。

从中国传统思想创新的历史来看，对于什么才是经典的判断并不是一成不变的。《易》《书》《诗》《礼》《春秋》五经是核心价值理论的根本支撑。但《论语》《孟子》《老子》《庄子》《易传》具有更大的灵活性，对它们的创新注释往往是对其他经典重新诠释的先导。同时一些被中国文化所容纳的外来经典也被视为经典，并被不断得到新的诠释。中国经典诠释体现出开放性和叠加性的特点。开放性体现在它对经典的理解并不完全局限在本民族的原典，它倡导对外来经典的发散性诠释。叠加性表现在它重视一代又一代的诠释成果，重视通过对前代诠释的修正、补充而达到对经典的超越性理解。

传统核心价值理论的传播主要通过教化。中国古代很少采取西方那种通过法典使核心价值观念制度化的模式，而是更加重视经典这个纽带，通过经学教育的形式，传播和普及已被重新诠释的经典及其核心理念，达到对核心价值观的领会和消化，从而使核心价值深入人心。孔子认为，通过教育人人皆可以成为君子，他重视教化活动在价值观熏陶与培养过程中的地位与作用，主张"道之以德，齐之以礼"。孟子认为法度禁令再完备，也不如良好的教化能赢得民心。教育不但使人在经典的研习中，了解核心价值理论的内涵，而且变化气质，养成善于自我反思和敦厚笃实的品性。

传统核心价值理论的建设重视士人和官僚的垂范。孟子说："天之生此民也，使先知觉后知，使先觉觉后觉也。"知识分子在核心价值建设中赋有独特的作用，士风深系世道。"世道隆污，由正人盛衰，而正人盛衰由于学术晦明。故学术明则正人盛，正人盛则世道隆。"（《二曲集》卷二十《书》二）同时，官僚队伍的榜样作用也非常紧要。孔子说："其身正，不令而行；其身不正，虽令不从"。汉武帝时，为了使官僚队伍熟悉经典所承载的政治理念和价值追求，采纳董仲舒的建议，在太学"置五经博士"，用儒家经典对知识分子进行熏陶，并让他们作为官僚队伍的后备力量。汉代所形成的经学教育制度和官吏选拔制度为历代王朝所效法，对古代核心价值观的传播产生了深远影响。

四　如何实现传统价值观念的现代转化

第一，加强对中国传统经典的了解。要理解中国文化的基本内核，必须有对经典的基本理解。如《论语》《孟子》《老子》《庄子》《金刚经》《坛经》等，都是需要了解的基本经典。

第二，保护民族文化遗存的独立性、丰富性和完整性。文化遗产记录了中华文化的发展轨迹，是中华民族优秀传统的历史见证，是中华儿女共同的精神财富。要通过扎扎实实的文化遗存保护、展示工程，能够让大家体会到、体验到古代历史的辉煌、文明的发达。

第三，构建与现代价值观念的有机联系。要依托历史、立足现实，尊重过去、面向未来，以礼敬、自豪的态度善待民族优秀传统文化，通过挖掘整理和科学扬弃，使中华民族的精神血脉得以延续，保持中华文化的鲜明个性和独立品格。

第四，加强与世界文化价值的沟通。中华文化在发展历程中所形成的许多独特的价值理念，既是中华民族生存、发展的重要基础，也是民族复兴的推动力，同时还是促进国家之间的和谐发展、促进全人类的和平与进步的重要力量。越来越多的有识之士认识到，在全球化的背景下，中华文化特有的价值观可以为建设和谐世界提供富有启发意义的思维方式与价值取向。但不可否认，与其他文化价值观的交流还不够深入，不够充分。

2014年3月27日，习主席在联合国教科文组织总部演讲中讲到：每一种文明都延续着一个国家和民族的精神血脉，既需要薪火相传、代代守护，更需要与时俱进、勇于创新。中国人民在实现中国梦的进程中，将按照时代的新进步，推动中华文明创造性转化和创新性发展，激活其生命力，把跨越时空、超越国度、富有永恒魅力、具有当代价值的文化精神弘扬起来，让收藏在博物馆里的文物、陈列在广阔大地上的遗产、书写在古籍里的文字都活起来，让中华文明同世界各国人民创造的丰富多彩的文明一道，为人类提供正确的精神指引和强大的精神动力。这需要我们的共同努力。

参考文献：

［1］（魏）王弼、（晋）韩康伯注，（唐）孔颖达等正义：《周易正义》，《十三经注疏》，（清）阮元校刻，上海古籍出版社1997年版。

［2］（魏）王弼注，楼宇烈校释：《老子道德经注校释》，中华书局2008年版。

［3］（魏）何晏集解，（宋）邢昺疏：《论语注疏》，《十三经注疏》，（清）阮元校刻，上海古籍出版社1997年版。

［4］（汉）赵岐注，（宋）孙奭疏：《孟子注疏》，《十三经注疏》，（清）阮元校刻，上海古籍出版社1997年版。

［5］上何宁撰：《淮南子集释》，中华书局1998年版。

［6］（魏）王弼撰，楼宇烈注：《王弼集校释》，中华书局1980年版。

［7］（宋）张载撰，章锡琛点校：《张载集》，中华书局1978年版。

［8］（宋）二程撰，王孝鱼点校：《二程集》，中华书局1981年版。

［9］（宋）朱熹撰：《四书章句集注》，中华书局1983年版。

［10］（明）王守仁撰，吴光、钱明、董平、姚延福等编校：《王阳明全集》，上海古籍出版社1992年版。

［11］（清）戴震撰：《孟子字义疏证》，中华书局1982年版。

（作者方光华，时任西北大学校长、教授，现为陕西省西安市副市长。西安市太白路229号　710069）

清代东钱研究

戴建兵

摘　要：清代东钱是一种十分奇特的钱制，以160文为一串或一吊，也就是相当于1000文，在东北地区和北京以东的以永平府为中心的地区流通。本文认为东钱是由于东北地区货币缺乏导致的，并且东钱是私小钱实体货币，而且由于纸币替代私小钱流通，从而强化了东钱这一虚钱本位，这从近代东北地区所铸造制钱轻小，以及由于制钱的短少而较早在国内开铸银、铜元得到证明。所有这一切，均隐含了国家在经济治理方面与市场、社会、个体之间的博弈。

关键词：清代　东钱　钱制

一　东北东钱钱制产生的货币环境

清代以来东北地区很长时期一些地方使用着十分奇特的钱制，称为东钱。

"清代东钱乃关东单行之钱也。以铜制钱二枚为一十（俗称一成），三枚为二十，四枚为三十，六枚为四十，八枚为五十，十枚为六十，十二枚为七十，十三枚为八十，十五枚为九十，十六枚为一百，一百六十枚为一吊，七吊二百文为今现洋之一圆，不行于他处，独行于京东永平府属及关东各地，故曰东钱。"①

东钱这种十分奇特的钱制的形成，我们认为与东北地区铸造钱少有着十分重要的关联。

努尔哈赤统一女真后，万历四十四年（1616）在赫图阿拉（辽宁省新宾满族自治县境内）建立金国，史称后金，建元天命（1616—1626）。《清史稿·食货志》载："太祖初铸天命通宝钱，别以满、汉文为二品，满文一品钱质较汉文一品为大。"②

目前学术界对天命钱的铸时、铸地尚无定论。但辽阳东京城附近经常发现大量满、汉文天命钱，出土了很多未经流通的铸造钱币残次品，加之此地曾出土过汉文天命通宝石范，因而有理由认为天命钱是明天启元年（1621）努尔哈赤攻占辽阳，兴建东京城为新都后于当地所铸。③ 努尔哈赤铸币并没有大量流通，以后以"银子充足，不必铸造"④ 为由而停止铸币。

第一，满文币的质量实际上是存在问题的。

1987年春夏之际，辽宁省海城市、海城河南岸的响堂村，村民修房基取土时，挖出一陶罐，内装铜钱1.5公斤，已腐蚀一部分。经整理是清一色的满文"天命汗钱"，有近300枚，有的已破碎成片。其中有厚0.3厘米的1枚，0.299厘米的1枚，0.2厘米的1枚，其余厚在0.14—0.18厘米。直径最大3.05厘米，最小直径为2.66厘米。最重15.6克，最轻7.3克。钱文有的较细、有的较粗，背幕多穿有错范者。大都面郭窄而背郭宽。⑤ 可见早期后金铸币从技术到制度并不完备，很难想象重15克左右的钱币与7克者等值流通，如不等值流通，必将引发钱制在流通时发行改变，其他地区出土的天命钱也证明了这一点。

第二，皇太极只铸造了当十钱，而且当十钱的出现一般是与铸币不足且通货膨胀相关的。后金的币制一定是通过白银与明代钱币十分密切地联结着。"努尔哈赤攻占辽东以后，设管理贸易的额真。商品的价格和税

---

① 黄世芳、陈德懿：《铁岭县志》，民国二十二年［1933］铅印本，卷六：财政·国家税。
② 《二十五史》，上海书店、上海古籍出版社1986年版，第9274页。
③ 刘未：《谈满文天命汗钱》，《中国钱币》2002年第4期。
④ 《满文老档·太祖》第六卷。
⑤ 齐维志：《辽南重镇海州城出土后金货币》，《内蒙古金融研究》2003年第1期。

收，援依明例。"①

第三，天命钱本身存在流通困境。"记载：太祖初铸天命通宝钱，别以满、汉文为二品，满文一品钱质较汉文一品为大。"② 天命满文钱与汉文钱就不一般大，因而也就不一样重。但是又绝不是一个满文钱等于二个汉文钱的钱制，他们应当是等值的。这样在流通中就会出现劣币驱逐良币的问题，满文钱会流通不出去而被人民收藏。而后金政权肯定不乐意看到市场上流通的都是汉文钱币。

第四，顺治年间清政府大开地方铸局时，盛京局开铸的时间极短，顺治四年（1647）题准盛京开局鼓铸。顺治五年（1648）停局。③ 铸造量必定是十分少的，因而整个东北地区的制钱必然短缺。目前并没有发现盛京钱局有特殊标记的铸币，极有可能是仿明朝的光背钱。

第五，东北由于与朝鲜的地域较近，且后金与朝鲜的特殊关系，还承担了对朝鲜的钱币供应。1650年，开城留守金育作为陈慰使来到了中国，他一次买了十五万文的中国铜币，在朝鲜西北地区流通。④ 到70年代末时，铜币已在朝鲜全国流通。朝鲜政府设立了大量的铸钱机构，其铸造的一些常平通宝钱还流通到了中国。

而所有这一切，都使东北成为一个货币供应短缺的地区。

二 东钱钱制的形成

关于清代东钱的研究，日本学者山本进有《清代东钱考》一文，将东钱定义为短陌的一种。⑤ 佐佐木正哉在《营口的商人》一文中对清代东钱有专章论述，认为东钱是以银为本位而发行的钱票。⑥ 国内学者黄鉴晖

---

① 《满文老档·太祖》第二十三卷。
② 《清史稿·食货志》。
③ 席裕福、沈师徐辑：会典事例，《皇朝政典类纂》，钱币七，直省钱局，台湾文海出版社影印。
④ 朝鲜民主主义共和国科学院历史研究所：《朝鲜通史》上卷第三分册，吉林人民出版社1975年版，第822页。
⑤ [日]山本进：《清代东钱考》，《史学杂志》2005年第3期。
⑥ [日]佐佐木正哉：《营口的商人》，《研究近代中国》（第1辑）1958年第4期。

在《中国钱庄史》中认为东钱是一种虚拟本位币。

现在学术界多认为东钱是短陌，但这是一种十分特殊的短陌，其中定有政治及其他因素左右。

历史上的短陌多是由于钱币在流通领域缺乏而先在民间流行再由政府确定的钱制，实际上是由于流通领域通货的短少，在原来铜钱这种实体货币的基础上创造出的一种新的虚钱制。

但是东钱却是以160为一千，这里面除去东北钱少的原因外，必然夹杂满族对明王朝的征服，以及天命钱里的满汉文钱流通的矛盾，以及入关后对明代制钱的态度、清初私小钱等一系列的问题。

黄冕堂在《中国历代物价问题考述》中提到东钱：清代各朝都由官府铸造铜钱，名曰制钱或大钱，制钱每枚大小和轻重不一，但以每枚中一钱二分者居多。康熙时期曾一度铸造一种小钱，每枚重量仅八分，名曰"京钱"，主要流行于京津和山东一带。一般规定："京钱"二枚换制钱一枚。另有所谓"东钱"者，指东北地区流行的小钱，大体以六七文以至十文抵算制钱一文。黄冕堂将东钱定性为一种实体的小钱。[①] 而程鹏的《清代东钱考》则认为黄的观点不成立。[②]

中国历史上，由于铸钱量达不到经济要求而很早就出现了钱制短陌的现象，一直到明代这些制度仍然发挥作用。早在弘治三年（1490）由于不得不使用历代古钱，明王朝就推出了历代旧钱以二当一的政策。明代的私钱和古旧钱在流通中以当时所铸新钱一半的价值流通。"明朝制钱有京省之异，京钱曰'黄钱'，每文约重一钱六分，七十文值银一钱；外省钱曰'皮钱'，每文约重一钱，百文值银一钱。"[③] 其钱制由于铸造钱币的重量不同而发生问题。

明代《碧里杂存》记述正德年间，京师交易用"板儿"，为低恶之钱，但"以二折一，但取如其数而不视其善否，人皆以为良便也"。《野获编》也有记载："今京师有以二折一之例，但呼'小钱'，其好钱乃谓

[①] "丙戌。谕户部、朕顷谒陵时见用小钱者甚众、所换之数亦多旧钱及两局之钱、使用者少。此实非益民之事也……先年科尔坤、佛伦、管钱法时题请将钱式改小。朕每谓钱改小易、改大难。钱价若贱则诸物腾贵。后因题请再三方始准行。今果如朕言。"《清实录康熙朝实录》康熙三十六年丁丑十一月。

[②] 程鹏：《清代东钱考》，硕士学位论文，山西大学，2011年。

[③] 《续文献通考》卷十一。

之'老官板儿'。""按，京师习俗，以官板钱一当两，凡贸易议钱，一百实则用五十。《续通考》记嘉靖三年诏，每银一钱直好钱七十文，低钱一百四十文。是前明已有两当一之令矣。"① 这与后来京城所用的京钱500为千的钱制有一定的关系。此外，康熙年间曾铸造过小钱，以二当制钱一。这与后来京钱的形成有一定的关系。

顾炎武的名著《日知录》，曰："今京师钱以三十为陌，亦宜禁止。"② 顾氏所指应是清初，只是因为文禁之故，后人于此多引述高士奇《天禄识余》"钱陌"条下的小字注记："今京师以三十三文为一百，近更减至三十文为一百，席上赍人，通行不以为怪。"说的是人们人情往来时，以三十当一百的事。

对于东钱，笔记小说记载较多，但最早的记述也多为道咸时期。

道光年间沈涛所著《瑟榭丛谈》则言："京师用钱以五百为一千，名曰京钱；宣郡以三百三十三为一千，名曰宣钱；通州以东至山海关以一百六十六为一千，名曰东钱，不知起于何时。相传前明兵铜不足，以故减短之数因地而异。"③

《听雨丛谈》卷七京钱："高江村学士考钱陌之制，梁时破岭以东，八十为陌，名曰东钱，江郢以上，七十为陌，曰西钱。其时京师以九十为陌，曰长钱。大同元年，诏用足陌，下弗能从。末年遂以三十五为陌，又言，国朝京师以三十三文为百，更有以三十文为百，席上赍人，通行不怪云，今都中无以三十文为百之说，率以制钱五十文谓京钱一百，以四十九文谓九八钱一百，讲说钱数，自一文至十一文，皆按制钱言，由十一文再加一文，则按京钱言，曰二十四文，相沿通行，殊不为异，又京城东北抵于山海关之外，皆以制钱十六文为百，以一百六十五文为一千文，名曰东钱，尤为异矣。"《听雨丛谈》是清代风俗掌故笔记，一共十二卷，清福格著。福格（生卒年不详），本姓冯，字申之，清内务府汉军镶黄旗人，乾隆时大学士英廉之曾孙。咸丰五年（1855）春，以惠州通判留僧格林沁军中司理营务兼总行营发审案牍，后任山东莒州知州，卒于同治六年（1867）以后。

---

① 《日知录集释》，第529页。
② 同上书，第528页。
③ 沈涛：《瑟榭丛谈》卷上。

从上述记载中可以看出，以165、166文为一千，而后又以160文为一千，其原因应为流通中民间的调整（实例也可见本节尾山西的例子）。清中期的时候，东钱已是东北地区的通行钱制，而此时的人们也搞清楚了为什么会出现这一钱制。

我们可以从京钱的形成中看出点问题：康熙年间曾铸造过小钱，以二当制钱一。由于制钱减重，便有人趁机私铸牟利，致使私钱泛滥，钱币减重日甚。康熙四十一年（1702），廷议决定，为打击私铸，仍按顺治十四年（1657）定制，每文钱重恢复为一钱四分，谓之"重钱"，每千钱折银一两。又据给事中汤右曾奏请，另铸每文钱重为七分（2.6克）的小制钱，谓之"轻钱"，每千钱折银七钱，轻重两式制钱同时流通。在实际流通中，2枚轻钱当1枚重钱。这样，康熙通宝的重（大）钱便成了折二钱。朝廷铸行轻钱之目的，旨在使私铸小钱不能与重钱、大钱等值流通，由此防备销毁大钱和打击私铸。[①] 这与后来京钱的形成有一定的关系。"本朝亦曾铸康熙小制钱，今所名为京墩者也。其重自八分至一钱而止，本以二文作一文之用。今天津为京钱二百，实只制钱一百，犹其遗意也。今则此钱散行各省。"[②]

不仅如此，实际上各地均铸造有康熙轻小钱，只是有些钱局铸行轻钱的时间较为短暂，传世品较少。余留梁先生就有全套康熙省局轻钱实物。[③]

彭凯翔认为通行于辽东、山东一带的东钱，从二枚就开始按东钱起算，称为一成，递至十六枚为十成即东钱一百，一吊则为制钱一百六十或一百六十四文。尽管东钱到后来已与小钱脱钩，但它起初对应于小旧等实钱是很可能的，二枚一成或许正反映了当初比价为小钱十文（即一成）折制钱两枚。北京周边普遍流行低值虚货币京钱为半折，宣钱大致为三折一，东钱又约为宣钱之半。[④]

一直到民国年间，地方市场对于货币制度的影响力还是很大的，也可以看出钱制，特别是九八钱、九六钱等与残小钱的关系。

---

① 张国民：《康熙轻钱初探》，《江苏钱币》2008年第1期。
② 《续文献通考》，卷二十一，钱币考三。
③ 张国民：《康熙轻钱初探》，《江苏钱币》2008年第1期。
④ 彭凯翔：《"京钱"考》，《江苏钱币》2013年第2期。

我们以一块民国年间山西省的石碑为例：

> 议定小西门果木菜市使钱记
>
> 韩辅国
>
> 夫古有钱法之昭垂，今讲金融之流贯。所以，平定交易，便商民是，必定划一之程，而后可行之无弊业。吾清源市面，通行钱法曰"九四钱"，每百制钱九十四文，所辖境内，遐迩一律，无不称便。乃小西门果木菜市，近年以来，所行使者竟有不足九十，以至八一二不等，名曰"烂钱"。村民售物，往往以负贩之辈因此争执，始而口角，率至两不相下，让成事端。其与地方安宁秩序大有关碍。甚有山僻乡民，负其品物，远赴交城，不来清源，无非以钱法太烂，故去之。他是尤关系地方权力，不可不急为挽救者也。于是，西八村共同议定，自今以后一律行使九四，不得稍而歧异致不均平。八村轮流值季，派人在集严密稽查，倘有迁就收受者，一经查出共同议罚，不厌其苛。凡以期革积弊靖争端，交易平而商民便，也有稗地方，岂浅鲜哉。
>
> 中华民国六年季春月上浣　　穀旦

从碑文中可以看出，钱制在地方上因钱币本身的问题是可以通过协商而发生改变的。

三　早期的东钱的实体货币

现在学术界一般认为东钱早期是没有实体的钱币流通的。

但是从钱币学的角度，东钱的形成可能确实与一些私小钱的流通有一定的关系。

清代早期，顺治与康熙前期是清代钱制的形成时期，一直到乾隆年间清代钱制基本确定，就是在这一时期，清代也没有解决私小钱的流通问题，而且私小钱的流通反而成为支持清代钱制的基础。

私小钱早在顺治年间就大量出现，"各省开炉太多，铸造不精，以致奸民乘机盗铸，钱愈多而愈贱，私钱公行，官钱雍滞，官民两受其病。"

康熙二十二年（1683）因"钱重销毁弊多仍改重一钱，嗣因私铸竞起，于四十一年仍复一钱四分之制"。雍正年间"湖广河南等省私铸之尤甚"。雍正三年（1725）上谕："京局每岁鼓铸，则制钱应日加增，而各省未得流布，必有销毁官钱以为私铸者。闻河南湖广等省私铸之风尤盛。"乾隆初年，"江西钱文最杂，所用俱系小广钱又掺和私铸之砂钱，其价竟与大钱相等"。乾隆二十六年（1761）时曾下令湖南收回小钱，该地小钱有二枚顶一枚，三枚顶一枚制钱行使的。嘉庆二十五年（1820），御史王家相奏："近日江省宝苏局所铸官钱，铜少铅多，而官铜偷铸小样钱，每钱一千不及四斤，民间号为局私，苏松至浙江、江西，流通侵广。"①

清代的很多地方铸局铸造小钱，人称"局私"，清前期江西、湖南多有此钱。乾隆五十九年（1794）"各省局员将官钱私行减小，额外多铸小钱，……各省日积日多，而云贵四川为尤甚。"乾隆六十年（1795）京师私钱未净。嘉庆元年（1796），各省小钱充斥。而有一些这种小钱是清政府中央所准许的，原因是地方少铜。如乾隆十一年（1746）湖北宝武局因铜少改铸重只八分的小钱，仍照大钱之价配铜。② 乾隆年间多有资料说明当时奉天制钱不足，停止销毁奉天小钱。③ 具体到东北，康熙帝在三十六年（1697）冬赴盛京谒陵时，"见用小钱者甚众、所换之数亦多旧钱，及两局之钱，使用者少"，"又问小钱从何而来，皆云由山东来者"。④

从钱币实物上，我们也可以发现钱币实物与清代文献记载有着很大的出入。首先是清代制钱的重量，并非仅仅是文献记载的几种，而且大钱普遍由于受格雷欣法则市面少见，但市面流通者如康熙小钱，文献极少记

---

① 以上资料可见《皇朝文献通考》卷十三、卷十五。
② 《皇朝文献通考》卷十九。
③ 嘉庆朝朱批奏折档号：04—01—03—0139—016，微缩号：04—01—03—005—0263，题名：盛京将军琳宁、盛京户部侍郎禄康奏为奉省钱价过贱筹划办理兵丁饷银请复旧制事。具文时间：嘉庆四年三月二十四日。乾隆朝朱批奏折档号：04—01—35—1344—011，微缩号：04—01—35—063—1169，题名：盛京将军琳宁奏报遵旨筹办调剂钱法暂停搭放兵饷钱文事。具文时间：乾隆五十九年七月十八日。乾隆朝朱批奏折档号：04—01—35—1282—027，微缩号：04—01—35—061—2880，题名：盛京工部侍郎雅德奏请暂缓收买奉天小钱事。具文时间：乾隆三十七年正月二十二日。
④ 《清圣祖实录》卷一百八十六。

载，但是各省却普遍均有开铸。就是乾隆钱，此时已较诸康熙钱大量减重，但是各地还是有大量的减重钱。

笔者多年来注意收集清代私钱与钱币实物资料，较早时曾发现了一枚顺治一厘钱私小钱，重一克左右，从而引发笔者思考，私小钱有必要铸造上顺治钱背面上的局名和一厘等文字，只能说明私钱就是那个时代铸造的，而非后代所铸，特别是发现了近万枚的乾隆年号私小钱后，更加强了这种认识。

我们比较一下清代钱币的重量：

康熙通宝大钱，4.5683 克

康熙小钱，2.3735 克

乾隆通宝宫钱重量：6.2649 克

乾隆通宝（宝泉、宝源局）正用钱三枚分别为：4.2416 克；4.1024 克；4.3025 克

乾隆省局钱币：4.2420 克

乾隆省局小钱两枚：3.3904 克；4.0328 克

我们从清代的私小钱中采集了 18 枚并称重：

表 1　　　　　　　　　　18 枚小钱重量　　　　　　　　　　单位：克

0.6537	0.8275	1.0554	1.0888	1.1670	0.6584
1.0039	0.8535	1.5295	0.7859	0.9515	1.0638
0.9247	1.0726	1.2380	1.0895	1.2339	0.8160

表 2　　　将 18 枚小钱每次取出 2 枚而获得的 16 枚小钱的均重　　　单位：克

16.5178	16.1165	15.8560	15.7443	16.1743	16.1424
16.4881	16.5555	16.2719	15.9995	16.0116	16.0028
15.6894	15.6723	15.6765	15.9506	16.5303	

而且从目前私小钱重 1 克与流通量较多的乾隆钱重 4 克来看，私小钱与乾隆正规制钱存在着 1∶4 的关系，而东钱的 16 正是 4 的倍数。此外，1 克的小钱与上述钱币均存在一定的倍数关系。

图 1 部分清代钱币实物

图 1 最上部分两枚钱币为官铸的康熙通宝大钱和小钱，中下部右边分两行排列的钱币为乾隆通宝宫钱（最大者）与通行制钱，中下右边不规则排列者为十八枚乾隆通宝私小钱。

四 东钱的流通时期和范围

据史料记载，直隶地区东钱行使最早的记录为昌黎县康熙五十年（1711）的田租征收。"见在静安西茫河滩地二顷二十七亩，康熙五十年入官，每年租东钱四十千。"[1] 顺义县在雍乾之后才行使东钱。"清初通用者，曰京制钱，以五百文为一吊，别有九八钱之数，即四百九十文折九成八作一百，故名。雍乾后，使用东制钱，以九百七十五文做六吊，每吊实合一百六十二文半，通常以十六文作一百，以三十二文或三十三文作二百，总以六十五文作四百（俗称一幣）。"[2]

东钱行使的范围和范畴在嘉庆年间后开始多见，以《清实录》为例：嘉庆十一年（1806）在客民出关时有官员收取"验禁挂号。每张索

---

[1] 何崧泰、马恂、何尔泰：《昌黎县志》，同治五年刻本 [1866]，卷四：学田。
[2] 礼阔泉、杨德馨：《顺义县志》，民国二十一年铅印本 [1932]，卷十一：金融。

纸笔费东钱二百。核制钱三十三文。"嘉庆十二年（1807）地方直隶乐亭官员以皇帝出巡天津为由，"该县胥役尚挨户敛出东钱七千四百余吊之多"。①

道光元年（1821）六月土默特阿咱拉因嘎海及其子温朝彦在百日内剃头。捆打讹诈东钱一万二千串。②道光五年（1825）四月蒙古地方有人"勒索东钱一千二百余串"等。③道光七年（1827）十月奉天府治中吴昆勒索粮店一行东钱数万。④道光十六年（1836）十一月"布特哈无饷牲丁。生计疲累。请借银十万两。交奉天生息。……各城当商。已领过生息三款。每年应交息银息钱。统计东钱不下二十四五万千之多"。⑤道光十七年（1837）"直隶承德府建昌县民人侯起富诈要东钱九百吊"。⑥道光十七年十月土默特属内一些地区"积年开种荒地。实收压租银二万九千八百十八两。每年租息。共收东钱三万四百四十三千文"。⑦道光二十二年（1842）八月珲春军内因事"令众兵包补东钱二十千"。⑧道光三十年（1850）十一月盖平县、复州、金州厅、岫岩厅等地时有海盗出没，江浙商船停泊多被杀伤劫掠。又该处盗案滋多，番役捕役，豢盗分肥。"暗使官亲句通胥吏。委曲代为行贿。用东钱万串之多。"⑨

咸丰元年（1851）奉天所属复州、盖平县等处盗案滋多。"复州捕役等、既据贼犯供称、得受东钱至二千余千之多。"⑩咸丰元年浙江福建等省商船，在金州、复州、锦州属界洋面被劫勒索。"众铺户惧扳受累。措备东钱一千四百串。"⑪咸丰元年直隶永平府属之迁安县"收取窝盗月规。每月东钱数百串。"⑫咸丰五年（1855）十一月直隶遵化、蓟州各州县、

---

① 《仁宗睿皇帝实录》（三）卷一百八十三，嘉庆十二年七月。
② 《宣宗成皇帝实录》（一）卷十九，道光元年六月上。
③ 《宣宗成皇帝实录》（二）卷八十一，道光五年四月。
④ 《宣宗成皇帝实录》（二）卷一百二十八，道光七年十月下。
⑤ 《宣宗成皇帝实录》（五）卷二百九十一，道光十六年十一月。
⑥ 《宣宗成皇帝实录》（五）卷三百，道光十七年八月。
⑦ 《宣宗成皇帝实录》（五）卷三百二十，道光十七年十月。
⑧ 《宣宗成皇帝实录》（六）卷三百七十九，道光二十二年八月。
⑨ 《文宗显皇帝实录》（一）卷二十一，道光三十年十一月上。
⑩ 《文宗显皇帝实录》（一）卷四十一，咸丰元年闰八月上。
⑪ 同上。
⑫ 《文宗显皇帝实录》（一）卷五十，咸丰元年十二月下。

"欠解永济库租银三万七千八百余两。筹备库租银八千三百余两。东钱三千五百余吊。"① 咸丰六年（1856）十二月直隶乐亭县旗租、每两折东钱十七千有奇。民租、每两折东钱。十八千有奇。② 咸丰六年十二月庚子，谕军机大臣等、庆祺等奏、会筹商户日捐厘捐、试办情形、请饬吉林筹办一折，"盛京兵饷。待用孔亟。库款支绌。该将军等、现拟厘捐铺税二条。权行试办。酌立章程。令店商于买货之家。照所买价值。每东钱百千、抽捐东钱一千。每粮十石、捐东钱一千。不及者以次递减"③。

同治二年（1863）蒙古贝勒旗鹞鹰河等处每年每丁暂交东钱八吊。④ 同治二年职官捏造文凭。撞骗黑地。宝坻等处。骗得地租东钱一千四百串。⑤ 同治三年临榆县厘捐。自设立以来可收东钱五六万串有奇。⑥ 同治四年（1865）二月临榆厘捐一项。据长善遵旨稽查。每年约可收东钱十六七万串。⑦ 同治五年（1866）十二月在土默特旗有人串用东钱二百吊。⑧

同治七年（1868）奉天宁远州地方。于此次恭送圣容、实录、圣训、玉牒过境时。该处知州有科派商民东钱十余万串之事。⑨ 同治十一年。壬申。十月蒙古井子三河套有人私收黑租东钱三万五千九百七十余千。⑩

光绪四年四月前署锦州协领商借东钱。⑪ 光绪九年十二月"顺天宁河县之北塘。抽收粮税吏胥人等种种需索较例税不啻倍蓰每粮一石。辄费使用东钱二千"。⑫ 光绪二十年十月长春商捐中钱三十万吊。请将初限交到钱文动用。⑬ 光绪二十五年四月盛京户部侍郎良弓冒支东钱二十万吊之多。⑭ 光绪二十八年八月"据称奉天署辽阳州知州马俊显、收受各帖铺东

---

① 《文宗显皇帝实录》（三）卷一百八十三，咸丰五年十一月中。
② 《文宗显皇帝实录》（四）卷二百十六，咸丰六年十二月下。
③ 《文宗显皇帝实录》（四）卷二百十五，咸丰六年十二月中。
④ 《穆宗毅皇帝实录》（二）卷七十一，同治二年六月下。
⑤ 《穆宗毅皇帝实录》（二）卷八十五，同治二年十一月中。
⑥ 《穆宗毅皇帝实录》（三）卷之一百二十一，同治三年十一月中。
⑦ 《穆宗毅皇帝实录》（四）卷之一百二十九，同治四年二月上。
⑧ 《穆宗毅皇帝实录》（五）卷一九十一，同治五年十二月上。
⑨ 《穆宗毅皇帝实录》（六）卷二百四十七，同治七年十一月下。
⑩ 《穆宗毅皇帝实录》（七）卷三百四十三，同治十一年十月下。
⑪ 《德宗景皇帝实录》（二）卷七十二，光绪四年四月下。
⑫ 《德宗景皇帝实录》（三）卷一百七十五，光绪九年十二月上。
⑬ 《德宗景皇帝实录》（五）卷之三百五十二，光绪二十年十月。
⑭ 《德宗景皇帝实录》（六）卷四百四十二，光绪二十五年四月上。

钱十二万串"。①

清代东钱流通有一定的区域性，日本学者山本进在其《清代东钱考》认为清代东钱的流通区域分为奉天、吉林、黑龙江、直隶东北部（承德府、永平府、遵化府）、直隶西北部（宣化府）、京师周边（顺天府）。②

程鹏的研究表明：奉天省行使东钱钱法最早为清初锦州府盖平县，其消失最早不会超过民国四年（1916）。此外，奉天省行使东钱在确切年份记载的州县为盖平、辽阳、复州、金州厅、铁岭、承德、抚顺、兴城、锦西、宁远、义县、广宁、绥中、辑安、海龙府、昌图府、奉化、怀德、新民府、凤凰直隶厅（山由岩厅、安东），有行使东钱记载无确切年份的州县有海城、开原、辽中、锦县、盘山厅、柳河、宽甸、营口直隶厅、法库直隶厅，无直接史料记载行使东钱的州县有本溪、临江、通化、怀仁、东平、西丰、西安、辽源、康平、镇安、彰武、靖安、开通、安广、醒泉、镇东、安图、抚松、驻河直隶厅、辉南直隶厅。

吉林地区只伊通河以西流通东钱东钱；蒙古地区主要集中于卓索图盟；而在直隶地区的分布恰似一条直线，将山海关和京师连接在一起。③

总体而言，从北京东北方向的直隶永平府，到奉天、蒙古东部、吉林一部清中、晚期是通行东钱的。

五 关于吉林的中钱

光绪十七年（1891）《吉林通志》记载："吉林省钱法均五十为陌，曰中钱。惟伊通州西以十六文为陌，市钱三吊合中钱一吊，与奉天通行，曰谓东钱也。"④ 宣统年间，"东三省总督徐世昌等奏、查江省出产。以粮石为大宗，向有粮捐一项。每石征中钱六十文"⑤。而到吉林永衡官帖局发行纸币时，"该票为本版印刷，小银元官帖1元，公定为吉林（中钱）2吊200文，所谓吉钱（中钱）为一种计算单位，通行于黑龙江、吉林两

---

① 《德宗景皇帝实录》（七）卷五百四十，光绪二十八年八月。
② 山本进：《清代东钱考》，《史学杂志》2005年第3期。
③ 程鹏：《清代东钱考》，硕士学位论文，山西大学，2011年。
④ 长顺修、李桂林等：《吉林通志》，光绪十七年刻本［1891］，卷四十：钱法。
⑤ 《宣统朝政纪》，第41页。

省，最低单位为文，10文为1成，百文为10成，称为1陌，1000文为1吊，中钱1文实为现钱半枚，故1成为50文，1吊为500文。当时银1两公定为吉钱3吊300文，后官帖对小银元的比价改为2吊500文"。[①]

吉林独立于东北通行京钱，是否和船厂成为京师（通行京钱）官员的流放地有关。值得更进一步地考查。

六 东钱票与东钱钱制

东北地区顺治后期到光绪年间中前期从来没有设立铸局，而且私法小钱流通，不仅使东北创造出了东钱这种极致的钱法，更为重要的是，东北一直是清代纸币最为发达的地区，这从反面证明了东北实体货币短缺。清入关初曾发行过纸币，但随着军事行动大致停止，在顺治十八年（1661）停止了纸币发行，并吸取前代教训，在以后的近二百年中坚持不发行纸币的政策。嘉庆十九年（1814）侍讲学士蔡之定因奏请行楮钞而获罪。但是东北地区却可以突破这一限令。

奉天制钱缺乏是凭帖发行的主要原因。《兴城县志》一记载："本邑自清初以来市面通行向以制钱为本位。用法以十六枚为一百，以一百六十枚为一吊，亦曰一千。以后制钱不敷，周转始由当地富商（如公议店当铺之属）印刷纸币通融市面，名曰凭帖。"[②]《锦县志略》记载：奉省向无鼓铸，制钱缺乏，由当业刷印纸券，开写钱数，号为凭帖，市面通融胥赖了。[③]

中国的纸币很早发达的根本原因并不是由于经济的发展迅速，而是货币经济发展后，由货币供应不足而引发的，宋代交子就是由于铁钱难行而引致纸币出现的，清代自从发行顺治钞后，汲取前代灭亡原因，不再发行纸币。只有东北，从乾隆年间地方上就开始使用纸币，原因有二，第一是有政治上的优势，满族地区，可以突破禁令。第二就是货币供应量不足以

---

① 仲廉：《吉林官帖之研究》（二），《银行周报》第16卷第4号，1932年9月。
② 恩麟、王恩士、杨荫芳：《兴城县志》，民国十六年铅印本［1927］，卷七：实业。
③ 王文藻、陆善格、朱显廷：《锦县志略》，民国十年铅印本［1921］，卷十二：实业：钱法。

支持当地经济运行时，地方不得不创造出货币的新形式，而缺乏制钱的东北，替代制钱的纸币是首选。当官方的鼓铸不足以满足通货需要时，钱票之类的代币券就应运而生了。

黑龙江早在清代乾隆年间就有钱票的发行。黑龙江的私票分为两种，一种为商家私自发行的纸币被称为商帖，因其仅能在其影响范围内流通，故又称为街帖、屯帖。另一种叫市帖，为地方行政部门发行。乾隆至光绪中叶呼兰都是商帖的天下。道光二十五年（1845）八月哈尔滨万隆泉钱出钱票已达到了2800余吊。后多出虚票，也就是不兑现的纸币，最后不得不关门。齐齐哈尔道光十一年（1831）永泰号钱铺发行私票。

沈阳嘉庆二十三年（1818），该地协力号钱铺发行的钱帖曾被人伪造。盖平发行钱票的历史比较长，道光十四年（1834），该地钱票"凭帖数百万堆积如山"，后在官府的协调下二成兑现。道光十六年（1836），盖平县的天兴、天德、东来、永记、恒记五家钱铺广出钱票，但只能兑付其他人家的钱票，人们看不到现银的流通，从而使该地物价飞涨，经地方官员查明，该地自道光八年（1828）已经开始流通这种不兑换现钱的钱票，并经官府多次查禁而没有什么成效。该地发行的钱票不兑现现银、现钱，而只是这一家的钱票兑付别人家的钱票（抹兑），引起了清朝地方官员的注意，并将这种情况上报给道光皇帝，从而在全国引发一场对钱票兴废的大讨论。

吉林咸丰六年（1856）就曾成立了吉林通济官钱局发行纸币。吉林钱票在清代很早就有发行，同治四年（1865）时，吉林将军阜保规定，税收二成用钱，八成用不兑现的钱帖子。同治八年（1869），全省的一切税收均收用不兑现的钱票。清代吉林私帖一般二成兑现，1894年后出现抹兑，只能兑给其他钱票，而不见现钱流通。光绪九年（1883）时，吉林将军铭安下令废除这种交易方式。但钱票并没有被禁止发行，只是规定10吊钱要付2吊现钱，一直到光绪二十四年（1898），吉林永衡官银钱局大量发行钱票，民间钱票才略少。[1]

可以肯定地说，东北通行东钱的地区发行的纸币都是以东钱的名义发行的，都是东钱的代表。

东钱纸币的发行，极大地强化了东钱钱制在东北地区的地位，从而使

---

[1] 以上均可见戴建兵《中国钱票》，中华书局2001年版。

其可以脱离实体货币，而仅仅依纸币的形式在市场上流通，从而成为一种观念上的货币，也就是虚本位。

到了清晚期时，发行者一方面通过制钱为准备金而发行；另一方面发行者相互保证以满足流通需要，并对发行者的信用进一步担保，从而逐渐脱离实体货币。锦县商帖的发行者当商对锦帖的发行实行商帖连环担保，所以锦帖信用素著，东至沈阳，西至山海关，通行无阻。① 《锦西县志》对锦帖发行商的管理一记载更为详细。"城西各镇商号凡发行商帖者均须设城柜于锦县，以为兑换之所，否则即遭拒绝，不能行使，此通例也。"② 一方面商家之间连环互保，共同承担风险；另一方面将发行商帖的商家集中于锦县，也就意味着锦帖可以没有地域限制的流通，但要想兑换制钱只能到锦县县城兑换之所兑换，在锦县其他地方无法兑换。如果发行商帖的商家不在锦县设置兑换所，其发行的凭帖即不在商家连环互保之内，发行的凭帖便不能流通。

七　晚清钱荒与宝吉、宝奉新铸铜钱

东北到了晚清时，仍然是一个钱币短缺的地区，原因有二，一是本地区不铸造钱币，二是朝鲜还不时来购买钱币。

同治五年（1866）朝鲜大臣金炳学建议仿中国咸丰当百大钱，上有当百字样。③ 这引起通货膨胀，朝鲜政府请求中国帮助，大院君低价大量购入清朝钱币在国内流通。④

吉林成为晚清时中国最早铸造新的货币种类——银元和铜元的省份，也可以证明当时东北地区货币的短缺。

光绪年间，东北开始设立钱局铸造铜钱。

光绪八年（1882），吉林将军希元采取先斩后奏的办法，在机器局用

---

① 王文藻、陆善格、朱显廷：《锦县志略》民国十年铅印本［1921］，卷十一：实业：钱法。
② 刘焕文、张鉴唐、郭讫：《锦西县志》民国十八年铅印本［1929］，商业：币制。
③ 李清源：《朝鲜近代史》，三联书店1955年版，第85页。
④ 朝鲜民主主义人民共和国科学院历史研究所：《朝鲜通史》下卷，吉林人民出版社1975年版，第12页。

机器制造厂平银元，解决市面交易缺少制钱，这在中国银元史上是开创性的，而当时吉林经济并不发达。光绪十三年（1887），希元又下令就省城旧有废置不用的官铁炉设局，名叫"宝吉钱局"，吉林在省城迎恩门里旧官铁匠房安 4 座炉试铸制钱，十六年（1890）因火灾而裁 2 炉，十九年又减 1 炉，仅剩 1 炉，鼓铸制钱。十五年（1889）吉林将军长顺，又增炉座及工料，并从上海采购机器，大量制造制钱，所铸钱背满文"宝吉"。背满文"宝吉"货币，因满文发音而常被认为是直隶蓟镇局所铸，实际上光绪年间蓟镇并未开炉铸钱。

奉天的宝奉局开立于光绪二十五年（1899），[1] 土法制造制钱。此外奉天机器局用机器制造制钱，钱背为满文"宝奉"及汉文"官板四分"字样，每文重 5 分，月可造 1600 串余，旋因铜元兴起而停。

光绪二十五年（1899）九月十三日，盛京将军增祺具奏："为奉天省现钱甚缺，商民不能周转，及筹变通，试铸钱文，以资流通而舒困累……铸钱文拟以五分为率，铜铅各半，使销毁者无利可图，然后严其盗铸、贩运之禁。稗与银元、钱帖相辅周转。奴才前于五月间即行操办，并由天津招至匠工，上月已经开炉试铸，共炉两盘，每日可出东钱一千六百余吊，现已铸出三万余吊，查看钱式，虽不及机器所造之精，亦无脆薄模糊等弊，试在市面行使，商民尚称便利。惟事关更改钱法，未敢擅专，合无仰恳天恩，俯念根本重地民用维艰，准予变通鼓铸，以苏民困。光绪二十四年令各省铸钱，以八分为率。但关外情形与内地不同，工匠招自天津，需优工食，物料购自外洋，运费尤增，现今铜价每百斤值银三十一二两，铅价每百斤值银十一二两，若照八分定铸，每千钱即已需银一两一钱有奇，加以工耗、运脚，赔亏甚巨。"[2]

此钱为翻沙法铸造，黄铜质，径 1.95 厘米，穿宽 0.5 厘米、厚 0.1 厘米，重 1.6 克。而奏文中就直称其为"东钱"，与其他各地钱局所铸造的制钱相比，宝奉局钱币是最轻小的一种，也许与东钱制的暗影有关。

---

[1] 奉天将军增祺折、中国人民银行总行参事室：《中国近代货币史资料》，中华书局 1964 年版，第 579 页。

[2] 光绪朝朱批奏折。档号：04—01—35—1375—049。微缩号：04—01—35—064—1294。题名：盛京将军增祺奏报奉天变通试铸钱文事。具文时间：光绪二十五年九月十三日。

八　东钱钱制的消亡

东钱钱制是与制钱的消失密切相关的，进入民国，20世纪20年代后，制钱日少，而新货币特别是银行券大量发行，最终导致东钱钱制消亡。

进入民国后，"宝银与银币渐多，制钱渐少，至铜币出而制钱始绝"。[1]"昌黎附近丰润、玉田等县以铜圆一枚仅当制钱八文者，故昌黎市面市钱日见短少。"[2] 丰润、玉田等县当十铜元一枚兑换制钱八文（官定比例为当十铜元兑换制钱十文），可见制钱升值，逐渐减少的趋势。铜元发行，制钱逐渐减少，东钱钱法也发生变化，由以前制钱十六枚兑换制钱一百文变为铜元十六枚兑换东钱一百文。"每铜元一枚为东钱六成二厘五，铜元二枚为东钱一百二成五，铜元十六枚为东钱一吊。"[3]"卢龙境内习惯使用九六东钱，从一前以制钱一百六十文为吊，今则以铜圆币十六枚为吊。"[4]

民国之后，各地逐渐取消东钱钱法。开原县"钱法从前惟用铜钱十六枚为一百，一百六十四枚为一千，俗称一吊。自改行银币，各商号之凭帖改为铜元票后，奉文禁止"。[5] 蓟县东钱钱法一直存在至民国二十七年（1938）。

宝坻县禁止行用东钱，因东钱已经成为虚钱，市面并无东钱，行用时要折合成银元，于是从1930年时禁止使用东钱。[6]

从下面纸币实物中我们还能看到东钱的一些影子。

北京地区的有：【延庆阜增典民国癸丑年（1913）肆吊文券】直式。正面蓝色。上为"延庆东街""阜增典"，中下为"凭帖取延市钱肆吊文整""字第号""中华民国癸丑年月日阜增典票"。四周为喻意吉祥如意平

---

[1]　关定保、于云峰：《安东县志》，民国二十年铅印本［1931］，卷五：财政：货币。
[2]　陶宗奇、张鹏翱：《昌黎县志》，民国二十三年铅印本［1934］，卷五：金融。
[3]　同上。
[4]　董天华、胡应麟：《卢龙县志》，民国二十年铅印本［1931］，卷九：金融。
[5]　章启槐、赵家千：《开原县志》，民国七年铅印本［1918］，卷三：钱法。
[6]　河北宝坻县禁用东钱《银行周报》1929年，第13卷，第47期。

安富贵图案。四角各有"肆"。下边框外有"廊房三条裕源印刷公司印"。背面：绿色。整版古代人物图。中为"肆吊"，有"留神细看"。右左边框为"失票不管""概不挂号"。【门头沟商务临时流通券民国二十七年肆枚券】直式。正面红色。上为"门头沟商务临时流通券"，中有"肆枚"，下有"门头沟通用""民国廿七年""临时救济积零付整"。四角各有"肆枚"。背面红色。上有"4"字，下为城门图。四角各有"4"。【门头沟治安维持会商务股民国二十七年券】直式。肆枚券。正面红色。上为"门头沟治安维持会商务股"，中有"肆枚"，下有"门头沟通用""民国廿七年""临时救济积零付整"。四角各有"肆枚"。背面：红色。上有"4"字，下为城门图。四角各有"4"。陆枚券。正面：绿色。上为"门头沟治安维持会商务股"，中有"陆枚"，下有"门头沟通用""民国廿七年""临时救济积零付整"。四角各有"陆枚"。背面：红色。上有"6"字，下为城门图。四角各有"6"。

天津地区的有：【蓟县城内西街裕兴布店民国七年券】贰吊券。正面深绿色。票框为圆环纹饰，票芯为网格底纹。上方两只狮子图案和"蓟县""城内西街"，下面弧形框内为"裕兴布店"，中间竖排文字为"凭帖取　东钱贰吊整"，右侧为字第号、"钱随市面"，左侧为"中华民国七年四月二十日""裕兴布店"。四角为"贰"字。背面红色。上方弧形框内为"留神细看"，下为厂房图案，中间圆框内为"贰"字，两侧分别为"失票不管""概不挂号"，下方为火车图。四角花团内分别为"裕""兴""布""店"。陆吊券。正面：蓝色。上方弧形框内为"蓟县城内西街"，下为"裕兴布店"，中间竖排文字为"凭帖取　东钱陆吊整"，右侧为字第号、"钱随市面"，左侧为"中华民国七年四月初五日""裕兴布店"。票面图案为八仙过海、两条龙、麒麟、祥云。四角为"陆"字。背面灰黑色。菱形纹饰票框。上、下圆框内分别为"6"和"陆"字，中间为"失票不管""概不挂号"。四角花团内分别为"裕""兴""布""店"。天津宫北东华石印局石印。【蓟县下仓镇德盛隆民国十二年肆吊券】直式。正面黑色。花纹票框，四角压花印"肆"。票芯蓝色波状底纹，上印"蓟县下仓镇""德盛隆"。下直书分三栏：右"字第号""认票不认人，概不挂失票"告；中"凭帖取乚钱肆吊整"；左"民国十二年四月初三日""德盛隆票"。背面：绿色。花纹票框，四角压花印"肆"。上部"德盛隆"；中间饼图框内印"肆"，两侧印"失票不管，概不挂号";底部印阁楼建筑图案。【蓟县商会民国十八年陆吊文券】直式。正面:蓝色。天格为"蓟县城内商会"。地格为"凭帖取钱(每吊合铜圆拾三枚)陆吊整",右"字第号",左"民国十八年八月日信义厚票"。右下角有"如铜元不便以银圆随市作价"。上下四角为"蓟县商会"。边框为双龙海水图。【蓟县邦均镇商业协助会肆吊券】直式。正面:深紫色。上方为"蓟县""邦均镇",下为"商业协助会",中间为"凭帖取(一四八)市面钱肆吊整",两侧分别为"字第号""钱随市面""民国年月日票"。票面图案为八仙过海图。四角为"肆"字。背面:红色。圆形波纹线底纹。上、下为花纹图案,圆框内为"4",中间花符内为"肆"字,两侧分别为"撕毁涂抹""概不付钱"。四角为"留""神""细""看"。天津北马路华东石印局石印。①

一件有意思的事是,1916年湖南省湘河东财神殿龚坊仓栈发行两种纸币,面额分别为三十二文和十六文,不知道这是一种什么钱制、与东钱有什么关系。②

最极端的例子是抗日战争爆发后,北平出现了河北银钱局,发行了四枚、六枚的纸币,只能北京附近流通。此后再不见相关东钱及其遗蜕。

本文想要表达国家在这方面的治理主要包含以下几个方面。

第一,货币制度是人类制度史上最大的发明,在人类发展的历史上,不论是国家、社会、市场甚至个人均对其在运行中有过具体有意志的表达,而历史也十分明确地显示了一条路径,那就是国家在货币制度的发展中起到了极为重要的作用。在中国清代历史上,东钱、七折钱、京钱都表达了国家对于货币的意志,只不过这些意志对货币是独一无二的自身规律进行了干涉,从而使货币制度更加混乱和复杂。

第二,政府干涉对于经济制度是有作用的,而干涉的结果是货币制度将反作用于社会和政府,清代的钱庄发展,政府税收部门的腐败都是由此而来的结果。

第三,社会交易离不开货币制度,清政府对于货币制度的干涉人为地形成了不同的经济圈,从而强化了中国经济的封建性。

---

① 实物可参见戴建兵主编《中国钱币大辞典民国编县乡纸币卷1—3册》,中华书局2015年版。

② 同上。

第四，市场对于制度的人为割裂的反应创造出一些新制度如伤口修复般地结痂，从而使制度更加复杂，这就是中国钱庄林立，从而加重交易成本，并对经济发展形成实质性伤害的根源。钱庄的发达使其可以脱离实体经济而获利。

第五，个人与市场、社会会形成合力平衡国家力量。这就是清代中国货币的实际运行，即市场上，在大的区域货币制度体系下，又有了省陌制度，即九四钱到九八制度。

第六，从货币制度的一个层面上，就可看出，国家、社会、市场、个体四种力量的交合，因而国家治理绝不是一个简单的问题，也非简单的学理表述逻辑就能够解决。

第七，清代钱制问题的解决是由于铜元的出现而实然消失了，当然铜元又出现了新的问题，但是国家在其中发挥作用这个史实，是不容漠视的。

（作者戴建兵，河北师范大学副校长、教授。河北石家庄南二环东路　050020）

论"二战"后德国美学与国家文化政策的相向关系

张政文 吴铁柱

摘 要：在"二战"后德国的地缘政治构架中，东西德国美学相互博弈、两德美学与所属国家文化政策的互动以及两国统一后的整合成为当代德国美学的独特景观。总体看，西德美学的公共性、学术实践参与度高，虽为意识形态服务却相对间离；东德美学直接为国家政治服务，主动成为国家文化政策的理论话语，有直接的意识形态性；统一后，两德独立的美学体系，试图在美学理论、文化政策、大众生活中找到和解道路，这成为21世纪德国美学的主题。

关键词："二战" 德国美学 文化政策

第二次世界大战结束后德国遭受重创，被分裂为东德西德两个国家，由苏联和美英法两个战胜集团分而控制。西德接受了欧美民主制度的改造，东德则构建了苏联模式的社会主义国家。尽管经历战争苦难的德国人民有着强烈的统一诉求，但德意志优秀民族文化的几近殆尽和"二战"后美苏地缘政治的争霸使东西德国的国家利益针锋相对，难以交集。两国意识形态的巨大差异与正面对抗更使东西德国的美学思想渐行渐远，唯两国思想界对其令人骄傲的共同历史文化的缅怀与承续才使东西德国尚存一息民族精神的共同性，正如托马斯·曼在《战争中的思考》一文所言，东西德国的共同性体现在"文化、灵魂、自由和艺术上，而不是文明、社会、选举权和文学"中。东西德国严重对立的政治意识形态和东西方地缘政治的空前争霸使东西德国的当代美学激烈地博弈着,而东西德国对民族精神的尊重和对民族文化的重新发现又使东西德国的当代美学与本国的国家文艺政策之间形成了一种互渗、互争、互调和互助的互动关系。20世纪90年代,由于东德苏联社会模式的失败,随着"柏林墙"的倒塌,东西两德统一,"冷战"时代两德意识形态的对抗与国家地缘政治的争斗作古。就美学文化而言,东西德国统一后,东德美学融入西德美学,西德美学成为统一后的德国主流美学。社会制度的更替、政治意识形态的改变、日常生活方式变化是造成这一美学局面主要原因,但这也与东西德国美学的理论特质有一定的关联。战后的东德美学直接为国家政治服务,主动成为国家文艺政策的理论话语,有直接的意识形态性,却较疏离于民众日常实践和公众的学术生活。西德的战后美学比较关注当下的民众生活,公共性学术实践参与度高,虽也为意识形态服务却相对间离且方式方法多元。不过,东西德国统一后意识形态上的胜利并未实现审美文化、艺术精神与美学理论的迅速同化与圆融。美学与统一后的德国国家文艺政策之间相互依靠又不断博弈的形势依旧存在,东西德国留存下的美学思想与方法还在纠缠、碰撞,试图在美学理论、文艺政策、大众生活中找到新的和解道路成为21世纪德国美学的主题,也促使"对话交往"理论、"重构美学"理论、"日常生活审美化"理论继续发展,并成为当今德国美学发展的主流。由此可见,"二战"后的地缘政治构架中东西德国美学的竞争、东西德国美学与各自国家的文艺政策的互动以及德国统一后美学与国家文艺政策的关系和美学内部的整合成为当代德国美学的独特景观。沃尔夫·勒佩尼斯曾说:"德国历史并不像德国人普遍认为的那样与众不同。在很多时候、很多地方,文化都被看作政治的替代物。"[1] 与众不同的是,"如今在德国,政治被看作文化的保障,而文化为政治的合理性提供支持"。[2] 的确,"在德国历史的特定阶段,国家的政治意识首先发端于艺术、文学、音乐和哲学"。[3] 对它的研究将非常有益于我们更深入地理解西方当

---

[1] 沃尔夫·勒佩尼斯:《德国历史中的文化诱惑》,刘春芳、高新华译,译林出版社2010年版,第11页。
[2] 同上书,第21页。
[3] 同上书,第13页。

代美学的进程、走向。

一

西德建国后,英美所谓"宪政"制度被普遍复制,"自由、民主"的精神确立为西德社会意识形态的核心价值观,体现在国家文艺政策上,表现为不再将文艺视为国家意志的直接工具,政府有意分离文艺与社会意识形态的政治关联,突出文艺在日常生活中的公共性。相对于纳粹法西斯文艺政策,西德的文艺政策是宽松的、符合时代要求的,这直接引发了西德美学的强烈回应。西德美学比以往任何时候都更加强调"主体性"的回归,以"文化重建"为美学动机,主动与西德政治与社会价值体系建设相向而行、相互促进。同时,随着战后美国"马歇尔"计划的实施,巨量西方资本投入西德,短短十年,西德经济领跑欧洲,一跃成为西欧最发达的资本主义国家。随着消费社会的来到,技术理性主宰、消费资本霸权也成为社会的典型症状。这种社会文化的状况引发了西德美学的强烈回应,倡导"反技术化""身体现象学"的价值理性成为抵抗发达资本主义社会消费文化的思想自觉,正像伊格尔顿所说的那样:"一种更关心社会和政治的理论出现了,取代了传统美学研究的人文学科特点,具有跨学科性和社会批判性。"[1]当然,"二战"后的西德美学在全新的时代氛围中也努力汲取本民族优秀的思想资源,格劳秀斯、莱布尼兹、伍尔夫、鲍姆嘉通、莱辛、歌德、席勒启蒙的美学思想曦光,康德、费希特、谢林、黑格尔的现代性美学思想的主题,李凯尔特、狄尔泰、胡塞尔对艺术本质与艺术话语的文化再理解,所有这些都深深滋润着战后西德美学的重建,独立批判和自由思考的美学特质使西德美学在西方当代美学思想界独领风骚。

清除纳粹独裁意识形态重建符合西方"民主、自由"价值要求的社会意识形态体系是战后西德社会面临的最重大也是最紧迫的文化任务,海德格尔美学思想起到了非常独特的理论推进作用。众所周知,海德格尔在战前创立了德国存在主义美学,然而纳粹宣传机器在"二战"期间利用

---

[1] Terry Eaglton, *Literary Theory: An Introduction*, Minneaplis University of Minnesota Press, 1996, p. 20.

海德格尔美学中的一些思想,断章取义为纳粹暴政作理论阐释,为法西斯文化作思想说明。"二战"后海德格尔辞去教职,独居阿尔卑斯山中小屋深刻反省自己存在主义理论中的过失与误导,在阿登那政党提出"重建德国文化"的当年重返大学讲坛,他的《关于人道主义的书信》《林中路》《对技术的追问》等一系列著述,检讨思想错失、推进"文化重建"。海德格尔以人类与自然关系再调整为主题、以"诗性回归"为路径、以确立具有间性特征与社会生存性质的此在者的主体性为主题,为战后德国人民提出了"诗意栖居中"的美学生活方式,为清除纳粹暴政文化深处的极端功利主义探索解决方案,为当时德意志文化中蔑视人性、抛弃自然、崇拜超人的法西斯工具的社会意识形态建造哲学思想的防火墙。海德格尔思想变化后的美学理论影响了西德国家文艺政策法规的制定,1951年联邦德国颁布了"基本法",并在"基本法"中明确文学艺术创作的自由条款。同年阿登纳内阁政府规定国家不设文化管理部门,文艺活动和学术活动一样,属自治社会活动,由各州负责,国家不再统一管理。文艺活动不再是国家政权的表达与延展,而成为民众自由、超越、自然而然的生活方式与希望所在。1959年,海德格尔先后发表了《走向语言之途》《语言与家乡》重要论著,强调语言对重建人的自由与新德意志民族文化的重要性,直言"语言是万物之所以存在的家",引起西德人民的强烈共鸣。联邦政府成立了旨在以推广德语为基础以传播德国优秀文化为中心的歌德学院,至2012年的60年间,全球共有76个国家和地区已开设了146所歌德学院。西德政府还成立了德国学术交流中心、德国对外关系学会、洪堡基金会,这些文化组织旨在推进德国文艺事业、思想学术事业以及加强德国与各国的文化交流,成为重建德意志文化的重要平台和强大力量,归根结底,战后海德格尔的美学思想顺应了西德政府的文化事业,促进了战后西德文化重建。

西德法兰克福学派是战后西方马克思主义主流学派。早在战前和战争期间,马尔库塞等人依据马克思对资本主义社会的批判,借助社会学方法、精神分析方法揭示出发达资本主义社会压抑人性从而毁伤艺术对人类生活的价值。"二战"后,阿多诺等人又通过对发达资本主义文化机制的分析,发现了技术文化的统治与法西斯精神的生长之间的内在联系,令人信服地解释了为什么纳粹暴政一定会焚书禁艺、销毁人类公认的优秀文化成果,在当代思想理论界产生重大影响。

20世纪50年代中期开始,西德成为最发达的资本主义国家,步美国后尘进入文化消费社会,其基本特点:一是文化资本化。文化只有在交换关系中才能存在,文化的独立价值被彻底取消。二是在交换中文化作为资本交走的是意义普遍性和价值的深刻度,换来的则是个体对物欲的迷恋和对感官快感的陶醉,文化失去了自然人性的维度,同时丧失了人的本性。

这一切都与深受马克思主义思想影响的法兰克福学派理论家的社会诉求、文化愿景、艺术理想背道而驰,引发他们对西德消费社会文化状况的口诛笔伐,并引发全社会的关注和政府的重视,对西德文艺政策的制定产生了两个直接影响。

一是阿多诺和霍克海默将艺术活动分为文化工业和自主艺术两大领域,认为文化工业活动具有消费化、复制化的特征,是发达资本主义社会日常生活的真实写照,集中体现着战后发达资本主义社会意识形态,是当代资本主义文化历史性的客观存在,对此需要理性的批判与控制却不能逾越。而自主艺术领域则必须自由原创、自主表达,张扬人性价值、表达自由本质、催促社会进步。战后发达工业国家中尚存的自主艺术不应受消费文化的掌控,不应被工业化复制、不应被技术霸权所奴役。在发达资本主义社会中,要倍加珍惜和关怀自主艺术活动的自由、独立、原创的性质,要强化自主艺术活动对"人性弱化、物性强化"的现实进行审美救赎的功能,并以此逐步解构更发达资本主义社会技术理性与消费文化的意识形态,超越文化复制与消费时代。[①] 在这样一种美学批判精神影响下,西德政府于1967年制定的《电影促进法》中明确了作为文化产业的电影与作为艺术创作的电影的不同内涵,对电影文化产业与电影艺术活动划清界域,进行了分类规范,对西德电影与广播事业的发展,尤其对西德电视业的发展产生重大影响。为进一步保留自主艺术活动的空间,扩大文化产业的天地,1984年西德政府实施公共和商业并轨的广播电视制度,观众份额成为衡量和评价电视节目的最重要标准,同时自主艺术活动不再受公众文化消费量多少的困扰。

二是伴随文化消费时代的到来,人们特别是青年人越来越关心私域生活而不关注公众生活、热衷娱乐而冷漠政治,对西德民主政治产生一定消极影响,不利于西德政府的政治利益。而进入60年代后,法兰克福学派

---

① 阿多诺:《美学理论》,王柯平译,四川人民出版社1998年版。

的美学家们则越来越关心政治并很快催生了德国年青一代的"文艺政治化"的转变。正像许健所说:"以阿多诺、霍克海默、马尔库塞、哈贝马斯等人为代表的法兰克福学派,求诸于马克思的政治经济学批判立场、方法和马克思早期著作异化理论和人道主义思想,发表了'社会批判理论',即关于社会批判和文化工业批判的哲学、社会学学说。他们指出,'个人的自我实现和人的自由解放,有赖于社会的公正、合理、人道'。这套理论对现实批判的强调,在一定程度上为'议院外反对派'的政治活动提供了理论基础,为大学生运动提供了思想武器。"[①] 法兰克福的政治热情和社会倾向迅速影响了西德,1961年西德大选即将举行之前,马丁·瓦尔泽主编出版了《可能的选择》一书,20多名"左派"作家撰文支持在野的作为"左派政治力量"代表的社会民主党当选。1965年,西德面临60年代的第二次大选,在法兰克福学派营造的思想氛围中,汉斯·维尔纳·里希特选编了文集《主张一个新政府》,25位作家以更加坚决的态度、更加坚定的立场、更加明确的语言撰文支持社会民主党。而以君特·格拉斯为首的17个年轻作家组成"选举事务处",直接帮助社民党进行选务工作,最终西德社会民主党获胜,成为执政党。由此看来,法兰克福学派的美学思想对"二战"后西德社会政治、文化生活有着十分大的影响。

战后冷战时期,阿登纳政府一边倒的亲美政策,不可避免招致西德成为苏美对抗的前沿地区,东西方利益与意识形态的激烈博弈使西德置身于地缘政治的利害之中。70年代后期,特别是80年代以来,随着国际形势逐渐向着有利于西方的转变,西德政府围绕统一两德的政治主题,提出了"文化国家"的国家战略,而此时尧斯接受美学中的"主体性间性"思想正大受欢迎,契合了西德"文化国家"的国家战略。以尧斯为代表的接受美学思想承袭海德格尔存在主义和伽达默尔解释学理论中强调艺术接受主体在艺术鉴赏中的作用,修正了法兰克福学派特别是阿多诺的艺术"否定"性作用的诊断。尧斯从艺术接受出发,突出艺术受众"期待视野"对建构个人审美愉悦的重要性,"人民性"成为审美的核心,"它把读者的作用提高到一个前所未有的地位,把文学作品看成作者和读者共同

[①] 许健:《60年代:德国文艺走向政治化》,《中华读书报》2009年8月19日。载余匡复《布莱希特和前东德文艺政策》,《外国文学评论》2000年第4期。

创造的结果,认为读者也参与了文学作品意义和价值的创造,这些观点一方面克服了历来文学研究忽视读者的自由性,另一方面突出了文学同接受者的联系,暗示了文学的生命在人民之中,实质上确立了文艺的目的是为人民大众的思想,为大众文艺提供了理论依据"。[1] 尧斯接受美学的人民性根植于莱辛、歌德、席勒的启蒙人民性,又深受发轫于美国的"大众文化"的浸润,极大地适应了西德民众的民族文化传统和现实生活需求,实实在在地帮助了西德"文化国家"战略在西德人民中的确立。在更深远的方面,尧斯接受美学深受马克思政治经济学生产消费理论的蕴润,其接受美学中的"人民性"思想也符合东德国家现实主义文艺政策和东德民众的审美意识,尧斯的接受美学在东德名动一时、广泛影响便是佐证。可以说,在东西方阵营政治、军事、文化对抗最严重的时刻,尧斯的接受美学开启了两德人民学术的"身份认同",拉近了两德文化的情感联系,为两德统一打下了思想与理论之基。

二

战后,东德步入社会主义阵营,建立了苏联模式的社会制度与意识形态,与"二战"后其他新建的东欧社会主义国家相比,东德所处的国内外形势更加复杂、凶险,面临的问题重大、棘手,集中表现在两方面。国内方面,东德政府清除纳粹的工作与建设社会主义国家同步进行,政治上斗争艰巨,经济上也没有像西德得到美国巨额投资那样得到苏联的支持,相反还要回报苏联,困难重重。东德政府的民意基础急需加固。国际方面,东德位居苏联地缘政治的突出部位,也是欧洲社会主义阵营与西方资本主义阵营政治斗争、军事对峙、文化较量的前沿阵地。因而全面苏联化是东德的必然选择,其国家文艺政策与苏联如出一辙,余匡复先生说:"东德文艺政策的基点是工具论:文艺为政治服务,文艺是政治的工具。"按照苏联治理社会主义阵营的统一模式,东德政府不仅在制度层面制定了文艺和政治的关系原则,还对文学艺术的主题、题材、创作方法、鉴赏要求、批评标准确定了具体规则。"二战"后东德经历了斯大林去世、波匈

---

[1] 蒋孔阳、朱立元:《西方美学通史》第七卷,上海文艺出版社1999年版,第321页。

事件、苏共二十大、批判"修正主义"运动等各种重大政治事件，国内政治与文化生活深受苏联时局的频繁影响，文艺政策不断跟进各种政治运动。在这种社会境遇中，东德的国家文艺政策必定在政治构架中运行，坚持马列主义意识形态成为东德文艺政策的基本原理与最高要求，而布洛赫、布莱希特等思想就是战后东德马克思主义美学理论典范，成为对抗战后西德资本主义意识形态的理论武器，本质上表达着冷战时期东德政治诉求与国家利益。深感资本主义生活的物性"异化"对人的天性与社会合理性的压抑、满怀共产主义美好憧憬、带着"希望"美学思想，布洛赫于1949年从美国回到东德，在莱比锡大学任教，从事美学学术思想工作。布洛赫的"希望"美学思想筑基于马克思的共产主义远景之上，相信"希望"根植于人性之中，是人类最普遍的需要，是"人的本质的结构"，与人类存在与发展有着不可分割的内在联系。个人与社会乃至整个社会的现实和未来存在有很多可能，而何种可能能够成为现实，与其说取决于客观事物，不如说更加依靠人的主观能动性和克服困难、争取成功的能力。所以人类必须对生活充满希望，对未来满怀信心，要充分发挥主观能动性和创造性，努力赢得。然而，资本主义社会是一个非人的社会，人想要实现希望，获得自己真正的本质就需要改造社会、完善周围世界。所以布洛赫说："期待、希望、向往，走向尚未实现的可能性的意向，——这不仅是人的意识的根本标志，而且当它们被正确地理解和把握的话，也是整个客观实在内部的一个决定性因素。"他认为资本主义生活的物化深深压抑着人的本性，使"这个时代不但更容易相信可见的东西，不太信任不可见的东西，而且在可见的东西之中，孤立的、分化的东西似乎比总体更真实。长期以来一直由技术支撑的这一趋势，将要定位于更容易移动的、更容易改变的要素，为的是挪开总体。换言之，为了用可能的最低观点去解决问题。其后果是，原有的一切都被掀开了面纱，只知道世俗的、可计算的乃至最原始的冲动，只知道它们可改变的内容，只有这些东西被承认为现实"。[1] 可以说，资本主义已丧失了价值和社会的希望。同时他也看到纳粹文化的欺骗性，指出纳粹文化用非理性的文化手法包装其反人性的意识形式，将"希望"篡改为"反资本主义的资本主义"的手段，毁弃了"希望"的真实本质，"希望"被偷换成"狂想"，成为政治暴政的艺术、

---

[1] Ernst Bloch, *The Spirit of Utopia*, Stanford University Press, 2000, p. 66.

文化欺骗的手法。布洛赫认为当代社会希望之所在是马克思主义"具体乌托邦"实践,这种实践将会显现尚未出现的人的真本质,将使人不再是"单纯的现象",而成为认识到自己的真实存在。早在1918年他就将刚诞生的苏维埃视为理想社会,盼望建设面向"东方之光"的新德国。战后,他更将实现人类自由的希望、保卫世界和平的希望、发扬光大德意志优秀文化的希望寄托给了东德,认为以"希望"为核心的美好社会生活的是民主德国。由于他的"希望"思想与东德共产主义远景目标的一致性,在政府的主导下,布洛赫撰写的长达1800页的《希望的原理》前两卷分别于1954年和1955年在东柏林出版,布洛赫成为东德公认的著名思想家,获得了国家奖章,并成为德国科学院院士。尽管后来布洛赫与东德政府分道扬镳,但他以共产主义远景为追求的"希望"美学成为东德国家文艺意识形态中最富有当代思想性的内涵,极大发展了东德马克思美学,不仅受到东德政府和学者的赞扬,同时赢得反对东德意识形态的西方学者的尊重。

用艺术形象反映社会真实是马克思主义文艺思想的基本观念,现实主义是马克思主义文艺创作的基本方法,东德的文艺政策秉持了马克思主义文艺思想基本点,而布莱希特戏剧美学的戏剧实践丰富、拓展和深化了东德"社会主义现实主义"文艺方针政策。1948年布莱希特从美国回到东德,在他的"间离方法"为核心的戏剧美学理论指导下继续着他的史诗剧实验。所谓"间离方法"又称"陌生化方法"就是利用各种艺术方法把平淡的日常事物变成具有深度意义的不平常事物,从而揭示偶然性事物的内在因果关系,展示平常事物中深藏着的内在矛盾,使人们认识到改变现实的可能性。"间离方法"要求演员与角色保持理性的距离而不是合而为一,演员要高于角色、要掌控角色、要表演角色。布莱希特"间离效果"的运用既反映出有广度又有深度的现代社会生活真实面貌,又理性地向观众传达戏剧主题的丰富意蕴和思想性,践行了东德社会主义文艺方针政策,获得了公认的艺术成就,深受广大民众的喜爱。在理论上,布莱希特明确宣布文艺是启发劳动阶级起来推翻资本主义统治的工具,是改造世界的工具。他的戏剧改革目的就是唤醒劳动阶级思考资本统治的不合理性,从而使劳动阶级行动起来将资本主义社会改造为共产主义社会。德国的汉斯·考夫曼也曾说过:"布莱希特的戏剧大多以滑稽讽刺的方式,不是讽刺资产阶级的代表人物,就是描写处于资本主义社会桎梏下的小人物。他们不是代表人民创造力量和历史前进方向的、完美的正面形象。为此布莱希特希望通过运用陌生化艺术方法使观众始终对舞台人物和事件保持清醒的距离，使他们能够真正地站在人民的立场上，代表历史的方向来批判舞台人物及他们的行动。"[1] 因此东德政府对布莱希特美学思想及其创作实践高度重视，任命他为德意志民主共和国艺术科学院副院长，1955年授予他国家最高奖，同年又授予他列宁和平奖。面对西方发达资本主义的文艺意识形态，布莱希特坚持现实主义原则，积极发展现实主义的现实性，认为现实性一方面在于揭示社会生活内部的本质联系，表达现象背后的普遍性、本质性，现实主义不是只关心表象、描写细节、反映生活片断与零散经验的现象主义；另一方面现实性还在主体以理性的态度关心、审视、判断实实在在的具体生活，具有社会批判性和生活干预性，与人们的社会认知、价值评价休戚相关，现实主义不是客观主义，思想性是现实主义的天性。布莱希特依据对现实主义的独特理解，强力反对在西方大行其道的"世界主义"文艺观，继而批判"资产阶级客观主义"和美国"颓废文化"，号召作家写东德社会主义的火热生活，以此抗拒西方文艺思想与文化生活对东德的侵蚀。在他的影响下，东德政府于1951年发动了"反形式主义"运动。尽管布莱希特对东德政府一些具体的文艺政策表示过不满并提出了一些批评，但直到他1957年辞世，布莱希特始终与东德的国家文艺政策相顺共进，极大地充实并强化了民主德国社会主义现实主义文艺方针政策的可信度与说服力。

东德还有一批在世界文学界享有盛名的著名作家坚持社会主义信念、恪守马克思主义文艺观、用自己的创作思想与成果支持并践行着东德的文艺政策，安娜·西格斯、克里斯塔·沃尔夫就是其中的代表。在《巴别塔——对德意志民主共和国的回忆》中汉斯·迈耶尔称安娜·西格斯为"我们这个世纪里德国最伟大的女小说家"。她1928年就加入德国共产党，1947年回到东柏林，全身心地投入民主德国文化建设工作，在民主德国文化事业中发挥重要作用。她积极从事创作，发表了一系列的作品，中短篇小说代表作有《海地的婚礼》（1949）、《路线》（1950）、《克里桑塔》（1951）、《弱者的力量》（1953）、《加勒比的故事》（1962）、《石器时代》（1977）、《重逢》（1977）。长篇小说有《死者青春长在》（1949）、

---

[1] 张黎编选：《布莱希特研究》，中国社会科学出版社1984年版，第140页。

《决定》（1954）、《信任》（1968）。她作品的主题，一是清算人们意识中的法西斯主义的残余；二是讴歌民主德国的精神风貌和建设成就。她的不少作品节选被列入欧洲多国中小学教科书，影响十分广泛。在她长期的文学生涯中，她还发表了许多散文类作品，她在文艺理论、文艺批评方面发表了许多重要、高明的见解，对东德社会主义文艺理论建设做出重要贡献，在许多重大的理论问题上有自己十分独到的见解，这是她能够取得重大成就的原因之一。由于她崇高的威望和巨大的创作成就，西格斯1952—1978年一直担任德意志民主共和国作家协会主席。和苏联相似，东德的文艺政策主要是通过创作协会或艺术协会贯彻，因此西格斯作家协会主席的身份使得她思想与创作对于国家的文艺政策的制定与实施有直接的影响。1956年2月苏共二十大以后，东欧的政治文化领域发生深刻变化，文化开始"解冻"。1960年，西格斯力促东德政府确定了"比特费尔德道路"的文艺政策，号召民主德国走艺术和生活结合，艺术家和人民结合的道路，在民主德国文艺界影响深远，东德的文学艺术得到了空前的发展。70年代初，在西格斯倡导下，民主德国政府又提出鼓励艺术创作朝着宽广度和丰富性的目标发展的新政策，艺术家的表现对象扩大到了整个生活方式，政治题材也增加了，至80年代，东德的文艺创作更加活跃，现实主义的艺术得到了全面革新，直到两德重新统一。

克里斯塔·沃尔夫经历了纳粹德国、东德、统一的德国三个时代，是当代德国著名的小说家和文艺批评家，素以深邃的美学思想内涵和新颖的创作手法而著称。1953年开始了文学创作与评论生涯，加入了民主德国作家协会，在安娜·西格斯指导下工作，并于1955年成为作协执行委员会委员。沃尔夫坚定的支持民主德国的政治制度，对瓦尔特·乌布利希倡导的社会主义现实主义的创作方法十分拥护。对"全新的社会主义"充满希望并在作品中讴歌弘扬，1959年比特菲尔德会议之后，她响应会议提出的创作工农生活为主题的作品号召，到工业城市哈勒居住了三年，并在一家机车车辆厂体验生活，参加工人创作小组的活动。1963年她根据这一段的生活经历写成了《分裂的天空》，对社会主义社会的意识觉悟大加赞颂，获得巨大的荣誉。1963年，她当选为东德统一社会党的候补中央委员。1971年沃尔夫的《卡珊德拉》用经济力量的推动和社会体制的变动来重新解释特洛伊战争，引起强烈反响。1976年她完成了描绘在国家社会主义制度下生长经历的半自传体小说《模式化的童年》，再次赢得高度评价。她曾获"比希纳奖""托马斯·曼奖"等文学大奖，2002年荣获了德国最高文学奖——"德国图书奖"，多次获诺贝尔文学奖提名，是当代享誉世界的著名作家。她的代表作《分裂的天空》《童年典范》《茫然无处》《卡姗德拉》《何去何从》《美狄亚》《天使之城或弗洛伊德博士的外套》等都与东德的意识形态息息相关，她坚持社会主义理想，将拥护民主德国视作自己的创作使命，将社会与政治的关系视作家庭内部的关系，对社会主义国家心存感激之情，甚至在1989年11月柏林墙行将倒塌之际，仍阻止涌向西方的东德民众并发出"为了我们的国家"的呼吁，被称作"社会主义最后的斗士"。

三

20世纪90年代，东欧剧变，以苏联为核心的东欧社会主义阵营解体，东西德国统一。今天看来，这一重大历史事件背后有着深刻的原因：一是苏联模式的社会主义社会体制机制、经济制度严重滞后于当今世界的发展，违背了人民的生活愿景；二是苏联模式的意识形态悖离马克思、列宁的基本精神与核心价值，无法满足人们精神世界的基本需要；三是苏联模式的地缘政治出现重大选择性错误，称霸世界招致各国反对。就东西德国而言，"柏林墙"的倒塌使两国社会制度和基本生产生活方式以及国家意识形态迅速整合于西方发达资本主义体系中。然而东西德国长期相左的文化精神与学术传统却很难立即统一。面对这种现实状况，德国前总理施密特极为严肃且充满忧虑地指出："德国要真正完成统一大业，两德人民真正成为一个民族，还需要20年。"为此，许多有社会责任感和历史使命感的思想家把目光放到弥合东西思想隔阂、调整东西价值差异、构建新德国的学术环境，从而实现民族文化的全面和解上来。哈贝马斯的对话交往中的"国家身份认同"理论，霍耐特承认、自由、正义的"互相承认"理论均试图通过思想的力量消弭文化的裂隙，为新世纪的新德国带来新的和谐的思想文化气象。

在数十年的社会对抗与文化敌视的现实中迅速使统一后的人民实现"身份认同"是新德国面临的最重大又最紧迫的政治问题，解决不好就会造成全面的社会冲突与文化混乱，甚至带来国家动荡与民族分裂。就在德国政府全力应对局面时，哈贝马斯"对话交往"美学理论显现出了独特的现实功能。哈贝马斯数十年的思想理论工作的重点在于揭示晚期资本主义社会合法性危机并以理论的方式提供解决方法，为此他以交往行动理论为中心，以马克思社会批判学说为方法，综合当代最有影响的思想观点，与波普、伽达默尔、亨利希、鲁曼、福科、德里达、诺尔特、布尔迪厄、罗尔斯等当代最有影响的思想就当代方法论、当代社会理论问题、当代形而上学、当代历史问题、当代生物技术、当代民主与正义问题等当代最重大的理论进行思想争论、探索，他甚至与德国前总理施罗德讨论"第三条道路"问题，建立了解决晚期资本主义社会合法性危机的哲学、美学、语言学、社会学、法学等庞大的思想体系。

面对东西两德统一后的社会矛盾与文明冲突以及全球化的后现代文化时代的文化危机，哈贝马斯提出了独到的思路。冷战时期，两德意识形态对立、政治制度对抗、国家利益对决，哈贝马斯指出在这种局面中两德人民要实现正当合理的交往并通过交往实现两德统一，交往的前提只有一个，那就是交往的双方都充分自觉地认识到交往者无论有多少差异与不同，都是德国人，同根同宗同文化是相同，换句话说"民族身份认同"是冷战时期两德合理交往的基本前提，共同的历史、共同的文学艺术、共同的思想遗产是民族身份的主体构成。两德统一后，德意志民族文化已经现实地成为全体德国人民的身份，但这并没有弥合由于长期分裂造成的统一后东西部人民在政治意识、思想认知、社会行为、价值判断、生活方式等方面的深刻差异和不断增强的抵触，人与人之间缺乏理解与信任，人的交往行为表现不合理的情况。显然，"民族身份认同"在两德统一后已无法完成进一步推进国家稳定、人民团结、社会进步的任务。在这种情况下，哈贝马斯进而提出"国家身份认同"的思想以取代"民族身份认同"，进而调校统一后德国面临的新情况。他认为统一后的德国出现三种十分突出的文化问题：一是社会意识多元，这是由两德迅速统一，原有两大主流意识形态未能圆融所致；二是民族主义强劲，原因在于统一后的德国文化基础植根于传统德意志文化；三是不同民族的文明碰撞，这是由大批东欧移民和亚裔人口涌入德国造成的。这三个社会文化问题需要通过政治、社会、义化三位一体的"国家身份认同"来解决，在统一后的德国，每一位社会成员无论来自于何方、有怎样的历史、有何种肤色、受过什么样的教育、拥有怎样的文化方式和生活习俗，有一点是普遍共有的，那就是你是德国公民，你要遵守德国的法律和社会规则，你要认同并热爱德国这个国家。同样，统一后的德国是全体德国人民的德国，它要按法治形式程序让全体德国人民拥有国家的权力、分担国家的责任、分享国家的利益。在这种"国家身份认同"的构架中，社会成员交往行为的基本原则是国家要尊重、保护并服务每一位公民，而公民要遵守国家的法律与社会规则，要尊重他人的自由与平等。在这种原则下的交往行为实际上就能实现人们在统一后德国生活的互相融入，哈贝马斯曾不断强调"不论关系到外籍工人家庭还是前殖民地人民的融入，教训总是同一个：没有融入，就不会有自己视野的开拓，就不会心平气和地去了解丰富多彩的传闻和思想，更不会感受到令人痛楚的不和谐现象。"（2006年，哈贝马斯在波恩）哈贝马斯的"国家身份认同"理论切合了新德国的时代精神，准确把握了统一后德国社会的弊病所在。事实上，统一后的德国文艺政策已经在实践着哈贝马斯的思想了。

"新文化政策"是当今德国文化与文艺政治的纲领，它的中心理念不再是德国传统的"文化保护"，而代之以"文化工作"。同1973年德国城市议会签署的《通向人性化城市之路》宣言提出的"文化保护"不同，"文化工作"更多地服务于"所有公民社会的、人际交往的和美学需要的发展"。它的中心任务就是促进社会交往，以此来避免现代城市生活中的孤独感，创造生活空间，唤起人们的共鸣。哈贝马斯的"社会交往行为理论"客观上推动了两德的统一，为统一后两国人民的"身份认同"构建了理论桥梁。然而，统一后的德国在全球一体化的总体格局中仍面临着因一体化带来的德国"多元文化社会"的现实问题。

进入新世纪的德国政府在促进东西德人民相互融合、彼此认同的同时，还要克服多种文化、文明在德国国内的碰撞、冲突，而此时霍耐特的"为承认而斗争"理论为德国政府解决这一难题提供了一种有价值的思想的方案。1982年霍耐特向柏林自由大学提交了题为《权力批判：福科与批判理论》的博士论文并获博士学位。1985年，完成教授资格论文《承认的斗争》，之后陆续发表了《权力的批判》《支离破碎的社会》等重要著述，形成了完整的"相互承认"理论体系。1996年5月1日接替哈贝马斯担任法兰克福大学哲学系社会哲学教授、社会研究所咨询委员。2000年年初，被任命为法兰克福大学社会研究所所长。霍耐特发现，统一后的德国在进入21世纪之交出现了各种具有新时代特征的多种社会思潮的相互排斥、攻讦，使得德国社会文化在新世纪中光怪陆离、复杂难辨，整个社会对此无从达成认识与判断的共同性，政府也难以适应和控制这种文化形式。霍耐特以黑格尔"主体间性"概念为理论范式，借助马克思社会分析的方法，认为当今德国社会文化中盛行的无论是自由主义、民主主义、社会主义还是关于女权主义、环保主义、社群主义、后殖民主义都是特定社会阶层、民族、性别、人群的社会利益与诉求的文化表达，也是以政府等主流社会对他们政治评判的态度反应。在霍耐特看来，以绿党为首的环保主义，以非裔、拉丁裔为主体的后殖民主义，还有女权主义甚至还有新种族主义之所以激进，是因为他们遭受到主流社会对他们的政治诉求、经济利益、社会文化、审美理想蔑视，本质上他们没有得到社会的承认，没有获得真正意义上的"国家身份认同"，激进本质上是一种反抗，而这种以激进为方式的反抗具有群众性、日常生活性，因而有明显的社会实践特征。由于寻求承认或遭到蔑视的群体或个体都非常具体和大众化，这种以日常生活中普通群众的被蔑视的道德经验为基础来讨论社会政治伦理的建构，具有很强的社会性和实践性，政府处理不好将直接导致文化撕裂和社会对抗。

  霍耐特认为，应该在21世纪德国的政治、经济、道德、审美等领域中建立交往行为内在机制的规范性内涵，形成有利于社会合理发展的共同的理性认识，而形成这种社会局面的前提便是在政府的主导下各种社会文化相互承认，"而不是在暴力的文化对抗中将他们驱逐出去"。在各种社会文化之间的相互承认有三个优先：其一，爱的承认优先。在霍耐特看来，爱是一切道德伦理的根源，作为肯定性情感的爱是一种超越一切功利的关怀。当爱与被爱的主体在现实社会与日常生活真实地感知到关怀所在，社会主体才拥有参与公共事务的自信，人与人的当代伦理才得以建立，社会文化的相互承认开始践行。其二，法权关系的承认优先。只有承认主体的法权关系优先承认，主体才能真正实现社会存在的普遍性、一般性。法律规范在原则上必须承认主体之间互相自由与平等，主体在交往行为中权利才能得到保障。而主体也只有意识到对他者负有义务时，才获得了权利并拥有了自我尊重。换句话说，面对社会，政府应采取"普遍他者"化的态度，秉持对他者承担法律义务才能为自己赢得执政的法律权力的立场。其三，团结的承认优先。所谓团结的承认在霍耐特理论中指的是对主体的社会差异性、个体性、甚至非主流的重视。政府与社会在承认每一位主体的源自人性本源的爱、承认每一位主体根植社会普遍性的法权关系的同时还要承认主体能力、趣味、爱好、追求、行为、思想、感知、地位等方方面面的差异性、个体性，让每一主体都有社会贡献的荣誉感并使其感到自尊。霍耐特相信，如果新世纪的德国能够实现三个承认，就一定能迎来稳定、和谐、自由、民主、进步的"美好生活"。可见，社会的稳定、和谐赖于发现每个人都在与他者的交往中生成，每个人的社会认知与社会实践都离不开他者。政府、社会必须承认每一种主体，而承认离不开交往主体的间性条件，实现承认就必须遵循爱、法律和团结三个优先规定。

霍耐特的"承认理论"具有极大的开放性与宽容性，彰显了全球一体化中统一后的新德国在新世纪里各种相异、相差、相对的文化都有其时代的合理性、历史的现实性和与其他文化对话交流的可能性。霍耐特的"承认理论"为德国政府协调各种社会诉求、理顺不同文化思潮、保持与发展当代德国的文化多样性提供了有力的理论依据和思想方案。2010年10月17日，德国总理默克尔在基督教人民联盟青年团集会上发表演说时，就曾运用霍耐特的理论分析德国现状，提出解决问题的路径与方法，描绘了德国的未来，赢得了全德的赞誉和国际世界的好评。英国广播公司于2011年所做的全球民意调查显示，德国为正面影响力最高的国家。追根溯源，其中霍耐特的"承认理论"所起作用不容忽视。

（本文原载《哲学研究》2014年第9期。作者张政文，中国社会科学院研究生院党委书记、中俄全面战略协作协同创新中心首席专家、教授；吴铁柱，中共黑龙江省委宣传部助理研究员。黑龙江省哈尔滨市南岗区花园街294号　150001）

以强大的学术自信推进国家治理现代化

——第八届中国社会科学前沿论坛在清远召开

高 莹

本报讯（记者高莹 发自清远）在中国这块葆有五千载文明史、拥有13亿人民磅礴聚合之力、纵横960多万平方公里的广袤土地上，探索推进国家治理体系和治理能力现代化的时代命题，必将是永远铭刻在世界历史上的宏伟篇章。当前，积极探索和深入研究这一重大课题，已成为哲学社会科学界的重要学术使命。

9月27日，由中国社会科学杂志社和中山大学共同主办的第八届中国社会科学前沿论坛在广东召开，主题为"社会转型与国家治理"。中国社会科学院院长、党组书记王伟光出席论坛并做主旨讲话。中国科学院院士、中山大学校长许宁生致开幕词。中国社会科学院秘书长、党组成员、中国社会科学杂志社总编辑高翔主持开幕式并致闭幕词。来自中国社会科学院、中山大学、四川大学、吉林大学、中国人民大学、南京大学、武汉大学、厦门大学、上海社会科学界联合会、安徽省社会科学院等近50所高校和科研机构的70余位代表出席会议。

完整把握推进国家治理现代化的科学内涵

王伟光指出，党的十八届三中全会将完善和发展中国特色社会主义制度，推进国家治理体系和治理能力现代化，确立为全面深化改革总目标。

这是以习近平为总书记的新一届中央领导集体把握时代特征、秉承历史使命、梳理古今中外治政得失、统揽党和国家发展全局做出的重大决策，是对我们党治国理政思想的重大创新，是对中国特色社会主义理论宝库的重要贡献，是对马克思主义国家学说的丰富和发展。

王伟光指出，马克思主义国家学说的发展大体上可划分为三个阶段：第一个历史阶段是马克思恩格斯在人类思想史上第一次科学地阐明了国家的起源、本质、性质、类型、职能和消亡等重要问题，奠定了马克思主义国家学说大厦的基本原理；第二个历史阶段是随着人类历史上第一批社会主义国家的诞生，马克思主义政党运用国家机器巩固新生的无产阶级政权，并开始初步探索无产阶级国家治理的体系和模式；第三个历史阶段是改革开放新时期，开启国家治理现代化的时代命题，以蕴含着创新内容的理念，进一步丰富和发展了马克思主义国家学说。

王伟光强调，推进国家治理体系和治理能力现代化，是一项极为宏大的工程，是全面的系统的改革和改进，必须完整把握推进国家治理体系与治理能力现代化的丰富内涵。在方向道路制度抉择方面，必须毫不动摇地坚持中国特色社会主义的根本走向。在体制机制模式选择方面，必须始终不渝地坚持中国特色社会主义的体制机制。在价值观建设方面，必须坚持大力培育和弘扬社会主义核心价值观。

王伟光同时强调，推进国家治理体系和治理能力现代化，一定意义上是一场国家治理领域的革命。哲学社会科学界要深刻领会和切实落实十八届三中全会决定和习近平总书记重要系列讲话精神，将推进国家治理现代化作为学术研究的重要主攻方向，为全面深化改革、推进国家治理现代化做出更大贡献。首先，充分发挥学科集群优势，以中国特色的国家治理现代化为主题，形成一批有创新性和指导意义的重要学术成果。其次，以扎扎实实的研究提升学术解释力，进一步巩固道路自信、理论自信、制度自信。最后，深化社会主义核心价值观研究，为推进国家治理现代化提供价值依托和文化根底。

以强大的制度自信推进国家治理现代化的时代进程

习近平总书记强调，全面深化改革的总目标是两句话组成的一个整体，即完善和发展中国特色社会主义制度、推进国家治理体系和治理能力现代化。我们的方向就是中国特色社会主义道路。

出席论坛的专家学者围绕这一重要论断进行了深入探讨。与会学者认为，以习近平为总书记的新一届中央领导集体开启国家治理现代化的时代命题，丰富和发展了马克思主义国家学说。马克思主义国家学说在当代不仅没有过时，而且依然是科学认识国家问题、深入研究国家治理的重要理论源泉。

有的学者认为，马克思主义坚持以社会形态划分时代，今天人类社会依然处于马克思主义经典作家所判定的时代，即社会主义与资本主义两种制度、两种道路、两种社会形态相互较量的时代。这种较量的形式或有变更，但从本质上讲，时代性质没有发生根本改变，阶级并未消亡，无产阶级与资产阶级的斗争也没有发生根本改变。在这种历史情境下，社会主义中国的人民民主专政的国家政权不是要弱化，而是要巩固和加强。我们真诚地倡导不同文明的交流互鉴，但一刻也不能忽视资本在全球扩张的客观事实，人民民主专政丝毫不能动摇，马克思主义国家学说必须坚持。

多位学者还向记者表示，推进国家治理体系和治理能力现代化，首先必须把它放在中国特色社会主义制度的框架中理解，要以坚定的制度自信推进国家治理现代化，让中国特色社会主义制度更加成熟、更加定型。

中国人民大学副校长洪大用告诉记者，目前一些以西方发达国家治理理念、实践和模式作为参照的分析具有一定的借鉴价值，但不应该、实际上也不能够作为解决中国国家治理体系和治理能力现代化的路径和方向，不能简单地牛搬硬套。"中国国家治理体系和治理能力现代化之路，注定是中国人自己走出来的路。"

"中央首提推进国家治理体系和治理能力现代化，既是治国理政上高瞻远瞩的谋划，同时也是对改革实践需求的及时回应。"中山大学政治与公共事务管理学院院长肖滨说。黑龙江大学校长何颖也认为，这体现了中国共产党执政理论的创新，同时也体现了对当前中国改革核心问题的准确判断。

推进国家治理体系和治理能力现代化，离不开坚实有力的价值依托。在论坛分组讨论环节，多位学者提出，社会主义核心价值观是顺利推进中国国家治理体系和治理能力现代化的重要根基。安徽省社会科学院院长朱士群认为，价值认同危机是现代国家转型面临的重要危机。在这样的特殊历史阶段，培育和弘扬社会主义核心价值观，对于有效应对社会转型过程中的挑战和风险具有重要意义。

国家治理现代化研究要突出中国实践和中国智慧

大多数领域的改革，都是一个纷繁复杂、渐进调试的过程。出席本届论坛的学者普遍认为，当前和未来一段时期内，国家治理体系和治理能力现代化将面对包括认识上、理论上和实践层面的各种挑战，哲学社会科学界须及时对一些重大问题做出准确、深刻的学术回应。

许宁生在致辞中表示，国家治理体系和治理能力现代化的学术研究要突出中国实践和中国智慧，这就需要研究者碰撞思想，提出新观点、新建议、新战略、新理论。这不仅是本届论坛主题"社会转型与国家治理"的题中应有之义，也是对当今中国哲学社会科学发展使命的提炼与概括。

洪大用提醒，学术界在讨论中国国家治理体系与治理能力问题时，需要特别关注一个具有中国特色的基本背景，那就是政府主导性的赶超型现代化进程与国家治理体系和治理能力的现代化进程交织重叠。"我们同样必须清醒地认识到这样两种进程交织的复杂性，不能简单地忽视一种进程来讨论另外一种进程。"洪大用说，在这两种进程的讨论中，学术研究的责任在于探讨一条科学路径，以化解张力、促进合力。

朱士群认为，目前国内学界就国家治理问题的科学内涵、重大意义、现实障碍、实现路径等方面进行了积极的分析和探讨，但内容创新、实证分析以及多学科交叉融合还有待进一步提升和强化。他同时指出，"微治理"应受到学者的关注："我们已经有了很好的顶层设计，而在微观层面上如何调动全社会以及广大人民群众参与治理的积极性，发挥人民群众的主体作用，还需要大量基层治理试验来破题。"

高翔在闭幕式致辞中表示，没有创新，学术就会死亡。目前中国学术的最大问题，在于思想贫乏、学派残缺，理论原创能力不足。唯有打破学科壁垒，增强学科之间的对话与交融，解放思想、开拓视野，破除对西方理论与学者的盲目崇拜和迷信，激发学术原创力，才能推动中国学术话语体系的形成，与国际学术展开平等而有尊严的对话与交流。创办中国社会科学前沿论坛的目的就在于此。

体,即完善和发展中国特色社会主义制度、推进国家治理体系和治理能力现代化。我们的方向就是中国特色社会主义道路。

出席论坛的专家学者围绕这一重要论断进行了深入探讨。与会学者认为,以习近平为总书记的新一届中央领导集体开启国家治理现代化的时代命题,丰富和发展了马克思主义国家学说。马克思主义国家学说在当代不仅没有过时,而且依然是科学认识国家问题、深入研究国家治理的重要理论源泉。

有的学者认为,马克思主义坚持以社会形态划分时代,今天人类社会依然处于马克思主义经典作家所判定的时代,即社会主义与资本主义两种制度、两种道路、两种社会形态相互较量的时代。这种较量的形式或有变更,但从本质上讲,时代性质没有发生根本改变,阶级并未消亡,无产阶级与资产阶级的斗争也没有发生根本改变。在这种历史情境下,社会主义中国的人民民主专政的国家政权不是要弱化,而是要巩固和加强。我们真诚地倡导不同文明的交流互鉴,但一刻也不能忽视资本在全球扩张的客观事实,人民民主专政丝毫不能动摇,马克思主义国家学说必须坚持。

多位学者还向记者表示,推进国家治理体系和治理能力现代化,首先必须把它放在中国特色社会主义制度的框架中理解,要以坚定的制度自信推进国家治理现代化,让中国特色社会主义制度更加成熟、更加定型。

中国人民大学副校长洪大用告诉记者,目前一些以西方发达国家治理理念、实践和模式作为参照的分析具有一定的借鉴价值,但不应该、实际上也不能够作为解决中国国家治理体系和治理能力现代化的路径和方向,不能简单地生搬硬套。"中国国家治理体系和治理能力现代化之路,注定是中国人自己走出来的路。"

"中央首提推进国家治理体系和治理能力现代化,既是治国理政上高瞻远瞩的谋划,同时也是对改革实践需求的及时回应。"中山大学政治与公共事务管理学院院长肖滨说。黑龙江大学校长何颖也认为,这体现了中国共产党执政理论的创新,同时也体现了对当前中国改革核心问题的准确判断。

推进国家治理体系和治理能力现代化,离不开坚实有力的价值依托。在论坛分组讨论环节,多位学者提出,社会主义核心价值观是顺利推进中国国家治理体系和治理能力现代化的重要根基。安徽省社会科学院院长朱士群认为,价值认同危机是现代国家转型面临的重要危机。在这样的特殊历史阶段，培育和弘扬社会主义核心价值观，对于有效应对社会转型过程中的挑战和风险具有重要意义。

国家治理现代化研究要突出中国实践和中国智慧

大多数领域的改革，都是一个纷繁复杂、渐进调试的过程。出席本届论坛的学者普遍认为，当前和未来一段时期内，国家治理体系和治理能力现代化将面对包括认识上、理论上和实践层面的各种挑战，哲学社会科学界须及时对一些重大问题做出准确、深刻的学术回应。

许宁生在致辞中表示，国家治理体系和治理能力现代化的学术研究要突出中国实践和中国智慧，这就需要研究者碰撞思想，提出新观点、新建议、新战略、新理论。这不仅是本届论坛主题"社会转型与国家治理"的题中应有之义，也是对当今中国哲学社会科学发展使命的提炼与概括。

洪大用提醒，学术界在讨论中国国家治理体系与治理能力问题时，需要特别关注一个具有中国特色的基本背景，那就是政府主导性的赶超型现代化进程与国家治理体系和治理能力的现代化进程交织重叠。"我们同样必须清醒地认识到这样两种进程交织的复杂性，不能简单地忽视一种进程来讨论另外一种进程。"洪大用说，在这两种进程的讨论中，学术研究的责任在于探讨一条科学路径，以化解张力、促进合力。

朱士群认为，目前国内学界就国家治理问题的科学内涵、重大意义、现实障碍、实现路径等方面进行了积极的分析和探讨，但内容创新、实证分析以及多学科交叉融合还有待进一步提升和强化。他同时指出，"微治理"应受到学者的关注："我们已经有了很好的顶层设计，而在微观层面上如何调动全社会以及广大人民群众参与治理的积极性，发挥人民群众的主体作用，还需要大量基层治理试验来破题。"

高翔在闭幕式致辞中表示，没有创新，学术就会死亡。目前中国学术的最大问题，在于思想贫乏、学派残缺，理论原创能力不足。唯有打破学科壁垒，增强学科之间的对话与交融，解放思想、开拓视野，破除对西方理论与学者的盲目崇拜和迷信，激发学术原创力，才能推动中国学术话语体系的形成，与国际学术展开平等而有尊严的对话与交流。创办中国社会科学前沿论坛的目的就在于此。

高翔强调，哲学社会科学研究要增强思想性、批判性、前沿性，跨越鸿沟进行跨学科交流，不盲从西方的学术评价，扎实推进我国哲学社会科学基础理论建设，深化对重大实践问题的探索。他指出，本届论坛围绕"社会转型与国家治理"这一主题展开的多学科对话和讨论，既体现了社科界深入推动对党和国家发展具有全局性、战略性意义问题的研究的责任担当，也展示了我国学术界对这一问题研究的新趋势、新动向、新探索。各个领域的领军学者汇聚一堂，交流思想，砥砺学问，提出了诸多建设性的意见，取得了重要成果。

据悉，中国社会科学前沿论坛由中国社会科学杂志社发起创办，主要邀请全国著名高校、科研机构的领军学者围绕重大理论和实践问题进行研讨，目前已经成功举办八届，成为推进和引领哲学社会科学发展创新的重要学术品牌和传播平台。第九届中国社会科学前沿论坛将由中国社会科学杂志社和四川大学联合举办。

（原文刊发于《中国社会科学报》2014年9月29日第1版。作者高莹，《中国社会科学报》记者）

编 后 记

第八届中国社会科学前沿论坛于 2014 年 9 月 26—28 日在广东清远召开。会议由中国社会科学杂志社和中山大学联合举办。来自全国近 50 所高校和科研机构的主要负责人和学科带头人 70 余人参加会议。本届论坛主题为"社会转型与国家治理"。会议共收到论文 44 篇，我们从中精选了 31 篇，编成这本文集。书前收入本届论坛开幕式致辞，书末收入本届论坛的会议报道。

为了保证文集的学术水准，我们在编选文集时遵照了以下原则：第一，入选论文应达到较高的学术水平，未成篇的内容摘要或论文提纲以及篇幅过短、内容单薄的文章不在入选之列；第二，部分论文入选时，作者做了不同程度的修改和完善；第三，入选论文按专题及问题之间的相关性为序排列。

中国社会科学出版社对文集的出版给予了大力支持；文集在选编过程中得到了各位作者的积极配合；中国社会科学杂志社总编室王美同志负责与作者的联系及论文的汇集和整理工作，安蕾、许雁、王美、侯丽敏、余慧、姜子策、董攀、代海华等同志负责论文初编工作，为文集的顺利出版付出了大量的心血，在此一并表示衷心的感谢。

编者

2015 年 7 月